Ouvrage Sans titre ni couverture

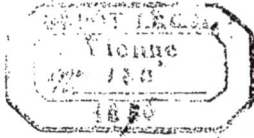

MANUEL CRIMINEL

DES

JUGES DE PAIX.

CHAPITRE Iᵉʳ.

—

OBSERVATIONS GÉNÉRALES ET PRÉLIMINAIRES.

1. La législation criminelle comprend les lois pénales et les lois d'instruction ou de procédure criminelle.

Gardiennes de la sûreté publique et protectrices des droits individuels, les lois pénales ont pour but de prévenir et de réprimer tout acte, tout manquement, qui serait de nature à troubler l'ordre social, ou à froisser des intérêts privés.

Les lois de la procédure criminelle distinguent les juridictions, indiquent les tribunaux chargés d'apprécier les faits incriminés, et tracent les règles à suivre pour préparer une juste application des peines encourues.

2. Faire ce que défendent, ne pas faire ce qu'ordonnent les lois qui ont pour objet le maintien de l'ordre social et la tranquillité publique, est un délit (1).

Il résulte de cette définition que nul délit ne peut être poursuivi s'il n'avait pas été prévu par une *Loi* pénale

(1) *V. Code du 3 brumaire an IV*, art. 1ᵉʳ.

1

promulguée (1) avant qu'il fût commis (2) : telles sont, en effet, les dispositions formelles de l'art. 4 du Code pénal, et de l'art. 364 du Code d'instruction criminelle, qui répètent les art. 2 et 3 du Code du 3 brumaire an IV.

Aucun citoyen ne peut être puni que d'une peine légale ; il ne doit pas être laissé dans l'incertitude sur ce qui est ou n'est pas punissable (3) ; il ne peut être poursuivi pour un acte qu'il a pu, de bonne foi, supposer au moins indifférent, puisque la loi n'y attachait aucune peine.

Si le fait n'est pas défendu par la loi, disait l'orateur du Gouvernement, en présentant les motifs du Code d'instruction criminelle, son auteur ne peut être puni, *et dès lors on ne doit pas le poursuivre.* Quelque mau-

(1) Les lois pénales sont obligatoires le lendemain du jour de leur publication au chef-lieu du département. *V.* ordonnances des 27 novembre 1816 et 18 janvier 1817, et *Code civil*, art. 1er.

(2) Il n'y a d'exception à cette règle que pour le cas où la loi pénale existante au moment du crime ou délit est plus sévère et plus rigoureuse que ne l'est le *Code* en vigueur au moment de la poursuite ou du jugement. Dans le cas de concours de plusieurs dispositions pénales, c'est toujours la plus douce qui doit être suivie, quelle que soit la date de sa promulgation, soit pour la qualification du fait, soit pour calculer les délais de la prescription. *V.* Arrêts de la Cour de cassation des 19 février et 1er octobre 1813.

Au surplus, il faut remarquer que les lois de compétence et d'instruction sont applicables, sans effet rétroactif, aux faits antérieurs. Le principe de la non-rétroactivité ne s'applique qu'au fond du droit ou à la peine. *V.* Arr. cass. des 24 juin 1813 et 10 mai 1822.

(3) Aucune peine ne peut être applicable qu'en vertu d'une loi exécutée à la lettre.

Les peines ne peuvent être établies par des expressions équivoques : si une loi présente des doutes dans son expression, elle doit être entendue dans le sens le plus généreux et le plus moral. *V.* Arr. cass. du 19 octobre 1821.

vaise que soit l'action, sous le rapport moral, le coupable ne sera condamné qu'au tribunal de l'opinion publique.

3. Le mot délit, dans son acception générique, exprime toute infraction, tout manquement à la loi pénale, toute action ou toute omission d'action, d'où résulte une atteinte directe à la sûreté des personnes ou des propriétés, en un mot une violation de droits ou une violation de devoirs (1).

Le législateur l'a employé ainsi, comme expression collective, dans plusieurs articles du Code d'instruction criminelle. Il arrive souvent à ceux qui écrivent sur le droit criminel de s'en servir pareillement d'une manière absolue, dans un sens complexe.

Mais, dans le langage précis de nos lois pénales, les faits qui sont frappés de peines publiques sont divisés en trois classes, conformément à l'art. 1er du Code pénal.

Cet article qualifie :

Contravention, l'infraction que les lois punissent de peines de simple police, c'est-à-dire d'une amende de quinze francs et au-dessous, ou d'un emprisonnement de cinq jours et au-dessous, qu'il y ait ou non confiscation des choses saisies, et quelle qu'en soit la valeur (2);

---

(1) Il suit de notre définition qu'on peut se constituer en délit : 1° par *commission*, c'est-à-dire en commettant un acte formellement défendu par la loi : presque tous les délits ont ce caractère ; 2° par *omission*, c'est-à-dire en omettant de faire ce que la loi ordonne : nous renvoyons, pour des exemples, au *Code pénal*, art. 234, 235, 236, 430, 432 ; — 471, nos 1, 3, 5, 7, 8 ; — 475, nos 2, 3, 12.

(2) V. *Code d'inst. crim.*, art. 137 ; — *Code pénal*, art. 464 et suiv.

D'après la nature et le but de notre travail, nous ne devrons pas nous occuper des contraventions, mais seulement des crimes et délits, et de la procédure qui s'y rapporte.

Délit (1), l'infraction que les lois punissent de peines correctionnelles : c'est-à-dire d'une amende de seize francs et au-dessus; d'un emprisonnement qui ne peut être moindre de six jours, sauf le cas de circonstances atténuantes (2), ni excéder cinq ans, sauf le cas de la récidive (3); enfin, de l'interdiction à temps de certains droits civiques, civils ou de famille (4);

Crime, l'infraction que les lois punissent de peines afflictives ou infamantes, ou de peines infamantes seulement (5).

Or, les peines afflictives et infamantes sont : la mort; — les travaux forcés à perpétuité; — la déportation; — les travaux forcés à temps; — la détention; — la réclusion (6).

Les peines seulement infamantes sont : le bannissement; — la dégradation civique (7).

4. La loi ne réprime pas uniquement des faits consommés, ou du moins on ne pourrait pas établir comme règle la proposition contraire, dans sa généralité.

Quoique les lois ne puissent pas punir l'intention, il n'en est pas moins vrai qu'une action qui est le commencement d'un délit, et qui prouve la volonté de le commettre, mérite un châtiment.

(1) Ce n'est qu'à partir de l'émission du Code pénal de 1810 que le mot délit doit être entendu dans ce sens restrictif. Cette remarque est essentielle pour l'explication des articles des lois antérieures où ce mot se trouve employé.
(2) *V.* art. 463 du *Code pénal.*
(3) *V.* art. 59, *ibid.*
(4) *V.* art. 9, 40, 41, 42, *ibid.*
(5) *V.* art. 6, *ibid.*
(6) *V.* art. 7, *ibid.*
(7) *V.* art. 8, *ibid.*

Aussi, suivant l'ancienne jurisprudence, lorsque la tentative avait été manifestée *par des actes prochains*, elle était punie comme le crime.

De même, dans notre législation actuelle, il suffit, à l'égard de certains *délits*, positivement déterminés (1), et à l'égard des *crimes*, avec les seules exceptions portées dans les art. 179, 317, 361 et 365 du Code pénal, qu'il y ait eu tentative *manifestée par un commencement d'exécution, qui n'ait été suspendue ou qui n'ait manqué son effet que par des circonstances indépendantes de la volonté de son auteur* (2), pour motiver et justifier un châtiment égal à celui du crime ou délit accompli (3).

5. Il importe de bien fixer les principes de cette matière délicate.

Celui qui conçoit le dessein d'un crime n'est pas encore coupable aux yeux de la loi : la morale l'accuse et le condamne ; mais la société ne peut lui demander compte de ses pensées et de ses projets ; l'ordre public ne peut être troublé que par des faits ; les faits seuls peuvent être poursuivis et punis par les tribunaux. Celui qui a voulu exécuter un projet criminel n'est pas encore coupable, quoiqu'il n'en ait été empêché que par un événement indépendant de sa volonté, s'il n'y a eu, de sa part, *aucun fait* pour en réaliser ou commencer l'exécution. Le crime est, en effet, demeuré dans sa pensée, et la pensée n'est

---

(1) *V.* art. 179, 388, 401, 405, 414, 415 du *Code pénal*.

(2) Il faut la réunion de toutes ces circonstances pour caractériser une tentative punissable. *V.* Arr. cass. des 6 et 26 juillet 1811, 9 janvier 1812, 18 avril 1834, 1er juillet 1841 et 26 septembre 1846.

(3) *V.* art. 2 et 3 du *Code pénal*.

justiciable que du tribunal intérieur de la conscience.

L'exécution eût-elle même été commencée par des
actes préparatoires, si elle a été arrêtée par le repentir avant le fait principal qui devait former le corps
du délit, elle ne constituera pas le délit. L'intérêt
public a voulu que la loi fît grâce à celui qui avait été
retenu sur le bord du crime par un sentiment libre et
spontané.

Les criminalistes distinguent trois sortes de tentatives, trois degrés de commencement d'exécution :

1° Si tout ce qui devait être fait pour opérer une
violation de droits, ou une infraction, a été fait ; si
l'individu a employé tous les moyens suffisants pour
parvenir au but punissable qu'il s'était proposé, et que
le succès et la suite qu'il a voulu donner à ses efforts
ne dépendissent pas de lui, mais seulement de circonstances purement fortuites ; alors son entreprise
est entièrement finie, et le délit est parfait.

Exemple : Un voleur s'est introduit dans une maison
habitée ; il s'est emparé de divers objets ; il emporte son
butin : mais, au moment où il va franchir le seuil, il est
arrêté par le propriétaire ou par la police.

Le crime est parfait quant à l'acte intentionnel ;
cependant il n'y a eu que tentative, en résultat, parce
que le vol n'a pas été consommé au profit du voleur,
même pour un temps, puisque l'objet du vol, bien que
déplacé, n'est pas entièrement sorti de la possession
du propriétaire.

2° Si l'action principale qui constitue essentiellement le crime ou le délit n'a été que commencée ;
si l'individu n'a pas continué l'accomplissement de

cette action parce que des circonstances fortuites, indépendantes de sa volonté, sont survenues et l'ont
empêché; alors il n'y a que commencement d'exécution :
le délit a été abordé par des actes prochains.

C'est la tentative proprement dite.

Exemple : Le voleur qui a pénétré furtivement dans
une maison, a déjà ouvert une armoire qu'il se propose
de piller : il est surpris et arrêté.

3° Si ce ne sont que les actes préparatoires de l'action principale qui ont été faits, mais que l'action
principale n'ait encore reçu aucun commencement
d'exécution; s'il est possible que l'individu se désiste de
son plan, de son projet; si rien n'assure qu'il aurait
persévéré dans son intention criminelle, persévérance
qui, dans le doute, ne doit pas être présumée; alors il
n'y a qu'entreprise préparée : le délit aura été tenté
par des moyens éloignés.

Il n'y aura, à proprement parler, dans ce cas, que
tentative de tentative.

Exemple : Un voleur projette d'escalader des clôtures, de pénétrer dans l'intérieur d'une maison, à
l'aide de divers moyens : il ne peut mettre son dessein
à exécution que la nuit; caché dans les environs du
lieu qu'il médite d'exploiter, il attend le moment propice ; il est découvert et arrêté muni d'une échelle, de
fausses clefs, d'un marteau, de ciseaux en fer, etc. Tout
dénote ses mauvaises intentions : mais rien ne prouve
encore qu'un repentir salutaire ne l'aurait pas retenu,
que le danger ou les conséquences de son entreprise ne
l'auraient pas intimidé, et ne l'y auraient pas fait renoncer spontanément.

Dans ce dernier cas, la loi pénale ne sévira donc

point, dans l'appréhension de mulcter injustement un individu dont la culpabilité n'est pas entière et évidemment démontrée. Tandis que, dans les deux premiers cas, si toutes les circonstances constitutives et caractéristiques de la tentative sont réunies, le doute n'est plus possible : il y aura châtiment, parce qu'il y a déjà un coupable, *qui a commis le délit autant qu'il était en lui de le commettre.*

6. La considération suprême du bien public, et la nécessité de préserver la société de grands troubles, ont fait fléchir le principe, que la loi n'atteint que les actes extérieurs, et ont déterminé le législateur à décerner des peines en matière de complots contre la sûreté de l'État, abstraction faite de l'exécution. Ainsi, la seule résolution d'agir concertée, la proposition, même non agréée, de former un complot, sont punissables (1).

7. La simple menace de commettre un crime ne constitue pas la tentative, tant qu'elle reste isolée de tout acte extérieur d'exécution. Mais la menace verbale, ou par écrit, surtout si elle a été faite avec ordre ou sous condition, a le caractère de délit, et entraîne des peines, parce qu'elle est de nature à troubler la société, à raison de l'inquiétude qu'elle est susceptible de jeter dans l'esprit des citoyens, qu'elle pourrait forcer, par la terreur, à faire des sacrifices pour racheter leur propriété, ou pour sauver leur vie (2).

8. Le Code pénal de 1810, révisé et réformé à diverses reprises, principalement par les lois des 28 avril 1832

---

(1) *V.* art. 89 et 90 du *Code pénal.*
(2) *V.* art. 305 à 308 et 436, *ibid.*

et 18 avril — 13 mai 1863, embrasse toutes les parties de notre droit pénal français ; il forme le droit commun en cette matière (1).

Il ne contient point la nomenclature complète de tous les crimes, délits et contraventions que répriment nos lois pénales. Ainsi, il ne s'applique pas, en général, aux infractions militaires, et il maintient (2), pour les matières qu'il n'a pas réglées (3), les lois et règlements particuliers qui les régissent (4).

Mais ce Code, laissant à part les crimes et délits *extraordinaires*, c'est-à-dire qui sont soumis à une juridiction exceptionnelle, et à des formes particulières d'instruction et de jugement, ou qui doivent essentiellement faire l'objet de lois spéciales, prévoit, définit et punit les crimes et délits *ordinaires*, ou de droit commun, c'est-à-dire qui appartiennent à la juridiction ordinaire ; les faits d'ordre général qui troublent plus intimement et plus fréquemment la société ; ceux qui sont plus spécialement l'objet des recherches de la police judiciaire.

Dans la législation de 1791, les crimes étaient définis et punis par la loi du 25 septembre — 6 octobre 1791,

---

(1) *V.* Dutruc, *Code pénal modifié ;* — Bertauld, *Cours de Code pénal.*

(2) *V.* art. 5 du *Code pénal.*

(3) *V.* art. 484, *ibid.*

(4) L'on regarde comme non réglés par le Code pénal, et les délits dont il ne traite point, et ceux à l'égard desquels il ne renferme que quelques dispositions éparses et détachées, qui ne forment pas un système complet de législation. *V.* Avis du conseil d'État du 8 février 1812. — Arr. cass. des 19 fév. 1813, 22 mars 1816 et 20 fév. 1829.

Tels sont les faits dont s'occupent les lois et règlements militaires, maritimes, universitaires ; les lois rurales, des eaux, bois et forêts ; les lois de la fiscalité ou des Administrations, etc.

les délits de police municipale et de police correctionnelle, par la loi du 19—22 juillet de la même année, sous des titres distincts.

Le Code des délits et des peines du 3 brumaire an IV s'occupa séparément des crimes et des contraventions : il renvoya, pour les délits de police correctionnelle, aux lois existantes sur cette matière non encore révisées.

Le Code pénal qui nous régit n'a point admis les mêmes divisions. Son quatrième livre est consacré aux contraventions; le troisième renferme promiscûment les définitions et les peines des crimes et des délits.

Cet ordre de classement a l'avantage de présenter chaque fait punissable sous ses divers aspects, avec les diverses modifications que les circonstances de son accomplissement peuvent lui faire subir, en l'aggravant ou l'atténuant, en l'élevant au rang des crimes ou le réduisant à la proportion des simples délits.

Mais on n'y trouve pas le rapport de correspondance avec les degrés de juridiction établis par le Code d'instruction criminelle. C'est un inconvénient regrettable, qui peut jeter quelque confusion dans les esprits, pour la reconnaissance des compétences, l'appréciation des faits et l'application des peines.

Par exemple, et pour nous renfermer dans notre sujet, les auxiliaires du procureur de la République ne sont, en général, aptes à rechercher, à constater que les faits constitutifs de crimes (1); ce n'est que par exception qu'ils peuvent procéder en cas de délits (2).

Il eût été utile et commode pour eux de n'avoir à consulter qu'une partie spéciale du Code pénal, pour

(1) *V.* art. 32, 49 du *Code d'inst. crim.*
(2) *V.* art. 46, *ibid.* — Ci-après n° 55.

connaître de quels faits ils sont positivement appelés à s'occuper, comme officiers auxiliaires de police judiciaire; tandis qu'il leur faut, pour définir leurs pouvoirs, calculer, sur les bases de l'art. 1er de ce Code, les peines applicables au fait à rechercher ou à constater, ce qu'il n'est pas toujours facile d'apprécier dans les premiers moments.

Nous chercherons à remédier aux inconvénients de la distribution de la loi, en donnant, dans un appendice, la nomenclature distincte mais rapprochée des crimes et délits communs, sans nous écarter de la classification du législateur (1).

9. Les faits constitutifs de crimes ou de délits peuvent être envisagés sous un double rapport : quant à la qualification qui appartient aux agents, et quant à l'appréciation morale des faits en eux-mêmes.

On distingue les personnes punissables en *auteurs* et *complices*. Les uns et les autres sont passibles des mêmes peines, c'est-à-dire de peines de même nature, sauf le cas où la loi aurait disposé autrement (2).

(1) *V.* à la fin du *Manuel*, appendice, § 1er.

Il ne faudra pas oublier que les indications sommaires de cet appendice ne doivent être considérées que comme un moyen de faciliter l'intelligence du système pénal, de familiariser les juges de paix avec la série des faits constitutifs des crimes qu'ils ont mission absolue de rechercher et de constater. C'est toujours au texte même du Code pénal, ou de toute autre loi répressive, s'il y a lieu, qu'il faut recourir pour bien apprécier les faits punissables, et pour se former une juste idée des éléments et des circonstances qui leur assignent le caractère de crimes ou de délits.

(2) *V.* art. 59, 63, 67, 99, 317, 365, 380 du *Code pénal*.

Les complices peuvent éviter la peine ou la faire atténuer dans les cas prévus par les art. 63, 100, 108, 114, 116, 138, 190, 213, 284, 285, 288, 441 du *Code pénal*.

Un complice peut être condamné, et doit donc être poursuivi,

L'*auteur* est celui qui a consommé l'exécution du crime ou du délit. On appelle *coauteurs* ceux qui ont participé ensemble et de concert, d'une manière active, à la perpétration du crime ou du délit (1).

Le *complice*, ou coauteur par complicité, est celui qui a excité à commettre le crime ou le délit, ou qui en a favorisé l'exécution en connaissance de cause.

Il n'y a point de complicité sans fait principal, ni, en général, de complicité punissable, si le fait principal ne constitue pas un crime ou un délit (2).

10. Les caractères généraux de la complicité pour les divers crimes et délits sont déterminés par les art. 60, 61, 62, 63, 285, 293 du Code pénal, — par les art. 1, 2, 3, 6, 7 de la loi du 17 mai 1819, — et par l'art. 2 de la loi du 29 décembre 1875 — 3 janvier 1876.

Sont punissables, comme complices d'une action qualifiée crime ou délit, ceux qui, par dons, promesses, menaces, abus d'autorité ou de pouvoir, machinations ou artifices coupables, auront provoqué à cette action, ou donné des instructions pour la commettre (3);

quoique le principal auteur soit inconnu, absent, mort, ou déclaré non coupable. *V.* Arr. cass. des 6 mars 1812, 19 août 1819 et 3 juin 1830.

Le complice doit être puni des mêmes peines que l'auteur de la tentative, quand bien même il n'aurait pas participé au commencement d'exécution de la tentative, et seulement aux faits préparatoires. *V.* Arr. cass. des 6 février et 16 juin 1812.

(1) *V.* Arr. cass. du 15 novembre 1862.

(2) *V.* Arr. cass. du 14 janvier 1820.— Dans un autre sens, Arr. cass. du 15 avril 1825. — *Code pénal*, art. 380.

(3) Le simple conseil, la simple provocation de commettre un crime ou un délit, non accompagnés de l'une des circonstances relevées dans le texte ci-dessus, ne constituent pas un fait de complicité. *V.* Arr. cass. des 24 novembre 1809 et 3 septembre 1812, 20 oct. 1867, 3 mars 1870, 27 déc. 1872.— Circul. du 9 janvier 1876.

Ceux qui auront procuré des armes, des instruments, ou tout autre moyen qui aura servi à l'action, *sachant qu'ils devaient y servir;*

Ceux qui auront, *avec connaissance*, aidé ou assisté l'auteur ou les auteurs de l'action dans les faits, qui l'auront préparée, facilitée ou consommée (1);

Ceux qui, *connaissant* la conduite criminelle des malfaiteurs exerçant des brigandages ou des violences contre la sûreté de l'État, la paix publique, les personnes ou les propriétés, leur fournissent *volontairement et habituellement* logement, lieu de retraite ou de réunion (2);

Ceux qui *sciemment* auront recélé, en tout ou en partie, des choses enlevées, détournées ou obtenues à l'aide d'un crime ou d'un délit (3);

(1) *V.* art. 60 du *Code pénal.*

On ne peut donc pas être réputé complice par cela seul qu'on a été présent à l'exécution d'un crime; qu'on n'a pas empêché de le commettre; qu'on ne s'est pas opposé à son exécution. La complicité ne peut résulter que d'une coopération quelconque, telle que la loi l'a déterminée. *V.* Arr. cass. du 13 mars 1812.

En d'autres termes, la loi ne fait dépendre la complicité que d'actes *positifs*, et elle exclut par conséquent les faits purement *négatifs*. *V.* Arr. cass. des 30 novembre 1810 et 13 mars 1812.

Mais celui qui a aidé l'auteur d'un délit ou d'un crime, dans le moment même de la perpétration, ne fût-ce qu'en éloignant les obstacles, ou même en faisant sentinelle autour du lieu du délit, est réputé coauteur, ou auteur de complicité.

Il est même à remarquer qu'un vol commis de cette manière est bien évidemment un vol commis par deux personnes, attendu que, dans ce cas, les deux personnes coopèrent au fait même du vol. *V.* Arr. cass. du 9 avril 1813.

(2) *V.* art. 61 du *Code pénal.*

Le simple fait d'avoir favorisé l'évasion d'un délinquant ne constitue pas la complicité. *V.* Arr. cass. du 24 prairial an V.

(3) *V.* art. 62, 63 du *Code pénal.*

Nous pensons, avec MM. LEGRAVEREND, BOURGUIGNON, DALLOZ,

Ceux qui, par des discours publics, écrits imprimés, auront provoqué à commettre un crime ou un délit (1).

11. Les caractères spéciaux de la complicité pour certains crimes sont définis par les art. 96, 202, 203, 206, 217, 238, 239, 240, 241, 349, 350, 380, 403 du Code pénal (2).

12. On distingue encore dans un crime ou délit sa *matérialité* et sa *moralité*, c'est-à-dire le fait en lui-même qui viole la loi et l'intention coupable de l'auteur de ce fait (3).

Nulle action ne peut être punie lorsqu'elle n'est pas

CHAUVEAU et HÉLIE, que la femme qui aurait recélé des objets volés par son mari, *seulement pour le soustraire* à des poursuites, et non pour s'approprier les objets ou en tirer avantage, ne devrait pas être considérée comme coupable de complicité, et comme sujette à l'application de l'art. 63 du Code pénal.

(1) *V.* art. 285, 293 du *Code pénal.* — Art. 1, 2, 3, 6, 7 de la loi du 17 mai 1819.

L'excitation *non publique* au délit, si elle n'est accompagnée de dons, promesses, menaces, artifices, etc., ne constitue pas une complicité. *V.* Arr. cass. des 24 novembre 1809 et 3 septembre 1812.

(2) La complicité ne peut être vérifiée que par un genre de preuve, au cas d'adultère. *V.* art. 388 du *Code pénal.*

Observation générale : La complicité s'inférant de circonstances très-diverses, chacun des faits qui la constituent doit être soigneusement énoncé et constaté dans les procès-verbaux d'instruction : la complicité ne doit jamais être déclarée par abstraction.

. (3) Il ne peut y avoir lieu à condamnation que sur un fait déclaré par la loi crime ou délit, et commis avec une intention criminelle : — Ainsi, d'après les art. 362 et 365 du *Code d'inst. crim.*, les Cours d'assises ne sont autorisées à condamner les accusés que lorsqu'ils sont reconnus, par le jury, coupables d'un fait qualifié crime ou délit par la loi; — Le mot coupable est une expression complexe qui déclare tout à la fois que le fait de l'accusation est constant, que l'accusé en est l'auteur, et qu'il l'a commis avec une intention criminelle; — Là où ces trois circonstances ne sont pas réunies, il ne peut pas y avoir de culpabilité. *V.* Arr. cass. du 6 mai 1812.

Cependant les tribunaux ne peuvent acquitter les coupables d'un

le résultat d'une *volonté intelligente et libre* de violer
la loi (1).

Aussi, le prévenu qui aurait été en état de démence (2) au moment de l'action (3), celui qui aurait
été entraîné par une force irrésistible (4), ou par la

délit, sous prétexte de bonne foi ou d'ignorance des lois. *V.* Arr.
cass. des 30 juillet 1807, 15 février 1811 et 6 juillet 1827.

Le fait matériel de contravention aux règlements de la police locale, de contravention aux lois sur les Douanes, sur les Contributions
indirectes, sur les Octrois, sur l'Enregistrement, aux lois fiscales,
suffit, à la différence des affaires criminelles, pour donner lieu à l'application de la peine, sans qu'on puisse avoir égard à la bonne foi
ou au défaut d'intention et de volonté du prévenu. *V.* Arr. cass. des
1er thermidor an XII, 12 floréal an XIII, 21 février 1806, 5 novembre
1807, 8 nov. 1811, 2 et 3 mars 1809, 31 janv. 1812 et 31 mai 1822.

(1) Notre règle souffre exception : Il est des cas où la loi punit
quoiqu'il n'apparaisse pas d'une volonté libre de délinquer. Ce sont
ceux où la maladresse, l'imprudence, l'inattention, la négligence ou
l'inobservation des règlements, a produit envers des personnes de
funestes accidents. La faute alors est appréciée par le résultat, par le
le dommage causé, et l'homicide ou les coups et blessures entraînent une peine; mais cette peine est mesurée avec un tempérament
d'indulgence. *V.* art. 319, 320 du *Code pénal.*

(2) Dans le cas de l'art. 64 du Code pénal, l'expression *démence*
comprend la *démence* proprement dite, la *fureur,* l'*imbécillité* et la
folie. Si l'on prétendait que le prévenu a eu des intervalles lucides,
la présomption qu'il était dérangé au temps de l'action subsisterait
en sa faveur jusqu'à ce que l'accusation eût prouvé le contraire.

(3) Si la démence était survenue depuis l'action, il y aurait lieu de
se borner à constater les faits et de suspendre les poursuites contre
le prévenu, sauf à les reprendre, s'il convenait, plus tard, de le faire.

(4) Il faut entendre, par ces termes, la volonté de la loi ou de l'autorité légitime (art. 327 du *Code pénal*), ou une force majeure insur-
montable. Arr. cass. du 13 janvier 1874.

La condition de force majeure est essentielle. On serait coupable
si l'on avait commis un délit d'après un simple ordre d'un particulier à qui l'on devait des égards; si, par exemple, un domestique
avait volé d'après l'ordre de son maître, ou un fils d'après l'ordre de
son père. *V.* Arr. cass. des 14 août 1807 et 8 novembre 1811.

nécessité actuelle de la légitime défense de soi-même ou d'autrui (1), ne sont pas sujets à l'application de la loi pénale : leur fait ne constitue ni crime, ni délit (2).

Quelquefois, tout en reconnaissant l'existence d'un délit et la nécessité d'un châtiment, la loi permet aux juges d'admettre des excuses, qui n'effacent point entièrement la peine, mais qui du moins ont l'effet de l'atténuer (3).

Aucune excuse n'est admissible qu'autant qu'elle est spécifiée par la loi (4).

Le législateur ne pouvait réunir dans un même cadre les diverses excuses qu'il considérait comme *légales*; il a dû les disséminer, en les rapprochant de chaque genre de délit qui peut donner lieu à des poursuites.

13. Ce qui détermine le caractère d'un fait incriminé, ce qui en fait ressortir la moralité, ce sont les circonstances qui l'ont précédé, accompagné, ou suivi.

Les circonstances sont *justificatives* ou *atténuantes*, et entraînent la suppression ou une modération de la peine; ou elles sont *aggravantes*, et changent le plus souvent la nature de l'action, la faisant passer de la

---

(1) *V*. art. 328 et 329 du *Code pénal*.

(2) *V*. art. 64, 327 et suiv., *ibid. — Inf.* n° 39.

(3) *V*. art. 321 et suiv., *ibid. — Inf.* n° 39.

(4) *V*. art. 65, *ibid.*

L'ivresse (fait punissable d'après la loi du 23 janvier 1873) n'excuse pas en matière criminelle, au moins en général. Arr. cass. du 27 août 1860.

Cependant, à notre avis, l'impartialité, qui est le premier devoir des officiers de police judiciaire, leur fait une obligation de vérifier et de constater, s'il y a lieu, l'ivresse alléguée par le prévenu, avec ses circonstances, pour qu'un malheureux ne soit pas privé du seul moyen de salut, peut-être, qu'il aura à développer devant les juges ou les jurés, libres appréciateurs des circonstances atténuantes.

classe des simples délits dans celle des crimes ; elles déterminent la juridiction des tribunaux de répression, et influent sensiblement sur l'application des peines, dont elles provoquent l'extension (1).

14. Les circonstances, en général, concernent (2) :

LES PERSONNES : La justice criminelle, essentiellement distributive, a souvent égard à l'état, à l'âge, au sexe, à la qualité, à la moralité de l'inculpé, et même de la personne offensée.

A l'état : Ainsi, les insensés, les furieux, ne peuvent être déclarés coupables (3).

A l'âge : Les enfants âgés de moins de seize ans accomplis, au moment du crime ou délit, sont exempts de peines, lorsqu'il a été jugé (4) qu'ils ont agi sans discernement, c'est-à-dire sans connaissance de la nature et, par suite, des résultats possibles de l'action (5).

Lors même qu'un enfant serait déclaré avoir agi avec discernement, son âge influe sur la peine à infliger. La loi suppose que le coupable, quoique sachant bien qu'il faisait mal, n'était pas en état de sentir, à cause de

---

(1) Bien que cela paraisse contradictoire dans les termes, des circonstances aggravantes et atténuantes peuvent se rencontrer simultanément dans la même cause. Par exemple, un vol accompagné des circonstances aggravantes d'escalade, d'effraction, de récidive, peut néanmoins être accompagné de circonstances atténuantes. (Paroles de M. le garde des sceaux sur l'art. 4 de la loi du 28 avril 1832.)

(2) Nous donnerons des développements étendus à cette matière importante, qui doit fixer l'attention des juges de paix, chacune des circonstances que nous allons exposer devant être soigneusement relevée et constatée dans les procès-verbaux d'instruction.

(3) *V.* art. 64 du *Code pénal.*

(4) La circonstance de l'âge influe sur le jugement, mais elle n'empêche pas les poursuites, et par conséquent ne dispense nullement de la constatation des faits et de l'arrestation des prévenus.

(5) *V.* art. 66 du *Code pénal.*

2

l'inexpérience de son âge, toute l'étendue de la faute qu'il commettait, ni de discerner toute la rigueur de la peine qu'il allait encourir (1).

Souvent l'âge introduit une exception de juridiction en faveur des enfants (2).

L'attentat à la pudeur, le viol, le rapt, commis envers un enfant, sont punis plus sévèrement (3).

La minorité du ravisseur est pour lui une circonstance atténuante (4).

Par respect pour la vieillesse, par égard pour sa débilité, la loi modère aussi la peine, lorsque le coupable est âgé de soixante ans, au moment du jugement (5).

Au sexe : En cas d'enlèvement de mineur, si la personne ainsi enlevée ou détournée est une *fille* au-dessous de seize ans, cette circonstance entraîne une aggravation de peine (6).

A la qualité : Les insultes sont plus graves quand elles sont adressées à un fonctionnaire public, en sa qualité de fonctionnaire, à l'occasion de ses fonctions, et à raison encore de la dignité du fonctionnaire (7).

Les fonctionnaires, de leur côté, sont plus rigoureusement punis, quand ils commettent des crimes ou délits (8), par la raison que l'ordre est plus ma-

---

(1) *V.* art. 67, 69 du *Code pénal.*
(2) *V.* art. 68, *ibid.*
(3) *V.* art. 331, 332, 356, *ibid.*
(4) *V.* art. 356, *ibid.*
(5) *V.* art. 70, 71, 72, *ibid.* — Loi du 30 mai 1854, art. 5.
(6) *V.* art. 355, *ibid.*
(7) *V.* art. 222 et suiv., 263, *ibid.*
(8) *V.* art. 80, 81, 94, 111, 115, 145, 146, 174, 198, 243, 251, 404, 432, 462, *ibid.*

nifestement troublé, lorsque ceux que la loi a préposés pour le maintenir sont les premiers à l'enfreindre.

A la parenté ou affinité : Ce motif de considération efface quelquefois le délit, et réduit les plaignants à se pourvoir par la voie civile : c'est ce qui arrive au cas de vol entre époux, entre ascendants et descendants, ou alliés au même degré (1). Il atténue le délit aux cas des art. 248 et 380 du Code pénal ; il l'aggrave et le rend inexcusable aux cas des art. 299, 312, 317, 323, 331 et 334 du même Code.

Les rapports de parenté, et d'autres relations civiles, sont une cause d'aggravation dans plusieurs circonstances (2).'

Les mêmes rapports donnent lieu envers certaines personnes à un recours pour les frais de procès, et pour les dommages-intérêts de la partie lésée : c'est ce qu'on appelle la *responsabilité civile* (3).

A la condition : L'état social relatif des personnes influe encore sur le caractère du fait : ainsi, le vol est plus grave si ce sont des domestiques ou des gens de

---

(1) *V.* art. 380 du *Code pénal.*

Mais, s'il y avait eu bris de scellés ou faux pour arriver au vol, ces crimes ne seraient pas excusés, quoique le vol n'eût préjudicié qu'à un parent. *V.* Arr. cass. des 22 juillet 1817, 15 octobre 1818 et 17 décembre 1829.

Remarquez que le bénéfice de l'art. 380 du Code pénal ne s'applique pas aux complices des personnes qui se trouvent dans le cas de cet article.

Les soustractions frauduleuses commises par l'enfant naturel au préjudice des père, mère, ou autres ascendants de ses père et mère, donnent lieu à l'action publique. *V.* Arr. cass. du 10 juin 1813.

(2) *V.* art. 333, 334, 350, 353, 386, 408, 443 du *Code pénal.*

(3) *V.* art. 73, 74 du *Code pénal.* — Art. 1382 à 1386 du *Code civil.*

service à gages qui l'ont commis envers leur maître, ou envers des personnes qui se trouvaient dans sa maison ; si c'est un ouvrier, compagnon ou apprenti qui a volé dans la maison ou dans l'atelier de son maître ; si le vol a été commis par un individu travaillant habituellement dans la maison où il aura volé ; si un aubergiste, hôtelier, voiturier, batelier, ou leurs préposés, ont volé des choses qui leur étaient confiées à ce titre (1). Toutes ces personnes commandaient une confiance nécessaire ; l'abus qu'elles en ont fait mérite un châtiment exemplaire.

A la moralité : Comme la société doit s'armer plus fortement contre ceux qui menacent davantage l'ordre public, les vagabonds, les mendiants, les gens sans aveu subissent, en cas de crimes ou délits, une peine plus élevée (2) ; la loi sévit rigoureusement contre les chefs de bandes, les provocateurs de désordres ; elle accorde quelque indulgence au repentir, aux aveux et révélations, à la faiblesse des prévenus qui n'ont fait que céder à un funeste entraînement (3).

15. L'INTENTION : En général, il n'y a ni crime ni délit sans dol ou mauvaise intention (4).

Le délit aura donc plus ou moins de gravité, suivant que le coupable aura manifesté une intention plus ou moins perverse, ou qu'il n'y aura rien à lui reprocher sous ce rapport.

Ainsi, celui qui aura fait usage, sans le savoir, de

(1) V. art. 386, 403 du *Code pénal*
(2) V. art. 279, 281, *ibid*.
(3) V. art. 96, 100, 108, 138, 144, 163, 267, 268, 441, 442, *ibid*.
(4) V. sup. n° 12, et *inf.* n° 165, aux notes.

fausse monnaie ou d'un écrit faux, n'aura encouru aucune peine (1).

L'officier public qui aura délivré *sciemment* une feuille de route sous des noms supposés, sera puni sévèrement (2).

Ainsi, l'homicide qui est l'effet d'un accident involontaire, sans imprudence ni négligence, n'est pas punissable (3), non plus que celui qui a été commis pour obéir à la loi ou à l'autorité légitime, ou dans le cas de légitime défense (4).

Au contraire, l'auteur encourt le dernier supplice, si l'homicide a été commis volontairement avec préméditation ou de guet-apens (5), ou s'il a été précédé, accompagné ou suivi d'un autre crime ou délit (6).

Les coups et blessures sont punis bien plus sévèrement, si le délit a été commis avec préméditation ou de guet-apens (7).

(1) *V.* art. 163 du *Code pénal.*

(2) *V.* art. 156, 158, *ibid.*

(3) *V.* 295, 319, *ibid.*
Il y aurait lieu à appliquer les peines du meurtre, quand bien même la personne homicidée ne serait pas celle que le meurtrier avait l'*intention* de tuer. *V.* Arr. cass. du 31 janvier 1835.

(4) *V.* art. 327 et suiv. du *Code pénal.*

(5) *V.* art. 296, 302, *ibid.*
La *préméditation* consiste dans le dessein formé, avant l'action, d'attenter à la personne d'un individu déterminé, ou même de celui qui sera trouvé ou rencontré, quand même ce dessein serait dépendant de quelque circonstance ou de quelque condition. Art. 297 du *Code pénal.*
Le *guet-apens* consiste à attendre, plus ou moins de temps, dans un ou divers lieux, un individu, soit pour lui donner la mort, soit pour exercer sur lui des actes de violence. Art. 298 du *Code pénal.*

(6) *V.* art. 304, *ibid.*

(7) *V.* art. 310, 311, *ibid.*

Les recéleurs d'objets provenant d'un crime ou d'un délit sont punis plus ou moins rigoureusement selon qu'ils sont ou non convaincus d'avoir eu connaissance, au moment du recèlement, des circonstances aggravantes du méfait (1).

Le bigame pourra être innocenté, s'il prouve qu'il croyait, de bonne foi, son premier mariage dissous, quand il a contracté le second (2).

16. LE TEMPS : La loi réprime par des peines plus graves l'infraction qui aurait été commise la nuit (3), parce qu'en général elle punit plus rigoureusement les crimes dont il est moins facile de se garantir et de reconnaître les auteurs (4).

(1) *V.* art. 63 du *Code pénal*.

(2) Cependant la simple possibilité de cette bonne foi ne doit pas empêcher de poursuivre. *V.* Arr. cass. du 13 avril 1815.

(3) La Cour de cassation a jugé par plusieurs arrêts, notamment les 12 février 1813, 4 juillet 1823 et 4 mars 1830, que, dans le sens des lois pénales, la *nuit est le temps compris entre le coucher et le lever du soleil;* qu'ainsi un vol commis dans cet intervalle est atteint de la circonstance aggravante de la nuit, par la raison que s'il en était autrement il n'y aurait rien de fixe : le crépuscule, l'aurore, la lune, l'éclairage des rues, serviraient de prétexte à des décisions contradictoires et arbitraires. La jurisprudence est fixée en ce sens. *V.* Arr. cass. conformes des 18 décembre 1873 et 30 janvier 1874.

Mais on doit, dans les procédures, indiquer, autant que possible, l'heure à laquelle le crime ou le délit a été commis, et ne pas s'en tenir à indiquer que c'est avant le lever ou après le coucher du soleil, parce que le prévenu peut contester ce point, et qu'il importe de trouver dans les actes judiciaires la plus grande précision, comme tous les moyens de dissiper les doutes, d'écarter des prétentions erronées ou spécieuses.

(4) *V.* art. 381 à 386 du *Code pénal*.

La gravité des crimes qui attentent à la propriété se compose nonseulement du préjudice qu'ils causent et de l'intention qui les produit, mais encore de la difficulté de s'en garantir. *V.* Arr. cass. du 28 janvier 1809.

D'un autre côté, cette circonstance de temps sert quelquefois à excuser certains faits : par exemple, des blessures faites, un homicide commis, en repoussant pendant la nuit une escalade ou une effraction quelconque (1).

L'injure acquiert un caractère de gravité lorsqu'elle a été faite ou proférée envers un magistrat, un fonctionnaire, un particulier chargé d'un service public, durant le temps qu'ils remplissaient leurs fonctions (2).

17. LE LIEU : Une infraction peut devenir plus considérable, à raison du lieu où elle a été commise.

C'est ainsi que, pour assurer la libre circulation du commerce, et parce qu'il importe spécialement de protéger les voyageurs, les vols commis sur les chemins publics (3) emportent toujours une peine afflictive et infamante (4).

Il y a aussi une différence notable entre le simple vol et ceux qui seraient commis dans des archives, greffes et dépôts publics (5), dans les bibliothèques publiques,

---

(1) *V.* art. 329 du *Code pénal.*

(2) *V.* art. 222, 223, 224, 228, 230, 262, 263 du *Code pénal.* — Art. 6 de la loi du 25 mars 1822.

(3) Les mots *chemins publics* s'entendent des chemins allant de ville à ville ou de village à village. *V.* Arr. cass. des 2 mai 1811 et 20 juillet 1819.

Sont assimilés aux vols sur les chemins publics, ceux qui sont commis sur les fleuves, rivières et canaux navigables. *V.* Arr. cass. du 10 septembre 1813.

Ne sont pas regardés comme grands chemins ou chemins publics, les routes et rues dans les villes, bourgs, faubourgs et villages. *V.* Déclaration du 5 février 1731, art. 5. — Loi du 20 décembre 1815, art. 12. — Arr. cass. du 6 avril 1815.

(4) *V.* art. 383 du *Code pénal.*

(5) *V.* art. 255, *ibid.*

qui sont assimilées aux dépôts publics (1), dans les édifices consacrés aux cultes (2), dans les maisons habitées (3) ou servant d'habitation, les dépendances de ces maisons, les parcs ou enclos (4).

(1) *V*. Arr. cass. des 9 avril 1813, 25 mars 1819 et 5 août 1819.

(2) *V*. art. 386 du *Code pénal*.

(3) Est réputé *maison habitée*, tout bâtiment, logement, loge ou cabane, même mobile, actuellement habité, ou destiné à l'habitation, et tout ce qui en dépend, comme cours, basses-cours, granges, écuries, édifices qui y sont renfermés, quel qu'en soit l'usage, et quand même ils auraient une clôture particulière dans la clôture ou enceinte générale. Art. 390 du *Code pénal*. — Arr. cass. des 4 avril et 8 août 1873.

Il importe peu que la maison où a été commis le vol fût habitée soit par l'accusé, soit par la personne volée, ou par toute autre, et que le voleur s'y fût introduit du consentement ou à l'insu de la personne volée. *V*. Arr. cass. des 24 juin et 8 juillet 1813, et 30 sept. 1869.

Le vol commis dans un jardin attenant à une maison habitée est considéré comme commis dans la maison. Les termes de l'art. 390 du Code pénal énumérant les dépendances de maison habitée, ne sont que démonstratifs. *V*. Arr. cass. des 18 juin 1812 et 16 avril 1813.

Une dépendance de destination ne suffit pas pour donner à une cave ou à un autre bâtiment le caractère de bâtiment dépendant d'une maison habitée ; il faut de plus que ce bâtiment soit renfermé dans la clôture générale, ou matériellement lié à la maison, ou, s'il n'y est attenant sans solution de continuité, qu'il en soit assez rapproché pour être réputé sous la surveillance et sous la défense de celui qui habite la maison au service de laquelle ce bâtiment est destiné. Dans ce dernier cas, le vol commis dans le bâtiment dépendant pourrait être vu et entendu par le propriétaire, l'exciter à des moyens de résistance, et compromettre ainsi sa sûreté ; le vol serait donc accompagné d'une circonstance aggravante. *V*. Arr. cass. du 30 mai 1812.

(4) Art. 381, 384, 386 du *Code pénal*.

Est réputé *parc* ou *enclos*, tout terrain environné de fossés, de pieux, de claies, de planches, de haies vives ou sèches, ou de murs, de quelque espèce de matériaux que ce soit, quelles que soient la hauteur, la profondeur, la vétusté, la dégradation de ces diverses clôtures, quand il n'y aurait pas de porte fermant à clef ou autrement, ou quand la porte serait à claire-voie, ou ouverte habituellement. Art. 391 du *Code pénal*.

Les parcs mobiles destinés à contenir du bétail dans la campagne,

La destruction des animaux d'autrui est passible de peines plus ou moins fortes, selon le lieu où l'animal a été tué (1).

L'outrage envers les magistrats, les fonctionnaires et les agents de la force publique acquiert un plus haut degré de gravité par le lieu où il a été commis (2).

Il en est de même des entraves apportées au libre exercice des cultes, et de l'outrage envers les objets d'un culte (3).

18. Le mode : La manière dont l'infraction a été commise peut également la rendre plus condamnable, si elle annonce une plus grande préméditation ou plus d'audace. C'est par ce motif que le vol commis avec violence (4), ou par des gens porteurs d'armes (5) apparentes ou cachées, avec usage ou seulement me-

de quelque matière qu'ils soient faits, sont aussi réputés *enclos;* et lorsqu'ils tiennent aux cabanes mobiles ou autres abris destinés aux gardiens, ils sont réputés dépendants de maison habitée. Art. 392 du *Code pénal.*— *V.* art. 381, 384, 386, *ibid.*

(1) *V.* art. 453 du *Code pénal.*

(2) *V.* art. 222, 223, 228, *ibid.*

(3) *V.* art. 261, 262, *ibid.*

(4) Quand même les violences n'auraient été exercées qu'en prenant la fuite. *V.* Arr. cass. du 18 décembre 1812.

Envelopper la tête de la personne volée, pour l'empêcher de reconnaître, ou d'appeler du secours, c'est user de violences. *V.* Arr. cass. du 8 janvier 1813.

(5) Sont compris dans le mot *armes,* toutes machines, tous instruments ou ustensiles tranchants, perçants ou contondants.— Les couteaux et ciseaux de poche, les cannes simples, ne sont réputés armes qu'autant qu'il en aura été fait usage pour tuer, blesser ou frapper. Art. 101 du *Code pénal.*

Par le mot *instrument* employé dans l'art. 101 du Code pénal, on entend généralement tout ce qui est employé pour produire l'effet prévu par cet article; ainsi, des pierres, des bâtons sont des instruments contondants. *V.* Arr. cass. du 9 juin 1808.— La seconde partie

nace de faire usage des armes (1); ou à l'aide d'escalade (2), d'effraction (3), de bris de scellés, assimilé à

du même article est explicative et non limitative : les canifs, poinçons, stylets, compas, etc., sont des armes lorsqu'il en a été fait
usage pour frapper, blesser ou tuer. Il en serait de même d'une
branche d'arbre dont on se serait servi comme d'une massue, de
pierres, etc. *V.* Arr. cass. des 9 avril 1812, 20 août 1812, 8 juillet 1813,
3 octobre 1817 et 30 avril 1824.

On doit réputer rassemblement armé, le rassemblement d'hommes
armés de bâtons. *V.* Arr. cass. du 16 février 1832.

(1) Un bâton est réputé arme, dans le sens de l'art. 381, n° 5, du
Code pénal; s'il a été fait menace d'en frapper, cette menace constitue une violence. *V.* Arr. cass. du 18 mai 1820.

Le voleur qui met le couteau sur la gorge d'un habitant d'une
maison pour le forcer à dire où est son argent, commet un vol avec
armes. *V.* Arr. cass. du 18 mai 1810.

(2) Est qualifiée *escalade*, toute *entrée* dans les maisons, bâtiments,
cours, basses-cours, édifices quelconques, jardins, parcs et enclos,
exécutée par-dessus les murs, portes, toitures ou toute autre clôture;
— L'entrée par une ouverture souterraine, autre que celle qui a été
établie pour servir d'entrée, est une circonstance de même gravité
que l'escalade. Art. 397 du *Code pénal.*

Il y a escalade, si le voleur, pour s'introduire dans la maison,
passe par une fenêtre qu'il trouve ouverte, lors même que cette fenêtre étant peu élevée le voleur n'a besoin que d'une simple en-
jambée pour s'introduire dans la maison. *V.* Arr. cass. des 7 novembre 1811 et 18 juin 1813.

Pour qu'il y ait escalade, il faut que le voleur se soit introduit
dans la maison. *V.* Arr. cass. du 21 octobre 1813.

(3) Est qualifié *effraction*, tout forcement, rupture, dégradation,
démolition, enlèvements de murs, toits, planches, portes, fenêtres,
serrures, cadenas, ou autres ustensiles ou instruments servant à
fermer ou à empêcher le passage, et de toute espèce de clôture,
quelle qu'elle soit. Art. 393 du *Code pénal.*

Les effractions sont extérieures ou intérieures. Art. 394 *C. pén.*

Les effractions *extérieures* sont celles à l'aide desquelles *on peut
s'introduire* dans les maisons, cours, basses-cours, enclos ou dépendances, ou dans les appartements ou logements particuliers. Art. 395
du *Code pénal.*

Les effractions *intérieures* sont celles qui, *après l'introduction* dans

l'effraction (1), de fausses clefs (2) ; ou avec l'emploi de faux titres de fonctionnaire public, d'officier civil ou militaire, de l'uniforme ou du costume de ce fonctionnaire ou de cet officier ; enfin, en faisant usage d'un faux ordre de l'autorité publique ; le vol, disons-nous, commis à l'aide de ces moyens, a divers degrés de gravité, selon les circonstances (3).

Le Code pénal offre d'autres exemples d'aggravation tirés du mode (4).

19. LA MATIÈRE : Parce qu'il en résulte quelquefois un dommage plus considérable, et que l'ordre social est plus directement et plus profondément blessé.

C'est pourquoi la fabrication de fausses pièces d'or ou d'argent est plus punie que celle de fausse mon-

---

les lieux mentionnés en l'article précédent, sont faites aux portes ou clôtures du dedans, ainsi qu'aux armoires ou autres meubles fermés.—Est compris dans la classe des simples effractions intérieures, le simple enlèvement des caisses, boîtes, ballots sous toile et corde, et autres meubles fermés, qui contiennent des effets quelconques, bien que l'effraction n'ait pas été faite sur le lieu. Art. 396 *C. pén.*

(1) *V.* art. 253 du *Code pénal.*

(2) Sont qualifiés *fausses clefs*, tous crochets, rossignols, passe-partout, clefs imitées, contrefaites ou altérées, ou qui n'ont pas été destinées par le propriétaire, locataire, aubergiste ou logeur, aux serrures, cadenas ou autres fermetures quelconques auxquelles le coupable les aura employées. Art. 398 du *Code pénal.*

En matière de vol, on entend par fausse clef, non-seulement celle qui a été contrefaite, mais encore toute clef dont le voleur fait méchamment usage, pour ouvrir une porte différente de celle qu'elle est destinée à ouvrir. *V.* Arr. cass. du 5 nivôse an XII.

Lorsqu'une clef est égarée et que le propriétaire en fait faire une autre, la clef égarée perd sa destination à l'égard du propriétaire, et devient fausse clef dans les mains du tiers qui en fait usage. *V.* Arr. cass. des 18 juillet 1811, 16 décembre 1825 et 19 mai 1836.

(3) *V.* art. 381 et suiv. du *Code pénal.*

(4) *V.* art. 212, 231, 232, 241, 303, 305, 307, 344, *ibid.*

naie de billon (1); le faux en écriture privée est moins puni que le faux dans les effets de commerce ou dans les actes publics (2); le faux témoignage est plus grave en matière criminelle qu'en matière civile (3); en cas de pillage, la nature des objets sur lesquels il a été exercé influe pareillement sur l'infliction de la peine (4).

20. LA QUANTITÉ OU QUOTITÉ : Avant la loi du 28 avril 1832, les peines ne pouvaient être modifiées en cas de circonstances atténuantes, conformément à l'art. 463 du Code panal, qu'autant que le préjudice causé n'excédait pas vingt-cinq francs.

Le même principe existe encore dans l'art. 72 de la loi du 15 avril 1829 sur la pêche fluviale.

Dans le cas de fabrication d'une fausse feuille de route ou de falsification d'une feuille de route véritable, la quotité des sommes touchées, sur ce titre, détermine la fixation de la peine (5); il en est de même quant aux soustractions de deniers faites par un dépositaire ou comptable public (6).

Celui qui a abattu méchamment ou frauduleusement des arbres appartenant à autrui, voit aggraver sa peine à raison du nombre des arbres abattus (7).

21. L'ÉVÉNEMENT : Suivant les circonstances, et surtout quand on ne peut aisément pénétrer l'intention,

(1) *V.* art. 132, 133 du *Code pénal.*
(2) *V.* art. 139 et suiv., *ibid.*
(3) *V.* art. 361 et suiv., *ibid.*
(4) *V.* art. 440, 442, *ibid.*
(5) *V.* art. 156, *ibid.*
(6) *V.* art. 169 à 172, *ibid.*
(7) *V.* art. 445, 446, *ibid.*

l'événement concourt à fixer le caractère de gravité du crime ou délit.

C'est ainsi que la loi punit plus sévèrement les violences qui ont été suivies d'effusion de sang, ou qui ont rendu le blessé infirme ou incapable de travail personnel pendant plus de vingt jours, ou qui ont entraîné la mort, même contre l'intention de leur auteur (1).

L'événement influe encore sur la fixation de la peine, en cas de provocation au désordre par des ecclésiastiques (2), en cas d'arrestation illégale (3) et d'exposition d'enfant (4), en cas de délits par imprudence, par maladresse, etc. (5).

22. LE NOMBRE DES INCULPÉS OU PRÉVENUS : Il devient une circonstance aggravante, attendu qu'il importe d'empêcher les attroupements et les associations de malfaiteurs (6).

L'intérêt du Gouvernement exige qu'il surveille les réunions de citoyens, et le nombre des personnes qui se rassemblent habituellement dans les mêmes lieux indique quand la surveillance est devenue nécessaire (7).

23. LA RÉCIDIVE : Celui qui délinque itérativement, soit en commettant une infraction de même nature que celle pour laquelle il a déjà été puni, soit en commettant une infraction d'un genre différent (8), an-

---

(1) *V.* art. 231, 233, 309, 316 du *Code pénal.* — *Inf.* p. 421.

(2) *V.* art. 203, 206, 208, *ibid.*

(3) *V.* art. 342, 343, *ibid.*

(4) *V.* art. 351, *ibid.*

(5) *V.* art. 319, 320, *ibid.*

(6) *V.* art. 96, 210, 381, 385, 386, 440, *ibid.*

(7) *V.* art. 291, *ibid.* — Loi du 10 avril 1834.

(8) Les art. 56, 57, 58 du Code pénal soumettent à la peine de la récidive quiconque ayant été condamné pour un crime ou un délit

nonce des habitudes vicieuses et un fond de perversité, ou au moins de faiblesse non moins dangereuse pour le corps social que la perversité ; il prouve que la peine qu'il a subie était insuffisante et inefficace. Par cette raison, la récidive d'une contravention est quelquefois imputée à délit, et la récidive d'un délit est imputée quelquefois à crime ; en outre, la récidive donne toujours lieu à une aggravation de peine , à moins que des circonstances atténuantes ne militent en faveur du coupable (1).

Il ne peut y avoir récidive sans une première condamnation (2).

24. LE CUMUL DES CRIMES ET DÉLITS : Les malfaiteurs qui, pour l'exécution de leurs crimes, emploient des tortures , ou commettent des actes de barbarie, sont punissables comme coupables d'assassinat (3) ; le meurtre emporte la peine de mort lorsqu'il a été précédé, accompagné ou suivi d'un autre crime, ou lorsqu'il a eu pour objet soit de préparer, faciliter ou exécuter un *délit*, soit de favoriser la fuite ou d'assurer l'impunité des auteurs ou complices de ce délit (4).

Ce concours de circonstances, qui s'aggravent récipro-

---

aura commis un second crime ou délit, et ne disent rien de la nécessité d'un rapport d'identité entre la nature du premier fait et celle du second. Arr. cass. des 6 mars 1857 et 29 avril 1869.

(1) *V.* art. 56, 57, 58, 199, 200, 463, 478 du *Code pénal.*

(2) Argument des art. 56 et suiv. du *Code pénal.* — *V.* Arr. cass. du 27 février 1818.

Il n'importe par quel tribunal ait été prononcée la première peine, par application des lois pénales ordinaires. *V.* Arr. cass. des 9 novembre 1829, 8 décembre 1865, 19 novembre 1868 et 18 février 1869.

(3) *V.* art. 303 du *Code pénal.*

(4) *V.* art. 304, *ibid.*

quement, est si effrayant, qu'une peine inférieure ne suffirait pas pour tranquilliser la société.

25. L'ACCUMULATION DES CIRCONSTANCES AGGRA - VANTES : Dans un même fait peuvent se trouver réunies plusieurs des circonstances aggravantes énumérées précédemment ; toutes et chacune doivent être recueillies, vérifiées et constatées avec soin (1).

Par exemple, un vol domestique peut avoir été commis avec violence, fausses clefs, effraction, etc. La peine du vol domestique change dans ce cas.

26. Tout crime ou délit peut être l'objet d'une action criminelle ou publique (2) ; il peut aussi en résulter une action civile ou privée.

L'action publique a pour but la punition des atteintes portées à l'ordre social ; elle n'appartient qu'aux fonctionnaires auxquels elle est confiée par la loi, c'est-à-dire, en ce qui concerne la police judiciaire, aux Cours d'appel, aux procureurs généraux et aux procureurs de la République, dans tous les cas ; aux juges d'instruction et aux officiers de police auxiliaires, seulement en cas de flagrant délit ou de réquisition d'un chef de maison (3).

L'action civile a pour objet la réparation pécuniaire du dommage que le crime ou délit a causé ; elle peut être exercée par tous ceux qui ont souffert de ce dommage (4).

(1) *V.* art. 381 et suiv. du *Code pénal.*

(2) *V.* néanmoins, n° 29, les exceptions au droit d'initiative.

(3) *V.* art. 8, 9, 22, 48, 49, 50, 59, 217, 235 du *Code d'inst. crim.*

(4) *V.* art. 4, 5, 6 du *Code* du 3 brumaire an IV. — Art. 1er du *Code d'inst. crim.*

Cependant, par exception, les délits d'usure et les contraventions à la marque d'or ou d'argent ne peuvent être poursuivis que par le ministère public. *V.* loi du 3 sept. 1807. — Arr. cass. du 25 avril 1811.

27. Pour que l'action publique soit exercée, il n'est pas de rigueur que l'infraction à la loi ait été commise en France (1).

Il n'importe pas non plus que le crime ou délit commis en France l'ait été par un Français ou par un étranger. En règle générale, les lois de police, ce qui comprend les lois criminelles, obligent tous ceux qui se trouvent sur le territoire qu'elles régissent (2).

Néanmoins, les ambassadeurs des puissances étrangères et les personnes de leur suite revêtues d'un caractère public, sont, en général, affranchis de la juridiction de nos tribunaux, et leur domicile est impénétrable (3).

---

(1) *V*. art. 5, 6, 7 du *Code d'inst. crim.* — Loi du 27 juin—5 juillet 1866.

Les crimes successifs, commencés en France et continués à l'étranger, peuvent être poursuivis et jugés en France. *V*. Arr. cass. des 23 fructidor an XII, 18 avril et 21 novembre 1806.

(2) *V*. art. 3 du *Code civil.* — *V*. Arr. cass. des 3 mai 1867, 29 février 1863, 11 septembre 1873 et 16 juillet 1874.

(3) *V*. Loi du 13 ventôse an II. — Arr. cass. du 13 oct. 1865.

Les juges de France ne pourraient pas non plus instruire contre les gens de mer étrangers qui commettraient des délits *les uns envers les autres à bord de leurs bâtiments,* dans un port, dans une rade, dans une baie française. *V*. Avis du conseil d'État du 28 octobre 1806.

Les magistrats français sont compétents pour informer de faits commis *à bord*, à l'encontre des équipages des navires étrangers, si le capitaine ou le consul de la nation acquiesce à l'information commencée; — si le crime ou délit est grave; — si le fait a été commis dans le rayon territorial de la mer française; — si le coupable a menacé des Français; — si le fait commis même entre étrangers n'intéresse pas seulement la discipline du bord, et peut troubler la tranquillité du port, ou lorsque l'intervention de l'autorité française a été réclamée. Circulaire du ministre de la justice du 26 janvier 1850. — Arr. cass. du 25 février 1859. — *Manuel des juges d'instruction,* n°s 50 et 51.

Il en est de même des parlementaires (1), non des consuls (2).

En vertu de l'art. 75 de la Constitution de l'an VIII, les agents du Gouvernement, pour les faits commis dans l'exercice de leurs fonctions, ne pouvaient être poursuivis sans une autorisation préalable. Ces dispositions ont été abrogées par un décret du 19 septembre 1870.

Les délits et crimes que commettraient des juges, d'autres magistrats ou officiers de justice, de grands officiers de la Légion-d'Honneur, des généraux, prélats, juges des Cours supérieures et préfets, sont répressibles d'après un mode spécial (3).

Les élèves des colléges, mineurs de seize ans, sont assujettis à la juridiction de l'Université, pour leurs contraventions et délits commis dans ces maisons (4).

28. L'action publique pour suppression d'état (5) ne peut être poursuivie qu'après le jugement définitif de la question d'état par les tribunaux civils (6).

Les poursuites criminelles ne peuvent, non plus, être commencées avant une décision civile, à raison d'un délit, lorsque ce délit suppose nécessairement l'existence d'un fait civil qui ne peut être prouvé par témoins : tel serait le délit de violation de dépôt, si le

(1) *V.* Arr. cass. du 29 thermidor an VIII.

(2) MERLIN, *Rép.*, au mot *Consul français.* — Arr. Cour d'Aix du 14 août 1829.

(3) *V.* art. 479 à 503 du *Code d'inst. crim.* — Décret du 6 juillet 1810. — Loi du 20 avril 1810. — *Manuel des juges d'instruction*, n°* 90 et suiv.

(4) *V.* art. 76 du décret du 15 novembre 1811.

(5) Non pas celle en suppression de personne : *V.* Arr. cass. des 26 septembre 1813, 12 décembre 1823 et 8 avril 1826; ou de supposition d'enfant. Arr. cass. du 7 avril 1831.

(6) *V.* art. 326, 327 du *Code civil.* — Arr. cass. des 2 mars 1809, 3 mars 1813 et 3 janvier 1857.

fait du dépôt n'était pas prouvé en justice (1) ; tel serait le crime de faux serment, s'il n'était pas intervenu
un jugement, au civil, sur la réalité de l'obligation repoussée par le serment (2) ; etc.

29. Des considérations politiques ou morales ont
fait décider, en premier lieu, que quelques actes ré-
préhensibles sous certains rapports, tels que la soustraction entre parents et le recèlement d'un parent
criminel, ne seraient point passibles de l'action publique (3) ; en second lieu, que quelques délits n'en
seraient passibles qu'autant que la partie lésée en aurait provoqué l'exercice : tels sont l'adultère (4) ; le
rapt, dans le cas où le ravisseur a épousé la fille enlevée (5) ; les manquements, retards ou fraudes des
fournisseurs de l'armée dans leur service (6) ; les crimes commis à l'Étranger par un Français contre un
Français (7) ; l'injure et la diffamation envers certaines personnes (8) ; les délits de chasse sur le terrain
d'autrui, en temps non prohibé, et la pêche dans
les eaux des particuliers, dans un temps et d'une
manière non défendus (9) ; les délits de contre-

---

(1) *V.* art. 408 du *Code pénal.* — Arr. cass. des 5 septembre 1812,
17 juin 1813, 5 mai 1815, 10 avril 1819 et 26 septembre 1823.

Toutefois, ce principe ne s'applique pas aux dépositaires publics.
V. art. 1950 du *Code civil.*

(2) *V.* Arr. cass. du 5 septembre 1812.

(3) *V.* art. 248 et 380 du *Code pénal.*

(4) *V.* art. 336, 339, *ibid.*

(5) *V.* art. 357, *ibid.* — Art. 180 du *Code civil.*

(6) *V.* art. 433 du *Code pénal.*

(7) *V.* art. 7 du *Code d'inst. crim.* — Loi du 27 juin—5 juillet 1866.

(8) *V.* Loi du 26 mai 1819, art. 2, 3, 4, 5. — Loi du 25 mars 1822,
art. 15, 16, 17.

(9) *V.* Loi du 30 avril 1790, art. 8. — Loi du 15 avril 1829, art. 65,

façon (1); les contraventions aux lois des administrations des Contributions indirectes et des Douanes.

30. Mais, quand un particulier a porté sa plainte et
provoqué l'exercice de l'action publique, il ne peut plus
en arrêter le cours, la renonciation à l'action civile
ne pouvant arrêter ni suspendre l'exercice de l'action
publique (2).

Toutefois, cette règle souffre exception dans le cas
d'adultère. Le mari, qui seul avait le droit de demander réparation de son injure, doit rester maître, en
reprenant sa femme, de renoncer à une triste satisfaction et de prévenir l'explosion d'un scandale dont la
honte rejaillit sur lui-même (3).

Il y a aussi exception à l'occasion des fraudes dé-
noncées par les administrations des Contributions indirectes et des Douanes : ces régies, étant autorisées par
la loi à transiger sur le fait de la contravention, ont, en

---

67. — Arr. cass. des 10 juillet 1807, 12 février 1808, 13 juillet 1810 et
22 juin 1815.

La poursuite d'office est permise en matière de pêche fluviale,
V. Arr. cass. du 17 octobre 1838.

(1) V. Loi du 19 juillet 1793, art. 3.

(2) V. art. 4 du *Code d'inst. crim.* — Art. 2046 du *Code civil.*

La restitution faite, par l'escroc, des sommes dont il s'est emparé
par dol et à l'aide d'un crédit imaginaire, n'empêche pas qu'il y ait
bien escroquerie punissable, et, dès lors, qu'il y ait lieu à l'action
publique. V. Arr. cass. du 6 septembre 1811. — Mêmes principes en
cas de restitution d'une chose volée, et en général à l'égard de tous
crimes et délits. V. Arr. cass. des 4 mars 1851, 24 mai 1860, 28 avril
1866.

(3) Argument de l'art. 337 du *Code pénal.* — V. Arr. cass. du 7 août
1823. — *Sic* en cas de rapt. *Code pénal*, art. 357. Arr. cass. des 17 août
1827, 28 juin 1839.

Dans ces divers cas, le retrait de la plainte profite au complice.
Arr. cass. précités des 17 août 1827 et 28 juin 1839.

conséquence, la faculté d'empêcher qu'il soit donné
suite aux procès-verbaux qui s'y rapportent (1).

31. L'action publique s'éteint par la mort du prévenu, par la prescription (2), par l'amnistie, qui est
une grâce anticipée, enfin, par l'absolution ou par l'acquittement de la personne jugée, devenus définitifs (3).

32. La mort du prévenu, qui éteint l'action publique
par rapport à lui, la laisse subsister contre les complices, parce que ni l'existence ni la condamnation
du prévenu ne sont nécessaires pour la poursuite des
complices (4).

33. La prescription fait acquérir au prévenu ou accusé la libération de toute peine, et l'affranchit de
toutes recherches et poursuites. La prescription acquise
doit même, en droit criminel, être suppléée d'office,
c'est-à-dire que le bénéfice en doit être appliqué, sans
qu'il soit besoin qu'elle ait été invoquée par ceux à qui
elle profite (5).

Il n'y a plus aujourd'hui de délits imprescriptibles.

La prescription s'opère, s'il s'agit d'un crime, par
dix ans écoulés à dater du jour où le crime a été com-

---

(1) *V.* n° 29. — *Manuel des juges d'instruction*, n° 55.

(2) *V.* art. 2 du *Code d'inst. crim.*

(3) *V.* art. 460, *ibid.*

L'*acquittement* est la conséquence de la déclaration de non-culpa-
bilité d'un fait qualifié crime ou délit par la loi pénale. L'*absolution*
est la suite d'une déclaration que le fait reconnu commis par la
personne poursuivie ne constitue ni crime ni délit.

(4) *V.* Décret du 26 messidor an II. — Arr. cass. des 14 août 1807,
27 mai 1808, 23 avril 1813, 21 avril 1815, 19 août 1819, 13 août 1829 et
3 juin 1830. — *Sup.* n° 9.

(5) *V.* Arr. cass. des 27 février 1807, 12 août 1808 et 9 mai 1812. —
Arr. Cour d'Orléans du 3 avril 1830.

mis ; et, en cas qu'il ait été fait dans cet intervalle des actes d'instruction ou de poursuite, non suivis de jugement, par dix ans à compter du dernier acte (1).

S'il s'agit d'un délit, le temps de la prescription est de trois ans, dans les mêmes termes que pour les crimes (2).

Il est des délits dans lesquels l'infraction se continue pendant un certain laps de temps. Par exemple, il y a continuité de l'infraction, dans la détention arbitraire, jusqu'à l'élargissement du détenu, et dans le rapt, jusqu'à la restitution du mineur. Pour ces délits, que l'on nomme *successifs*, la prescription ne court qu'à dater du jour où leur effet a cessé (3).

Lorsque le délit est *complexe*, c'est-à-dire qu'il résulte de plusieurs faits distincts, comme l'habitude d'usure, la prescription ne court pas à dater de chaque fait pris isolément, mais à dater du délit même (4).

Du reste, ces règles ne concernent point les délits régis par des lois spéciales : on y applique les prescriptions déterminées par ces lois.

Par exemple, les délits forestiers se prescrivent par trois mois, lorsque les contrevenants sont connus, et

---

(1) *V.* art. 637 du *Code d'inst. crim.*

(2) *V.* art. 638, *ibid*.

(3) Le crime de bigamie n'est point un délit successif qui se perpétue et se renouvelle pendant toute la durée du second mariage ; il est prescriptible à partir du jour du second mariage qui constitue la bigamie. *V.* Arr. cass. des 5 septembre 1812, 29 avril 1815, 4 juillet 1816 et 10 décembre 1819.

L'usage d'une pièce fausse est un crime successif, tant qu'il n'y a pas, de la part du coupable, manifestation de la volonté de ne plus se servir de la pièce fausse. *V.* Arr. cass. du 24 juin 1813.

(4) *V.* Arr. cass. des 4 août 1820 et 15 juin 1821.

par six mois s'ils sont inconnus (1) ; les délits de pêche, suivant les circonstances, par un ou par trois mois (2); les délits ruraux, par un mois (3) ; les délits de chasse, par trois mois (4).

Mais on rentre dans le droit commun lorsque la loi pénale spéciale ne s'est pas occupée de prescription (5).

L'art. 27 de la loi du 17 février 1852 a fait rentrer dans le droit commun, et soumis à la prescription de trois ans, les délits commis par la voie de la presse ou par d'autres moyens de publication.

34. L'amnistie, dont l'effet est le même que celui des lettres d'abolition générale usitées dans notre ancien droit, rend superflues toutes recherches et poursuites relativement aux faits auxquels elle s'applique, parce qu'elle relève leurs auteurs de toute peine (6).

L'amnistie est générale ou particulière, absolue ou conditionnelle. Elle est générale lorsqu'elle s'étend à tous les individus qui ont pris part à l'espèce de délit pour lequel elle est accordée. Elle est particulière,

---

(1) *V.* art. 185 du *Code forestier.*

(2) *V.* art. 62 de la loi du 15 avril 1829, sur la pêche fluviale.

(3) *V.* Loi du 18 septembre 1791, tit. Ier, sect. VII, art. 8.

(4) *V.* Loi du 3 mai 1844, art. 29.

(5) *V.* Arr. cass. du 1er juin 1829.

(6) L'amnistie diffère de la grâce en ce que l'effet de la grâce est limité à la remise de tout ou partie des peines, tandis que l'amnistie emporte abolition des délits, des poursuites et des condamnations, tellement que ces délits sont, sauf l'action civile des tiers, comme s'ils n'avaient jamais existé. *V.* Arr. cass. du 11 juin 1825.

L'amnistie empêcherait les poursuites, malgré la renonciation de l'amnistié à profiter de cet acte de clémence. *V.* Arr. cass. du 10 juin 1831.

lorsqu'elle ne comprend pas tous les coupables et qu'elle en excepte quelques-uns (1). Elle est absolue, lorsque, pour en jouir, on n'est assujetti à aucune condition. Elle est conditionnelle, lorsque, pour en profiter, il faut remplir certaine condition. L'amnistie étant une mesure extraordinaire, une exception à des lois d'ordre public, on a établi les règles suivantes : On ne doit appliquer l'amnistie que lorsque le délinquant a satisfait à toutes les conditions prescrites par l'acte qui l'accorde ; elle est restreinte au délit indiqué par le même acte ; elle ne s'étend pas aux délits postérieurs ; elle ne fait pas acquérir au délinquant les objets qu'il s'est appropriés par son délit.

35. Enfin, avons-nous dit, l'action publique s'éteint par l'absolution ou par l'acquittement.

Telle est la disposition de l'article 360 du Code d'instruction criminelle : « Toute personne acquittée légalement ne pourra plus être reprise ni accusée à raison du même fait (2). »

36. Supposons l'action publique encore existante.

Un délit, un crime, a été commis ; des lois ont été violées ; un coupable est à poursuivre, à punir : mais

---

(1) L'amnistie, comme la grâce, ne reçoit d'application qu'à ceux qui s'y trouvent nominativement désignés; d'où suit qu'elle ne s'appliquerait pas aux complices si elle n'avait compris dans sa disposition que les auteurs du délit amnistié. *V.* Arr. cass. du 4 août 1827.

A moins que l'amnistie ne portât sur les *choses* et non sur les *personnes*, auquel cas elle s'appliquerait à tous ceux qui auraient participé, de quelque manière que ce fût, au fait amnistié.

(2) Il en est de l'exception de la chose jugée comme de la prescription : elle doit être suppléée par le juge.

Le prévenu ne peut y renoncer. *V.* Arr. cass. du 12 juillet 1806.

Mais cette exception ne profite pas aux complices non *jugés.* *V.* Arr. cass. du 13 prairial an XII.

ce coupable, où est-il? quel est-il? Pour que le magistrat chargé de la vindicte publique puisse agir, puisse poursuivre la punition du fait criminel, il faut, avant tout, constater ce fait, en trouver l'auteur, rassembler les preuves qui établissent sa culpabilité.

Ainsi, la répression de tout crime, et de la plupart des délits (1), exige l'exercice de deux sortes d'actes essentiellement différents, et qui se suivent immédiatement : la recherche et la constatation du délit, l'accusation et le jugement. Le premier appartient à la police, le second à la justice (2).

37. La loi a défini ainsi la police et ses attributions : la police est instituée pour maintenir l'ordre public, la liberté, la propriété, la sûreté individuelle : son caractère principal est la vigilance ; la société, considérée en masse, est l'objet de sa sollicitude.

Elle se divise en police administrative ou préventive, et en police judiciaire ou répressive (3).

38. La police administrative a pour objet le maintien habituel de l'ordre public, dans chaque lieu et dans chaque partie de l'administration générale ; elle tend principalement à prévenir les délits (4).

---

(1) Lorsqu'il s'agit d'un simple délit correctionnel, que l'auteur est désigné, que les témoins sont indiqués par la plainte ou par la dénonciation, par l'avis, ou par le procès-verbal de la gendarmerie, des agents ou des officiers de police, une information préliminaire écrite n'est pas indispensable comme au cas de crime. La justice peut être saisie directement; l'instruction orale, qui se fait à l'audience, suffit pour préparer le jugement. *V.* art. 181, 182, 505 du *Code d'inst. crim.*

(2) *V.* art. 15 du *Code* du 3 brumaire an IV.

(3) *V.* art. 16, 17, 18, *ibid.*

(4) *V.* art. 19, *ibid.*

La police judiciaire recherche les délits que la police administrative n'a pu empêcher de commettre, en rassemble les preuves, et en livre les auteurs aux tribunaux chargés par la loi de les punir (1).

Tant qu'un projet reste enseveli dans le cœur de celui qui l'a formé, tant qu'aucun acte extérieur, aucun écrit, aucune parole ne l'a manifesté au dehors, il n'est encore qu'une pensée, et personne n'a le droit d'en demander compte.

Il est cependant vrai que des hommes exercés de longue main à surveiller les méchants, et à pénétrer leurs intentions les plus secrètes, préviennent souvent bien des crimes, par une prévoyance utile, et par des mesures salutaires ; c'est là un des premiers objets de la police administrative.

Un autre résultat d'une bonne police administrative est que l'homme se trouve enveloppé dès le premier pas qu'il fait pour consommer son crime.

Au moment où un crime se commet, ou vient de se commettre, l'action de la justice commence.

C'est alors que la police judiciaire peut et doit se montrer. Il n'y a pas un moment à perdre ; le moindre retard ferait disparaître le coupable et les traces du crime. Il faut donc que les agents de police judiciaire veillent sans cesse, et que leur activité jamais ne se ralentisse (2).

---

(1) *V.* art. 20, *ibid.* — Art. 8 du *Code d'inst. crim.*

(2) La police administrative surveille plus qu'elle ne poursuit ; ceux qu'elle observe ne sont point encore reconnus coupables ; elle leur ôte avec sagesse, et souvent à leur insu, les occasions de le devenir ; quelquefois même elle semble disparaître, quand elle s'est bien assurée que le mal ne peut franchir certaines limites.

Mais plus elle se montre circonspecte, plus la police judiciaire

Toutefois, la police judiciaire ne doit se produire que lorsqu'elle est informée par des voies légales : son immixtion prématurée souillerait la justice, et dégénérerait en espionnage et en inquisition.

Les voies légales, à cet égard, sont : la clameur publique, l'avis donné par un fonctionnaire, la plainte ou la dénonciation.

39. Dès qu'un fait, dénoncé par l'une de ces voies, a les apparences d'un crime ou d'un délit, la police judiciaire doit s'en saisir, et commencer immédiatement ses investigations.

Si la justice ne peut condamner que pour une infraction prouvée, il suffit à la police qu'une infraction soit probable, ou seulement possible, dans le fait dénoncé, pour exciter sa sollicitude et son action.

En matière criminelle, le scandale d'un fait vrai ou faux produit entre les citoyens une fermentation contraire à leur repos ; il faut la détruire, soit en rendant constant à leurs yeux que l'ordre n'a point été troublé, soit en mettant sur-le-champ la justice à portée de prononcer la punition convenable.

---

doit ensuite déployer d'ardeur et d'inflexibilité. Celle-ci s'attache au crime déjà commis : elle dévoile toutes les circonstances qui le caractérisent ; elle en recherche, sans exception de personnes, les auteurs et les complices ; elle les suit sans relâche jusqu'au dernier asile où la justice les saisit. *V.* Circulaire du ministre de la justice du 11 mai 1815.

Les officiers de police judiciaire doivent mettre tous leurs soins à tarir la source des crimes, en ne laissant aucun délit impuni. A la première annonce du crime, ils mettront tout leur zèle à recueillir les renseignements qui peuvent le faire connaître ; ils agiront avec célérité : une prompte justice déconcerte le crime, effraie le coupable, que la lenteur encourage. *V.* Circulaire du ministre de la justice du 25 brumaire an IX.

La police judiciaire enregistre les faits punissables à quelque juridiction qu'ils appartiennent, ordinaire ou extraordinaire, sauf à renvoyer les procédures à qui de droit (1).

Il y a lieu à recherches, à instruction, même dans les cas favorables où des excuses militeraient en faveur du prévenu. Les motifs d'atténuer la peine, qui peuvent exister à l'avantage d'un individu, ne changent rien au caractère propre et primitif du fait (2).

L'inculpé prétendrait-il qu'il s'est trouvé dans ces circonstances propices où la loi rejette l'odieux de l'acte sur la nécessité qui en pressait l'auteur (3), ou bien élèverait-il des questions préjudicielles (4)? L'instruction n'en devra pas moins être suivie dans les formes ordinaires, quant aux investigations et au constat, sauf à user des ménagements permis : la police n'a pas mission d'apprécier péremptoirement la moralité des faits,

(1) Ainsi, elle constaterait, par exemple, des crimes ou délits commis par des militaires ou par des marins au service de l'État, quoique les coupables fussent justiciables des conseils de guerre ou des tribunaux maritimes, non des tribunaux ordinaires.

(2) *V.* art. 63, 319, 320, 321 et suiv. du *Code pénal.* — Arr. cass. du 25 février 1813. — *V. sup.* n° 12.

(3) *V.* art. 327 à 330 du *Code pénal.*

(4) Les questions préjudicielles sont, en général, des exceptions civiles dirigées contre l'action publique; telles sont les exceptions : 1° de propriété ou de possession légitime, au cas de vol; 2° de réclamation ou de vérification d'état, au cas d'usurpation ou de suppression d'état; 3° de dénégation et de preuve de dépôt, au cas de violation de dépôt; 4° de nullité de mariage, au cas de bigamie, etc.

Lorsque l'accusé oppose pour exception que son crime est *prescrit*, qu'il est *amnistié*, ou qu'il y a *chose jugée*, il soulève moins une question *préjudicielle* qu'une question *préalable*, qui ne nécessite pas une décision de la part d'une juridiction autre que celle qui doit connaître du crime.

de proclamer la volonté sévère ou miséricordieuse de la loi (1).

Mais, s'il est réservé à la justice de peser les faits dans leur ensemble, dans toute leur portée, pour leur faire une juste application des lois pénales, pour absoudre, pour punir avec la mesure d'indulgence ou de rigueur que l'équité et l'intérêt de la société réclament, il est donné à la police judiciaire de faciliter l'exactitude de cette appréciation des faits et de cette pondération des peines, en éclairant les voies de la justice.

Ce but ne serait pas atteint si l'officier de police judiciaire se bornait à recueillir des faits nus, à réunir des preuves équivoques ou incomplètes.

Il doit, en opérant dans le cercle de ses attributions, connaître, prévoir et constater tout ce qu'il importera de savoir aux juges qui prononceront sur la réalité et la moralité des faits incriminés.

Il envisagera donc ces faits sous toutes leurs faces et dans tous leurs rapports ; rien de ce qui est utile à découvrir, à consigner dans l'instruction, n'échappera à sa vigilance et à sa sagacité : les détails les plus minutieux, s'ils ont la moindre importance, et les circonstances en apparence les plus futiles, si elles peuvent jeter quelques lumières sur le procès, ou exercer une influence quelconque sur le jugement, trouveront place dans ses procès-verbaux.

Est-il besoin de rappeler que la plus scrupuleuse im-

(1) L'excusabilité d'un crime ou d'un délit ne change point la compétence des juges qui doivent en connaître; les faits d'excuse ne peuvent pas être tenus pour constants dans l'instruction préjudiciaire. V. Arr. cass. du 25 février 1813.

partialité doit présider à toutes les opérations de l'officier de police judiciaire?

Si la société lui prescrit la rigoureuse obligation d'employer tous ses efforts à la recherche du crime, elle lui impose le devoir bien plus impérieux encore d'user de tous ses moyens pour découvrir l'innocence, et pour lui épargner une injuste et flétrissante persécution (1).

Exempt de passion, comme la loi, l'officier de police judiciaire n'écoutera ni les excitations de la haine, ni les séductions de l'amitié, ni l'esprit de parti : impassible dans l'accomplissement de ses devoirs, inaccessible à la crainte comme à la faveur, sans dureté comme sans faiblesse, il ne déviera jamais de la ligne qu'une conscience droite lui aura tracée.

Il instruira toujours à charge et à décharge, sans se préoccuper des résultats ; sans s'alarmer des peines réservées aux coupables, pour lesquels il ne s'abandonnera point à une pitié intempestive ; sans s'inquiéter de l'absolution possible des prévenus, dont il ne compromettra jamais volontairement l'innocence, mais dont il ne ménagera jamais l'acquittement que par la loyauté de ses procédures (2).

(1) L'action de la police sur chaque citoyen doit être assez prompte et assez sûre pour qu'aucun d'eux ne puisse l'éluder; elle doit faire en sorte que rien ne lui échappe ; mais son action doit être assez modérée pour ne pas blesser l'individu qu'elle atteint. Il ne faut pas qu'il ait à regretter l'institution d'un pouvoir constitué pour son avantage, et que les précautions prises en sa faveur soient plus insupportables que les maux dont elles doivent l'affranchir. V. Loi en forme d'instruction du 29 septembre 1791.

(2) Toute procédure doit être conduite dans un esprit de bonne foi, qui écarte, autant qu'il est possible, les embarras et les subtilités de pure forme, pour rechercher constamment et uniquement la vérité. V. Loi en forme d'instruction du 29 septembre 1791.

La tâche de l'officier de police judiciaire est large et difficile. Mais celui qui n'aura rien négligé pour se mettre à la hauteur de ses fonctions, pour se pénétrer de tout ce qui s'y rapporte, et qui pourra, avec sécurité, se rendre le témoignage d'avoir fait sans réserve, en toute occasion, ce que son ministère exigeait de lui, celui-là trouvera la plus douce des récompenses dans la satisfaction d'un devoir religieusement rempli.

Quelles sont les attributions des juges de paix pour concourir à l'œuvre de la police judiciaire ? Quelles opérations leur sont confiées par la loi, ou peuvent leur être déléguées par les magistrats investis de la plénitude du droit d'instruction des procédures criminelles ? Il est temps de les définir et de les expliquer : le Chapitre II déterminera la compétence, les Chapitres suivants contiendront séparément les détails d'application.

CHAPITRE II.

—

DE LA COMPÉTENCE.

40. Le poids de la police judiciaire pesait presque en totalité sur les juges de paix, suivant le Code criminel de 1791 ; ils furent successivement allégés par celui du 3 brumaire an IV, et par la loi du 7 pluviôse an IX.

Le Code d'instruction criminelle a classé les juges de paix au nombre des officiers de police judiciaire (1) ; il les a rangés parmi les auxiliaires du procureur de la République (2) ; enfin, il les a chargés de recevoir les délégations du juge d'instruction et d'autres magistrats (3). Nous allons rappeler et expliquer leurs attributions sous ces divers rapports.

41. Comme officiers de police judiciaire, les juges de paix ont à remplir toutes les obligations qui, en général, sont imposées aux fonctionnaires publics et agents revêtus de cette simple qualité.

A ce titre, dès que, dans l'exercice de leurs fonctions, ils acquièrent la connaissance d'un crime ou d'un délit, ils sont tenus d'en donner avis sur-le-champ au procureur de la République près le tribunal dans le ressort duquel ce crime a été commis, ou dans le

(1) *V.* art. 9 du *Code d'inst. crim.*
(2) *V.* art. 48, 49, 52, *ibid.*
(3) *V.* art. 83, 84, 283, *ibid.*

ressort duquel le prévenu pourrait être trouvé, c'est-
à-dire saisi, et de transmettre à ce magistrat tous les
renseignements, procès-verbaux et actes qui y sont relatifs (1).

S'il s'agissait d'une simple contravention, le juge de
paix qui en aurait acquis la connaissance devrait en informer le maire, l'adjoint ou le commissaire de police,
qui remplit les fonctions du ministère public près le tribunal de simple police (2).

42. Les juges de paix sont, pour l'exercice de la police judiciaire, les auxiliaires du procureur de la République dans leur arrondissement (3).

En cette qualité, ils reçoivent les dénonciations des
crimes et des délits commis dans les lieux où ils exercent leurs fonctions habituelles (4).

Ils peuvent recevoir, suivant les mêmes règles, les
plaintes qui leur seraient présentées.

Un doute à cet égard s'était élevé dans quelques esprits. Il provenait de ce que l'article 63 du Code d'instruction criminelle, qui définit les plaintes, est placé
au chapitre *Du juge d'instruction*; l'on supposait que
ce magistrat seul était autorisé à recevoir ces sortes
d'actes.

Mais l'art. 64 du même Code dispose que les plaintes
qui auraient été adressées au procureur de la République, et celles qui auraient été présentées aux officiers

---

(1) *V.* art. 29 du *Code d'inst. crim.* — Art. 4 de la loi du 7 pluviôse
an IX. — *Inf.* n°⁵ 65, 66.
(2) *V.* art. 11 et suiv., 139 et suiv. du *Code d'inst. crim.* — *V. inf.*
n°⁵ 44, 45.
(3) *V.* art. 48, *ibid.*
(4) *V.* art. 48, *ibid.*

auxiliaires, seront transmises par le procureur de la République au juge d'instruction, avec son réquisitoire.

Il résulte donc virtuellement de cet article que le procureur de la République et ses auxiliaires ont qualité pour recevoir les plaintes, comme ils ont mission de recevoir les dénonciations.

Ils sont également autorisés à recevoir les déclarations des plaignants qu'ils entendent se rendre parties civiles, et leurs désistements, s'il y a lieu.

43. M. Levasseur (1), sur ces mots de l'article 48 du Code d'instruction criminelle : *dans les lieux où ils exercent leurs fonctions habituelles*, enseigne qu'il faut entendre *les fonctions ordinaires de la justice de paix ;* d'où il résulte que cette compétence existe pour toute l'étendue du canton, et qu'elle est renfermée dans les limites du même territoire. Ainsi, un juge de paix ne pourrait pas recevoir valablement la plainte ou la dénonciation d'un crime ou d'un délit commis hors de son canton.

M. Carnot (2) explique autrement le sens de cet article. Il estime que le juge de paix, non plus qu'un maire, ou un commissaire de police, ne pourrait recevoir la plainte ou la dénonciation d'un crime commis hors *du lieu* où il exerce habituellement ses fonctions, c'est-à-dire *hors de sa résidence*, tandis qu'il suffit, suivant sa remarque, pour autoriser le procureur de la République ou le juge d'instruction à recevoir la dénonciation ou la plainte, que le crime ou le délit

(1) V. *Manuel des Juges de paix*, p. 204. — Art. 50 du *Code* du 3 brumaire an IV.

(2) V. CARNOT, *De l'Inst. crim.*, t. 1er, p. 267, 301.

ait été commis dans leur arrondissément, ou que le prévenu y fasse sa résidence habituelle ou momentanée (1).

Nous admettons de préférence l'opinion de M. Levasseur (2).

On conçoit qu'un maire et un commissaire de police ne puissent pas s'occuper de ce qui s'est passé hors de leur résidence, parce que leur juridiction ne s'étend pas plus loin.

Mais pourquoi en serait-il de même à l'égard du juge de paix, qui a un ressort, en général, plus étendu que les limites de la commune où il a fixé son habitation ?

Pourquoi restreindre, sans nécèssité, les moyens d'arriver plus promptement, et peut-être plus sûrement, à la connaissance de faits qui doivent éveiller la sollicitude des officiers de police judiciaire de tous les degrés ?

La loi n'a employé aucune expression restrictive de la juridiction ordinaire des juges de paix ; elle n'a parlé ni de leur résidence, ni du chef-lieu de canton, ni enfin d'une commune particulière, d'un lieu unique où l'infraction aurait dû être commise pour qu'ils fussent compétents ?

En s'en tenant à la lettre de l'article 48 du Code d'instruction criminelle, le juge de paix, qui exerce ses fonctions habituelles dans tout son canton, dont il lui est permis d'habiter indifféremment quelque

---

(1) *V.* art. 23 et 63 du *Code d'inst. crim.*

(2) *V.* en ce sens, Schenck, *Traité du minist. pub.*, t. II, p. 97, 126.
— De Molènes, *Des Fonctions d'Officier de police judiciaire*, p. 13.

partie que ce soit (1), peut donc recevoir, partout
où il se trouve sur son territoire, et les plaintes et les
dénonciations pour ce qui concerne tout son cánton,
comme le juge d'instruction et le procureur de la
République pour ce qui regarde tout leur arrondissement.

Les règles tracées par le Code d'instruction criminelle ont pour but une prompte et bonne justice :
on sera donc dans le vrai, si l'on interprète selon cette
intention celles de ses dispositions qui paraîtraient
obscures.

Il est, au surplus, à remarquer qu'au n° 8 de ses observations sur l'art. 48 du Code d'instruction criminelle,
M. Carnot déclare que ce serait prendre *trop judaïque-*
ment les termes de la loi, que de vouloir en restreindre
ainsi la disposition à l'égard des officiers de gendarmerie.
« Ne peut-on pas dire, ajoute-t-il aussitôt, que si la résidence habituelle d'un gendarme est le lieu où se
trouve établie sa brigade, la nature de ses fonctions doit
faire considérer comme sa véritable résidence toute l'é-
tendue du territoire soumis à sa surveillance, puisque
son service exige qu'il soit continuellement en tournée
sur les routes de son arrondissement ? »

Mais un juge de paix, s'il ne se déplace pas continuellement, se transporte du moins fréquemment dans toutes
les parties de son canton, pour l'exercice des fonctions
de sa charge ; et puisque le juge de paix exerce ses
fonctions dans tout son ressort, il pourrait paraître aussi,
suivant l'idée de M. Carnot, résider dans toute l'étendue
du territoire soumis à sa juridiction. Il y aurait donc
même raison de décider, partant même solution.

(1) *V.* art. 8 de la loi du 28 floréal an X.

Finissons par une remarque décisive: Comment le
juge de paix serait-il incompétent pour recevoir des dénonciations 'ou des plaintes à l'occasion de faits qu'il
serait de son droit et de son devoir de constater (1)?

44. Si la dénonciation ou la plainte avait pour objet
un crime ou un délit commis hors de son canton, le juge
de paix devrait renvoyer le dénonciateur ou le plaignant
à se pourvoir devant qui de droit, et informer sur-le-
champ le procureur de la République de ce qu'il aurait
appris et déterminé (2).

La Cour de cassation a décidé qu'une procédure
instruite sur une plainte qui aurait été reçue par un officier de police judiciaire incompétent ne pourrait pas
être annulée par ce motif (3). Mais ce n'est pas à dire
que l'on doive enfreindre, sans des motifs graves, les
principes de la compétence.

45. Les dénonciations et les plaintes pour crimes
ou délits sont les seules que doive recevoir le juge de
paix (4).

Celles qui sont relatives aux contraventions de police
doivent être adressées aux commissaires de police,
maires ou adjoints (5): toutes les fois, en effet, que le
juge de paix pourrait avoir à prononcer sur son siége,
il ne doit pas s'immiscer dans les poursuites.

Si la dénonciation portait sur un délit rural ou forestier, de la nature de ceux qui sont mentionnés dans

(1) *V.* au surplus, nᵒˢ 46, 47, 55.
(2) *V.* art. 23, 63 du *Code d'inst. crim.* — *Inf.* nᵒ 66.
(3) *V.* arrêt du 8 prairial an XI.
(4) *V.* art. 48 du *Code d'inst. crim.*
(5) *V.* art. 11 du *Code d'inst. crim.*

l'art. 16 du Code d'instruction criminelle, et de la compétence du tribunal correctionnel, il y aurait lieu encore de renvoyer devant le commissaire de police, le maire ou l'adjoint, pour que l'un de ces officiers le constatât, comme il est dit dans les art. 15 et 16 de ce Code, et qu'il transmît ensuite la dénonciation, son procès-verbal et les pièces au procureur de la République, en conformité de l'art. 53 du même Code.

46. Les obligations imposées aux juges de paix par l'art. 29 du Code d'instruction criminelle sont communes à toutes les autorités constituées, à tous les fonctionnaires publics.

Cet article 29, suivant M. Carré (1), prescrit l'envoi de l'avis seulement au procureur de la République, et ne dit pas qu'il pourra être fait aux officiers auxiliaires, ce qui serait un circuit inutile, puisqu'eux-mêmes auraient à le transmettre à ce magistrat.

D'après M. Carnot (2), sur le même article, la loi exige que l'avis soit donné au procureur de la République ; et il fait remarquer que s'il était donné à un auxiliaire, il faudrait que celui-ci le transmît lui-même, ce qui entraînerait des longueurs inutiles et souvent préjudiciables.

Mais M. Levasseur va plus loin que MM. Carré et Carnot : il décide que l'avis ne peut être donné qu'au

(1) *V.* CARRÉ, *Droit français dans ses rapports avec la juridiction des Juges de paix*, t. IV, p. 296.
(2) *V.* CARNOT, *De l'Inst. crim.*, t. Ier, p. 218.

procureur de la République, et ne peut être reçu par le
juge de paix (1).

Il est mieux, en général, que le fonctionnaire qui
se trouve dans le cas de donner avis d'un crime ou
d'un délit corresponde lui-même directement avec
le procureur de la République, conformément aux
dispositions de l'art. 29 du Code d'instruction criminelle.

Si pourtant ce fonctionnaire, par quelque motif que
ce fût, prétendait donner l'avis au juge de paix seul, et
déclarait ne vouloir pas en référer au procureur de
la République, le juge de paix devrait-il fermer l'oreille
aux renseignements qui lui parviendraient de la sorte,
et repousser un avis donné autrement que la loi ne l'a
indiqué ? Ou, si l'avis, les procès-verbaux et les pièces
à conviction avaient été envoyés au juge de paix, devrait-il, pourrait-il s'abstenir de les recevoir ? Non, sans
doute : ses refus, son abstention, ne feraient qu'accroître
les inconvénients de la fausse démarche du fonctionnaire qui aurait ignoré ou méconnu les dispositions de
la loi.

Le point essentiel est que l'avis et les pièces arrivent
sans retard au procureur de la République.

On conçoit que le juge de paix, s'il n'y a pas urgence
ou péril en la demeure, et s'il n'éprouve aucune résistance de la part du fonctionnaire qui donne l'avis, fasse
connaître la règle et invite à la suivre. Mais admettons
que la disposition de l'art. 29 du Code d'instruction criminelle n'est que démonstrative : reconnaissons que le

_____

(1) V. LEVASSEUR, *Manuel des Juges de paix*, p. 216.

juge de paix pourra toujours servir d'intermédiaire, et s'employer à faire parvenir plus diligemment au procureur de la République la connaissance d'un crime ou d'un délit dénoncé.

Il y a plus : si l'avis avait pour objet un crime flagrant, il serait très-avantageux que le juge de paix le reçût en même temps qu'il serait donné au procureur de la République, puisque, dans ce cas, le juge de paix serait compétent comme le procureur de la République, et aurait les mêmes droits que lui, pour faire, dans son canton, les premiers actes de recherches (1).

47. En général, le procureur de la République et les officiers de police auxiliaires n'ont que le droit de rechercher les crimes et les délits, et d'en poursuivre les auteurs ; le juge d'instruction seul a mission de les constater (2).

Néanmoins, dans des circonstances graves et urgentes, comme le plus léger retard pourrait faire disparaître des indices, souvent fugitifs, que le juge d'instruction, éloigné ou empêché dans les premiers moments, s'efforcerait vainement de reproduire dans la suite, la loi a voulu que le procureur de la République et ses auxiliaires pussent alors faire des actes de constat, comme le juge d'instruction.

En son absence, ils peuvent, ils doivent faire, dans ces circonstances pressantes, tous les actes qui compètent au juge d'instruction, rien de ce qui peut servir à préparer la conviction du coupable n'étant alors in

(1) *V.* art. 49 du *Code d'inst. crim.*
(2) *V.* art. 8, 22, 32, 46, 47, 59, 60, 61, *ibid.*

terdit au procureur de la République et à ses auxiliaires : ils sont donc autorisés par la loi à se transporter sur les lieux, et à procéder à une instruction qui, bien que sommaire, n'en doit pas moins réunir tous les éléments de la preuve judiciaire.

Ce droit dérive, pour les officiers de police auxiliaires, de l'art. 49 du Code d'instruction criminelle, qui porte que, dans le cas de flagrant délit, ou dans le cas de réquisition de la part d'un chef de maison, ils dresseront les procès-verbaux, recevront les déclarations des témoins, feront les visites et les actes qui sont, auxdits cas, de la compétence du procureur de la République ; le tout dans les formes et suivant les règles établies au chapitre *Des procureurs de la République* (1).

Remarquez néanmoins qu'il faut, même dans ces circonstances extraordinaires, pour que le juge de paix, comme officier de police auxiliaire, soit compétent : 1° que l'infraction ait été commise dans son canton, ou que le prévenu y ait sa résidence, soit habituelle, soit momentanée, ou qu'il y ait été trouvé (2),

---

(1) *V.* ch. v. — Art. 32, 46 du *Code d'inst. crim.*

(2) *V.* art. 23, 48, *ibid.* — Arr. cass. des 9 septembre 1850 et 11 avril 1870.

Pour le cas où un canton est divisé en plusieurs arrondissements, et lorsqu'un Juge de paix et ses suppléants sont empêchés, il faut suivre, par analogie, les dispositions de l'art. 12 du Code d'instruction criminelle, et se reporter à celles des articles 52, 53 et 54 du Code du 3 brumaire an IV, encore applicables :

Art. 52. — Dans les cantons où il existe plusieurs Juges de paix, l'administration du département assigne à chacun d'eux un arrondissement particulier.

Art. 53. — Ces arrondissements, en ce qui concerne la police judi-

parce que nul officier ne peut opérer valablement hors du territoire de sa juridiction (1); 2° en cas de flagrant délit, que le fait soit de nature à emporter une peine afflictive ou infamante (2); 3° et, s'il s'agit d'un crime non flagrant ou d'un simple délit, qu'il ait été requis de le constater par le chef de la maison dans l'intérieur de laquelle le crime ou délit a été commis (3).

48. Comme le juge de paix est compétent, soit parce que l'infraction a été commise dans son canton, soit parce que le prévenu y demeure ou y a été arrêté, et à raison encore de ce que divers officiers de police partagent avec lui les mêmes droits dans une même localité (4), il peut arriver que plusieurs officiers auxiliaires d'un seul ou de différents cantons s'occupent à la fois du même fait : auquel d'entre eux, dans cette concurrence, appartiendra-t-il de suivre les opérations et de dresser les procès-verbaux ?

Pour les poursuites, le procureur de la République du lieu du délit a la préférence sur celui de la résidence de

---

ciaire, ne limitent ni ne circonscrivent leurs pouvoirs respectifs, mais indiquent seulement les termes dans lesquels chacun d'eux est plus spécialement astreint à un exercice constant et régulier de ses fonctions.

Art. 54.— Lorsque entre plusieurs Juges de paix d'un même canton il s'en trouve un légitimement empêché, celui de l'arrondissement le plus voisin est personnellement tenu de le suppléer.

(1) Pour exception à cette règle, *voy.* art. 464 du *Code d'inst. crim.* — *Inf.* n° 130.

(2) *V.* art. 32 du *Code d'inst. crim.* — Art. 5 de la loi du 7 pluviôse an IX.

(3) *V.* art. 46 du *Code d'inst. crim.*

(4) *V.* art. 48 et 50, *ibid.*

l'inculpé, et ce dernier l'obtient sur celui du lieu de l'arrestation (1).

Mais, quant aux recherches, quant au constat des faits, nous pensons que, sans s'enquérir à quel tribunal restera définitivement l'instruction, l'officier de police auxiliaire à qui il incombe de faire quelques actes, dans les premiers moments, doit y procéder, pour ce qui le concerne, et adresser toutes les pièces au procureur de la République de son arrondissement.

Si divers officiers auxiliaires concourent dans le même lieu, comme ils ont, en vertu de la loi, un droit égal, celui d'entre eux qui a procédé le premier doit continuer.

Cependant, le juge de paix étant, en général, le plus expérimenté des officiers de police auxiliaires d'une localité, le plus versé dans les opérations judiciaires et dans la rédaction des procès-verbaux, comme il est le plus élevé en dignité, à raison de ses fonctions ordinaires, il serait convenable, selon nous, que la direction des recherches lui fût abandonnée, quand bien même il ne serait pas en droit de l'exiger, ainsi que le pense M. Carnot, en se fondant sur ce que les art. 48 et 50 du Code d'instruction criminelle attribuent la priorité aux juges de paix à l'égard des autres officiers auxiliaires, d'après l'ordre où ils sont classés (2).

(1) *V.* art. 77, 78, 79 du *Code* du 3 brumaire an IV.
(2) *V.* CARNOT, *De l'Inst. crim.*, t. Iᵉʳ, p. 140, 273.
M. BERRIAT SAINT-PRIX, *Instruction sur la police judiciaire*, p. 9, en partageant notre opinion, la fortifie par une raison qu'il regarde, à bon droit, comme décisive à l'égard des officiers municipaux : c'est que, les pouvoirs du juge de paix s'étendant sur tout un canton, il peut ainsi continuer l'information dans une autre commune que celle où elle a été commencée; faculté interdite aux maires, ad-

49. Dans le cas de concurrence entre le procureur de la République et les officiers de police auxiliaires, le procureur de la République fait les actes attachés à la police judiciaire ; s'il a été devancé, il peut continuer la procédure ou autoriser à la suivre l'officier qui l'aurait commencée (1).

Même hors le cas de concurrence, le procureur de la République, exerçant son ministère en conformité des art. 32 et 46 du Code d'instruction criminelle, peut, s'il le juge nécessaire, charger un officier de police auxiliaire de partie des actes de sa compétence (2) ; le juge de paix qui serait ainsi délégué doit mentionner dans ses actes la délégation qui lui aurait été faite.

Par exception aux règles ordinaires de rapports de hiérarchie et de ressort, le juge de paix peut même, en ce cas, être requis par le procureur de la République d'un autre arrondissement de remplir les fonctions dont ce magistrat est lui-même chargé, à part le droit de décerner les mandats d'amener et de dépôt (3).

L'officier de police requis serait tenu, dit M. Carnot, d'obtempérer à la réquisition, car elle équivaut au moins à l'avis dont s'occupe l'art. 29 du Code d'instruction criminelle, et un pareil avis suffit pour mettre l'officier de police qui l'a reçu dans l'obligation de se transporter sur les lieux, afin de constater le corps du délit, suivant l'art. 32 du même Code (4).

---

joints et commissaires de police, et qui est d'un avantage immense dans beaucoup d'affaires.

L'art. 52 du Code des Antilles attribue expressément la préférence au Juge de paix.

(1) *V.* art. 51 du *Code d'inst. crim.*

(2) *V.* art. 52, *ibid.*

(3) *V.* art. 283, *ibid.*

(4) *V.* Carnot, *De l'Inst. crim.*, t. 1er, p. 240.

A ce motif de M. Carnot, nous en ajouterons un plus directement tiré de la loi : droit et devoir sont corrélatifs ; dès que l'art. 283 du Code d'instruction criminelle autorise le procureur de la République à déléguer un officier de police auxiliaire, même hors de son ressort, il intime virtuellement à celui-ci l'injonction d'obtempérer à la réquisition, et il lui en impose l'obligation.

50. Nulle concurrence ne peut s'établir entre les officiers de police judiciaire auxiliaires et le juge d'instruction, puisque, le juge d'instruction étant présent, le procureur de la République lui-même perd le droit d'instruire, et ne conserve plus que celui de requérir.

Toutes les fois, en effet, que le juge d'instruction, investi de la plénitude du pouvoir afin de constater les délits ou les crimes et d'en rassembler les preuves, se trouve à portée d'agir, le motif de l'exception faite par rapport au procureur de la République et à ses auxiliaires cesse, et par conséquent il est naturel qu'il procède lui-même.

51. Étant appelés à remplir toutes les fonctions décrites au chapitre *Des procureurs de la République*, les juges de paix, comme officiers auxiliaires, ont qualité, au cas de l'art. 44 du Code d'instruction criminelle, pour constater, à part toute plainte ou dénonciation de crime, les morts violentes dont la cause est suspecte, et les morts accidentelles ou subites dont la cause est inconnue, ce que l'on appelle, dans la pratique, faire les *levées de corps;* un crime étant présumable ou possible, il y a dans ce cas une sorte de flagrant délit.

Le juge de paix dans le canton duquel le cadavre est

trouvé, doit immédiatement se transporter sur les lieux, pour constater l'état de la personne décédée, et prendre tous les renseignements (1), quand bien même il y aurait quelque raison de soupçonner que la personne dont le corps est trouvé aurait été homicidée dans un autre canton, ou dans un autre arrondissement : car il a été jugé par la Cour de cassation que, dans cette occurrence, la connaissance de l'homicide appartient au juge du lieu où le cadavre a été relevé (2).

52. Les juges de paix, procédant comme officiers de police judiciaire, ont le droit de requérir (3) directement la force publique (4).

La force publique se compose de la gendarmerie, de la troupe de ligne, de la garde nationale, des gardes champêtres et forestiers, des employés des régies, tels que les préposés de la partie active des Douanes (5).

Les réquisitions sont adressées à l'officier qui commande un corps, ou partie d'un corps de la force publique, et, en cas de refus, à l'officier sous les ordres

(1) *V*. ch. IX.

(2) *V*. Arr. cass. du 20 floréal an XIII.— Décret du 1er mars 1854, art. 91 et suiv.

(3) *V*. Les autorités civiles ont le droit de *requérir*, mais non d'*ordonner* ni d'*enjoindre*.
Elles peuvent indiquer les mesures d'exécution; mais elles ne doivent s'immiscer, en aucune manière, dans les opérations militaires, dont la direction appartient au chef de la force armée. *V*. Loi du 28 germinal an VI, art. 137, 138. — Ord. du 29 octobre 1820, art. 52, 57, 59. — Décret du 1er mars 1854, art. 97, 98, 141.

(4) *V*. art. 25, 99, 106, 108 du *Code d'inst. crim.* — Art. 48 du *Code* du 3 brumaire an IV.

(5) *V*. Loi du 3 août 1791. — Loi du 9 floréal an XI, art. 18. — Décret du 11 juin 1806, art. 3 et 4. — Art. 1er et 93 de la loi du 22 mars 1831, sur la garde nationale (abolie présentement).

duquel est immédiatement placé celui qui n'a pas obtempéré à ces réquisitions (1).

Quant à la gendarmerie, les magistrats ont la faculté d'adresser leurs réquisitions soit au lieutenant commandant la gendarmerie de l'arrondissement, soit directement au brigadier du lieu où la réquisition doit s'exécuter (2).

Les réquisitions doivent être faites par écrit (3), à moins qu'il n'y ait urgence, et sauf le cas des art. 99 et 108 du Code d'instruction criminelle ; elles doivent être datées et signées (4), énoncer la loi qui les autorise (5), le motif, l'ordre, le jugement, etc., en vertu duquel on requiert (6).

53. La loi charge, en quelque sorte exclusivement, les juges d'instruction de donner les mandats d'amener et de dépôt. Néanmoins, dans les cas prévus par les

---

(1) *V.* Loi du 3 août 1791. — Loi du 28 germinal an VI, art. 137 et suiv. — Ordonnance du 29 octobre 1820, art. 53. — Décret du 1er mars 1854, art. 92.

(2) Le ministre de la guerre l'a décidé ainsi, sur les observations du ministre de la justice, et d'après les art. 53, 58 et 64 de l'ordonnance du 29 octobre 1820. — Circulaire du procureur général de Poitiers du 13 décembre 1827.

(3) *V.* Loi du 28 germinal an VI, art. 147. — Ordonnance du 29 octobre 1820, art. 58. — Décret du 1er mars 1854, art. 96.

(4) *V.* art. 58 de l'ordonnance du 29 octobre 1820.

(5) Les officiers de police judiciaire rempliront cette formalité, en citant dans leurs réquisitoires l'art. 25 du *Code d'inst. crim.*

(6) *V.* art. 56 de l'ordonnance du 29 octobre 1820.—Décr. du 1er mars 1854, art. 95 et 96.

Cette ordonnance, art. 58, donne un modèle de réquisition; la loi du 26 juillet 1791, art. 22, en avait aussi donné un. Voici celui que nous proposons, et qui nous paraît devoir suffire le plus ordinairement :

« Nous, juge de paix du canton de   , agissant comme » officier de police judiciaire auxiliaire de M. le procureur de la Ré- » publique, requérons, en vertu de l'art. 25 du Code d'instruction

art. 40, 41 et 46 du Code d'instruction criminelle, le procureur de la République et les officiers de police auxiliaires peuvent faire saisir le prévenu, s'il est présent, ou décerner contre lui un mandat d'amener, s'il est absent. Dans le cas de l'art. 34 du même Code, ils peuvent décerner le mandat de dépôt.

Mais ce serait, de leur part, commettre un excès de pouvoir et s'exposer à être considérés comme coupables de détention arbitraire, que de lancer des mandats d'amener ou de dépôt, hors les cas ci-dessus, d'après les plaintes, dénonciations ou procès-verbaux qui leur sont remis.

54. Lorsque les officiers de police auxiliaires se sont dessaisis, par l'envoi des pièces au procureur de la République, ils ne peuvent plus entendre de témoins, ni faire aucun acte d'instruction, s'ils n'en sont expressément chargés par une commission du juge d'instruction : les fonctions de la police judiciaire doivent cesser au moment où l'action de la justice commence (1).

55. Nous venons de rappeler les dispositions du Code d'instruction criminelle constitutives du pouvoir des juges de paix, comme officiers de police auxiliaires

---

» criminelle, le sieur N....... commandant de la force publique de
»   , de nous prêter secours de la gendarmerie, *ou* de la
» troupe de ligne, *ou* de la force armée sous ses ordres, pour
» *(donner ici les motifs de l'emploi de la force publique).*
          » Fait à   le
                    Sceau.   *Signature.*

(1) *V.* Arr. cass. des 12 nivôse an VIII, 7 ventôse an X, 10 germinal an XI et 15 floréal an XII.— Circul. du ministre de la justice du 29 floréal an IX.

Néanmoins, quant aux charges nouvelles qui surviendraient, *voy.* art. 246, 247, 248 du Code d'instruction criminelle.

du procureur de la République ; nous avons vu qu'à ce titre leur droit de participer à l'instruction des procédures ne s'étend strictement qu'aux cas de flagrant délit ou réputés tels, autant que le fait serait de nature à emporter une peine afflictive ou infamante, et au cas de réquisition d'un chef de maison, pour toutes sortes de crimes ou de délits.

Au delà de ces limites étroites assignées à leur compétence, auraient-ils encore quelque droit, par eux-mêmes, pour faire valablement des actes d'instruction, ou devraient-ils totalement s'abstenir ? En termes plus précis : aux cas de crimes non flagrants ou de simples délits correctionnels, les juges de paix, comme auxiliaires du procureur de la République, comme investis des mêmes droits que lui, par les art. 48 et 49 du Code d'instruction criminelle, pourraient-ils procéder, verbaliser et faire arrêter les prévenus ?

Cette question a embarrassé et divisé les criminalistes les plus influents. C'est un devoir pour nous de reproduire ici succinctement leurs opinions, de prendre part à cette grave discussion, et de chercher une solution qui, malgré les restrictions apparentes des textes, satisfasse aux besoins du service de la police judiciaire.

Peu de temps après l'émission du Code d'instruction criminelle, M. Bourguignon (1) écrivait que, hors le cas de flagrant délit défini par les art. 32, 40, 41 de ce Code, et le cas de réquisition mentionné dans l'art. 46, le procureur de la République doit s'abstenir de faire

_____

(1) *V. Manuel d'Inst. crim.*, t. Ier, p. 109, 133, 137 et suiv.

personnellement des actes d'instruction, et se conformer rigoureusement à l'art. 47, c'est-à-dire requérir
seulement l'action du juge d'instruction ; — qu'il en est
de même des officiers de police auxiliaires, qui doivent
se borner, conformément à l'art. 54, à renvoyer au procureur de la République les plaintes ou dénonciations
relatives à de simples délits correctionnels, autres que
ceux qui sont désignés dans l'art. 16 (1), sans *entreprendre eux-mêmes aucune procédure.*

Vers la même époque, M. Carnot (2) émettait une
doctrine différente, dans laquelle il a persisté depuis.

Définissant le flagrant délit, avec l'art. 41 du Code
d'instruction criminelle isolé des art. 32 et 40 du
même Code, il estime que le procureur de la République
et ses auxiliaires auraient pouvoir d'instruire, même
sur un simple délit correctionnel, pourvu qu'il fût
flagrant.

Après avoir retracé les devoirs du procureur de la
République et de ses auxiliaires, en cas de prévention
de *crime flagrant*, ou de réquisition d'un chef de maison, les seuls où il avait dit que ces officiers dussent
agir, et se transporter sur les lieux, M. Carnot ajoute :
« Comme l'attribution n'est donnée au procureur du
roi, dans le cas de flagrant délit, que dans la crainte de
voir dépérir les preuves, il doit se borner à dresser les
procès-verbaux, à interroger le prévenu, à faire au
besoin des visites domiciliaires, et à recevoir les déclarations des personnes présentes ; il n'est autorisé à décerner aucun mandat contre le prévenu ; il peut seule-

---

(1) *V.* n° 45.
(2) *V.* CARNOT, *De l'Inst. crim.*, t. Ier, p. 229 et suiv., 247 et suiv.

ment donner l'ordre de son arrestation provisoire, et le
faire conduire devant le juge d'instruction. Il peut décerner le mandat de dépôt mentionné à l'art. 34 du Code
d'instruction criminelle, si le cas le requiert. »

Enfin, relativement à la délivrance du mandat d'a-
mener, en cas de flagrant délit, tout en reconnaissant
que l'art. 40 du Code d'instruction criminelle n'est
applicable au procureur de la République que lorsque
le fait peut emporter une peine afflictive ou infamante,
M. Carnot poursuit : « Mais quand, par suite des renseignements pris sur les lieux, le *délit* dénoncé comme
un *crime* ne pourrait emporter que la peine de l'emprisonnement, le procureur du roi n'en serait pas moins
autorisé à s'assurer de la personne du prévenu surpris
en flagrant délit, puisqu'en pareil cas la même faculté
est accordée aux gardes forestiers, et même aux gardes
champêtres. — Cela ne peut faire la matière d'un doute,
lorsque le prévenu est surpris en flagrant délit; mais
si le prévenu était absent, et que pour s'assurer de sa
personne il fallût recourir à la voie du mandat, cette
mesure serait interdite au procureur du roi, comme elle
l'est au simple garde. »

La même doctrine, que le procureur de la République et ses auxiliaires, dépourvus du droit de décerner, en général, le mandat d'amener, auraient pourtant la faculté de faire arrêter provisoirement les
prévenus, pour être conduits devant le juge d'instruction, a été consacrée par le ministre de la justice, et se
trouve rappelée dans le passage suivant d'une circulaire du procureur général de Poitiers, du 15 juin 1812:
« — Les officiers auxiliaires, non plus que le procureur impérial, ne peuvent décerner de mandat d'a-

mener ou de dépôt, que dans les cas de flagrant délit ou assimilés au flagrant délit, et lorsque le fait est de nature à emporter une peine afflictive ou infamante ; néanmoins, quoique le délit ne soit pas de nature à emporter peine afflictive ou infamante, s'il est flagrant, s'il doit être puni d'un emprisonnement, si le prévenu n'est pas domicilié dans l'arrondissement, et s'il est à craindre qu'en le laissant échapper il soit difficile de le retrouver, pour lui faire subir la peine qu'il a méritée, tout officier de police judiciaire peut le faire saisir et traduire devant le juge d'instruction, afin qu'il puisse être de suite procédé contre lui conformément aux dispositions du Code d'instruction criminelle. L'art. 16 du Code autorise les gardes champêtres et forestiers à arrêter, et à conduire devant le juge compétent, tout individu surpris en flagrant délit, ou poursuivi par la clameur publique, lorsque le délit emporte seulement la peine d'emprisonnement ; les officiers de police judiciaire d'un ordre supérieur ont nécessairement la même faculté, ainsi que l'a décidé Son Excellence le grand-juge, par une instruction qu'il m'a adressée le 15 novembre 1811. »

A l'appui de cette décision, l'on pourrait invoquer les art. 125 et 126 de la loi du 28 germinal an VI, répétés dans les art. 179, 180 et 186 de l'ordonnance du 29 octobre 1820, reproduits par le décret du 1er mars 1854, d'après lesquels la gendarmerie doit, sans qu'il soit besoin de réquisition de la police judiciaire, rechercher et poursuivre les malfaiteurs ; — saisir toutes personnes surprises en flagrant délit, poursuivies par la clameur publique, ou trouvées avec des armes ensanglantées ou d'autres indices faisant présumer le crime ; — arrêter les contrebandiers, tous individus coupables de rébellion, ou faisant partie d'attroupements séditieux ; saisir tous ceux qui troubleraient la tranquillité publique, en portant atteinte à l'exercice d'un culte, en exerçant des violences contre les personnes ou les propriétés ; les dévastateurs de bois ou de récoltes ; — arrêter ceux qui coupent ou dégradent les arbres des routes, ou détériorent les monuments qui s'y trouvent ; ceux qui, par négligence, maladresse, ou de toute autre manière, auraient blessé quelqu'un, ou commis quelques dégâts sur les routes, dans les rues ou voies publiques ; les mendiants, les personnes qui tiennent des jeux de hasard, etc. ; sauf à conduire les personnes ainsi arrêtées devant l'officier de police judiciaire le plus à proximité, et à lui faire le dépôt des armes, effets, papiers et autres pièces de conviction.

Or, ce que la gendarmerie peut faire spontanément, elle le peut, à n'en pas douter, sur l'invitation ou la réquisition d'un officier de police judiciaire, qui, incompétent pour statuer, renverrait devant le juge d'instruction.

Les auteurs de la *Thémis* (1) ont écrit avec beaucoup de force sur cette question, en réponse à un passage de M. Legraverend, dans son livre *Des Lacunes et des Besoins de la Législation française en matière politique et en matière criminelle.* Voici leur argumentation : « Il (M. Legraverend) traite, en passant, la question de savoir si l'arrestation, autorisée en flagrant *délit*, doit s'entendre exclusivement du *crime* flagrant, c'est-à-dire

(1) *Thémis, ou Bibliothèque du Jurisconsulte,* t. VIII, p. 8 et 9.

seulement lorsqu'il s'agit d'un fait de nature à entraîner peine afflictive ou infamante, et il n'hésite pas à se prononcer pour l'affirmative, se fondant sur les art. 32 et 40 du Code d'instruction criminelle et sur l'ordonnance du roi du 29 octobre 1820, relative au service de la gendarmerie. Mais, quelque défiance que nous devions avoir de nous-mêmes en combattant un auteur qui peut faire autorité en matière criminelle, nous ne balançons pas à penser qu'il est tombé dans une erreur manifeste. D'abord, quant à l'ordonnance citée, il est facile de se convaincre que, dans plusieurs cas où il n'y a point de *crime* flagrant (1), elle autorise et même prescrit l'arrestation, notamment des individus inculpés de vagabondage et de mendicité, faits qui ne constituent que de simples délits. Le Code d'instruction criminelle n'est pas plus favorable au système de l'auteur; l'art. 49 se réfère aux art. 32 et suivants. Or, que disent ces articles ? Que le procureur du roi peut et doit faire les premiers actes d'instruction dans des cas prévus. Il faut, pour que ces dispositions soient applicables, non-seulement qu'il y ait flagrant délit, mais encore, s'il n'y a réquisition de la part d'un chef de maison, que le fait soit de nature à entraîner peine afflictive ou infamante.

» Le texte même des art. 32 et 40 indique bien que les mots flagrant délit, dans leur acception légale, comme dans leur acception ordinaire, s'appliquent au délit comme au crime flagrant, puisque, ne voulant autoriser le procureur du roi à instruire que dans ce dernier cas, le législateur exige la réunion d'une

(1) *V.* art. 179, 180, 186 de l'ordonnance du 29 octobre 1820, et décret du 1er mars 1854, art. 238 et suiv., 249 et suiv.

double circonstance : 1° le flagrant délit, 2° la gravité
du fait.

» Mais s'ensuit-il qu'un individu surpris en flagrant
délit ne puisse pas être immédiatement arrêté sans
mandat, si le fait n'entraîne qu'une peine correctionnelle ? Est-il possible d'admettre, raisonnablement,
qu'un individu sera surpris au moment où il commet,
sans circonstance aggravante, un délit grave, par
exemple un vol d'une somme considérable, où il a
encore sur lui la somme ou les objets volés, et que personne ne pourrait l'arrêter sans mandat ? Nous ne crai-
gnons pas de dire que l'arrestation provisoire, dans ce
cas, est non-seulement un droit, mais même un devoir ;
au surplus, il existe dans le Code d'instruction criminelle une disposition formelle à cet égard. L'art. 16
autorise les gardes champêtres et forestiers à arrêter
tout individu surpris en flagrant délit, lorsque ce délit emporte la peine d'*emprisonnement*. On voit donc
que la loi ne restreint pas au cas où il s'agit d'un fait
de nature à emporter peine afflictive ou infamante le
droit d'arrestation de l'individu surpris en flagrant
délit (1). »

M. de Molènes (2) donne à notre question une solution semblable. Voici sa discussion : « Que, hors le
cas de flagrant délit, des indices graves d'un crime
soient découverts, si l'inculpé est présent, les officiers

(1) On verra tout à l'heure M. Legraverend partager cette opinion,
qui a été consacrée par arrêt de la Cour de cassation du 30 mai 1823.
(2) *De l'Humanité dans les lois crim.*, p. 31, et *Des Fonctions d'offic.
de pol. jud.*, p. 70.
V., dans le même sens, Massabiau, *Manuel du procureur du roi*,
t. II, p. 232, et Foucart, *Éléments de droit publ. et administr.*, t. Ier,
p. 186.

de police judiciaire ou les agents de la force publique
auront-ils la folie de ne pas s'assurer de sa personne
et de lui donner le temps de disparaître ? Non, sans
doute. Le Code est muet à cet égard ; mais il ne contient pas plus de défense que d'autorisation ; c'est une
de ses lacunes. La nécessité, l'intérêt de la société, parlent, et, dans l'usage universel, ils sont toujours, sur
ce point, écoutés avec raison. On saisit l'inculpé et
on le conduit au procureur du roi. — Ce que fait
ainsi l'usage, au surplus, était ordonné formellement par l'art. 5 de la loi du 7 pluviôse an IX, article qui n'a été abrogé ni expressément ni implicitement par le Code d'instruction criminelle, et qui est
ainsi conçu : « Outre les cas spécifiés dans le précédent
» article (c'est-à-dire les cas de flagrant délit et de
» clameur publique), les juges de paix et les officiers
» de gendarmerie sont autorisés, quand un délit em-
» portant peine afflictive aura été commis, et qu'il y
» aura des indices contre un prévenu, de le faire con-
» duire devant le substitut du commissaire près le tri-
» bunal criminel. »

Dans une instruction fort remarquable, adressée à
ses auxiliaires, M. Jacquinot-Pampelune, alors procureur du roi du tribunal de la Seine, s'est exprimé
ainsi : « Quoique la loi ne semble vous charger, mes-
sieurs, de dresser des procès-verbaux qu'en cas de
crimes et de flagrant délit, cependant l'usage, introduit par la nécessité, est que vous en dressiez aussi
hors le cas de flagrant délit, et même quand il s'agit
seulement d'un fait correctionnel ; si vos procès-
verbaux, dans ce cas, paraissent n'avoir pas la même
force, ils servent souvent au moins de renseignements.

Il arrive souvent d'ailleurs qu'un fait qui, dans le principe, n'a paru que purement correctionnel, est reconnu véritable crime, par la preuve des circonstances aggravantes, qui avaient échappé aux premières recherches : il est donc essentiel que, *dans tous les cas*, vos procès-verbaux soient rédigés avec le même soin... — Un crime, un délit vous est-il déféré, vous devez vous transporter sans retard sur les lieux... » (Suit le détail de toutes les formalités prescrites par les art. 32 et suivants du Code d'instruction criminelle, y compris le mandat d'amener) (1).

M. Legraverend (2) s'exprime en ces termes sur la même matière : « Si le délit flagrant ou réputé tel donne au procureur du roi et à ses auxiliaires le droit de faire, dans le premier moment, tous les actes d'instruction qui sont, dans les autres cas, réservés aux juges instructeurs, il est à remarquer que cette attribution n'a lieu que pour les crimes qui sont de nature à emporter peine afflictive ou infamante : ainsi il faut que la gravité du fait concoure avec la circonstance du flagrant délit, pour déterminer la compétence du procureur du roi et de ses auxiliaires. Le grand intérêt qu'a la société à la répression des *crimes*, et le danger qu'il y aurait à en laisser péricliter les preuves et les indices, lorsqu'il est possible de les recueillir et de les constater ; à laisser les prévenus en liberté, quand on peut de suite s'assurer de leur personne ; à leur offrir la facilité de faire disparaître les objets qui les accusent, quand on peut s'emparer de

---

(1) *V.* Instruction du procureur du roi de la Seine, pages 54, 55 et suiv.

(2) *V. Lég. crim.*, au chapitre du flagrant délit, t. Ier, p. 184.

ces objets, ont éveillé la sollicitude du législateur, et l'ont déterminé à faire, en pareil cas, une exception aux principes d'après lesquels sont actuellement divisés les pouvoirs des procureurs du roi et des juges d'instruction ; mais cette exception ne s'étend pas aux simples *délits :* quoique flagrants ou réputés tels, ils ne peuvent fournir aux procureurs du roi ou à leurs auxiliaires l'occasion de faire les actes attribués aux juges d'instruction ; on revient alors à la règle commune (1). »

L'auteur ajoute, en note : « Ces règles, fondées sur le texte des articles du Code d'instruction criminelle, ont été rappelées expressément dans une ordonnance du roi du 29 octobre 1820, relative au service de la gendarmerie, et insérée au *Bulletin des Lois (V.* la section V de cette ordonnance); et quoique des auteurs aient professé une doctrine contraire (*V.* M. Carnot sur l'art. 32 et sur l'art. 40), et que quelques procureurs-généraux et ordinaires de Sa Majesté aient cru pouvoir autoriser ou prescrire une marche différente, en appliquant aux simples délits la définition du *flagrant délit,* il faut s'en tenir à la distinction qui vient d'être établie ; elle est conforme au Code, aux ordonnances royales et au système général de la législation. »

Cependant M. Legraverend écrivait, quelques pages plus haut (2) : « On sait que, hors le cas de flagrant délit, ou de réquisition de la part d'un chef de maison, et hors le cas aussi où il s'agit de délits forestiers

---

(1) Ceci ne s'applique pas aux cas prévus par l'art. 46 du Code d'instruction criminelle, qui accorde, dans son hypothèse, même extension de droits pour *crimes* et *délits* que pour les flagrants délits dont s'occupe l'art. 32.

(2) *V.* LEGRAVEREND, *Lég. crim.,* t. Ier, p. 181.

et de contraventions de police, *en général*, les officiers
de police auxiliaires ne sont pas chargés de constater
directement les délits, *sauf, toutefois, le cas où il y
aurait urgence et péril en la demeure; ce qui donne
alors, en quelque sorte, à l'affaire, le caractère de flagrant délit.* » Et plus loin (1) : « Les dispositions de la
loi relatives au *flagrant délit* sont de nature à faire
naître des questions assez délicates, et à offrir dans
l'exécution des difficultés réelles. On sent que le législateur, en faisant, dans le cas de flagrant délit, une
exception aux règles qui doivent ordinairement être
suivies pour l'arrestation des citoyens, a voulu prévenir l'abus qu'on pourrait faire de cette exception, en
la restreignant dans des limites étroites, et qu'il a
voulu concilier, autant que possible, les moyens que
réclame la raison pour protéger la sûreté et la tranquillité publique, avec les principes sacrés de la liberté
individuelle. Cette sage circonspection du législateur
peut toutefois laisser les fonctionnaires et les citoyens
dans un état pénible d'incertitude relativement à leurs
droits et à leurs devoirs; il est, en effet, assez difficile
de distinguer, dans le premier instant où se commet
un fait punissable, si ce fait a les caractères d'un
crime, ou seulement ceux d'un délit, et de s'assurer
tout d'abord s'il emporte peine afflictive ou infamante : ce sont cependant ces caractères seuls du fait
qui peuvent conférer aux magistrats des pouvoirs extraordinaires; ce sont ces caractères qui peuvent autoriser les dépositaires de la force publique et les

(1) *V.* Legraverend, *Lég. crim.*, t. Ier, p. 191, 192, chap. du flagrant
délit, à la fin.

simples citoyens à arrêter les prévenus sans mandat de justice, dans le cas de *flagrant délit*. — Dans le doute, il faut adopter le parti le plus favorable à la liberté des citoyens; on est sûr de se diriger d'après les termes et l'esprit de la loi, qui n'a pas voulu que, pour des contraventions ou des délits peu importants, on pût à chaque instant être arrêté par le premier venu; — cependant, comme, indépendamment de la police judiciaire qui recherche les coupables·, et de la justice qui les punit, la police administrative doit avoir une action constante pour les prévenir; que rien ne serait moins propre à atteindre ce but que de laisser librement et volontairement commettre sous ses yeux des délits graves, qui n'emportent toutefois que des peines correctionnelles; qu'enfin l'intérêt public doit aussi être pris en considération dans la manière d'exécuter les lois qui sont faites pour le bien de tous, il est évident que l'on ne pourrait pas rechercher comme coupable d'arrestation arbitraire et illégale l'officier de police judiciaire ou administrative, l'agent de la force publique, qui, pour dissiper une rixe et en prévenir les suites fâcheuses, saisirait ou ferait saisir les délinquants, pour les conduire devant le juge d'instruction, ou le procureur du roi ou ses auxiliaires. Il est évident qu'on ne pourrait pas poursuivre le citoyen qui en agirait ainsi à l'égard d'un filou qu'il surprendrait la main dans sa poche, ou à l'égard de l'auteur d'un vol simple, qui serait surpris sur le fait (1) : dans le premier cas, il s'agit d'une mesure nécessaire de police, sans laquelle la société tout en-

(1) *V.* art. 106 du *Code d'instr. crim.*

tière serait continuellement menacée ; et, dans le second, on exerce un droit sacré de défense, de conservation personnelle, qui n'est pas seulement autorisé,
mais qui est prescrit par la raison comme par la nature,
et dont la loi ne peut pas vouloir arrêter et punir l'usage,
parce qu'elle ne réprime, elle ne punit que ce qui est
injuste et répréhensible (1). »

Postérieurement, M. Bourguignon (2), persistant
dans l'avis qu'il avait émis tout d'abord (3), s'attache à
combattre la doctrine de l'instruction de M. Jacquinot-
Pampelune; il la repousse comme formellement rejetée par le législateur, et comme se trouvant en
pleine contradiction avec les art. 32, 46, 47, 87, 88 du
Code d'instruction criminelle. Il analyse le procès-
verbal du conseil d'État, où, après des discussions lu-
mineuses, il fut reconnu que le procureur de la République ne peut être juge et partie ; que, chargé de
poursuivre, il ne peut faire l'instruction, qui appartient au ministère du juge ; que son pouvoir, selon
l'expression de M. Cambacérès, s'arrête à la porte des
citoyens, et que là commence l'action de la justice ;
que ce ne fut que par exception, et à raison de l'urgence, que le procureur de la République et ses auxiliaires furent admis à faire une instruction provisoire,
dans le cas des art. 32 et 46 du Code d'instruction
criminelle, procédure que le juge d'instruction peut
régulariser, refaire ou s'approprier, suivant l'art. 60
du même Code.

---

(1) M. Bourguignon, *Jurisp. des Codes crim.*, t. Ier, p. 235, 236, adopte
ces explications, et il cite un arrêt de la Cour de cassation du 30 mai
1823, dans le même sens.
(2) V. *Jurisp. des Codes crim.*, t. Ier, p. 118 et suiv.
(3) *Manuel d'instr. crim.*, t. Ier, p. 109, 133, 137.

M. Bourguignon cite un arrêt de la Cour de cassation du 5 août 1813, qui a jugé que la chambre du conseil d'un tribunal de première instance avait eu raison de déclarer nulle une instruction faite par un procureur impérial seul, ne s'agissant pas d'un flagrant délit ni d'un fait réputé tel.

Il cite enfin la section V de l'ordonnance du 29 octobre 1820, dont l'art. 155 porte : « Les officiers de gendarmerie sont tenus de renvoyer sans délai à notre procureur royal les dénonciations et les plaintes qu'ils ont reçues comme officiers de police auxiliaires : leur compétence ne s'étend pas au delà ; ils ne peuvent faire aucune instruction préliminaire que dans le cas de flagrant délit, ou que, s'agissant d'un crime ou délit, même non flagrant, commis dans l'intérieur d'une maison, les chefs de cette maison les requièrent de le constater ; » et l'art. 157 : « Toute infraction qui, par sa nature, est seulement punissable de peines correctionnelles, *ne peut constituer un flagrant délit;* les officiers de gendarmerie ne sont point autorisés à faire des instructions préliminaires pour la recherche de ces infractions. — Le flagrant délit doit être un véritable crime, c'est-à-dire une infraction contre laquelle une peine afflictive ou infamante est prononcée (1). »

M. Dalloz (2) partage le sentiment de M. Bourguignon.

(1) Remarquez que les art. 155, 157 de l'ordonnance, en restreignant le droit des officiers de gendarmerie pour instruire, ne dérogent pas au droit d'arrestation résultant pour eux des art. 175, 179, 180 et 186 relatés plus haut.

(2) *V.* DALLOZ, *Rép.*, au mot *Instruction criminelle,* t. IX, p. 493. — Dans le même sens, BOITARD, *Leçons sur le Code d'instr. crim.,* p. 80, 91.

« Il suit, dit-il, des expressions de l'art. 32 du Code d'instruction criminelle, que le délit correctionnel même flagrant, ou réputé tel, ne peut être constaté par le procureur du roi ou ses auxiliaires ; les termes de la loi ne permettent pas de pousser jusque-là l'exception à la règle commune. »

En dernier lieu, M. Carré (1), après avoir circonscrit la compétence des juges de paix dans les termes des art. 32 et 46 du Code d'instruction criminelle, ajoute : « Cependant M. Legraverend (2) estime que, hors ces cas, les officiers de police auxiliaires peuvent constater les crimes et délits, lorsqu'il y a urgence ou péril dans la demeure, parce que cette circonstance donne, en quelque sorte, à l'affaire le caractère de flagrant délit. M. Bourguignon ne partage point cette opinion (3), qui, dit-il, ajoute à la loi et par conséquent

---

(1) *V.* CARRÉ, *Droit français...*, t. IV, p. 319, 320.

(2) *V.* LEGRAVEREND, *Lég. crim.*, t. 1er, p. 181, à la note. A la suite de cette note, 3e édition, p. 177, t. 1er, M. DUVERGIER a écrit : « M. BOURGUIGNON ne partage point cette opinion, qui ajoute, dit-il, à la loi, et conduit par conséquent à l'arbitraire. M. LEGRAVEREND repousse ce reproche dans une note qu'il a laissée manuscrite : il fait remarquer qu'il a été au contraire le premier à repousser l'extension arbitraire qu'on a voulu donner aux art. 32 et 40 du Code d'instruction criminelle ; — que s'il rappelle comme un fait que les officiers de police judiciaire auxiliaires constatent les délits qui laissent des traces après eux, lorsqu'il y a urgence et péril en la demeure, il est évident qu'on ne doit pas isoler cette observation de la définition qu'il donne du flagrant délit, et qu'enfin l'ordonnance du 29 octobre 1820, art. 175 et 179, charge les gendarmes de dresser des procès-verbaux pour constater les crimes et délits, dans les cas indiqués. »

(3) *V.* BOURGUIGNON, *Jurispr. des Codes crim.*, t. 1er, p. 235, 236, et, dans le même sens, DALLOZ, *Rép.*, au mot *Instruction criminelle*, t. IX, p. 494.

conduit à l'arbitraire. Nous répondrons, à l'appui de l'opinion de M. Legraverend, que l'on n'a point à redouter les abus de l'arbitraire, lorsqu'il y a vraiment urgence à constater le corps d'une infraction et à en saisir les traces, qui pourraient échapper dans l'intervalle qui s'écoulerait entre l'avis donné par l'officier de police au procureur du roi, et la présence de ce magistrat (1), ou l'envoi d'une délégation qu'il donnerait à un officier auxiliaire, afin de procéder à sa place ; le cas d'urgence nous semble régulariser les actes qui, en toute autre circonstance, auraient été incompétemment dressés. »

Toutes ces citations prouvent que, malgré leur désir de faire prévaloir les règles d'une légalité stricte et absolue, des écrivains éminemment recommandables ont ressenti l'inconvénient de retenir indéfiniment le bras des officiers de police judiciaire, dès que ces règles viendraient l'entraver au préjudice de la chose publique.

En résultat, se fondant sur cette grave considération, débattue au conseil d'État, que le procureur de la République, partie poursuivante, ne peut être chargé de l'instruction, qui doit être réservée au ministère du juge ; et encore sur l'interprétation résultant des art. 155, 157 de l'ordonnance du 29 octobre 1820 ; enfin, sur le texte même des art. 32 et 46 du Code d'instruction criminelle, qui font exception au droit commun, M. Legraverend, dans son explication des

---

(1) Il aurait fallu dire... *du juge d'instruction :* si l'officier de police auxiliaire n'était pas compétent, le procureur de la République ne le serait pas davantage, et ne pourrait ni se transporter seul, ni déléguer.

principes généraux du flagrant délit, et MM. Bourguignon et Dalloz resserrent étroitement les pouvoirs
du procureur de la République, et par conséquent les
pouvoirs de ses auxiliaires, dans le cercle infranchis-
sable pour eux décrit par ces art. 32 et 46, doctrine
qui est rigoureusement conforme à la lettre nue du
texte cité.

M. Jacquinot-Pampelune, faisant l'exception aussi
large que la règle, admet, sans distinction, le pouvoir
d'instruire et de faire arrêter, dans tous les cas, en
faveur du procureur de la République et de ses auxiliaires, ce qui nous semble exagéré.

Enfin, M. Carré admet un tempérament qui éten-
drait l'exception, tout en maintenant la règle, et qui
permettrait au procureur de la République et à ses
auxiliaires d'agir, au défaut du juge d'instruction,
dans tous les cas d'urgence, pour lesquels il y aurait
péril en la demeure, quelles que fussent la nature du
fait et la peine encourue.

Cette interprétation de la loi peut paraître moins
libérale envers les individus que celle qui est adoptée
par MM. Bourguignon, Legraverend, Dalloz et Boitard ; mais elle est plus conforme aux intérêts et aux
besoins de la société. D'ailleurs, l'opinion de M. Carré,
à laquelle nous nous rangeons, et qui est généralement
suivie dans la pratique, se justifie et se confirme par
l'autorité de M. Legraverend lui-même, de MM. Carnot,
Jacquinot-Pampelune, Foucart, de Molènes, Massabiau, des auteurs de la *Thémis*, des instructions du
ministre de la justice, et des procureurs généraux,
par les textes des articles 16 du Code d'instruction
criminelle, 175, 179, 180 et 186 de l'ordonnance

du 29 octobre 1820, 238 et suiv., 249 et suiv., du décret du 1er mars 1854, 5 de la loi du 7 pluviôse an IX, 17 de la loi du 18 pluviôse an IX, et par l'arrêt de la Cour de cassation du 30 mai 1823.

M. Armand Dalloz, en accueillant cette dernière solution, dans son *Dictionnaire de Jurisprudence*, au mot *Instruction criminelle*, n° 98, s'exprime ainsi : « La lettre de la loi semble être pour la première opinion; la pratique et la raison sociale sont pour la seconde... M. Legraverend lui-même semble adopter le tempérament qu'admet M. Carré... Cette concession prouve que la raison de M. Legraverend se débattait contre le texte inintelligent de l'art. 32 du Code d'instruction criminelle. »

Au surplus, nous ajouterons quelques réflexions, à l'appui des motifs déjà déduits en faveur de l'avis auquel nous accordons la préférence.

Les officiers de police judiciaire sont les sentinelles avancées de la justice; chacun d'eux a son rang à garder, son poste à occuper, sa mission à remplir; tous concourent, en se prêtant une mutuelle assistance, aux mêmes fins : la découverte de la vérité.

Surveillant de l'ordre public, le procureur de la République recueille les renseignements, recherche et poursuit. Et comme son regard ne peut se porter à la fois sur tous les points et s'étendre incessamment jusqu'aux dernières limites de son ressort, des auxiliaires lui ont été donnés, pour le suppléer au besoin.

Un fait punissable est-il dénoncé, découvert ? il s'agit de le constater, de l'apurer, de le prouver; c'est la tâche du juge d'instruction.

Ainsi, en général, le procureur de la République et ses auxiliaires recherchent et ne constatent pas; à eux la surveillance, la poursuite; au juge l'instruction : voilà le principe.

Or, ce principe n'est pas inflexible : une loi qui domine tout, la nécessité, a fait comprendre qu'il était souvent utile, quelquefois indispensable qu'il fût modifié. De là, les exceptions introduites par les art. 32 et 46 du Code d'instruction criminelle. Si les circonstances sont graves et pressantes, le procureur de la République et ses auxiliaires seront investis momentanément des pouvoirs du juge d'instruction.

Mais, hors les cas spécifiés par les art. 32 et 46 du Code d'instruction criminelle, si quelque nécessité imprévue se faisait sentir, si l'intérêt de la société exigeait que les limites de l'exception fussent dépassées, faudrait-il cependant s'y renfermer, aux risques de ce qu'il pourrait en advenir? Pourrait-on dire : Périsse la vérité, plutôt qu'une conséquence logique rigoureusement déduite! Nous ne saurions l'admettre, sans que nous prétendions que les règles de la loi soient illusoires, et qu'elles puissent être arbitrairement violées.

Gardons-nous d'une circonspection trop méticuleuse, et d'une facilité excessive.

D'une part, on craint l'arbitraire. Ah! sans doute, l'arbitraire est chose détestable.

Mais les magistrats ont-ils donc une conscience inerte? sont-ils, après tout, abandonnés sans frein aux fougues capricieuses d'une volonté dont les écarts seraient exempts de toute répression? ne sont-ils pas sous la surveillance continuelle de supérieurs attentifs? ne sont-ils pas justiciables de l'opinion publique, dont

nul ne peut braver impunément la censure et l'autorité ? enfin , peuvent-ils ignorer qu'ils s'exposeraient,
en faisant de l'arbitraire, en délinquant, à la prise
à partie, aux poursuites des individus dont ils auraient malicieusement méconnu les droits et froissé les
intérêts ?

D'un autre côté, une sollicitude inquiète et ombra-
geuse ne calculerait pas les perturbations qui pourraient
résulter, pour l'administration de la justice, d'un déplacement fréquent et désordonné des pouvoirs.

Il faut des garanties pour les prévenus, parce qu'ils
sont provisoirement réputés innocents ; il en faut aussi
pour la société qu'ils sont inculpés d'avoir blessée :
c'est à la prudence à exclure les abus.

« Les fonctions de la police judiciaire sont délicates ;
si les principes en sont constants, leur application, du
moins, est modifiée par mille circonstances qui échap-
pent à la prévoyance des lois, et ces fonctions ont besoin, pour s'exercer, d'une sorte de latitude de confiance. » Ainsi s'exprimait la loi en forme d'instruction
du 29 septembre 1791.

Ajoutez, avec M. Legraverend (1), que « l'intérêt public doit être pris en considération dans la manière
d'exécuter les lois qui sont faites pour le bien de tous ».

Ces maximes nous serviront de point de départ.

Un crime a été commis ; ignoré pendant quelque
temps, il est enfin découvert ; mais il n'est plus flagrant.
Cependant les traces, à demi effacées, en sont encore
saisissables ; le corps du délit n'est pas encore entièrement détruit ; les preuves, qui dépérissent rapide-

_____

(1) *V.* Legraverend, *Lég. crim.*, t. 1ᵉʳ, p. 192.

ment, ne sont pas totalement évanouies ; les pièces de conviction peuvent encore être appréhendées ; du reste, il n'y a pas un moment à perdre, et, si l'on ne se hâte, elles vont être soustraites, car l'éveil a été donné au coupable : qu'il faille attendre pendant quelques jours (1) l'arrivée du juge d'instruction, ou une délégation de ce magistrat, et l'officier de police auxiliaire qui était sur les lieux, réduit à l'impuissance d'agir en temps opportun, n'aura plus qu'à répéter l'avis stérile d'un forfait dénué de preuves, et dont l'auteur aura disparu.

Ou bien encore, le domicile d'un citoyen a été violé ; un délit a jeté la désolation dans l'intérieur d'une famille ; un attroupement séditieux, un vol considérable, des violences envers les personnes ou les propriétés, des actes attentatoires à la liberté des cultes, auront mis en émoi toute une contrée, soulevé une indignation qui menace d'éclater et d'occasionner les plus graves désordres : l'officier de police devra rester inactif, dans le premier cas, s'il n'est requis par le chef de famille d'interposer une autorité protectrice ; il sera sans force, dans les derniers : les preuves que lui seul pouvait utilement recueillir échapperont à la justice ; peut-être les circonstances aggravantes qui devaient élever le fait de la proportion d'un simple délit à celle d'un crime auront été dissimulées et n'apparaîtront plus ultérieurement.

Il y a plus : dans ces divers cas, des hommes redoutés

(1) Nous disons à dessein *quelques jours :* car il est des chefs-lieux d'arrondissement très-éloignés de quelques points de leur territoire, avec lesquels les communications sont généralement difficiles, et souvent interrompues tout à fait.

pour leurs méfaits ou pour leurs emportements, mais
domiciliés; des hommes sans asile, et dont la présence
instantanée et précaire est un danger sur le sol qu'ils
foulent, garderont leur pernicieuse liberté, en présence
de l'officier de police judiciaire désarmé; ou ils pourront s'assurer, par la fuite, une impunité scandaleuse
et déplorable.

Ainsi le voudraient les formes; ainsi faudrait-il conclure des dispositions des art. 32, 40, 41 et 46 du Code
d'instruction criminelle, interprétés qu'ils seraient par
une logique trop abstraite.

Les formalités sont salutaires de leur nature, car
elles renferment des principes d'ordre : ici elles seraient
funestes.

Aussi n'est-ce pas dans ce sens borné que nous pensons qu'elles doivent être comprises et suivies; et personne, sans doute, en présence des hypothèses que
nous venons de proposer pour exemples, ne soutiendrait que le droit strict dût mettre un obstacle aux
actes que commandent la raison et la nature des
choses.

Assurément, si un officier de police judiciaire avait
rédigé des procès-verbaux de constat, recueilli des
preuves, saisi les instruments ou les produits du crime
ou du délit; s'il avait délivré la société de la présence
inquiétante d'un homme redoutable, accablé par des
indices accusateurs trop pressants pour qu'il pût paraître complétement innocent, et qu'il l'eût fait conduire
devant le juge d'instruction chargé de statuer provisoirement, cet officier de police judiciaire n'aurait pas mé-
rité le blâme; il n'aurait pas encouru la peine réservée
à l'arbitraire, car la loi ne réprime et ne punit que ce

qui est injuste et répréhensible, selon les expressions
de M. Legraverend. Nous ajoutons qu'il n'aurait fait
que remplir un devoir.

Peut-être, comme le fait remarquer l'instruction de
M. Jacquinot-Pampelune, les procès-verbaux de l'officier de police auxiliaire feront-ils moins de foi que s'il
eût agi en vertu de pouvoirs mieux définis et à l'abri
de toute discussion; mais les choses matérielles qu'il
aura saisies subsisteront; et, pour le reste, il aura conservé au juge d'instruction les éléments d'une procédure
régulière, qui deviendra d'autant plus exacte et d'autant plus complète qu'elle aura été préparée. D'ailleurs,
ceux qui auront à juger sur ces premières procédures
tiendront compte à l'officier de police auxiliaire des difficultés de la position où il se sera trouvé; ils apprécie-
ront le mérite de ses diligences, la loyauté de sa conduite, la véracité de ses procès-verbaux; leur conscience prononcera ensuite. Après tout, ce n'est pas de
ce qui sera jugé sur ses actes que doit s'occuper l'officier de police judiciaire, mais de faire consciencieuse-
ment son devoir, en toute occasion.

Nous estimons donc, en dernière analyse, que, hors
le cas de *crime flagrant* (1) et de crime ou délit commis
dans l'intérieur d'une maison, dont le chef aurait fait
une réquisition à fin de constat (2), les juges de paix,
en leur qualité d'officiers de police auxiliaires, devraient, *en général*, s'abstenir de tous actes d'instruction; qu'ils devraient se borner à recueillir des
renseignements, à recevoir les dénonciations ou les

(1) *V.* art. 32 du *Code d'inst. crim.*
(2) *V.* art. 46, *ibid.*

plaintes, et à informer sur-le-champ le procureur de la République, en lui envoyant les pièces qui leur seraient parvenues (1).

Mais, s'il y avait urgence, péril en la demeure, impossibilité d'obtenir à temps une délégation du juge d'instruction, ou d'espérer l'arrivée prompte de ce magistrat, soit qu'il s'agît d'un crime *non flagrant*, soit qu'il s'agît d'un *délit flagrant ou non*, le juge de paix serait autorisé, selon nous, par son caractère d'officier de police judiciaire, à constater les faits; à entendre les personnes présentes sur les lieux, qui auraient des déclarations à faire, et qui pourraient peut-être, en cas de simple délit présumé, révéler des circonstances aggravantes; à interroger le prévenu; à saisir les instruments et les preuves du crime ou du délit, ou à les mettre sous le scellé, s'il y avait lieu. Il devrait alors opérer comme dans les cas ordinaires de flagrant délit, suivant les règles tracées par l'art. 32 du Code d'instruction criminelle, que nous expliquerons plus loin, et dresser des procès-verbaux de ses opérations.

Toutefois, il devrait s'abstenir de visites domiciliaires, *autant que possible*, et ne jamais passer outre, *s'il rencontrait de l'opposition.* — Il ne pourrait décerner des mandats *d'aucune sorte* (2).

Si le prévenu, domicilié dans l'arrondissement, était un repris de justice, un homme mal famé, dont la présence serait redoutée ou dangereuse dans la localité; si, s'agissant d'un crime non flagrant, ou d'un délit flagrant,

(1) *V.* art. 29, 48, 54, 64 du *Code d'inst. crim.*

(2) Droit conféré au procureur de la République par la loi du 20 mai 1863, sur les *flagrants délits correctionnels.*

il y avait à présumer que le prévenu, fortement chargé, tentât de se soustraire par la fuite à un juste châtiment; ou encore, si le prévenu était un vagabond, un homme sans ressources, sans aveu et sans domicile; s'il y avait lieu de craindre qu'il ne disparût avant qu'un mandat du juge d'instruction pût l'atteindre, dans ces divers cas, le juge de paix pourrait faire saisir le prévenu par la gendarmerie, et le faire conduire devant le juge d'instruction, en même temps qu'il enverrait les procédures au parquet.

Au reste, nous insistons pour recommander aux juges de paix que, dans ces circonstances extraordinaires et exceptionnelles, ils prennent pour règle de leur conduite une extrême prudence, à l'égard surtout de l'arrestation des personnes compromises, et que, dans le doute, ils se décident toujours, comme le conseille M. Legraverend, en faveur de la liberté des citoyens qui auraient le malheur d'être inculpés.

56. Les juges de paix participent encore à l'instruction des procédures criminelles, en ce qu'ils peuvent recevoir et doivent exécuter les commissions rogatoires qui leur sont adressées ou déférées par le juge d'instruction, ou de la part d'autres officiers ou magistrats remplissant des fonctions analogues; et, dans ce cas, ils peuvent faire, en se conformant à l'acte qui les délègue, tout ce qui serait de la compétence du juge d'instruction, sans pouvoir néanmoins prononcer de condamnations, ni décerner de mandats, comme nous l'expliquerons plus bas.

La *commission rogatoire* est un acte au moyen duquel un magistrat charge ou requiert un autre magistrat, ou un officier de police judiciaire, de recevoir la déclaration d'un témoin éloigné, de prendre l'interrogatoire d'un prévenu, de constater un fait, enfin, de procéder à une opération quelconque.

Les art. 52, 83, 84, 90, 237, 283, 303 du Code d'instruction criminelle, énoncent des cas de commissions rogatoires ; mais ces articles ne sont pas limitatifs.

Le juge d'instruction pourrait, par exemple, commettre un juge de paix pour faire les visites, perquisitions et autres procédures mentionnées dans les art. 35 à 39, 87 à 90 du Code d'instruction criminelle.

En effet, le droit de délégation tient essentiellement aux règles générales de la procédure criminelle (1).

57. Le juge d'instruction ne pourrait cependant déléguer à un juge de paix le pouvoir de décerner les mandats *d'amener*, *de dépôt et d'arrêt*, nulle loi ne l'y

---

(1) « Quelques magistrats ont cru, d'après les art. 83 et 84 du Code d'instruction criminelle, que le juge d'instruction ne pouvait déléguer la faculté de recevoir les dépositions de témoins résidant hors de son canton ou de son arrondissement, qu'autant que ces témoins étaient dans l'impossibilité de comparaître devant lui, et que cette impossibilité était constatée par un certificat d'officier de santé : c'est une erreur. Le droit de déléguer tient aux règles générales de la procédure criminelle ; il est d'ailleurs rappelé par plusieurs dispositions du Code d'instruction. Les art. 83 et 84 ne sont pas limitatifs, mais ils indiquent, dans un cas particulier, la marche à suivre par le juge instructeur, lorsqu'il est obligé de déléguer une partie de ses fonctions ; et il doit s'y conformer exactement dans tous les autres cas où il peut y avoir lieu de déléguer. Ces cas sont très-fréquents : le juge d'instruction ne doit se déplacer que dans des circonstances graves ou urgentes ; il doit aussi éviter, autant que possible, de faire citer devant lui des témoins éloignés... » — Circulaires du Ministre de la justice, des 23 septembre 1812 et 9 avril 1825.

Le juge de paix lui-même peut déléguer dans certaines circonstances. *V.* nᵒˢ 130, 230.

autorisant, et l'art 283 du Code d'instruction criminelle le lui défendant implicitement : d'où la conséquence que le juge de paix auquel un tel pouvoir aurait été illégalement conféré devrait s'abstenir d'en faire usage.

Mais le droit de décerner le mandat de *comparution* peut-il être délégué ?

L'art. 283 du Code d'instruction criminelle ne le défend pas, et semble, par son silence, l'avoir permis. D'ailleurs, cette mesure, en elle-même, n'a rien de rigoureux, puisqu'un tel mandat n'est autre chose qu'une citation à comparaître. Nous ne voyons pas d'inconvénient à ce que le juge de paix, commis pour interroger un prévenu, soit pourvu des moyens de le faire comparaître, ou de le mettre en demeure d'obéir à la justice et de venir présenter sa défense. Tel est l'effet du mandat de comparution ; tel ne serait pas celui d'un simple avertissement, qui pourrait être négligé impunément, tandis que la désobéissance au mandat de comparution déterminerait le juge d'instruction à décerner le mandat d'amener, conformément à l'art. 91 du Code d'instruction criminelle (1).

(1) Relativement au mandat de comparution, il faut consulter les art. 93, 95, 97 du *Code d'inst. crim.*

En voici la forme :

MANDAT DE COMPARUTION.

Nous, N°°° , juge de paix du canton de , arrondissement de , département de , agissant en vertu de la commission rogatoire de M. , juge d'instruction de , en date du , mandons et ordonnons à tous huissiers ou agents de la force publique de citer à comparaître devant nous, en notre cabinet, à , le nommé , profession d , demeurant à , le , à heure du , à l'effet d'y être

58. Il ne sera pas hors de propos de nous occuper ici d'une autre question, relative au mandat de dépôt : au cas de l'art. 86 du Code d'instruction criminelle, le juge de paix délégué aurait-il qualité pour décerner le mandat de dépôt ?

M. Legraverend (1) lui accorde ce droit ; M. Carnot (2) est du même avis, se fondant sur ce que l'art. 86 se sert de l'expression générique *le juge* (3).

M. Bourguignon (4) et M. Carré (5) pensent que le juge de paix doit se borner à constater la fausseté de l'excuse, par un procès-verbal, qui doit servir de base à un mandat de dépôt, et à l'amende que le juge d'instruction prononcera, sur les réquisitions du procureur de la République. M. Carré se détermine par la considération que tout mandat de dépôt suppose la rétention de celui contre lequel il est donné dans le lieu où se trouve le juge devant lequel il aurait à comparaître, qui est ici le juge d'instruction.

Nous nous rangeons à l'avis de MM. Bourguignon et Carré. Nous ajouterons : il est reconnu que le juge d'instruction ne pourrait pas déléguer le droit de lancer le

interrogé et entendu sur les faits à lui imputés, et de lui déclarer que, faute de ce faire, il sera contre lui décerné mandat d'amener.

Fait à   , le

Sceau.   *Signature.*

(1) *V.* LEGRAVEREND, *Lég. crim.*, t. Ier, p. 300.

(2) *V.* CARNOT, *De l'Inst. crim.*, t. Ier, p. 371.

(3) Art. 86 du *Code d'inst. crim.* : « Si le témoin..... n'était pas dans l'impossibilité de comparaître...., le *juge* décernera mandat de dépôt, tant contre le témoin que contre l'officier de santé qui aura délivré le certificat... (attestant la maladie ou incapacité de comparaître.) »

(4) *V.* BOURGUIGNON, *Jurispr. des Codes crim.*, t. Ier, p. 194.

(5) *V.* CARRÉ, *Droit français*, t. IV, p. 361.

mandat de dépôt; si la loi eût voulu permettre au juge
de paix, qui n'exerce ici que des fonctions étrangères,
de décerner ce mandat, elle l'eût exprimé formellement,
comme elle avait dit, art. 49, qu'elle lui accordait tous
les pouvoirs du procureur de la République au cas de
flagrant délit, sans exception de la faculté nécessaire de
décerner les mandats de dépôt et d'amener, autorisés
par les art. 34 et 40.

Ici, il n'y a pas urgence à ce que le témoin et l'officier de
santé soient incarcérés : il convient donc de s'en remettre
à la prudence du juge d'instruction, pour la délivrance
du mandat de dépôt, d'autant plus que ce magistrat,
qui est juge de la conduite du témoin et de l'officier de
santé, pourrait ne pas la qualifier comme le juge de paix,
et la trouver excusable.

59. L'ordre hiérarchique des juridictions doit être
observé ponctuellement à l'égard des commissions rogatoires.

Ainsi, un juge de paix ne peut être commis *directement* que par le juge d'instruction de son arrondissement, par le conseiller délégué de la chambre d'accusation du ressort, ou par les présidents des Cours
d'assises ; de même qu'il ne peut recevoir de réquisitions que du procureur de la République de son arrondissement, ou du procureur général du ressort (1).

(1) *V. Code d'inst. crim.*, art. 83, 84, — 283, 303, — 52, 274, 279.—
Sup., nos 49, 56.

V. pourtant l'art. 10 du même Code. — Le juge de paix requis par
un préfet ne devient point son *auxiliaire*, son *délégué* ou son *subor-
donné*, n'a point à en recevoir des ordres ou une direction, à lui
rendre compte de ses actes, ou à lui envoyer ses procédures : sous
tous les rapports, magistrat, il n'a à correspondre qu'avec le procureur de la République, son chef hiérarchique, comme en cas de

Il n'est appelé que *médiatement* à remplir les commissions rogatoires des juges d'instruction des autres arrondissements, des officiers rapporteurs près les conseils de guerre, ou des magistrats des Cours où il ne ressortit pas, autres que les présidents des Cours d'assises.

Si ces commissions lui parvenaient autrement que par l'intermédiaire du juge d'instruction de son arrondissement, elles ne seraient pas valablement données ; le juge de paix serait sans pouvoir légal ; son devoir serait d'informer sur-le-champ le procureur de la République, pour qu'il fît réparer l'irrégularité (1).

60. Toutes les attributions faites au juge de paix sont communes à ses suppléants, qui, à son défaut, ont qualité, suivant l'ordre de leur nomination, pour opérer dans toutes les circonstances où il serait compétent.

Il est arrivé pourtant que des juges de paix, se trouvant malades au moment où des commissions rogatoires leur parvenaient, se soient crus obligés d'en différer l'exécution jusqu'à leur rétablissement, quoiqu'ils eussent des suppléants, retard qui pouvait avoir des inconvénients majeurs.

L'art. 9 du Code d'instruction criminelle n'ayant pas parlé des suppléants des juges de paix, comme il avait désigné expressément au nombre des officiers de po-

---

simple avis officiel ; il n'est dû aux préfets que des communications officieuses. — MANGIN, *Traité des procès-verbaux*, p. 150, 151, 153. — DALLOZ, *Rép.*, v° *Inst. crim.*, n°ˢ 255, 257. — *Manuel des juges d'instruction*, n° 85. — Circulaires du Ministre de la justice, des 12 mars 1812, 2 mars 1816, 21 juillet 1827, 3 mai 1874.

(1) Toutefois, cette règle est susceptible d'exception pour le cas de *flagrant délit*, et pour le cas prévu par l'art. 283 du *Code d'inst. crim. V. sup.*, n° 49; *inf.*, n°ˢ 130 et 230.

lice judiciaire les adjoints des maires, on supposait que la loi avait interdit aux juges suppléants les fonctions de la police judiciaire.

Bien plus, l'art. 144 du Code d'instruction criminelle, qui confie au maire les fonctions du ministère public près le tribunal de simple police, l'autorise à se faire remplacer par son adjoint, tandis que l'art. 141 dispose : « que le juge de paix connaît *seul* des affaires attribuées à son tribunal. » De là un second motif de croire à l'exclusion des suppléants.

M. Paillet, dans ses notes sur notre art. 141, rapporte que M. Hautefeuille, à la page 107 de son *Traité de procédure criminelle*, professe que le juge de paix ne peut être remplacé par son suppléant, dans les matières de police. L'annotateur rejette, avec raison, selon nous, cette opinion.

L'art. 2 de la loi du 29 ventôse an IX disposait ainsi : « Le juge de paix remplira *seul* les fonctions... » C'est que l'art. 1er de cette loi supprimait les assesseurs, qui assistaient précédemment le juge de paix : mais l'art. 3 remplaçait les assesseurs par des suppléants, qui, en cas de maladie, d'absence, ou autre empêchement du juge de paix, étaient chargés de remplir ses fonctions.

Le mot *seul* de l'art. 2 de la loi du 29 ventôse an IX, et de l'art. 141 du Code d'instruction, signifie donc uniquement que le juge de paix, exerçant ses fonctions, ne doit pas être assisté de suppléants (1).

Sous l'empire de la loi du 29 ventôse an IX, la Cour de cassation décidait que le juge de paix pouvait,

(1) *V.*, dans ce sens, SIREY, t. XVII, IIe part., p. 246.

comme juge de police, être remplacé par un de ses suppléants, en cas de maladie, d'absence, ou d'empêchement (1).

Notre question a été préjugée dans le même sens par la Cour de cassation, le 7 novembre 1821, par arrêt qui décide que les suppléants des juges de paix ne sont pas exempts du service des jurés, « à moins qu'ils n'aient rempli, dans les affaires à juger, les fonctions d'officiers de police judiciaire. »

Enfin, un autre arrêt de la même Cour, du 30 septembre 1831, vient à l'appui, en déclarant les suppléants des juges de paix exempts du service de la garde nationale, « attendu qu'ils peuvent être appelés à chaque instant à remplir les fonctions d'officiers de police judiciaire, et à requérir la force publique. »

Tenons donc pour certain que le premier suppléant, et, à défaut de celui-ci, le second suppléant, remplace, *de droit*, le juge de paix absent, malade, ou autrement empêché, soit que le juge de paix ait à opérer comme officier de police auxiliaire, d'après les dispositions de la loi, soit qu'il ait à remplir une commission rogatoire, et quand bien même cette commission ne s'en expliquerait pas.

Lorsqu'un suppléant remplace un juge de paix, la cause de l'empêchement n'a pas besoin d'être indiquée, parce que la présomption de droit est pour l'empêchement légitime (2) ; mais le suppléant doit exprimer dans ses actes qu'il n'agit que pour cause de l'empêchement du juge de paix, car il n'appartient à personne de subs-

(1) *V.* Arr. cass. des 2 frimaire an XIV et 7 juillet 1809.
(2) *V.* Arr. cass. du 6 avril 1819.

tituer arbitrairement un juge à celui que la loi avait donné; et, d'autre part, les actes judiciaires doivent porter en eux-mêmes la preuve de leur légalité (1).

61. Le juge de paix procédant *publiquement* à une instruction judiciaire aurait le droit d'appliquer les art. 504 et 505 du Code d'instruction criminelle contre ceux des assistants qui donneraient des signes d'approbation ou d'improbation, qui exciteraient du tumulte, qui l'outrageraient ou qui se porteraient envers lui à des voies de fait.

Mais il est pour cela de condition essentielle que l'instruction soit *publique*.

Si le juge avait, par irrégularité, toléré la présence d'étrangers à des actes ou à des opérations qui, de leur nature, doivent être secrets, et que quelques-uns des assistants s'écartassent du respect que l'on doit aux organes de la loi, le juge, étant lui-même la cause première de cette irrévérence, ne pourrait pas user contre eux du droit d'arrestation, qui est donné pour maintenir l'ordre dans les audiences publiques. Il ne pourrait, en cette circonstance, qu'expulser les perturbateurs, dresser procès-verbal des délits qu'ils auraient commis, et en provoquer la poursuite dans les formes usitées.

62. Le juge de paix opérant dans les termes de sa compétence, comme elle a été précédemment définie, devra-t-il toujours être assisté de son greffier?

Cette question doit être divisée.

Le juge de paix, procédant sur délégation du juge

(1) *V.* FAVARD DE L'ANGLADE, *Rép.,* au mot *Justice de paix,* t. III, p. 193.

d'instruction, a mission de recevoir des dépositions de témoins, des interrogatoires de prévenus, de faire des visites domiciliaires, ou enfin de dresser des procès-verbaux de constat.

Dans ces divers cas, il doit suivre toutes les règles établies pour le juge d'instruction lui-même ; or, ce magistrat n'opère jamais sans son greffier : cela s'induit implicitement de l'art. 73 du Code d'instruction criminelle, et se trouve expressément prescrit par l'art. 62 du même Code.

Que si le juge de paix agit comme officier de police judiciaire seulement, il est évident qu'à ce titre, ses fonctions ne consistant qu'à informer le procureur de la République des crimes et délits dont il acquiert la connaissance, et à lui transmettre les avis ou les pièces qui seraient déposées entre ses mains (1), l'emploi du greffier n'est aucunement nécessaire.

Que si, enfin, le juge de paix agit comme officier de police auxiliaire, là se présente réellement la difficulté ou le doute.

Selon M. Carré (2), qui suit l'opinion de M. Levasseur, le juge de paix pourrait opérer seul, par la raison que d'autres officiers auxiliaires, de même que le procureur de la République, n'ont pas de greffier ; ou du moins la présence du greffier ne serait-elle pas, en ce cas, absolument nécessaire (3).

Une circulaire du ministre de la justice, du 11 février 1824, peut jeter quelque lumière sur la question.

(1) V. n° 41. — Art. 29 du *Code d'inst. crim.*
(2) V. CARRÉ, *Droit français...*, t. IV, p. 346.
(3) V. en sens contraire, CARNOT, *De l'Inst. crim.*, t. 1er, p. 230. — BOURGUIGNON, *Jurisp. des Codes*, t. 1er, p. 170.

7

Cette circulaire, de l'avis du conseil d'État, comité des finances, décide que le procureur de la République a le droit de se faire accompagner d'un greffier, bien qu'il n'y en ait pas d'attaché au parquet. Elle décide également, que quand le procureur de la République ou le juge de paix se fait accompagner d'un greffier, celui-ci a droit à l'indemnité fixée par l'art. 89 du décret du 18 juin 1811.

Ajoutons que M. Carnot (1), en rappelant que le juge d'instruction doit toujours être assisté d'un greffier, en donne pour motif que : « le juge d'instruction ne peut pas être chargé de l'opération mécanique de la rédaction de ses procès-verbaux, car cela nuirait nécessairement à la surveillance active qu'il doit avoir, et qui exige toute l'attention dont il est capable. »

Or, ce même motif a pu déterminer le conseil d'État à accorder un greffier au procureur de la République et à allouer une taxe à ce greffier, comme à celui dont se fait accompagner le juge de paix.

Ce même motif nous paraît déterminant pour conclure qu'il est convenable que le juge de paix, procédant comme officier de police judiciaire auxiliaire ou délégué, se fasse toujours assister de son greffier.

Au reste, à quelque titre qu'agisse le juge de paix, il est certains actes qui peuvent être reçus et donnés sans assistance du greffier : tels sont les plaintes et dénonciations, les ordonnances rendues pour faire citer des témoins, les mandats, les réquisitoires adressés à la gendarmerie, les exécutoires de taxes, etc.

63. Si le greffier était absent, malade, ou autrement

(1) *V.* Carnot, *De l'Inst. crim.*, t. 1er, p. 299.

empêché, le juge de paix aurait la faculté de le faire remplacer momentanément par le premier individu qui se présenterait, ayant l'âge requis, c'est-à-dire vingt-cinq ans (1), qu'il nommerait d'office. Ce greffier temporaire prêterait serment, entre les mains du juge de paix, de remplir fidèlement les fonctions qui lui seraient confiées, et il serait fait mention, au procès-verbal, de l'empêchement du greffier ordinaire, de la commission et du serment du remplaçant.

64. En leur qualité d'officiers de police judiciaire, les juges de paix sont soumis à la surveillance du procureur de la République et du procureur général, dont ils doivent exécuter les ordres. En cas de négligence, ils sont passibles de peines de discipline. Ils peuvent être condamnés aux frais de leurs procédures annulées (2).

(1) Argument de l'art. 2, tit. ix, de la loi du 16 août 1790.
(2) *V.* art. 27, 279, 280, 281, 415 du *Code d'Inst. crim.* — Art. 4 de la loi du 20 avril 1810.

CHAPITRE III.

—

65. C'est dans la main du procureur de la République que se réunissent tous les renseignements recueillis par les autres officiers de la police judiciaire; c'est lui qui est spécialement chargé de la poursuite de tous les crimes et de tous les délits dont la connaissance appartient aux tribunaux de police correctionnelle et aux Cours d'assises (1).

Le juge de paix est, dans son canton, l'œil du procureur de la République; sa surveillance doit être éclairée, active, continue. Il doit se mettre en mesure de connaître toutes les infractions aux lois pénales qui se commettent sur son territoire : il est bien que, dans ce but, il s'établisse des communications fréquentes entre lui et les autres officiers de police auxiliaires, maires, adjoints, commissaires de police, officiers ou sous-officiers de gendarmerie, qui résident dans son ressort.

66. Dès qu'un crime ou délit, de quelque nature ou de quelque gravité qu'il soit, parvient à sa connaissance, il doit en instruire le procureur de la République sur-le-champ, lors même qu'un autre fonctionnaire l'au-

---

(1) *V.* art. 22, 23 du *Code d'inst. crim.*

rait déjà informé, et transmettre au parquet les renseignements, procès-verbaux, actes ou pièces qui lui seraient parvenus (1).

Selon M. Levasseur (2), le juge de paix doit informer le procureur de la République dans les vingt-quatre heures ; cet auteur a voulu faire entendre par là que l'avis doit être donné dans un bref délai.

Nous poserons pour règle que, dans les cas ordinaires, non urgents, le juge de paix doit informer le procureur de la République par le courrier le plus prochain du moment où il a eu connaissance du crime ou délit, et de ne pas même attendre le courrier, s'il se présentait une occasion sûre, qui fût plus célère : comme une correspondance de la gendarmerie, etc.

Mais, dans les cas de crimes capitaux, ou d'une grande importance, il doit prévenir le procureur de la République par le télégraphe, ou par un exprès. La gendarmerie, sur sa réquisition, lui fournirait, à cette fin, une ordonnance ou estafette (3).

Un motif déterminant pour employer cette voie expéditive, dans toutes les circonstances assez graves pour nécessiter le transport des officiers de justice, c'est que ce serait fournir un moyen au procureur de la République et au juge d'instruction de se rendre plus incessamment sur les lieux, et, dans le cas où ils en seraient empêchés ou ne le jugeraient pas à propos,

---

(1) V. art. 29, 30 du *Code d'inst. crim.* — *Sup.* n°ˢ 41, 44.

(2) V. *Manuel des Juges de paix*, p. 204, 222.

(3) V. art. 60 de l'Ordonnance du 29 octobre 1820, sur le service de la gendarmerie. — Décret du 1ᵉʳ mars 1854, art. 99. — Quant au télégraphe, v. *inf.* p. 105.

d'adresser, sans retard, au juge de paix des instructions pour la conduite des opérations nécessaires.

67. Les avis de crimes ou délits, que le juge de paix adresse au procureur de la République, doivent nécessairement contenir :

1° La nature, la gravité, l'importance et, autant que possible, les circonstances du crime ou du délit ; de quelle manière et à quelle heure la connaissance en a été acquise ;

2° Le jour, l'heure, le lieu, la commune où il a été commis ;

3° Les noms, prénoms, professions et demeures des personnes lésées ;

4° Les noms, prénoms, surnoms, professions et demeures des prévenus et des complices, s'ils sont connus et arrêtés ; et, dans le cas contraire, leurs signalements au moins, si leurs noms et domiciles sont inconnus, pour faciliter leur arrestation ; enfin, la mention *expresse* de l'arrestation ou de la non-arrestation des auteurs et complices du crime ou délit ;

5° La nomenclature des pièces de conviction qui auraient été saisies (1) ;

6° Les noms, prénoms, surnoms, professions, lieux d'habitation et communes des témoins, et, s'il est possible, l'indication des faits sur lesquels chacun d'eux doit déposer ;

7° Tous autres renseignements qui auraient été recueillis ; les dispositions faites par le juge de paix, les recherches qu'il aurait commencées, etc.

(1) Ces pièces sont envoyées avec le prévenu, s'il est arrêté, en même temps que l'avis, à moins qu'il ne soit nécessaire de les retenir sur les lieux, pour éclairer les premières opérations.

Le procureur de la République a besoin de toutes ces données, pour se faire une idée exacte du fait et pour rédiger son réquisitoire au juge d'instruction ; le juge d'instruction lui-même sera , par ce moyen , mis en mesure de commencer immédiatement une information, et de décerner tels mandats qu'il appartiendra.

68. Ce serait donc, de la part du juge de paix , ne pas remplir complétement ses obligations , que de se borner à écrire, comme cela arrive quelquefois : « Je suis averti qu'un journalier a commis un vol à......, chez N....., fermier, qui était absent, mais dont les domestiques pourront donner des détails, » ou autres généralités aussi vagues.

On ne peut poursuivre que pour des faits précis , qu'à l'encontre de personnes distinctement désignées , comme évidemment on ne peut informer qu'avec des noms de témoins clairement établis.

C'est relativement aux prévenus surtout qu'on ne saurait donner des explications trop exactes et trop détaillées. Les méprises , en cette matière , auraient de déplorables résultats : il serait douloureux d'avoir poursuivi, ou d'avoir frappé de mandats un individu innocent, qui, sur une désignation négligée et vicieuse, aurait été confondu avec le véritable coupable.

69. Si le juge de paix n'avait pas à sa portée, dans le premier moment, tous les renseignements dont nous venons de parler, cela ne le dispenserait pas d'instruire sur-le-champ le procureur de la République ; mais il devrait expliquer l'insuffisance des documents par lui transmis, et annoncer les diligences qu'il aurait commencées pour arriver à la connaissance de plus amples détails.

Autrement, le procureur de la République, pouvant croire à l'inexactitude du juge de paix, se verrait forcé d'entamer, au détriment de ses autres occupations, une correspondance expresse, afin d'acquérir les documents qu'il lui est indispensable de posséder pour prendre un parti, et qu'il n'aurait pas dû avoir la peine de demander.

70. Dans le cas même où le juge de paix est appelé à opérer sans retard, il n'est pas dispensé de donner avis sur-le-champ au procureur de la République et du fait et de ses diligences.

En effet, le procureur de la République peut juger utile de se rendre lui-même sur les lieux, et de requérir le transport du juge d'instruction. D'ailleurs, l'obligation où il est de tenir le procureur général constamment informé de tous les crimes ou délits qui se commettent dans l'arrondissement, rend nécessaire qu'il en soit instruit lui-même le plus promptement possible.

71. Il est bien entendu que si le fait devait donner lieu, en ce qui concerne le juge de paix, à des procès-verbaux qu'il pût envoyer en même temps que l'avis, il serait superflu que la lettre d'envoi répétât les renseignements contenus dans les procès-verbaux.

72. Enfin, il est de règle générale que toutes les lettres d'avis ou de renseignements du juge de paix au procureur de la République doivent être *spéciales*, c'est-à-dire qu'il faut éviter de confondre dans une même lettre des objets différents.

La raison en est que les lettres doivent, le plus souvent, rester annexées aux dossiers des affaires qu'elles concernent, au moins pendant l'instruction. Si donc une même lettre se rapportait à deux ou à plusieurs dossiers à la fois, il y aurait embarras pour l'annexe, ou nécessité de copier les passages à séparer, ce qui entraînerait, pour le procureur de la République, surcroît de travail et perte de temps.

REMARQUE SUR L'EMPLOI DU TÉLÉGRAPHE.

Les juges de paix ont le droit d'user discrètement, et en cas de nécessité, du télégraphe ; s'ils en abusaient, ils engageraient leur responsabilité personnelle.

En effet, un arrêté du ministre de l'intérieur, du 1er juillet 1875, art. 3, et une instruction annexée à cet arrêté, art. 2 et 10, disposent que « les magistrats et les fonctionnaires ne peuvent expédier en franchise que leurs dépêches administratives *urgentes*, c'est-à-dire les communications relatives au service, et que la poste ne pourrait pas transmettre en temps utile. Il y aurait *abus de franchise*, toutes les fois que la dépêche ne présenterait pas un caractère *d'urgence ;* copie de la dépêche, dans ce cas, sera transmise au ministère d'où relève le fonctionnaire expéditeur. »

CHAPITRE IV.

—

DES DÉNONCIATIONS ET DES PLAINTES.

73. Il existe, quant aux principes, des dissemblances entre la dénonciation et la plainte ; mais ces deux sortes d'actes ont aussi des rapports de parité, surtout dans la forme de leur rédaction : ce dernier motif nous a déterminé à les comprendre dans un même chapitre.

74. La *dénonciation* est l'action de déclarer à la justice un crime ou un délit, en désignant ou sans désigner l'auteur ou les auteurs de ce crime ou délit.

75. On distingue deux sortes de dénonciations :

1° *La dénonciation officielle.* C'est l'avis dont nous avons déjà parlé dans le chapitre précédent, et qu'est *tenu* de donner au procureur de la République, sur-le-champ, tout fonctionnaire ou officier public, toute autorité constituée, qui, dans l'exercice de ses fonctions, acquiert la connaissance d'un crime ou d'un délit (1).

Lorsque c'est hors de l'exercice de ses fonctions qu'une autorité constituée, un fonctionnaire ou officier public acquiert la connaissance d'un crime ou d'un délit, il n'est tenu, en général, d'en donner avis au procureur de la République que lorsqu'il a été témoin : hors

(1) *V.* art. 29 du *Code d'inst. crim.* — Art. 83 et suiv. du *Code* du 3 brumaire an IV.

de cet exercice, en effet, les fonctionnaires et officiers publics rentrent dans la classe des simples citoyens. Mais, lorsque c'est dans l'exercice de leurs fonctions qu'ils ont acquis cette connaissance, rien ne peut les dispenser d'en donner avis.

Remarquez qu'à cet égard les fonctions du juge de paix, comme officier de police judiciaire auxiliaire du procureur de la République, sont permanentes.

2° *La dénonciation civique* ou *privée*. Cette seconde espèce peut se diviser ainsi : *Dénonciation commandée par la loi*, et *dénonciation volontaire*.

La *dénonciation civique*, que nous qualifions *dénonciation commandée par la loi*, est l'avis qu'est pareillement tenue de donner au procureur de la République toute personne qui aura été témoin d'un attentat, soit contre la sûreté publique, soit contre la vie ou la propriété d'un individu (1).

C'est ici la circonstance d'avoir été témoin qui a déterminé l'injonction de la loi à l'égard d'un simple particulier, tandis que, pour les personnes publiques, il suffit qu'elles aient acquis la connaissance du fait dans l'exercice de leurs fonctions.

Au surplus, la loi n'impose aux fonctionnaires et aux citoyens qu'une obligation morale, dont l'infraction n'entraîne aucune peine. Cependant, nous estimons que les fonctionnaires, s'ils négligeaient l'accomplissement d'un devoir qui importe essentiellement à la société, ne seraient pas à l'abri de réprimandes.

La *dénonciation civique volontaire* est celle que nous

(1) *V.* art. 30 du *Code d'inst. crim.* — Art. 78 et suiv. du *Code* du 3 brumaire an IV.

108

avons indiquée par la définition générique de la dénonciation (1), et que peuvent faire les citoyens toutes les
fois qu'ils ont acquis, de quelque manière que ce soit,
la connaissance d'un crime ou d'un délit.

76. Tout individu a qualité pour dénoncer une action
criminelle, même sans avoir un intérêt direct ou personnel à la répression du fait qu'il dénonce ; même lorsque, lésé par le délit, il aurait transigé avec le coupable,
pour ses intérêts civils.

77. Mais il n'est pas permis de faire des dénonciations
sous des noms empruntés ou supposés, ni par lettres
anonymes. Il faut que le dénonciateur s'avoue et soit
une personne connue ; la dénonciation faite par une
personne inconnue devrait être assimilée à une dénonciation anonyme (2).

78. Si le dénonciateur était noté d'infamie (3), on ne
devrait pas asseoir une procédure sur sa dénonciation ;
on devrait la regarder seulement comme un mémoire,
comme un simple renseignement, et s'informer diligemment des faits qu'elle contient.

---

(1) *V.* n° 74.

On comptait précédemment, en troisième lieu, la *dénonciation
forcée*, qui était prescrite, avec la sanction d'une peine, par les
art. 103 à 108, 136 et suiv., 144 et suiv. du Code pénal, abrogés par la
loi du 28 avril 1832.

Quelque intérêt qu'ait la société à la répression des crimes contre
la sûreté de l'État ou contre la paix publique, la non-révélation de
ces attentats n'est plus punissable. Le législateur ne veut plus faire
violence à la délicatesse et à la conscience des citoyens; il s'en
remet à leur prudence et à leur patriotisme.

(2) *V.* art. 31 du *Code d'inst. crim.* — Art. 88 du *Code* du 3 brumaire
an IV.

(3) *V.* art. 28 du *Code pénal.*

79. Les magistrats qui reçoivent les dénonciations doivent, au reste, examiner la nature des dénonciations et la qualité des dénonciateurs, à cause de l'obligation où ils peuvent être de nommer ceux-ci (1); ils prennent à cet égard les précautions qu'ils jugent convenables, soit pour prévenir les prises à partie, soit pour éviter les désaveux.

80. Le Code d'instruction criminelle ni aucune autre loi ne prescrivent au dénonciateur de donner caution. Ainsi, on ne peut l'exiger de lui, sauf à avertir le procureur de la République, lorsque le dénonciateur paraît être suspect, et ne pas offrir une garantie suffisante, pour que le magistrat du ministère public puisse prendre des renseignements sur le fondement de la dénonciation, avant d'agir.

81. La dénonciation officielle, et l'avis à donner au procureur de la République, dans le cas des art. 29 et 30 du Code d'instruction criminelle, peuvent être verbaux ou contenus dans une simple lettre (2).

82. La dénonciation proprement dite doit, ainsi que la plainte, être rédigée conformément à l'art. 31 du Code d'instruction criminelle : nous nous en expliquerons plus bas (3).

83. L'action résultant d'un dommage causé par un crime, ou par un délit, se nomme *plainte;* son objet

---

(1) *V.* art. 358 du *Code d'inst. crim.*

(2) Les fonctionnaires qui dénoncent les crimes ou délits dont ils acquièrent la connaissance dans l'exercice de leurs fonctions ne sont pas tenus de remplir les formalités que la loi impose aux dénonciations faites par des particuliers. *V.* arr. cass. du 8 messidor an XIII.

(3) *V.* n°⁸ 92 et suiv.

est de constater le grief de la partie qui se prétend
lésée (1).

84. Pour dénoncer un crime ou un délit, il suffit
d'en avoir connaissance, tandis que pour être admis à
rendre plainte, il faut avoir tout à la fois un *intérêt direct
et un droit formé* à constater le délit, lorsqu'il existe,
et à en poursuivre la réparation (2).

Un intérêt direct : c'est-à-dire, il faut que le délit
blesse le plaignant dans sa personne ou dans ses biens,
ou qu'il atteigne des personnes dont la sûreté lui est
aussi chère que la sienne propre. Ainsi, le père peut

---

(1) *V.* art. 63 du *Code d'inst. crim.* — Loi du 16-29 septembre 1791,
Ire partie, tit. v. — Art. 94 et suiv. du *Code* du 3 brumaire an IV.

Toute plainte renferme une dénonciation : la *plainte* diffère de la
dénonciation, comme l'espèce diffère du genre.

La loi du 16-29 septembre 1791 nomme la plainte : *dénonciation d'un
tort personnel, ou plainte.*

(2) Il faut que la personne qui rend plainte contre les auteurs ou
complices du crime ou délit soit capable d'exercer ses droits, de contracter, et de s'obliger sur ses biens. En désignant un tel individu
comme coupable, elle contracte l'obligation de lui faire réparation
du dommage qu'il aurait essuyé par une fausse indication.

La femme mariée ne peut, sans l'autorisation de son mari, inten-
ter un procès criminel. *V.* Arr. cass. du 1er juillet 1808. Elle ne serait
donc pas admissible à rendre plainte sans cette autorisation. *V.* Arr.
cass. du 30 juin 1808. Elle n'y était pas admise non plus, en général,
dans notre ancien droit.

Un mineur, un interdit, ne peuvent porter plainte personnellement ; leur tuteur ou curateur le peut seulement pour eux. — Il en
était de même pour un mort civilement, avant l'abolition de la
mort civile, par la loi du 31 mai 1854.

Mais un mineur émancipé peut se plaindre sans autorisation.

L'interdiction légale (art. 29 du *Code pénal*) n'empêche pas de
rendre plainte. *V.* Arr. cass. du 6 novembre 1817.

Les étrangers peuvent porter plainte des délits commis envers
eux en France, même par des étrangers. *V.* Arr. cass. du 22 juin
1826.

, rendre plainte du délit commis envers son fils ; le mari, du délit commis envers sa femme (1) ; le tuteur, du délit commis au préjudice de son mineur ; le maître, du délit commis envers son domestique ou son ouvrier, lorsque ce délit peut nuire au maître (2).

On n'a jamais douté que l'héritier de la personne homicidée puisse aussi rendre plainte et se porter partie civile : le père, la mère, la veuve et les enfants de celui qui a péri victime d'un homicide, le peuvent également, dans tous les cas, parce qu'ils sont considérés comme personnellement *lésés* par la perte qu'ils éprouvent d'un enfant, d'un époux ou d'un père.

Un droit formé : c'est-à-dire qu'il ne suffit pas que le crime ou délit puisse un jour être nuisible au plaignant, il faut encore que le préjudice soit réel, actuel, et que, dès ce moment, il en ressente les effets.

85. Le juge ne devrait donc pas recevoir une plainte fondée sur des faits qui ne regardent et n'intéressent point les parties. Mais la plainte pourrait, en ce cas, être retenue comme dénonciation.

86. On ne devrait pas recevoir la plainte de celui qui aurait déjà poursuivi, par la voie civile, la répression du dommage que le fait incriminé lui aurait causé, à moins que la partie n'eût découvert que postérieurement à l'introduction de son action civile les caractères criminels des circonstances qui fondent son action devant les juges de répression.

Le plaignant, qui s'est désisté, ne peut faire revivre sa plainte, après l'exercice d'une action publique (3).

(1) *V.* Arr. cass. du 14 germinal an XIII.
(2) *V.* Arr. cass. du 26 vendémiaire au XIII.
(3) *V.* Arr. Cour de Paris du 22 juillet 1813.

87. Plusieurs personnes peuvent rendre plainte, conjointement ou séparément, pour un même fait, contre un ou plusieurs individus, lorsque chacune d'elles se prétend lésée par le même crime ou délit.

88. Il peut arriver qu'un plaignant soit à l'instant exposé à la plainte récriminatoire de celui dont il se plaignait. Cette seconde plainte doit être reçue comme la première, sauf à être procédé sur le tout, ensemble ou séparément, suivant que les faits réciproquement reprochés sont connexes ou ne le sont pas.

89. « Il ne faut pas, écrit M. Levasseur (1), accueillir indistinctement, et sans examen, toutes sortes de plaintes : par exemple, on ne doit pas recevoir celle d'une personne vile, surtout si elle est dirigée contre des hommes estimés, ni celle des vagabonds ou gens sans aveu; ni d'un père contre son fils, ou réciproquement; ni des époux l'un contre l'autre, ou des frères et sœurs entre eux, sauf au ministère public, en ce cas, à se conduire suivant les règles de la prudence. Il ne faut pas non plus recevoir la dénonciation d'un homme de néant, et notoirement insolvable, ou du moins agir sans précaution en vertu d'une pareille dénonciation; car, si elle se trouvait calomnieuse, le ministère public pourrait s'exposer à la prise à partie, et à répondre, en son nom, des dommages-intérêts qui seraient dus à l'accusé. »

Ces conseils sont fort sages : mais il ne faudrait pas les entendre d'une manière trop absolue, et dans un sens trop restrictif. Il convient d'en rapprocher les instructions données par M. Jacquinot-Pampelune, alors

---

(1) V. *Manuel des Juges de paix*, p. 17.

procureur du roi de la Seine, à ses auxiliaires. Ce magistrat s'exprime ainsi (1) : « Hors le cas où *très-évidemment* la dénonciation ou la plainte n'énoncerait aucun fait réputé crime ou délit, l'officier de police est tenu de la recevoir ; refuser serait un véritable déni de justice (2). S'il est douteux que les faits articulés contiennent un délit, c'est à la justice seule qu'il appartient de lever ce doute. L'officier de police ne peut donc pas refuser la plainte ou la dénonciation, sous le prétexte que le caractère du fait est douteux ; il le peut encore moins, sous le prétexte que la preuve serait impossible. »

Ce n'est qu'avec une extrême réserve que l'on peut repousser une plainte, parce que recevoir une plainte, ce n'est pas se constituer dans l'indispensable nécessité d'y donner suite (3). Dans les cas embarrassants, les juges de paix feront sagement d'en référer au procureur de la République, avant d'entreprendre aucunes poursuites, s'il n'y a urgence.

90. Le dénonciateur ou le plaignant, dont la déclaration serait repoussée mal à propos, aurait le droit d'invoquer les remontrances du procureur général, et de solliciter de lui un ordre à l'officier de police judiciaire de recevoir la plainte ou la dénonciation, et d'y donner suite.

---

(1) *V.* Instruction du procureur du roi de la Seine, p. 49.

(2) On ne pourrait, dit M. CARNOT, *De l'Inst. crim.*, t. Ier, p. 307, refuser de recevoir la plainte, sous le prétexte qu'il n'en résulterait pas *des indices suffisants de la culpabilité du prévenu ;* on ne peut en faire refus qu'au seul cas où les faits ne paraîtraient *constitutifs* de crime ni de délit *punissable.*

(3) *V.* n° 91. — Arr. cass. du 3 décembre 1826.

8

91. Mais il conviendrait de rappeler, à l'occasion, aux parties plaignantes pour *simples délits*, qui ne justifieraient pas de leur indigence, qu'il fut jugé par la Cour de cassation, le 8 décembre 1826, que lorsque la plainte porte sur un délit qui n'intéresse pas l'ordre public, et que le plaignant ne déclare pas se rendre partie civile, le parquet n'est pas tenu d'en faire la poursuite, et qu'il ne doit pas surcharger ainsi le trésor public de frais inutiles.

Au surplus, on devrait avertir les plaignants pour délits correctionnels, qu'ils ont droit de faire citer directement, devant le tribunal correctionnel, les prévenus et les témoins (1).

92. Les dénonciations et les plaintes peuvent être conçues en forme de requête, ou être rédigées en forme de procès-verbaux, par l'officier à qui elles sont adressées (2).

Il faut donc que la partie remette la dénonciation ou la plainte toute rédigée, ou qu'elle la rédige sous les yeux de l'officier de police judiciaire ; ou enfin, que l'officier de police judiciaire la rédige lui-même, sous les yeux de la partie, et sur l'exposé qu'elle le requiert de consigner au procès-verbal (3).

---

(1) *V.* art. 64, 182 à 189 du *Code d'inst. crim.*

(2) *V.* Loi du 16-29 septembre 1791, 1re partie, tit. v et vi, et formules. — *Code* du 3 brumaire an IV, art. 87 et suiv., et formules. — *Code d'inst. crim.*, art. 31, 65.

(3) *V.* art. 6, tit. iii, Ordonnance de 1670. — Loi en forme d'instruction du 29 septembre 1791. — Art. 31 du *Code d'inst. crim.*

L'officier de police judiciaire qui reçoit la plainte ou la dénonciation ne peut se refuser à la rédiger lui-même, lorsqu'il en est requis. *V.* Carnot, *De l'Inst. crim.*, t. Ier, p. 228.

La plainte rendue par les agents de l'autorité, pour injures, doit

93. L'officier de police judiciaire doit apporter la plus grande attention à remplir exactement les formes que la loi a prescrites pour la rédaction de cet acte : autrement, il pourrait, suivant les circonstances, s'exposer à une action en prise à partie ou en dommages-intérêts (1).

La dénonciation ou la plainte doit énoncer, avec le plus de précision qu'il est possible, tous les renseignements nécessaires sur le fait et ses circonstances, sur le lieu et le moment où il a été commis ; sur les noms, prénoms, professions et demeures des témoins et des parties, afin que le procureur de la République puisse de suite juger de la compétence, et, en cas de simple délit, faire citer directement le délinquant au tribunal correctionnel, s'il voit que l'affaire n'est pas susceptible d'une instruction préalable ; ou, en cas contraire, pour mettre le juge d'instruction à même d'informer.

Cependant, quoique le lieu du crime ou du délit doive, en général, être spécifié dans la dénonciation ou dans la plainte, ces actes n'en seraient pas moins réguliers si le lieu n'a point été indiqué : on sent que, dans beaucoup de circonstances, le dénonciateur ou le plaignant peut l'ignorer, comme en matière de faux en écriture, de fausse monnaie, etc. L'instruction peut suppléer d'ailleurs au défaut d'indication.

Si les auteurs ou complices du fait sont connus ou soupçonnés, il est bon qu'on les désigne ; cependant

l'être dans les formes déterminées par la loi ; une simple lettre adressée au procureur de la République ne suffirait pas. *V.* Arr. cass. du 5 août 1831.

(1) *V.* Carré, *Droit français...*, t. IV, p. 301.

cette désignation n'est point indispensable pour la
régularité de la dénonciation ou de la plainte, parce
que ces actes ont moins pour objet de désigner l'auteur
ou les auteurs d'un crime ou d'un délit, ce qui est le
véritable caractère de l'accusation, et ce qui la distingue
de la plainte, que de fixer l'attention de la justice
sur le crime même, ou sur le délit, qui a été commis,
et d'en provoquer la recherche, la poursuite et la
répression.

94. Lorsque l'auteur du crime ou du délit est inconnu, la dénonciation ou la plainte est dirigée contre
un *quidam;* et le juge cherche à découvrir, par les
informations, quel est nominativement le coupable.

Pour faciliter l'arrestation des inculpés inconnus,
les plaignants ou dénonciateurs donneront le signalement exact de leur personne et de leurs vêtements, sans
omettre les signes particuliers propres à rendre la
recherche productive de résultats.

95. Si le dénonciateur ou plaignant déposait des
pièces de conviction, il faudrait faire mention de la
remise, au procès-verbal, et y décrire les objets déposés (1).

Quand la dénonciation ou la plainte a pour objet un
crime de faux, on fait signer et parapher, et l'on signe
et paraphe de même, à toutes les pages, les pièces
arguées de faux et les pièces de comparaison que dépose le dénonciateur ou le plaignant ; et l'on énonce
l'observation de cette formalité, ou la déclaration de ne

_____

(1) *V.* art. 38 du *Code d'inst. crim.* — Nos 155, 156, 157, 158.

pouvoir, ne savoir, ou ne vouloir signer et parapher, de la part de la partie qui fait le dépôt (1).

96. Une partie qui porte une dénonciation, ou qui rend une plainte, ne peut se faire remplacer à cet effet que par un fondé de procuration *spéciale* (2), c'est-à-dire d'un pouvoir qui désigne le fait dénoncé et son auteur, si la dénonciation ou la plainte doit l'indiquer.

Toute procuration générale, en quelques termes qu'elle fût conçue, serait insuffisante en pareil cas; car l'action qui naît d'un délit commis envers nous, ou envers les personnes dont la sûreté nous est aussi précieuse que celle de notre propre individu, ne peut pas être confondue avec ces intérêts purement pécuniaires sur lesquels un fondé de procuration générale peut être autorisé à stipuler pour nous.

97. Il ne suffit pas que le procureur spécial justifie de cette qualité devant le juge : il faut encore que sa qualité puisse demeurer constante et prouvée à tous ceux qui prendront connaissance de la plainte ; et c'est pour remplir ce but que la procuration demeurera annexée (3).

98. Suivant plusieurs auteurs, cette procuration peut être donnée sous signature privée ; suivant d'autres, elle doit être authentique, par argument des art. 216 et 217 du Code de procédure civile.

Nous pensons qu'une procuration privée, dont la signature serait légalisée, devrait être regardée comme suffisante, et remplirait les intentions de la loi, qui nous

(1) *V.* art. 448 et suiv. du *Code d'inst. crim.*
(2) *V.* art. 31, *ibid.*
(3) *V.* Loi du 16-29 sept. 1791. — Art. 31 du *Code d'inst. crim.*

semble n'avoir voulu que conserver les intérêts de la personne dénoncée envers le dénonciateur ou le plaignant, et mettre l'officier de police judiciaire à l'abri d'un désaveu (1).

99. La dénonciation ou la plainte est signée, à chaque feuillet, par l'officier qui la reçoit, par les dénonciateurs, les plaignants ou leurs fondés de pouvoir (2), après lecture.

L'usage, dit M. Levasseur (3), est de faire signer au bas de chaque page, non de chaque feuillet; il y a utilité, non nécessité. Selon M. Carré (4), il suffit que la plainte ou la dénonciation soit signée à chaque feuillet, pour prévenir toute intercalation, ce qui a été le but de la loi, et il serait inutile de signer à toutes les pages.

M. Carnot (5) croit qu'on ferait prudemment de signer et de faire signer à toutes les pages, comme cela est recommandé dans le cas de l'art. 76 du Code d'instruction criminelle. M. Legraverend (6) recommande de signer et de faire signer à toutes les pages.

Nous estimons aussi qu'il serait mieux de signer et de faire signer à toutes les pages (7) : la loi a voulu

---

(1) M. Levasseur, *Manuel des Juges de paix*, p. 204, pense que, dans ce cas, on doit faire signer et parapher la procuration par le porteur. Cela est rationnel.

(2) *V.* art. 31 du *Code d'inst. crim.*

(3) *V.* Levasseur, *Manuel des Juges de paix,* p. 204, 218.

(4) *V.* Carré, *Droit français...*, t. IV, p. 302. — Instruction de M. Jacquinot-Pampelune, alors procureur du roi de la Seine, p. 108.

(5) *V.* Carnot, *De l'Inst. crim*, t. Ier, p. 227.

(6) Legraverend, *Lég. crim*, t. 1er, p. 210.

(7) Cela se pratiquait ainsi sous l'empire de l'ordonnance de 1670, dont l'art. 4, tit. III, ne prescrivait pourtant la signature qu'à chaque

sans doute, ici comme dans le cas d'information, prévenir non-seulement les additions, suppressions, ou substitutions de feuillets, mais encore les interpolations d'écritures. Cependant, comme l'art. 31 du Code d'instruction criminelle n'exige que la signature à chaque feuillet, il faut bien reconnaître qu'une plainte ou une dénonciation signée ainsi, au lieu de l'être à toutes les pages, ne saurait être arguée d'irrégularité avec succès.

Si les parties ou leurs fondés de pouvoir ne savent, ne peuvent, ou ne veulent signer, sur l'interpellation qui leur en est faite, l'on consignera au procès-verbal leur déclaration, ou leur refus (1).

100. On s'est demandé quelle serait la valeur d'une plainte ou d'une dénonciation que le plaignant, le dénonciateur, ou le fondé de pouvoir agissant, ne voudrait pas signer, quoiqu'il sût et pût le faire.

D'après les art. 93 et 96 du Code du 3 brumaire an IV, la dénonciation ou la plainte était, en ce cas, regardée comme non avenue : ce qui n'empêchait pas le juge de paix de suivre d'office. Antérieurement, la loi du 29 septembre 1791 déclarait que le plaignant qui refusait de signer devait être regardé comme ne voulant pas rendre plainte (2).

Les auteurs s'accordent à décider que la plainte ou la dénonciation non signée n'obligerait pas le ministère

feuillet.—Bien que la loi du 16-29 septembre 1791 et le Code du 3 brumaire an IV n'exigeassent la signature qu'à chaque feuillet, les formules dont ces lois étaient accompagnées indiquaient que l'on devait signer à *chaque page.*

(1) *V.* art. 31 du *Code d'inst. crim.*

(2) *V.* Loi du 16-29 septembre 1791, tit. vi, art. 3.

public à poursuivre; qu'elle devrait être regardée comme un simple avis; qu'enfin le ministère public conserverait toute faculté d'agir d'office, pour constater l'existence et poursuivre les auteurs du crime ou du délit mentionné dans l'acte demeuré imparfait (1).

101. Il est nécessairement sous-entendu qu'il ne doit pas être fait d'interlignes; que les renvois doivent être signés, les mots surchargés doivent être approuvés, enfin, les mots rayés doivent être comptés et numériquement rejetés (2).

102. L'art. 31 du Code d'instruction criminelle n'exige pas, comme les art. 90 et 97 du Code du 3 brumaire an IV, que la dénonciation ou la plainte soit *affirmée*. Cependant cette mesure, qui pourrait avoir pour résultat d'écarter des dénonciations calomnieuses ou des plaintes téméraires, méritait d'être conservée. Des auteurs enseignent formellement, d'autres donnent à entendre par les formules qui accompagnent leurs doctrines, qu'il y a toujours lieu de requérir l'affirmation.

103. Suivant M. Levasseur (3), les dénonciations peuvent être écrites sur feuilles volantes, mais il vaut mieux qu'elles le soient sur un registre, comme le prescrivait l'ordonnance de 1670.

Nous ne pensons pas que cette opinion puisse être suivie dans le système actuel de notre procédure criminelle. Tous les actes et procès-verbaux rédigés par les officiers de police doivent être envoyés en minutes,

---

(1) *V.* néanmoins n° 29.
(2) Argument de l'art. 78 du *Code d'inst. crim.*
(3) *V.* LEVASSEUR, *Manuel des Juges de paix*, p. 221.

et non par extraits ni par copies, les juges ainsi que les
jurés devant avoir les originaux sous les yeux, lorsque
les actes doivent leur être communiqués (1). On peut
sans doute copier l'acte sur un registre ; mais il faut que
l'original soit établi sur feuilles volantes ou détachées,
pour être adressé au procureur de la République (2).

104. Une dénonciation ou une plainte, pour *crime*
ou *délit*, peut-elle être reçue ou rédigée sur papier libre,
et être envoyée, en cet état, au procureur de la République ? ou faut-il que ces actes soient établis sur papier
timbré, et enregistrés préalablement à l'envoi ?

On lit au *Dictionnaire de l'Enregistrement*, sous le
mot *Plainte* (3) : « Si la plainte est dans l'intérêt du
plaignant, elle est assujettie au timbre et à l'enregistrement (Instruction générale du 12 novembre 1823,
n° 1102) ; » et au *Journal de l'Enregistrement* (4) : « Si
la plainte n'est faite que dans l'intérêt de la société, et
que le plaignant ne se constitue point partie civile, elle
rentre dans la classe des actes de vindicte publique.
Tous les actes de vindicte publique sont nommément
compris dans la classe des actes exempts de la formalité
du timbre par l'art. 16 de la loi du 13 brumaire an VII ;
or, dans l'espèce, la plainte ne peut être considérée sous
un autre rapport... Le plaignant peut se désister de sa
plainte dans les vingt-quatre heures, et alors les poursuites se font d'office (art. 62 et 96 du Code du 3 bru-

(1) *V.* art. 59 du décret du 18 juin 1811.
(2) *V.* art. 4, tit. v, de la loi du 16-29 septembre 1791.— Art. 281 du
Code du 3 brumaire an IV. — Art. 275 du *Code d'inst. crim.*
(3) Le mot *Dénonciation* ne se trouve pas au dictionnaire cité.
(4) *V. Journal de l'Enregistrement*, t. II, p. 493, n° 504.

maire an IV). Il en est de même lorsqu'il déclare ne vouloir pas être partie dans le procès. »

Une circulaire du ministre de la justice, du 24 septembre 1823, rappelle que les procès-verbaux et actes destinés à constater, à poursuivre et à réprimer les *crimes* et *délits*, sont exempts de la formalité du timbre et de l'enregistrement, lorsqu'il n'y a point de partie civile ; et que, s'il y a partie civile, les actes spéciaux faits à la requête de cette partie, ainsi que les jugements qui prononcent des condamnations, sont seuls assujettis à la double formalité (1).

C'est d'après cette circulaire que fut faite l'instruction de l'administration de l'enregistrement du 12 novembre 1823, citée plus haut. On y lit, quant à la dispense du timbre et de l'enregistrement : « Cette exception, relativement aux *crimes*, est fondée sur l'art. 16 de la loi du 13 brumaire an VII, et sur l'art. 70 de celle du 22 frimaire an VII, qui dispensent de ces formalités les actes, procès-verbaux et jugements *concernant la police générale et de sûreté et la vindicte publique.* La même exception s'applique aux *délits* qui sont l'objet *de la police de sûreté et de la vindicte publique.* Ainsi, les procès-verbaux, actes et jugements, soit en matière de *crimes*, soit en matière de *délits*, lorsqu'il

(1) La circulaire ajoute : Ces règles ne concernent que les délits communs, et ne s'appliquent point aux cas prévus par les lois spéciales, ni aux *contraventions* (art. 68, 70, de la loi du 22 frimaire an VII), ni aux exploits et notifications faites par les huissiers, gendarmes et gardes, lesquels sont visés et enregistrés en débet, toutes les fois qu'il n'y a pas de partie poursuivante, à la requête de laquelle l'acte soit fait (art. 74 de la loi du 25 mars 1817).

V. au surplus l'ordonnance du 22 mai 1816, art. 51.

n'y a pas de partie civile, sont affranchis du timbre et de l'enregistrement (1).

Appliquons maintenant ces doctrines à la solution de notre question.

Quant aux dénonciations, il n'est pas douteux qu'elles soient exemptes du timbre et de l'enregistrement, parce qu'aux termes de l'art. 16 de la loi du 13 brumaire an VII et de l'art. 70 de la loi du 22 frimaire suivant, cette immunité est acquise à tous les actes qui se rapportent à la police de sûreté et à la vindicte publique, caractère qui appartient essentiellement aux dénonciations des crimes ou délits.

Quant aux plaintes, il faut distinguer si le plaignant ne se rend pas ou s'il se rend partie civile.

Au premier cas, ce que nous venons de dire des dénonciations s'applique aux plaintes.

Que si le plaignant, au contraire, se porte partie civile, la solution doit être différente, parce qu'alors la pour-

---

(1) « Cette exception comprend les procès-verbaux du procureur de la République, du juge d'instruction, des juges de paix, des commissaires de police et autres officiers de police judiciaire ; les rapports des chirurgiens, médecins et autres personnes chargées par le ministère public d'apprécier la nature du crime ou du délit ; les procès-verbaux d'enquête, les mandats d'amener et de dépôt, les ordonnances du juge d'instruction, celles rendues en la chambre du conseil, y compris celle qui détermine la nature de la poursuite, et qui règle la compétence des tribunaux, soit qu'il s'agisse de crimes ou de délits. » (Même instruction de la Régie de l'Enregistrement du 12 novembre 1823.)

Il faut remarquer que cette instruction est énonciative et non limitative ; que la franchise du timbre appartient, en général, à tous les actes d'instruction des procédures criminelles émanant du juge, du ministère public, ou de ses auxiliaires, sans exception des actes non compris dans l'énumération de l'instruction de la Régie.

suite se fait, non plus seulement dans l'intérêt de la vindicte publique, mais aussi pour assurer les droits de la partie privée, qui se prétend lésée par le fait incriminé.

Mais la plainte devra-t-elle alors être établie sur papier timbré, et être enregistrée avec déboursés, ou le visa et l'enregistrement seront-ils fournis en débet?

Cela peut faire difficulté.

En thèse générale, toute partie civile doit avancer les frais de poursuite (1), et, par conséquent, y faire face, à moins qu'elle n'ait justifié de son indigence (2).

Il n'y a pas lieu à avances, à consignation, en matière de *crimes* (3).

En cas de simple délit correctionnel, la partie civile indigente est dispensée de consigner (4).

D'un autre côté, la partie civile a, pour se désister, un délai de vingt-quatre heures (5); et l'on ne peut savoir, au moment de la plainte, quel parti elle prendra.

Il semblerait donc qu'en tout cas la plainte pût être reçue sur papier libre; mais cette solution répugne aux instructions de la régie et à la circulaire du ministre de la justice citées précédemment. Proposerait-on des distinctions? elles n'en admettent pas.

Nous estimons que, pour éviter toutes discussions,

(1) *V.* art. 157, 159, 160 du décret du 18 juin 1811.

(2) Cette justification doit être faite en la forme prescrite par l'article 420 du *Code d'inst. crim.*

(3) Argument de l'art. 160 du décret du 18 juin 1811. — Instruction du ministre de la justice, du 30 septembre 1826, p. 19, 133.

(4) *V.* art. 159, 160 du décret précité.

(5) *V.* art. 66 du *Code d'inst. crim.*

et de peur de s'exposer à une amende, le plaignant qui veut tout d'abord se porter partie civile devra fournir sa plainte sur papier timbré.

Que s'il refuse, ou s'il était disposé à s'abstenir de la plainte sous ce prétexte, le juge de paix l'avertirait qu'il a le droit de se porter partie civile par des actes subséquents, et en tout état de cause (1).

Il recevrait alors la plainte sur papier libre, le plaignant s'abstenant d'énoncer s'il entend ou non se porter partie civile (2), ou se bornant à déclarer qu'il n'entend pas se porter partie civile *quant à présent*, ou enfin qu'il se réserve de se porter partie civile ultérieurement, s'il lui convient, réserve qui est de droit, quand elle ne serait pas écrite (3).

En ce qui concerne la formalité de l'enregistrement, il n'y aurait lieu de s'en occuper qu'autant que le plaignant aurait déclaré se porter partie civile.

Et, dans ce cas, s'il y avait urgence d'envoyer la plainte, ou inconvénient à en révéler l'objet, nous pensons que le juge de paix pourrait l'adresser non enregistrée au procureur de la République, en donnant ses motifs, et sauf régularisation ultérieure.

105. Les parties ont le droit de se faire délivrer à leurs frais une copie de la dénonciation ou de la plainte (4).

106. Il nous reste quelques observations à faire relativement aux plaintes.

L'art. 66 du Code d'instruction criminelle dispose

---

(1) *V*. art. 67 du *Code d'inst. crim.*
(2) *V*. art. 166, *ibid.*
(3) *V*. art. 67, *ibid.*
(4) *V*. art. 31, *ibid.*

Les plaignants ne sont réputés parties civiles (1) s'ils ne le déclarent formellement, soit par la plainte, soit par acte subséquent, ou s'ils ne prennent, par l'un ou par l'autre, des conclusions en dommages-intérêts; ils peuvent se départir dans les vingt-quatre heures; dans le cas du désistement, ils ne sont pas tenus des frais depuis qu'il aura été signifié, sans préjudice néanmoins des dommages-intérêts des prévenus, s'il y a lieu.

M. Jacquinot-Pampelune, alors procureur du roi de la Seine (2), recommandait à ses auxiliaires, dans l'intérêt du trésor, d'engager les plaignants à se porter parties civiles, pour qu'ils eussent, en définitive, à supporter les frais des procès où ils succomberaient.

Nous pensons que l'officier de police judiciaire doit, à cet égard, se borner à constater les intentions qui lui sont manifestées par le plaignant. Si celui-ci ignorait son droit de se porter partie civile dans tous les cas, et en tout état de cause (3), ou de poursuivre directement et par lui-même quand il s'agit d'un simple délit correctionnel (4), il serait bien de le lui faire connaître; si le plaignant déclare qu'il entend se rendre partie civile, on doit recevoir sa déclaration; mais il nous semble qu'il ne serait pas convenable, parce qu'il serait en quelque sorte insidieux, d'influencer sa détermination, aux risques des reproches

(1) La partie civile est ainsi appelée parce qu'elle ne peut poursuivre que l'intérêt civil, sans conclure à la peine.
(2) *V.* son Instruction, p. 109.
(3) *V.* art. 67 du *Code d'inst. crim.*
(4) *V.* art. 64, 182, *ibid.*

que pourrait élever la partie dans la suite, si ses espérances étaient déçues.

107. L'étranger plaignant, qui veut se porter partie civile, est tenu de fournir caution pour le paiement des frais et dommages-intérêts résultant du procès, à moins qu'il ne possède, en France, des immeubles d'une valeur suffisante pour assurer ce paiement (1).

Il en serait de même du Français qui se serait expatrié, ou de la Française qui aurait épousé un étranger (2).

108. Toute partie civile qui ne demeure pas dans l'arrondissement communal où se fait l'instruction est tenue d'y élire domicile, par acte passé au greffe du tribunal, sinon elle ne pourrait opposer le défaut de signification des actes qui auraient dû lui être signifiés, aux termes de la loi (3).

C'est un avis que l'officier de police judiciaire, en recevant la plainte, doit donner au plaignant qui déclare se porter partie civile.

109. En matière de police simple ou correctionnelle, la partie civile qui n'aura pas justifié de son indigence (4) sera tenue, avant toutes poursuites, de déposer au greffe, ou entre les mains du receveur de l'enregistrement, la somme présumée nécessaire pour les frais de la procédure (5).

Le juge de paix en transmettant la plainte, indiquerait

---

(1) Les Suisses sont exceptés, d'après les traités passés entre leur pays et la France. — *V.* Arr. cass. du 9 avril 1807.

(2) *V.* art. 17, 19 du *Code civil.*

(3) *V.* art. 68 du *Code d'inst. crim.*

(4) *V.* art. 420, *ibid.*

(5) *V.* art. 157, 159, 160 du décret du 18 juin 1811. — N° 340.

au procureur de la République, le cas échéant, si la partie civile a ou non consigné.

110. La plainte ne prend date que du moment où elle est reçue par l'officier de police judiciaire ; l'acte de réception, ou le procès-verbal dressé devant cet officier, doit toujours rappeler la date du jour et de l'heure. Cette mention est surtout de la plus haute importance pour le plaignant qui s'est porté partie civile, puisque la loi ne lui accorde que vingt-quatre heures pour se départir (1). L'officier de police serait donc répréhensible, s'il négligeait de constater, de fixer irrévocablement et avec une scrupuleuse exactitude, la date et l'heure de l'acte de plainte.

111. Si la plainte ou la dénonciation est présentée toute rédigée, le juge de paix a le soin de la signer et de la faire signer à toutes les pages (2) ; il y fait annexer, quand il y a lieu, la procuration du représentant du dénonciateur ou du plaignant (3), après l'avoir signée et paraphée, fait signer et parapher, pour garantie d'identité (4), et il écrit au pied de la plainte ou de la dénonciation :

La présente plainte (5), signée de   (6), nous a été présentée le , à heure (7), par le sieur (8),

(1) V. art. 66 du *Code d'inst. crim.*
(2) V. art. 31, *ibid.* — N° 99.
(3) V. n°ˢ 96, 97, 98.
(4) Argument des art. 448 et suiv., 453, 457 du *Code d'inst. crim.*
(5) *Ou* dénonciation.
(6) Prénoms, nom, qualité et demeure de la personne qui dépose la plainte ou la dénonciation.
(7) Du matin *ou* du soir.
(8) Quand il y a lieu, on ajoute : tant en son nom que comme fondé de procuration (*ou seulement,* comme fondé de procuration) de (pré-

lequel nous a affirmé, sur notre réquisition, que les faits sont exactement tels qu'il les a exposés dans sa plainte (1). En conséquence, nous avons nous-même signé, à toutes les pages, et lui avons donné acte de la remise qu'il nous a faite de ladite plainte (2).

A   , le   , heure
Le juge de paix du canton de
Signature.

112. Si la partie n'a rédigé à l'avance ou ne rédige pas la plainte ou dénonciation; si, au contraire, elle requiert l'officier de police judiciaire de la rédiger, celui-ci en dresse procès-verbal, en cette forme :

L'an   , le   , heure   (3), devant nous   (4), juge de paix du canton de   , arrondissement de   , département de   , étant à   , et procédant comme officier de police judiciaire auxiliaire de M. le procureur de la République de   , s'est présenté   (5), lequel nous a

noms, nom, qualité et demeure de la personne lésée ou dénonciatrice), ladite procuration du   , etc., annexée à la plainte (*ou* dénonciation) prémentionnée, après avoir été signée et paraphée tant par nous que par ledit N***.

(1) *Ou* dénonciation.

(2) *Ou* dénonciation.

Si des pièces de conviction sont remises; si un prévenu est livré, il en est fait mention. De même, s'il s'agit d'un cas de flagrant délit (*V.* nᵒˢ 116, 117) ou autrement urgent, et que des témoins aient été amenés, le juge énonce que, par un procès-verbal séparé (*V.* nᵒ 174), il les a entendus ou il va les entendre dans leurs déclarations, avec assistance du greffier. *V.* la formule, au nᵒ 112.

(3) Du matin *ou* du soir.

(4) Prénoms et nom du juge de paix.

(5) Prénoms, nom, qualité et demeure du comparant.

On ajoute, s'il y a lieu : agissant comme fondé de pouvoir de (pré-

exposé   (1); ledit   nous a déclaré qu'il dénonce
ces faits dans l'intérêt public (2), et il nous a indiqué
pour témoins : 1°, 2°, 3° (3); il nous a représenté et
remis pour servir à conviction   (4), etc.

Lecture faite, ledit   (5) a affirmé, sur notre réquisition, que les faits qu'il a déclarés sont véritables,
et a signé avec nous, à toutes les pages.

A   , le   , heure

Signatures.

113. Dans l'ancienne pratique, lorsque, d'après
une plainte ou dénonciation, le juge estimait qu'il dût
descendre sur les lieux, il ordonnait son transport,
à la suite du procès-verbal de dénonciation ou de
plainte (6).

Mais la Cour de cassation a jugé qu'il n'est plus nécessaire de rendre d'ordonnance de transport (7). C'est

---

noms, nom, qualité et demeure du constituant), suivant procuration
spéciale (date et nature de la procuration), que nous avons signée et
paraphée et fait signer et parapher par ledit   , et qui demeurera annexée au présent procès-verbal.

(1) Énoncer les faits avec toutes leurs circonstances, et en donnant toutes les indications nécessaires pour poursuivre et pour informer. *V.* n°s 93, 94.

(2) *Ou* que, lésé par ces faits, il en porte plainte, et se rend, *ou* ne
se rend pas, partie civile.

(3) Désignation des témoins. Si le juge de paix ne doit pas entendre lui-même ces témoins sur-le-champ, il ne saurait les indiquer d'une manière trop claire. *V.* n° 67, § 6.

(4) Les objets remis sont décrits, scellés et retenus, conformément
aux art. 35, 37, 38, 453 du Code d'instruction criminelle. *V.* n°s 155,
156, 157, 158.

(5) *Ès noms,* si c'est un fondé de pouvoir.

(6) *V.* les formules de la loi du 29 septembre 1791.— Art. 108 du
Code du 3 brumaire an IV.

(7) *V.* Arr. cass. du 5 floréal an III.

dès lors une formalité superflue, qui fait perdre du temps en de vaines écritures. Le juge n'a pas besoin d'ordonner ce qu'il doit exécuter lui-même avec la plus grande diligence.

114. Les officiers de police auxiliaires doivent envoyer, sans délai, au procureur de la République, les dénonciations, plaintes, procès-verbaux, et tous autres actes qu'ils ont faits ou reçus dans les cas de leur compétence (1).

Même à l'occasion de dénonciations ou de plaintes pour crimes ou délits autres que ceux qu'ils sont directement chargés de constater, les officiers de police auxiliaires doivent transmettre au procureur de la République, aussi sans délai, les dénonciations qui leur auront été faites, ou les plaintes qui leur auront été présentées, avec tous les renseignements qu'ils auraient reçus ou recueillis, et les pièces de conviction qui leur auraient été remises (2).

(1) *V.* art. 53 et 64 du *Code d'inst. crim.*

(2) *V.* art. 54 et 64 du *Code d'inst. crim.* — *V.* en outre, n° 103.

Si le plaignant veut se désister, dans les vingt-quatre heures de la date de la plainte, comme l'art. 66 du Code d'instruction criminelle lui en donne le droit, il peut se présenter devant le juge de paix, qui reçoit ou qui rédige son désistement, avec les mêmes formalités exigées pour la réception ou pour la rédaction de la plainte.

Mais cet acte ne dispense pas le plaignant de faire signifier son désistement à la personne contre qui la plainte avait été portée. *V.* art. 66 du *Code d'inst. crim.*

Malgré l'abandon que la partie civile fait de ses prétentions personnelles, malgré la rétractation de la plainte, cet acte pouvant valoir comme dénonciation, ou au moins comme avis, le juge de paix doit toujours le faire parvenir au procureur de la République, sauf à joindre aux autres pièces le désistement et tous les renseignements que les circonstances ou la conduite des parties auront rendus nécessaires.

CHAPITRE V.

—

DU FLAGRANT DÉLIT.

115. Les juges de paix, comme officiers de police judiciaire, ont à remplir, dans le cas de flagrant délit, une mission difficile et de haute importance. Si la loi leur confie alors de larges pouvoirs, puisqu'elle les investit de tous les droits qu'elle attribue en cette occurrence aux procureurs de la République, aussi est-ce alors surtout qu'elle attend d'eux le déploiement d'un zèle énergique et éclairé.

Cette matière doit être soigneusement étudiée par les juges de paix. Elle comporte des détails divers et très-étendus. Quant à la division, à l'ordre et à l'ensemble, suivant notre travail, de ces détails que nous allons développer et expliquer successivement, nous renvoyons, pour abréger, à notre table sommaire en ce qui concerne le présent chapitre; au moyen de cette table, on pourra embrasser à la fois toutes les parties du sujet dont nous allons nous occuper.

116. Le mot *flagrant délit*, conservé du vieux langage français, et dérivé du latin FLAGRANS, *ardent*, *encore brûlant*, est une expression figurée, qui désigne un crime dont l'auteur est pris sur le fait, ou qui vient d'être commis, ou dont le corps de délit est encore exposé à tous les regards.

« Le cas de *flagrant délit*, d'après Jousse, est lorsqu'un crime vient de se commettre et que le corps du
délit est exposé à la vue de tout le monde : comme lorsqu'une maison vient d'être incendiée, un mur percé,
ou qu'un homme vient d'être tué ou blessé, ou s'il arrive une émotion populaire...; tous les témoins sont
encore sur les lieux... »

« Le *flagrant délit*, d'après Serpillon et Rousseau de
la Combe, c'est quand le cas est notoire ; que le crime
a été commis en présence du peuple : par exemple, un
voleur qui a été surpris volant et dérobant dans le lieu
où le vol a été fait, ou qui a été trouvé saisi de la chose
volée ; un assassin qui a été pris dans l'action, ou vu
dans le lieu où le meurtre a été commis, avec une épée
à la main, lui ensanglanté ou son épée. »

L'art. 41 du Code d'instruction criminelle a renfermé les mêmes idées dans cette définition concise :
« Le délit qui se commet actuellement, ou qui vient de
se commettre, est un flagrant délit. »

Qui se commet actuellement : c'est-à-dire au moment
même où l'officier de police judiciaire a l'oreille frappée
de la tentative qui s'exécute, et peut prendre l'auteur
sur le fait.

Ces termes supposent donc que le délit se commet
encore quand le magistrat survient, en sorte qu'il
trouve le prévenu occupé soit à commencer, soit à
consommer la perpétration du crime. Cela doit se présenter très-rarement, car le moment du crime n'est pas
permanent comme son effet. L'assassinat, par exemple,
se commet par le coup mortel qui est porté à la victime,
quand même la mort serait tardive ; l'incendie se commet en mettant le feu, quand même l'effet s'en prolon-

gerait pendant plusieurs heures, ou pendant quelques jours.

Ou qui vient de se commettre : la loi, à la différence du premier cas, suppose ici que le délit est consommé; mais elle ne détermine aucun temps passé lequel il ne pourrait être considéré comme flagrant délit. Tout dépend nécessairement des circonstances.

Cependant, il faut croire que la loi a entendu parler d'un crime commis dans un temps peu éloigné, d'un crime tout récent, dont le premier effet subsiste, dont le corps de délit, encore intact, est facile à reconnaître et à constater, parce que les vestiges périssables n'ont pas disparu, les signes consécutifs du délit sont entiers, les traces du crime frappent les regards du public, rien n'ayant encore été changé de ce qui existait au moment de la consommation. Telles seraient, entre autres, les circonstances dont parlent Jousse, Serpillon et Rousseau de la Combe.

Les témoins, dit Jousse, sont encore sur les lieux. Ajoutons que le coupable ne s'est peut-être pas encore éloigné; que le trouble de son âme se manifeste peut-être dans l'altération de ses traits, dans l'incertitude de sa contenance, dans l'obstination de son silence, ou dans le désordre de ses discours, et peut le dénoncer aux yeux du magistrat.

117. Aux termes de l'art. 41 du Code d'instruction criminelle, sont aussi *réputés flagrant délit*, le cas où le prévenu est poursuivi par la *clameur publique* (1), et celui où le prévenu est trouvé saisi d'effets, armes,

---

(1) C'est-à-dire quand le cri général accuse tel individu du crime qui vient d'être commis.

instruments ou papiers faisant présumer qu'il est auteur ou complice, pourvu que ce soit dans un temps
voisin du délit (1).

L'officier de police judiciaire doit se tenir en garde
sur la clameur publique ; examiner les causes qui l'ont
fait naître ; considérer si la malveillance ne l'a pas ex-
citée ou préparée, ou bien s'il s'agit, au contraire,
d'une acclamation spontanée, comme est celle de citoyens inopinément assemblés aux cris poussés par la
victime, étrangers à toute passion, et sans intérêt à
calomnier.

Il ne faut pas confondre la *clameur publique* avec la
notoriété publique, qui n'est qu'une rumeur qui s'élève,
ou un bruit qui se répand d'ordinaire quelque temps
après la consommation du crime. Cette notoriété publique peut et doit même éveiller l'attention des magistrats, et leur suffire pour commencer une information, mais elle ne constituerait pas le *flagrant délit*,
dans le sens de la loi.

Pour qu'un individu soit réputé en flagrant délit
à raison des objets dont il est saisi, il faut que les effets,
armes, instruments ou papiers le désignent comme
auteur ou complice du délit qui se commet actuellement ou qui vient de se commettre ; il faut que ces soupçons, ces indices, se rattachent *spécialement* à un fait
déterminé, et que la saisie soit effectuée *dans un temps
voisin du délit*.

Comment interprétera-t-on ces termes — *dans un
temps voisin du délit*? On avait proposé de fixer ce

---

(1) *V*. art. 63 du *Code* du 3 brumaire an IV. — Loi en forme d'instruction du 29 septembre 1791.

laps de temps à vingt-quatre heures. Mais il fut reconnu que ce temps devait varier suivant les circonstances.

La seule explication que l'on puisse donner généralement sur ce point, dit M. Carré (1), c'est que la loi doit
s'entendre d'un temps assez rapproché de l'instant où
le crime a été commis, pour que l'on ait une forte présomption que les effets saisis en la possession de la
personne ne sont point passés des mains d'une autre
dans les siennes, ou y sont passés dans un intervalle
de temps assez court, pour qu'il ne soit pas permis de
présumer qu'elle les tienne de quelqu'un qui soit absolument étranger au crime.

118. Aussitôt qu'un juge de paix est informé d'un
flagrant délit, il doit se hâter d'en donner avis au procureur de la République chargé des poursuites (2).

Il y a ici un pressant motif pour nécessiter un prompt
avis : c'est que le procureur de la République et le juge
d'instruction auront eux-mêmes, le plus souvent, à se
transporter sur les lieux, et qu'il importe que ce soit
sans perte de temps (3).

---

(1) V. CARRÉ, *Droit français...*, t. IV, p. 315 et 316.

(2) V. art. 22, 23, 24, 29 du *Code d'inst. crim.* — Art. 100, 101 du *Code*
du 3 brumaire an IV. — Ci-dessus, ch. III, nᵒˢ 66, 67, 68.

(3) Lorsque le théâtre du flagrant délit est peu éloigné du chef-lieu
d'arrondissement, et que le juge de paix peut obtenir une prompte
réponse, qui lui fasse connaître si le procureur de la République et
le juge d'instruction se transporteront ou non, il est bien qu'il s'en
tienne d'abord aux mesures préparatoires que nous allons expliquer,
et qu'il conserve toutes choses entières pour le cas où le procureur
de la République et le juge d'instruction voudraient procéder eux-
mêmes : ainsi, la levée d'un cadavre, et surtout l'autopsie cadavérique, ne devraient pas être précipitées; des dégradations ne de-

Les premiers actes de l'instruction criminelle sont, sans contredit, les plus importants ; les instants qui suivent immédiatement le crime sont précieux. Le magistrat chargé de le constater peut se pénétrer lui-même de la nature du crime ; il peut voir lui-même dans quelles circonstances, de quelle manière, avec quels instruments le crime a été commis : si ses yeux ne peuvent pas lui procurer cette certitude, son esprit peut au moins mieux s'imaginer comment le crime s'est accompli, quand il est sur les lieux, que quand il doit se fier aux dépositions de personnes moins habituées et moins exercées à examiner de tels faits, qui ne voient pas tout, qui n'observent que les grandes choses et tout ce qui frappe fortement l'esprit, qui ne s'occupent pas d'entrer dans l'examen des circonstances de détail, circonstances qui influent si fréquemment sur le corps de délit, sur la prévention, sur l'imputation, sur la conviction, ou même sur la décharge.

C'est dans le premier moment du délit que la vérité tout entière se manifeste. Le plaignant, dans l'émotion causée par le tort qu'il vient d'éprouver, les témoins, dans l'indignation dont le fait les pénètre, s'expliquent avec franchise et véracité. La justice n'est pas encore entravée par les conseils d'une pitié mal entendue, par les sollicitations, et par une foule de considérations préjudiciables à la société. Le temps effaçant bientôt les premières impressions produites par le délit, si le fait

vraient pas être réparées sur-le-champ ; des traces de crimes être effacées ; des objets importants à voir dans l'état où les auraient mis les auteurs du crime ne devraient pas être changés de situation ; *à moins qu'il n'y eût nécessité pressante d'opérer sans retard, et qu'on n'eût pas les moyens de conserver les choses dans leur état primitif.*— V. nº 252.

n'était pas promptement constaté, il serait à craindre qu'on ne cherchât par la suite ou à le déguiser, ou au moins à l'atténuer, en en dissimulant ou dénaturant les circonstances.

Après avoir donné avis du crime, dès qu'ils en auront eu connaissance, les officiers de police auxiliaires ne sont pas dispensés par là de le constater, d'en suivre les traces, d'en rechercher les auteurs ou leurs complices, de les faire arrêter, et de recueillir tous les documents propres à éclairer la justice, lesquels pourraient disparaître si on négligeait de les rassembler dans le premier moment.

Ainsi, sans attendre le procureur de la République et le juge d'instruction, qui, d'ailleurs, pourraient être empêchés ou retenus par d'autres opérations, le juge de paix, dès qu'il a l'oreille frappée d'un crime ou d'une tentative de crime, qui se commet ou qui vient de se commettre, doit descendre sur les lieux, sans aucun retard, pour y procéder à une information préliminaire.

119. Le juge de paix se transportant pour constater un flagrant délit, se fait accompagner de son greffier, dans tous les cas (1), et d'un huissier, suivant les circonstances.

Généralement, l'assistance de la force armée lui sera nécessaire, et il ne manquera pas de s'en faire escorter (2).

Toutes les fois que le juge de paix est accompagné de la gendarmerie, le ministère de l'huissier cesse d'être

(1) *V.* n° 62.
(2) *V.* n° 52.

indispensable, parce que les gendarmes, en leur qualité d'agents de la force publique, ont capacité pour faire les actes des huissiers dans les procédures criminelles. Il y a plus : on devrait les y employer de préférence, dans l'intérêt du trésor, car il n'est alloué aucune taxe aux agents de la force publique à raison des citations, notifications et significations dont ils sont chargés par les officiers de police judiciaire (1).

120. Comme ses procès-verbaux devront être faits et rédigés en la présence et revêtus de la signature du commissaire de police de la commune dans laquelle le crime aura été commis, ou du maire, ou de l'adjoint du maire, ou de deux citoyens domiciliés dans la même commune, à moins qu'il n'y eût pas possibilité de se procurer des témoins tout de suite (2), le juge de paix prendra ses mesures pour se faire assister comme la loi le prescrit. En cas d'empêchement, il devrait passer outre, mais il constatera l'impossibilité où il aura été de se procurer le concours des personnes que nous venons de désigner.

Ce n'est pas ici une vaine formalité qu'exige la loi. Elle veut tranquilliser le prévenu contre toute appréhension de partialité dans les recherches, ou de fausse interprétation de sa conduite ; elle veut s'assurer, en même temps, que rien ne sera négligé pour que la vindicte publique soit satisfaite.

Cependant M. Levasseur (3) pose cette question : L'art. 42 du Code d'instruction criminelle qui prescrit

(1) V. art. 72 du décret du 18 juin 1811. — N° 271.
(2) V. art. 42 du *Code d'inst. crim.*
(3) V. LEVASSEUR, *Manuel des juges de paix,* p. 225.

au *procureur du roi* d'appeler à son procès-verbal
le commissaire de police, le maire, l'adjoint, ou
deux témoins, est-il applicable au juge de paix? Non,
répond-il, s'il est accompagné de son greffier : parce
que le juge de paix accompagné de son greffier, qui
rédige des actes, n'a pas besoin d'autres témoins
pour les rendre authentiques. M. Levasseur, un peu
plus loin, considère encore les témoins exigés par
l'art. 42 du Code d'instruction criminelle comme témoins instrumentaires.

Nous pensons que c'est là une erreur. L'art. 42 du
Code d'instruction criminelle n'a pas en vue l'authenticité des actes autant que de donner, comme nous
l'avons dit, un gage de sécurité au prévenu, pour le
rassurer en présence de l'officier de police judiciaire, et
lui garantir d'autant plus qu'il n'a à craindre aucun
acte de partialité.

Notre article répugne à toute idée de témoins instrumentaires, puisqu'il n'enjoint d'appeler ces témoins
qu'autant qu'il y aurait possibilité de se les procurer
tout de suite.

D'un autre côté, l'art. 49 du Code d'instruction criminelle impose au juge de paix l'obligation de suivre
les formes et les règles établies au chapitre *Du procureur de la République*, dès lors celles de l'art. 42.

Enfin, aussi bien que le procureur de la République,
le juge d'instruction qui opère lui-même, et toujours
avec un greffier (1), est obligé de se conformer aux
dispositions de l'art. 42 du Code d'instruction crimi-

(1) *V.* art. 62 du *Code d'inst. crim.*

nelle (1) ; à plus forte raison, le juge de paix, officier de police auxiliaire, doit-il ne pas s'en écarter.

121. Le juge de paix a la faculté de se faire assister, au besoin, de manouvriers : comme lorsqu'il s'agit de fouiller un terrain, d'exhumer un cadavre, de franger un mur, d'ouvrir des portes, d'enlever des ferrements, des cloisons, etc. (2).

122. Il ne devrait pas négliger d'employer des gens de l'art, toutes les fois qu'il s'agit d'apprécier les circonstances d'un crime dont la connaissance appartient plus particulièrement à certaines professions (3).

C'est ainsi que, dans les cas de faux matériel, de vol avec effraction, avec escalade, ou à l'aide de fausses clefs, le juge de paix devrait se faire assister d'experts écrivains, de maçons, charpentiers, menuisiers, serruriers, etc. C'est ainsi que, dans le cas de blessures, de viol, d'empoisonnement, il devrait appeler des médecins, ou des officiers de santé, des chimistes ou des pharmaciens, pour exprimer dans leur rapport non-seulement ce qui existe, mais les causes qui peuvent y avoir donné lieu, la nature des poisons, le temps que pourra durer la maladie ou l'incapacité de travail, etc.

123. S'il s'agit d'une mort violente, d'une mort dont la cause soit inconnue et suspecte (4), le juge de paix ne peut pas se dispenser de se faire assister d'un ou deux (5) officiers de santé, qui feront leur rapport

(1) *V.* art. 59 du *Code d'instr. crim.*

(2) *V.* art. 103 du *Code* du 3 brumaire an IV. — Art. 43 du *Code d'inst. crim.* — Art. 20, 134 du décret du 18 juin 1811.

(3) *V.* art. 43, 44 du *Code d'inst. crim.*

(4) *V.* art. 104 du *Code* du 3 brumaire an IV.

(5) Il est prudent d'en appeler deux, si le temps et les circons-

sur les causes de la mort et sur l'état du cadavre : l'art. 44 du Code d'instruction criminelle est impératif à cet égard (1).

Il faut nécessairement un homme de l'art pour apprécier les circonstances d'un pareil événement : souvent elles ne peuvent être expliquées que par l'ouverture du cadavre, ou par les procédés qu'un officier de santé bien versé dans l'anatomie peut seul employer.

Les rapports des officiers de santé, dans ce cas, sont de la plus grande importance, et fournissent ordinairement, quand ils sont bien faits, les moyens les plus décisifs, soit à charge, soit à décharge : le juge de paix doit donc avoir la plus grande attention d'appeler, sans aucun retard, les officiers de santé les plus instruits pour cette opération, souvent aussi délicate que difficile.

124. Peut-on appeler indifféremment des docteurs-médecins ou chirurgiens, ou des officiers de santé ?

Quand il s'agit de discuter devant un tribunal un point de médecine légale, on doit préférer les docteurs-médecins.

tances le permettent; mais il y aurait abus et frais frustratoires à en appeler un plus grand nombre sans nécessité.

Cette remarque est commune à tous les experts.

(1) Dans ce cas, le cadavre ne peut être inhumé qu'après la clôture du procès-verbal. *V.* art. 103 du *Code* du 3 brumaire an IV.

Notre article 44 ne parle que du cas où il s'agit d'une mort violente, ou d'une mort dont la cause est inconnue et suspecte, et non pas des cas de blessures graves. Cependant, comme les blessures peuvent être ou absolument, ou relativement, ou accidentellement mortelles; comme, en tout cas, elles donnent lieu à des peines criminelles ou correctionnelles, il est nécessaire de les constater de la même manière que l'homicide. Cet article est alors applicable, parce que ses dispositions sont démonstratives et non pas restrictives.

Mais, pour les opérations de constat et d'instruction, s'il est bien d'appeler de préférence les hommes que leur grade doit faire présumer les plus capables, cependant, à leur défaut, et en cas d'éloignement ou d'urgence, l'officier de police judiciaire peut, sans nul doute, employer les simples officiers de santé. C'est même de la dénomination générique d'*officiers de santé* que s'est servie la loi, dans l'art. 44 du Code d'instruction criminelle, comme pour dissiper toutes les incertitudes sur ce point.

125. L'officier de police judiciaire qui se trouve dans le cas de se faire assister d'experts ou d'officiers de santé, doit les faire appeler sur un simple avertissement (1), ou par simple lettre, sans citation, employer

(1) Cet avertissement est écrit sur papier libre, et remis sans frais, par un agent de police, un garde champêtre, ou un gendarme. *V.* Instruction sur les frais de justice criminelle du 30 septembre 1826, p. 37.

Il doit énoncer la qualité de l'officier qui le fait donner; les nom, profession et demeure de celui à qui il est adressé; le lieu où ce dernier devra se transporter; la nature de l'opération; la date : ces renseignements pouvant être nécessaires lors de la vérification de l'état de frais ou mémoire auquel il devra être ultérieurement annexé, pour en motiver le paiement. Il est rédigé dans cette forme :

Nous, N*** , juge de paix du canton de , arrondissement de , département de , agissant comme officier de police judiciaire auxiliaire de M. le procureur de la République, requérons M. (*profession*), demeurant à , de se transporter de suite auprès de nous, à , aux fins de nous assister dans la constatation d'un (*l'espèce du crime*), et de procéder à toutes les opérations qui seront jugées nécessaires (*au cas que le juge de paix ne puisse les indiquer*).

Fait à , le
Sceau. *Signature.*

Le juge de paix atteste, au pied du réquisitoire, les opérations qui

autant que possible ceux qui se trouvent sur les lieux où il doit opérer, et faire choix d'hommes expérimentés (1).

126. Le manouvrier, ou l'expert, qui refuserait de déférer à l'avertissement, ou d'obtempérer à une réquisition, serait-il passible d'une peine ?

On trouve dans le Code pénal (2) ces dispositions : Seront punis d'amende, depuis six francs jusqu'à dix francs inclusivement, — ceux qui, le pouvant, auront refusé ou négligé de faire les travaux, le service, ou de prêter le secours dont ils auront été requis, dans les circonstances d'accidents, tumultes, naufrage, inondation, incendie ou autres calamités, ainsi que dans les cas de brigandages, pillages, *flagrant délit*, clameur publique, ou d'exécution judiciaire (3).

M. Carnot (4) fait remarquer, à ce sujet, qu'il n'y a contravention punissable que dans la réunion des trois circonstances : 1° qu'il y ait eu *réquisition;* 2° que le cas fût *urgent;* 3° qu'on *ait pu rendre* le service pour lequel on était requis. Il ajoute que ces dispositions du Code pénal ne reçoivent application qu'aux simples particuliers, non revêtus d'aucun caractère public, et

ont été faites par l'expert, et le temps qui y a été employé, ou ce qu'a fait l'officier de santé, lorsque leur ministère est épuisé. *V.* n° 328.

Si l'on craignait d'éprouver de la résistance de la part de la personne appelée, on ferait bien d'employer la citation, qui, étant plus solennelle, vaincrait mieux, sans doute, les répugnances. *V.* n° 126.

(1) *V.* les circulaires du ministre de la justice des 23 septembre et 30 décembre 1812. — Instruction du 30 septembre 1826, p. 37.

(2) *V.* art. 475 n° 12 du *Code pénal.*

(3) *V.* art. 106 du *Code d'inst. crim.*

(4) *V. Commentaire du Code pénal,* t. II, p. 529.

qu'elles n'ont rien de commun avec les art. 234 et 236 du même Code, qui sont *spéciaux* pour les commandants, officiers et sous-officiers de la force publique, et pour les témoins et les jurés, en cas de refus d'un service légalement dû.

Nous estimons que le manouvrier ou l'artisan qui, après avoir négligé de déférer à une invitation, refuserait d'obtempérer à la réquisition qui lui serait signifiée par un huissier ou par un agent de la force publique, au cas de flagrant délit, et dont le refus aurait été constaté soit par ses réponses sur la citation, soit par procès-verbal de l'officier de police judiciaire, encourrait les peines portées par le Code pénal, s'il n'avait pas eu de légitime empêchement pour se dispenser d'exécuter les travaux manuels, ou de rendre les services corporels qui étaient réclamés de lui.

Dans le cas où un simple particulier, un manouvrier, ou un artisan, difficile à remplacer, manifesterait de l'éloignement pour prêter son assistance, il conviendrait de lui faire connaître les dispositions du Code pénal. Si son concours était indispensable, il faudrait le mettre en demeure par une sommation en forme, constater le refus, et envoyer les pièces au procureur de la République, qui pourvoirait à faire infliger la punition édictée par la loi.

Relativement aux experts ou aux officiers de santé, qui sont appelés pour un travail intellectuel, pour exprimer un avis, et en quelque sorte pour rendre un jugement, la solution de notre question doit-elle aussi être affirmative ? Le doute est permis.

On a pensé que, la position des experts étant analogue à celle des témoins, ils devaient être, en cas de refus de leur concours, punis des peines infligées aux témoins récalcitrants (1).

Mais la loi, qui a prononcé nommément contre les témoins, est muette à l'égard des experts, et n'a nulle part établi d'assimilation entre les uns et les autres. Les experts peuvent être remplacés, tandis qu'on ne peut pas toujours suppléer aux témoins d'un crime. Les témoins rendent compte d'un fait dont ils doivent la révélation qu'eux seuls peuvent faire ; les experts, qui peuvent être suppléés, sont pour ainsi dire constitués juges, et cette fonction, qu'ils peuvent rejeter en matière civile (2), ne peut leur être imposée en matière criminelle : car il serait bizarre que l'on pût user de contrainte, pour obtenir une décision, envers ceux qui ont besoin d'une entière liberté d'esprit pour délibérer leur opinion ; ce serait détruire à l'avance toute la confiance que doit obtenir le rapport des experts. D'ailleurs, outre que la position des témoins et celle des experts ne sont pas identiques, des peines ne peuvent jamais être prononcées par analogie d'un cas à un autre.

Ainsi, quelque inconvénient qu'il puisse résulter du refus d'un expert, ou d'un officier de santé, appelé pour faire un rapport, le juge de paix ne pourrait opposer à ce refus que des moyens de persuasion : et s'il ne pouvait vaincre la résistance qu'il rencontrerait, il devrait, sans retard, aviser à se pourvoir d'autres personnes propres à bien remplir la mission à confier.

---

(1) *V.* n° 280. — Art. 80 du *Code d'inst. crim.* — Art. 475 n° 12 du *Code pénal.* — Arr. cass. des 22 février 1857, 4 novembre 1859, 1er février 1867, 12 mai 1871.

(2) *V.* art. 316 du *Code de proc. civile.*

127. Avant d'opérer, les experts et les officiers de santé (1) auront, sans distinction, à prêter serment, entre les mains du juge de paix, *de faire leur rapport et de donner leur avis en leur honneur et conscience*, et il sera fait mention au procès-verbal de l'accomplissement de cette formalité (2).

Autrement, leur rapport n'aurait pas toute l'authenticité nécessaire, et ne pourrait servir que de simple renseignement.

128. Suivant M. Levasseur (3), pour que les rapports des experts ou gens d'art fassent foi en justice, il faut qu'ils soient faits en vertu d'une ordonnance du juge, et, dans le cas même de flagrant délit, l'officier qui opère doit ordonner la visite.

Il suffit, selon nous, que l'officier de police judiciaire donne une réquisition aux experts, ou aux officiers de santé ; qu'il prenne leur serment ; qu'il les mette à l'œuvre ; qu'il reçoive leur rapport ; enfin, qu'il men-

(1) Non pas les manouvriers ou artisans, qui n'auraient qu'à se livrer à un travail purement corporel, et qui n'auraient pas d'avis à donner.

(2) *V.* art. 44 du *Code d'inst. crim.* — N° 175.

Quant à la forme intrinsèque du serment, la loi n'en a déterminé spécialement aucune. Il suffit qu'il apparaisse du procès-verbal que l'expert a fait le *serment* de remplir fidèlement les fonctions qui lui sont confiées. *V.* Arr. cass. des 16 avril 1807 et 16 juillet 1829. Mais une promesse, déclaration ou affirmation, qui ne serait pas faite sous la religion du serment, serait insuffisante. *V.* Arr. cass. du 16 août 1811. — Chaque expert doit prêter son serment suivant les rites de sa religion. *V.* Arr. cass. des 28 mars et 12 juillet 1810.

Lorsqu'il résulte de la procédure que les experts ont prêté *le serment en tel cas requis,* il y a preuve suffisante qu'ils ont prêté le serment prescrit par l'art. 44 du Code d'instruction criminelle. *V.* Arr. cass. des 16 janvier 1836, 20 décembre 1855, 1er septembre 1859.

(3) *V. Manuel des juges de paix,* p. 238.

tionne le tout au procès-verbal qu'il leur fait signer (1) : la loi n'exige rien de plus.

Au reste, quelque confiance qu'inspirent les experts, le magistrat doit assister à toutes leurs opérations, les surveiller, les diriger, au besoin, et exiger que tout soit fait avec la plus scrupuleuse exactitude.

Si les experts viennent à se trouver d'avis contraires dans leur rapport, l'officier de police judiciaire en doit nommer d'office un troisième, qui fera une nouvelle visite avec l'assistance des deux premiers.

129. Le juge de paix agissant au cas de flagrant délit (2) doit, avons-nous dit (3), descendre sur les lieux, sans perte de temps. Il se rendra de suite au domicile du prévenu, s'il est nécessaire d'y faire des recherches (4).

Cela ne peut faire matière à difficulté, si les lieux sont volontairement ouverts à cet officier de police judiciaire, s'il y est appelé, ou s'il est autorisé à y pénétrer, soit par le propriétaire, soit par le prévenu.

Mais supposons que le juge de paix ait à s'introduire d'autorité dans une maison : dans quels lieux et dans quel temps pourra-t-il également exercer ses investigations ?

Si, par exception à la règle que *la police doit s'arrêter à la porte des citoyens*, la loi autorise même les officiers auxiliaires à franchir le seuil du domicile, au cas de flagrant délit, et à l'égard d'un prévenu, toujours est-il qu'à l'occasion d'un crime ou délit qu'ils

(1) *V.* n° 175.
(2) *V.* art. 32, 41, 46, 49 du *Code d'inst. crim.*
(3) *V.* n° 118.
(4) *V.* art. 36 du *Code d'inst. crim.*

auraient mission de constater ils ne pourraient pénétrer chez les tiers, mais seulement chez le prévenu et dans ses divers domiciles, s'il en a plusieurs.

130. En cas que le prévenu ait l'un de ses domiciles hors du canton, MM. Carré et Bourguignon ne balancent pas à penser que le juge de paix, par application de l'art. 283 du Code d'instruction criminelle, pourrait commettre un autre auxiliaire, pour procéder à la visite, et que l'urgence justifierait cette mesure (1).

Il y a plus : l'art. 464 du Code d'instruction criminelle autorise formellement le juge de paix à continuer, hors de son ressort, les visites nécessaires chez les personnes soupçonnées d'avoir fabriqué, introduit, distribué de faux papiers nationaux, de faux billets de la Banque de France ou des banques des départements ; et la même disposition a lieu pour les crimes de fausse monnaie et de contrefaction des sceaux de l'État.

131. Que si, en général, on ne peut s'introduire chez des tiers, on aurait néanmoins le droit de perquisition chez les complices du prévenu suffisamment reconnus ou indiqués : car ils sont punissables comme lui, et dès lors ils sont sujets aux mêmes investigations (2).

132. Il en serait de même à l'égard des individus signalés par la clameur publique comme recéleurs de la personne du prévenu, des instruments ou des produits du crime, parce que le recel constitue compli-

---

(1) *V.* Carré, *Droit français...*, t. IV, p. 334. — Bourguignon, *Jurisp. des Codes crim.*, t. Iᵉʳ, p. 144. — Art. 110 du *Code* du 3 brumaire an IV.

(2) *V.* nᵒˢ 9, 10, 11. — Art. 59 et suiv. du *Code pénal*.

cité (1), et qu'ici il y aurait encore une sorte de flagrant délit (2).

133. Au juge d'instruction seul, ou à son délégué, appartient le droit d'étendre les recherches, ou de faire de plus amples visites (3).

M. Levasseur enseigne pourtant qu'au cas de flagrant délit il est si important de ne pas perdre un instant, que l'on peut passer par-dessus les formes ordinaires et pénétrer dans la maison des particuliers, soit pour y saisir le prévenu, soit pour y rechercher les pièces de conviction (4).

Cette doctrine trop large, si on l'étendait au delà de ce que nous venons de dire dans les numéros précédents, serait subversive des principes et attentatoire à l'inviolabilité des domiciles. Nous pensons que l'officier de police judiciaire qui, dans ce cas, se mettrait arbitrairement au-dessus des formes de la loi, commettrait un abus de pouvoir, et s'exposerait aux peines portées par l'art. 184 du Code pénal (5).

Il faut donc que l'officier de police judiciaire auxiliaire, tant qu'il n'agit qu'en vertu de ses propres pouvoirs, et sans délégation du juge d'instruction, se renferme dans les limites de son droit, telles que nous les avons tracées.

S'il soupçonnait, dans une maison étrangère au pré-

---

(1) *V.* art. 61, 62, 63 du *Code pénal.*

(2) Si le prévenu est arrêté, le juge de paix doit le faire conduire dans tous les lieux qu'il visite. *V.* nᵒˢ 144, 150. — Art. 39 du *Code d'inst. crim.*

(3) *V.* art. 87, 88, 90 du *Code d'instr. crim.* — Ci-après, ch. xi.

(4) *V.* LEVASSEUR, *Manuel des juges de paix,* p. 232.

(5) *V.* art. 155, 157, 162 de l'Ordonnance du 29 octobre 1820. — Art. 248 et suiv. du Décret du 1ᵉʳ mars 1854.

venu ou à ses complices, l'existence d'effets utiles à
l'instruction et dont l'enlèvement serait à craindre, le
juge de paix, à défaut d'avoir l'assentiment du propriétaire de cette maison pour y pénétrer, devrait s'en
interdire l'entrée; il ne pourrait que la faire investir
par la force publique, instruire le procureur de la République, et attendre l'arrivée du juge d'instruction, ou
une délégation de ce magistrat (1).

Remarquez toutefois que si, au lieu d'un simple soupçon, de l'existence de pièces suspectes dans une maison
tierce, le juge de paix, au moment où il procède, était
informé que des pièces de conviction viennent d'être
transportées dans une maison, dans un lieu quelconque, il serait autorisé à s'y rendre de suite : cette
circonstance serait caractéristique du flagrant délit, et
rangerait le fait dans les cas que nous avons indiqués
plus haut, sous les numéros 131 et 132.

134. Si un crime ou délit avait été commis dans les
palais, châteaux, maisons nationales ou leurs dépendances, l'officier de police judiciaire pourrait-il y pénétrer pour constater ces infractions?

Une ordonnance du 20 août 1817, art. 3 et 4, veut :
1° que le gouverneur, ou celui à qui, en son absence, appartient la surveillance, requière le transport du juge d'instruction, du *procureur du roi* ou du
juge de paix, et lui remette le prévenu ou les prévenus, s'ils sont arrêtés; 2° que, si le transport de ces
fonctionnaires a lieu d'office, ils se présentent au
gouverneur, qui doit leur donner tous accès et facilités.

(1) Argument de l'art. 163 de l'Ordonnance du 29 octobre 1820. —
Art. 256 du Décret du 1er mars 1854.

Cette ordonnance ne distingue point entre les cas de flagrant délit et autres.

135. Il en est autrement à l'égard des établissements d'instruction publique appartenant à l'Université. Hors le cas de flagrant délit, d'incendie ou de secours demandés à l'intérieur, aucun officier de police ou de justice ne peut s'introduire dans ces établissements, pour constater le corps de délit, ou pour l'exécution d'un mandat d'amener ou d'arrêt dirigé contre les membres ou élèves, s'il n'en a l'autorisation spéciale, par écrit, du procureur général, de l'un de ses substituts, ou du procureur de la République (1).

Le juge de paix, comme officier auxiliaire, ne pourrait donc passer outre, hors les cas prévus, qu'autant qu'il agirait en vertu d'ordre précis ou d'une délégation spéciale du procureur de la République, ou d'une délégation du juge d'instruction, expressément requise par le procureur de la République.

136. Quant au temps dans lequel pourraient se faire les visites domiciliaires, l'art. 76 de la loi du 22 frimaire an VIII, encore en vigueur, dispose : « La maison de toute personne habitant le territoire français est un asile inviolable. *Pendant la nuit*, nul n'a le droit d'y entrer, que dans le cas d'incendie, d'inondation ou de réclamation faite de l'intérieur de la maison. »

Si donc l'utilité d'une visite domiciliaire commence le jour, on peut et l'on doit y procéder *de suite* (2), et continuer les opérations même pendant la nuit;

(1) *V.* art. 157 du Décret du 15 novembre 1811, concernant le régime de l'Université.

(2) *V.* art. 36 du *Code d'inst. crim.*

car ce n'est que l'introduction pendant la nuit qui est prohibée.

Mais, si cette utilité d'une visite commence la nuit, il faut attendre le point du jour pour l'exécuter, sauf à faire provisoirement, et sans perte de temps, investir la maison par la force armée, durant le reste de la nuit, si l'on craint l'évasion du prévenu, ou l'enlèvement des pièces de conviction (1).

L'infraction de ces dispositions exposerait l'officier de police judiciaire à l'application des peines portées par l'art. 184 du Code pénal (2).

137. Il y a cependant exception relativement aux auberges, cabarets, cafés, boutiques et autres maisons ouvertes au public, dans lesquelles il est permis d'entrer jusqu'à l'heure où elles doivent être fermées, d'après les règlements publics, pour y faire des recherches judiciaires (3). Les officiers de police judiciaire ont même le droit de pénétrer à toute heure dans les maisons de jeux de hasard et dans les maisons de débauche, mais seulement sur la désignation qui leur en aurait été donnée par deux citoyens domiciliés (4).

(1) *V.* Circulaire du ministre de la justice du 23 germinal an IV.— Art. 185 de l'Ordonnance du 29 octobre 1820. — Art. 298 du Décret du 1er mars 1854.

(2) M. DE MOLÈNES, *Des Fonct. d'officiers de police judiciaire*, p. 99, 102, 129, prétend qu'en cas de flagrant délit on peut commencer des visites domiciliaires *même la nuit*, quoique cela fût interdit hors le cas de flagrant délit. Cette distinction, que n'a pas faite la loi, ne nous paraît pas fondée.

(3) *V.* art. 9 de la loi du 19 juillet 1791. — Art. 129 de la loi du 28 germinal an VI.— Arr. cass. des 12 et 19 novembre 1829.

(4) *V.* art. 10 de la loi du 19 juillet 1791. — Décret du 14 septembre 1792.

138. Au surplus, qu'est-ce que la nuit, dans le sens de l'art. 76 de la loi du 22 frimaire an VIII ?

C'est, depuis le 1er octobre jusqu'au 31 mars, *de six heures du soir à six heures du matin ;* et depuis le 1er avril jusqu'au 30 septembre, *de neuf heures du soir à quatre heures du matin* (1).

Suivant M. Carnot (2), cette interprétation et les défenses qui en résultent sembleraient contrarier le texte de l'art. 36 du Code d'instruction criminelle, qui intime de se transporter *de suite*, sans distinction de temps.

Mais, quand le Code d'instruction criminelle fut élaboré, la distinction préexistait et n'avait plus besoin d'être formulée. D'ailleurs, une disposition de loi particulière, comme le Code d'instruction criminelle, pouvait-elle abroger un article de l'acte constitutionnel ? Si le législateur avait pu et voulu faire cette abrogation, ne s'en serait-il pas formellement expliqué ? Dans le doute, le système le plus favorable à la liberté devrait prévaloir.

139. Le temps qui s'écoulera jusqu'à ce que l'entrée soit libre ne sera pas entièrement perdu pour un juge de paix vigilant. Il l'emploiera à disposer ses opérations, à s'entourer de renseignements, à appeler auprès de lui les personnes dont les secours lui seraient nécessaires. Sa surveillance attentive à l'extérieur préviendra toute évasion, suivra toutes les démarches de l'intérieur, et empêchera toute disparition de pièces et

(1) *V.* Décret du 4 août 1806. — Art. 1037 du *Code de procéd. civile.* — Art. 184 de l'Ordonnance du 29 octobre 1820. — Décret du 1er mars 1854, art. 291.

(2) *V. De l'Inst. crim.,* t. 1er, p. 241.

de personnes ; elle tiendra en échec les fauteurs du crime ou du recel, et peut-être, déconcertant leur audace et leurs ruses, en leur imprimant la crainte d'une arrestation inévitable ou en les frappant de la certitude de perquisitions rigoureuses et exactes, elle leur fera perdre l'espérance de rien soustraire aux investigations de la police judiciaire.

Dans le cas où le coupable ne serait pas connu tout d'abord, le juge de paix devra s'assurer si des soupçons ne s'élèvent point contre quelqu'un, et recueillir les motifs qui font naître ces soupçons ; s'informer si, à l'heure présumée où le délit a été commis, des individus ont été aperçus dans les environs du lieu où il l'a été ; prendre, autant que possible, leur signalement ; retenir exactement les noms, professions, demeures de toutes les personnes qui seraient désignées comme pouvant donner des éclaircissements soit sur le fait lui-même, soit sur les circonstances qui l'entourent, en désignant les points sur lesquels chaque témoin semble plus particulièrement en état d'informer la justice.

140. Le juge de paix, dès son arrivée, doit défendre que qui que ce soit sorte de la maison, ou s'éloigne du lieu, jusqu'à la clôture de son procès-verbal (1).

Cette disposition est fondée sur plusieurs motifs. Le premier est de conserver des témoins précieux qu'on ne pourrait peut-être plus trouver si on ne les empêchait de s'éloigner : l'expérience prouve que les personnes que la curiosité avait arrêtées sur le lieu d'un crime, sont écartées généralement par la peur de se trouver

(1) *V.* art. 34 du *Code d'inst. crim.*—Art. 107 du *Code* du 3 brumaire an IV.

impliquées dans l'affaire, dès qu'elles aperçoivent les officiers de justice, et qu'une fois éloignées, soit par indifférence, soit par répugnance, soit encore dans la crainte d'être détournées de leurs occupations, ou de s'exposer à des inimitiés, loin de venir offrir leur témoignage à la justice, elles s'efforcent de rester inconnues.

La seconde raison est de ne point laisser échapper quelque complice du délit, quelquefois le coupable lui-même, qui chercherait à se confondre dans la foule, pour être moins remarqué, et qui pourrait profiter d'un moment d'inattention pour prendre la fuite.

Enfin, il importe d'empêcher que l'indiscrétion ou la connivence ne trahissent le secret des opérations.

141. Le pouvoir de faire emprisonner, donné à l'officier de police judiciaire en cette circonstance, est une suite des mêmes considérations : celui qui s'esquive, après la défense, est suspect ; d'ailleurs, toute personne doit son témoignage à la justice sur les faits qui se sont passés sous ses yeux (1).

Tout contrevenant à la défense de s'éloigner de la maison ou du lieu où il s'agit d'opérer sera, s'il peut être saisi, déposé dans une maison d'arrêt, sur mandat (2) de l'officier de police judiciaire (3).

---

(1) *V.* Loi en forme d'instruction du 29 septembre 1791.

(2) C'est ici la seule circonstance où un officier de police auxiliaire ait le droit de décerner un mandat de dépôt. M. Levasseur, *Manuel des juges de paix,* p. 209, fait erreur en retraçant ce que, selon lui, devrait observer le juge de paix qui décernerait un mandat de dépôt *contre un prévenu,* au cas de flagrant délit, puisque le juge de paix ne peut jamais lancer de mandat de dépôt *contre un prévenu.*

(3) *V.* art. 34 du *Code d'inst. crim.*

Le juge de paix, dans ce cas, doit informer immédiatement le procureur de la République, afin qu'il fasse des diligences auprès du juge d'instruction, pour l'application de la peine prononcée par la loi (1).

142. Pour que le mandat soit exécutoire, il doit être dressé dans la forme prescrite par l'art. 95 du Code d'instruction criminelle : c'est-à-dire, il faut que le prévenu y soit nommé ou désigné le plus clairement qu'il sera possible, que le mandat soit signé de celui qui l'a décerné, et muni de son sceau (2).

Quant à l'exécution, il faut se conformer aux dispositions des art. 97, 98 et 99 du même Code.

Les mandats de toute espèce sont mis à exécution par les huissiers, et, à leur défaut, par les gendarmes, ou par les agents de police (3) : remise du mandat est faite à celui qui doit l'exécuter.

143. Au surplus, le mandat doit être individuel, c'est-à-dire spécial pour chaque personne arrêtée (4); en voici la forme :

MANDAT DE DÉPOT.

Nous   (5), juge de paix du canton de   , arrondissement de   , département de   , agissant comme officier de police judiciaire auxiliaire de M. le procu-

---

(1) V. art. 34 du *Code d'inst. crim.*

(2) L'inobservation de ces formalités entraînerait, contre le juge de paix, l'application de l'art. 112 du *Code d'inst. crim.*

(3) V. art. 77 du D. du 18 juin 1811. — Art. 6 du D. du 7 avril 1813. Art. 67 de l'Ord. du 29 octobre 1820. — Art. 105 du D. du 1er mars 1854.

(4) V. art. 201 de l'Ordonnance du 29 octobre 1820. — Instruction du 30 septembre 1826, p. 71. — Décret cité de 1854, art. 370.

(5) Prénoms et nom du juge de paix.

reur de la République, et procédant en cas de flagrant délit,

Mandons et ordonnons à tous huissiers ou agents de la force publique, de conduire à la maison d'arrêt de (1), le nommé (2), que nous avons fait arrêter, pour avoir contrevenu à ce que nous avions défendu conformément à l'art. 34 du Code d'instruction criminelle ;

Enjoignons au gardien de ladite maison d'arrêt, de le recevoir et retenir en dépôt jusqu'à nouvel ordre ;

Requérons tous dépositaires de la force publique de prêter main-forte, en cas de nécessité et de réquisition, pour l'exécution du présent mandat.

Fait à , le

Sceau.   *Signature.*

144. Le juge de paix fera saisir le prévenu présent (3), contre lequel il existerait des indices graves, et l'interpellera d'assister à toutes ses opérations, en personne ou par un fondé de pouvoir (4).

145. Dans cette circonstance, toute procuration est

---

(1) Du chef-lieu de l'arrondissement dans lequel opère le juge de paix.

(2) Prénoms, nom, qualité, profession, lieu d'habitation et commune de la personne arrêtée.

(3) Le juge peut, au cas de flagrant délit, faire arrêter sur un simple ordre verbal. *V.* art. 39, 40 du *Code d'inst. crim.*

Si le prévenu avait domicile (*V.* n° 147. — Art. 40 du *Code d'inst. crim.*), on ne le ferait pas arrêter sur la plainte ou dénonciation seule; on se bornerait à défendre qu'il s'éloignât, et en cas de contravention on le ferait arrêter. *V.* art. 34 du *Code d'inst. crim.*

(4) *V.* art. 109 du *Code* du 3 brumaire an IV.— Art. 40 du *Code d'inst. crim.*

valable, même une procuration orale, moyennant qu'elle soit consignée au procès-verbal (1).

146. Il est bien entendu que le prévenu qui refuserait, comme la loi lui en accorde ou lui en laisse la faculté, d'assister aux opérations du juge de paix, devrait être retenu et gardé à vue, s'il avait été arrêté.

On devrait veiller à ce que le prévenu ne jetât ou ne détruisît des pièces de conviction ou des objets suspects ; à ce qu'il ne communiquât avec personne ; vérifier sans délai les relations qui pourraient exister entre lui et les personnes avec qui il aurait prié de le laisser communiquer.

147. Si le prévenu n'est pas présent, le juge de paix décernera contre lui un mandat d'amener (2).

Mais il faut, pour autoriser cet acte, le concours des trois circonstances suivantes : 1° qu'il y ait flagrant délit ; 2° que le fait soit de nature à emporter une peine afflictive ou infamante ; 3° qu'il existe des *indices graves :* d'ailleurs la dénonciation ou la plainte seule ne constitue pas une présomption suffisante pour lancer un mandat d'amener contre un individu *ayant domicile* (3).

Ce n'est pas restrictivement des indices du crime que parle la loi, mais aussi et principalement de ceux

---

(1) *V.* Loi en forme d'instruction du 29 septembre 1791.

(2) *V.* art. 40 du *Code d'inst. crim.*

(3) *V.* Loi en forme d'instruction du 29 septembre 1791. — Art. 40 du *Code d'inst. crim.* — Circulaire du ministre de la justice du 10 février 1819.

En matière criminelle, on entend par domicile toute demeure habituelle.

Il suit de l'art. 40 du *Code d'inst. crim.* que la dénonciation ou la plainte suffit pour faire arrêter les *vagabonds* ou *gens sans aveu.*

de la *culpabilité* du prévenu, et d'indices assez positifs pour le faire présumer coupable : ces indices doivent être d'autant plus graves que la plainte porte sur une personne *domiciliée*, ou sur un individu qui jouit d'une bonne réputation.

148. Ce que nous avons dit relativement à la forme, à la mise à exécution et à l'individualité du mandat de dépôt (1), s'applique également au mandat d'amener (2).

Nous ajouterons une observation : il n'y a pas de méprise à craindre pour le cas où nous avons vu que le juge de paix peut décerner le mandat de dépôt, puisqu'alors il fait arrêter des personnes présentes et qu'il peut lui-même reconnaître ou faire reconnaître sur-le-champ. Mais des méprises seraient faciles à commettre dans l'arrestation d'une personne absente, dénoncée comme coupable ; et ici l'erreur serait déplorable. Pour plus de sûreté, le juge de paix ne doit pas négliger d'insérer dans son mandat, autant que possible, le signalement du prévenu, ses surnoms, au cas qu'il en ait, et toutes les indications propres à le faire distinguer de ceux qui porteraient le même nom que lui.

149. Voici, au surplus, une formule de mandat d'amener :

MANDAT D'AMENER.

Nous   (3), juge de paix du canton de   , arron-

---

(1) *V.* n°ˢ 142, 143. — Loi en forme d'instruction du 29 sept. 1791.

(2) Toutes les fois qu'un mandat d'amener est décerné contre un militaire en activité de service, ou contre un gendarme, on doit en informer le chef du corps. *V.* Circulaire du ministre de la justice du 19 décembre 1816.

(3) Prénoms et nom du juge de paix.

dissement de   , département de   , agissant comme officier de police judiciaire auxiliaire de.M. le procureur de la République, et procédant en cas de flagrant délit, en vertu de l'art. 40 du Code d'instruction criminelle,

Mandons et ordonnons à tous huissiers ou agents de la force publique d'amener par-devant nous, à   , le   , et, en cas d'impossibilité, de conduire devant M. le juge d'instruction, à   , en se conformant à la loi (1), le nommé   (2), prévenu de   (3),

Pour être entendu sur les imputations à lui faites, et dont il lui sera donné connaissance ;

Requérons tous dépositaires de la force publique de prêter main-forte pour l'exécution du présent mandat, en cas de nécessité et de réquisition.

A   , le

Sceau.   *Signature.*

150. Lorsque le prévenu est arrêté, toute l'instruction préliminaire doit être suivie contradictoirement avec lui (4) : de sorte que s'il avait été fait dans son

---

(1) *V.* les art. 200 à 223, et notamment l'art. 219 de l'Ord. du 29 octobre 1820, art. 366 et suiv. du Décret du 1er mars 1854.

(2) Prénoms, nom, surnom, qualité, profession, lieu d'habitation, commune, et, s'il est possible, signalement du prévenu et description de ses vêtements.

(3) S'il s'agit d'un complice, on le qualifie *prévenu par complicité de.....*

Il est d'usage de spécifier le fait incriminé et ses circonstances aggravantes ; cependant cela n'est pas de rigueur. *V.* art. 95 du *Code d'inst. crim.*

(4) *Ou* avec son fondé de pouvoir. *V.* n°° 144, 145.

L'officier de police judiciaire qui négligerait d'interpeller le prévenu d'assister aux opérations agirait imprudemment, et pourrait se compromettre.

domicile une perquisition à laquelle il n'aurait pas été interpellé de se trouver, il pourrait tirer avantage de cette circonstance pour atténuer la confiance due à la procédure.

Le juge de paix doit donc, lorsqu'il y a refus du prévenu, en consigner la mention expresse à son procès-verbal, ainsi que la mention de l'interpellation qui lui aurait été faite d'assister aux opérations, ou de s'y faire représenter (1).

151. Si le prévenu n'était pas arrêté, le juge de paix serait autorisé à procéder en son absence à la recherche et à la saisie des pièces de conviction.

Et, si le prévenu était absent, il n'y aurait pas d'obligation à recevoir son mandataire pour le représenter dans la suite des opérations.

La nécessité d'interpeller le prévenu d'assister aux recherches, ou de s'y faire représenter, n'a été imposée par la loi que pour le cas où le prévenu serait *en état d'arrestation* (2).

Cependant, suivant M. Carnot (3), si la personne dénoncée se trouvait absente, et qu'il n'eût pas été lancé contre elle de mandat d'amener, le fondé de pouvoir qui se présenterait au nom du prévenu ne devrait pas être éconduit; il devrait être interpellé de signer le procès-verbal et de parapher les objets saisis, parce que, à défaut de mandat et d'une inculpation formelle, celui chez qui se ferait la visite n'aurait d'autre rapport avec la justice que celui de propriétaire de la maison

(1) V. art. 39 du *Code d'inst. crim.*
(2) V. art. 39, *ibid.*
(3) V. CARNOT, *De l'Inst. crim.*, t. Ier, p. 245, 246.

visitée, et, à ce titre, il devrait prendre part à ce qui serait fait.

152. Nous avons voulu épuiser tous ces détails préliminaires, pour n'avoir pas à interrompre, par des digressions qui s'y seraient rapportées, l'exposé des opérations auxquelles doit procéder le juge de paix.

Maintenant, il a fait toutes ses dispositions ; il est au milieu ou en présence des personnes dont le concours lui est nécessaire ; il est en mesure de se livrer aux investigations que la loi lui prescrit : rappelons les obligations qui lui restent à remplir.

Un crime qui se commet ou qui vient de se commettre appelle l'attention de la justice !

« Les juges dresseront sur-le-champ, et sans déplacer, procès-verbal de l'état auquel seront trouvées les personnes blessées, ou le corps mort, ensemble du lieu où le délit aura été commis, et de tout ce qui peut servir pour la décharge ou pour la conviction : » ainsi disposait l'ordonnance de 1670.

Sur quoi tous les auteurs font observer qu'il faut s'informer du délit avant de rechercher un coupable : par la raison qu'il faut, avant toutes choses, qu'il soit bien constant qu'un crime a été commis.

La loi en forme d'instruction du 29 septembre 1791 ordonnait, en termes exprès, que le procès-verbal fût dressé dans l'instant le plus voisin du temps auquel le crime aurait été commis, et tel est le vœu implicitement manifesté par l'art. 32 du Code d'instruction criminelle. En effet, plus cet acte suit de près l'époque où l'infraction a eu lieu, plus les renseignements sont abondants, véridiques, et propres soit à faire connaître le fait en lui-même, soit à en désigner l'auteur (1).

Le juge de paix, qui se sera transporté sur les lieux, y dressera donc, sans différer, les procès-verbaux nécessaires à l'effet de constater le corps du délit, son état, l'état des lieux, et recevra les déclarations des personnes qui auraient été présentes, ou qui auraient des renseignements à donner (2).

153. Mais qu'est-ce que l'on entend par ces mots : le corps du délit, son état, l'état des lieux ?

Le *corps du délit* est l'ensemble des signes extérieurs du fait, qui le constituent crime ou délit ; c'est ce qui doit être prouvé, mis en évidence, pour prouver qu'il y a eu crime ou délit (3).

On nomme aussi *corps du délit* l'objet même sur lequel a frappé le délit, et qui sert à prouver matériellement son existence. Par exemple, le vol est constaté par la découverte de la chose volée ; dans le cas d'homicide, on acquiert la certitude du crime par la vue du cadavre de la victime portant des marques apparentes de blessures, des vestiges de la violence exercée sur elle. Ainsi, la chose volée et représentée, le cadavre de la personne assassinée, sont le corps du délit du vol et celui de l'assassinat.

Il n'est pas toujours nécessaire que le corps maté-

---

(1) *V.* n° 118.

(2) *V.* art. 32 du *Code d'inst. crim.* — N° 118, note 2, p. 136.

(3) On nomme *corps de délit* l'existence d'un délit prouvé ou par l'inspection actuelle de ce délit, lorsqu'il s'agit d'un fait *permanent*, c'est-à-dire dont il reste des vestiges : comme l'homicide, le vol avec effraction, l'incendie, etc.; ou par témoins, lorsqu'il s'agit d'un fait *passager*, c'est-à-dire dont il ne reste aucune trace ou vestige : comme le vol sans effraction, les injures, etc. *V.* JOUSSE, *Traité de la justice crim.*, t. II, p. 19 et suiv.

riel du délit soit représenté ; et c'est dans ce sens que le célèbre d'Aguesseau a dit que « le *corps du délit n'est autre chose que le délit même*, dont l'existence serait établie par l'attestation de témoins dignes de foi, concordants entre eux, et persévérants dans leurs dépositions, incapables de varier, et affirmant à la justice qu'un crime a été commis. » L'absence du corps du délit *matériel* ne saurait donc arrêter l'officier de police judiciaire dans l'exécution des mesures prescrites ou autorisées par la loi.

L'état du corps du délit est la réunion des circonstances qui l'accompagnent et des indices qui le prouvent ; ou encore, *l'état du corps du délit* est l'ensemble des circonstances essentielles ou accessoires du crime, qui peuvent servir à la décharge ou à la conviction de celui qu'on soupçonnait en être l'auteur.

Enfin *l'état des lieux* est la description de l'endroit où le crime a été commis, indiquant tout ce que son inspection peut déceler de relatif à l'exécution du crime, comme des effractions extérieures ou intérieures, des traces d'escalade, etc.

154. Toutes les fois donc que cela peut être utile, le juge de paix décrira les lieux, leur disposition, leur distribution, leur situation, leurs alentours, leur proximité ou leur éloignement d'un bois, d'une grande route, d'une rivière, des habitations d'où un secours aurait pu être demandé, d'où les cris de la victime auraient pu être entendus (1).

(1) Si la disposition des lieux est décisive et ne peut bien être connue par une description, on en fait dresser un plan, ou l'on fait soi-même un simple croquis, indiquant les rapports de situation et de distances, etc., qui aide à comprendre le procès-verbal descriptif.

Il en constatera l'état : ainsi, le lieu du délit est-il une maison habitée, ou une dépendance de maison habitée, etc. ? Y a-t-il eu des effractions extérieures ou intérieures, escalade, emploi de fausses clefs (1)? Les lieux permettaient-ils, à raison de l'état des fermetures ou clôtures, une introduction facile et qui dispensât de recourir à des moyens constitutifs de circonstances aggravantes ? Trouve-t-on, sur le sol, des traces, des empreintes, qui soient distinctes, qui puissent être décrites fidèlement ou calquées, et qui fassent connaître le nombre, le genre, la direction des voleurs ou des assassins? Remarque-t-on des taches de sang? A-t-on pu distinguer si la victime, attaquée dans un endroit, a succombé ou a été traînée dans un autre, et les traces que le trajet a laissées peuvent-elles être suivies et décrites? En cas de crime commis dans l'intérieur d'une maison, les meubles ont-ils été dérangés, brisés; le désordre et la confusion ont-ils été répandus à l'intérieur ou à l'extérieur; ou bien chaque chose se trouve-t-elle dans sa place accoutumée? Les auteurs du crime ont-ils, dans leur fuite, ou en s'éloignant, laissé sur le terrain, ou auprès de la victime, quelques objets, papiers, armes ou instruments? Toutes ces circonstances tirées de la situation extérieure des lieux où le crime a été commis, et qui donnent des éclaircissements sur la perversité, la préméditation, la persévérance, les ruses et la culpabilité des auteurs, sont précieuses à recueillir : elles seront relevées attenti-

---

(1) Ces mots *effraction, escalade, fausses clefs, maison habitée,* sont des termes complexes; il y a nécessité de décrire dans le plus grand détail tout ce qui peut justifier leur application. *V.* nᵒˢ 17, 18, 165.

vement par le juge de paix, et devront trouver place dans son procès-verbal, où elles seront soigneusement retracées.

155. Le juge de paix se saisira des armes et de tout ce qui paraîtra avoir été destiné ou avoir servi à commettre le crime (1), ainsi que de tout ce qui paraîtra en avoir été le produit; en un mot, de tout ce qui pourra servir à la manifestation de la vérité; il interpellera le prévenu, s'il est présent, de s'expliquer sur la connaissance qu'il aurait des choses qui lui seront représentées, sur la possession qu'il en aurait eue, sur le titre et la nature de cette possession, sur l'usage qu'il en aurait fait ou qu'il aurait prétendu en faire; il demandera au prévenu d'expliquer l'existence des objets représentés sur le lieu du crime, et l'état dans lequel ils se trouvent; il le sommera de nommer la personne de qui il tenait ces objets, ou celle qui les aurait possédés en dernier lieu et aurait pu en faire usage, et il vérifiera sur-le-champ ses déclarations; il dressera du tout procès-verbal, qui sera signé du prévenu, ou mention sera faite de son refus (2).

Tous les objets saisis doivent être exactement décrits, ou désignés, d'après leur nature, quotité, qualité, poids, longueur, grosseur, largeur, et autres marques distinctives. Il conviendrait même de se faire

---

(1) Il faut avoir soin de constater si l'auteur du fait incriminé a pu trouver sur les lieux mêmes les instruments dont il s'est servi; s'ils étaient à sa portée; les difficultés qu'il lui a fallu surmonter pour se les procurer, ou la facilité qu'il a eue de s'en saisir : si, au contraire, il a dû ou pu les apporter, et quelle peine il en a dû coûter.

(2) V. art. 35 du *Code d'inst. crim.*

aider à cet effet, en cas de besoin, par des experts, comme pour apprécier une marchandise volée, etc. (1).

On sent, au surplus, qu'il ne suffit pas de mentionner les objets saisis par la seule détermination qui les qualifie, et qu'il importe beaucoup que leur état soit constaté. Par exemple, si tel objet était une arme à feu, on doit la désigner par sa dénomination propre, comme pistolet, fusil, espingole, et en même temps expliquer si cette arme était chargée. L'on désigne de la même manière tout instrument piquant, tranchant ou contondant, comme une baïonnette, une épée, un poignard, une canne à épée ou à lance, un couteau, un bâton, un marteau, etc. On expliquera, par rapport à un poignard, par exemple, s'il est émoussé, teint de sang, etc. On ne doit négliger aucun de ces détails, qui peuvent faire connaître les différentes circonstances du crime, et servir à la conviction du coupable.

Ce sont la nature des objets saisis et leur état qui suggèrent à l'officier de police judiciaire les interpellations qu'il doit adresser au prévenu, et dont il retient procès-verbal, ainsi que des réponses qui y sont faites (2).

156. Les effets que le juge de paix doit rechercher

---

(1) En cas d'insuffisance d'une description, et en cas d'impossibilité de déplacement des choses qui peuvent servir à la manifestation de la vérité, il devient utile d'en faire exécuter des dessins ou des modèles, destinés à être présentés aux magistrats et aux jurés.

(2) M. CARRÉ, *Droit français...*, t. IV, p. 329, 330, pense que les réponses du prévenu doivent être insérées au procès-verbal même de saisie. Nous estimons qu'il vaut mieux les consigner au procès-verbal séparé de l'interrogatoire. V. n° 174.

et saisir pour servir à conviction peuvent être de quatre
sortes :

1º Les effets trouvés sur le lieu même du délit, qui
pourraient en dénoncer l'auteur, ou qui sont reconnus
pour avoir appartenu à l'inculpé, dans le temps même
du crime, ou peu de temps avant : comme son chapeau,
ses souliers, son couteau, sa tabatière, ou ses vêtements; ou les instruments avec lesquels le crime a été
commis : comme un poignard, un fusil, un pistolet (1),
un ciseau en fer, un levier; des fausses clefs, limes,
cordes, matières à incendie; du poison, des mets ou liqueurs empoisonnés, etc. (2) ;

(1) L'art. 314 du *Code pénal* prononce des peines contre les fabricants, marchands et porteurs de stylets, de tromblons, ou de quelque espèce que ce soit d'armes prohibées par la loi ou par les règlements d'administration publique, et il ordonne la confiscation de ces
armes.

L'officier de police qui les trouve doit non-seulement les saisir,
mais encore en rechercher les fabricants ou débitants.

Les pistolets de poche sont des armes prohibées. *V. Déclaration*
du 23 mars 1728. — Décrets des 23 décembre 1805 et 12 mai 1812. —
Arr. cass. du 6 août 1824. — Ordonnance du 23 février 1837.

L'usage et le port des fusils et pistolets à vent est interdit. Décret
du 2 nivôse an XIV *ou* 23 décembre 1805.

La fabrication des poignards, dagues, bâtons et cannes soit à dard,
à épée, à baïonnette ou à ferrements, a été prohibée par le Décret
du 2 nivôse an XIV.

Les particuliers ne pouvant être détenteurs d'armes de guerre, il
y aurait lieu de saisir les armes de cette nature que l'on rencontrerait en leur possession, conformément à l'Ordonnance du 24 juillet
1816, sauf le cas, bien entendu, où les armes auraient été confiées
par l'autorité elle-même, comme à un agent de la force publique, etc.

(2) S'il s'agissait de poisons, on devrait rechercher de même par
qui ils auraient été vendus, et s'ils l'ont été pour servir au crime, ce
qui constituerait une complicité (art. 60 du *Code pénal*), ou s'ils l'ont
été seulement sans se conformer aux règlements, ce qui constitue-

2° Les effets volés, dont le prévenu est trouvé nanti, ou qui sont reconnus dans les mains d'un tiers à qui il les a remis, déposés ou vendus ; les monnaies falsifiées, les pièces arguées de faux, ou pouvant servir à prouver le faux, etc. ;

3° Les effets suspects découverts entre ses mains ou sur lui : comme des papiers, des lettres qu'il a écrites ou qui lui ont été adressées ; des drogues, du poison, des matières incendiaires, des instruments de fausse monnaie ; des limes, cordes, fausses clefs, échelles de corde ; des poignards, armes ou autres instruments, etc. ;

4° Enfin, les effets qui lui appartenaient légitimement, en tant qu'ils porteraient des traces du crime, ou qu'il serait démontré qu'ils ont dû servir à le commettre : s'ils sont ensanglantés, s'ils ont été déchirés ou brisés dans la lutte qu'a soutenue la victime avant de succomber, etc.

157. C'est pour que les effets saisis puissent être facilement conservés et reconnus, qu'il en doit être dressé procès-verbal, c'est-à-dire qu'il est d'obligation de les décrire, ainsi que les choses qui peuvent les contenir, et de constater leur nature, leur quantité, leur

---

rait un délit correctionnel. *V.* art. 34 et 35 de la Loi du 21 germinal an XI.

Des recherches faites dans les environs du lieu du délit ont fait quelquefois découvrir des indices précieux : on a eu l'exemple qu'une bourre de fusil ou de pistolet, un morceau de papier, en apparence insignifiant, ont fait reconnaître un coupable, par leur écriture, leur contenu ou leur matière, après rapprochement.

Dans la fameuse affaire Lecouffe, en faisant faucher le jardin inculte où l'assassinat avait été commis, on trouva l'instrument du crime, un couteau au moyen duquel on découvrit le coupable.

état, etc.; le tout en présence des parties lésées et des prévenus (1).

Mais la loi ne s'en tient pas à cette précaution : elle veut que les objets saisis soient clos et cachetés, si faire se peut ; ou, s'ils ne sont pas susceptibles de recevoir des caractères d'écriture, qu'ils soient mis dans un vase ou dans un sac, sur lequel l'officier de police judiciaire attachera une bande de papier qu'il scellera de son sceau officiel (2).

Ainsi, quoique les objets saisis aient été désignés au procès-verbal, cela ne peut dispenser de les clore et de les cacheter, s'ils sont susceptibles d'être clos et cachetés, pour en assurer l'existence d'une manière invariable. Si le prévenu n'était pas présent, le magistrat n'en devrait être que plus sévère observateur des dispositions de la loi (3).

A défaut de ces marques de reconnaissance, le prévenu pourrait désavouer les pièces de conviction et contester leur identité. Cette omission pourrait nuire infiniment à la manifestation de la vérité : et c'en est assez pour que la loi soit ponctuellement exécutée.

De ce que l'art. 38 du Code d'instruction criminelle n'ordonne que l'apposition du sceau du magistrat, en faut-il inférer que le prévenu ou le fondé de pouvoir ne doit pas être interpellé d'y apposer le sien ? Cette for-

(1) V. art. 35, 39 du *Code d'inst. crim.*

(2) V. art. 38, *ibid.*

(3) V. art. 35, 38, *ibid.* — On entourerait d'une bande de papier étiquetée et scellée les objets qu'il serait difficile ou impossible de mettre dans un *vase* ou un *sac*, ou dans une *caisse*, comme un fusil, une pioche, une échelle, etc.

malité, dit M. Carnot, est sous-entendue, et résulte
même de l'art. 39 du Code d'instruction criminelle (1).

158. A l'égard des papiers (2) saisis sur le prévenu,

(1) *V.* CARNOT, *De l'Inst. crim.*, t. 1er, p. 244.

L'officier de police joint à son procès-verbal, autant que cela est
praticable, les objets que la loi qualifie pièces de conviction, c'est-
à-dire tout ce qui peut avoir servi à commettre le délit, et tout ce
qui en est le produit, même les papiers de la personne inculpée,
lorsqu'ils peuvent fournir des preuves contre elle ou à sa décharge.

Si le prévenu présente quelques effets qu'il prétende faire servir à
sa justification, le juge de paix doit les mentionner dans le procès-
verbal, et constater son dire, sans examiner s'il est bien ou mal
fondé, car il n'est pas le juge de ses moyens de défense.

Les effets pouvant servir à conviction ou à décharge sont transportés au greffe du tribunal saisi, par les voies indiquées à l'art. 9
du Décret du 18 juin 1811. — *V.* n° 324.

Si, parmi les objets saisis, se trouvaient des chevaux, des bêtes
de somme ou de trait, des voitures, etc., le juge de paix les ferait
provisoirement conduire à la fourrière publique, s'il y en a une dé-
signée par l'autorité administrative (*V.* Loi du 6 octobre 1791, art. 12,
tit. II); sinon il les mettrait en dépôt ou en garde dans des maisons
sûres, et veillerait à leur conservation. *V.* art. 39, 40 du Décret
du 18 juin 1811. — N° 331.

Le procureur de la République ou le juge d'instruction lui indiquerait ultérieurement le parti à prendre relativement à ces objets.

(2) Le mot *papiers* est un terme qui comprend toute sorte d'écriture, soit qu'elle ait été livrée à l'impression, soit qu'on l'ait conservée manuscrite.

Si les papiers à explorer étaient si nombreux que leur examen
prolongé dût entraver la célérité des opérations et préjudicier à la
recherche et à la découverte de la vérité, on pourrait les mettre
provisoirement sous le scellé, et même établir une garde pour assurer leur conservation, sauf à faire le dépouillement en temps opportun.

Mais on doit s'abstenir, en général, de saisir des papiers en masse;
le triage doit être fait, autant que possible, sans déplacement et en
présence du prévenu, s'il est arrêté. Dans le doute, il faut attendre
le juge d'instruction et garder les papiers sous scellés.

Parmi les perquisitions à faire au domicile d'un prévenu, nous

à son domicile ou ailleurs (1), ils doivent être signés et paraphés par le juge, par le greffier et par le prévenu, s'il est arrêté, et s'il peut ou veut le faire ; en cas de refus, il en est fait mention au procès-verbal (2).

159. La loi veut, en outre, que l'officier de police judiciaire constate le corps du délit et son état (3).

C'est surtout dans l'accomplissement de ce devoir que le juge de paix devra déployer son zèle et apporter

distinguerons par des remarques particulières la visite des papiers.

L'officier de police judiciaire doit ici redoubler de vigilance et ne rien laisser passer inaperçu. Mais qu'il se garde d'une curiosité indiscrète et coupable ; qu'il se mette à l'abri même du soupçon d'avoir voulu surprendre sans nécessité un secret privé ou de famille.

Dès qu'au premier coup d'œil une pièce paraît étrangère à l'objet de la visite ou à tout autre fait punissable, on ne doit pas la scruter : si cette pièce est un contrat, un livre de compte, un mémoire, etc., qu'il suffise de l'avoir ouverte pour en connaître la nature.

S'il s'agit d'une lettre, voyez le timbre de la poste pour en savoir la date ; si le timbre manque ou se trouve effacé, voyez la date dans la lettre ; si vous y êtes invité, ou si cela est nécessaire, lisez la signature. Mais tenez-vous-en là, toutes les fois que ces premières données seront suffisantes pour écarter toute présomption que cette lettre se rattache au fait qui est le sujet de la visite, à un crime ou à un délit.

Le ministère de l'officier de police judiciaire visitant un domicile est pénible ; qu'il ne devienne pas odieux : que l'aménité, la réserve, en même temps que la fermeté de ses procédés, rappellent incessamment au prévenu que c'est l'homme de la loi, un magistrat consciencieux, qui procède, et non l'agent d'une inquisition passionnée et vexatoire.

(1) Les magistrats ont le droit d'exiger de l'administration des postes la remise des lettres qui lui ont été confiées et qui peuvent renfermer des indications utiles à la découverte des crimes dont ils poursuivent la répression. Arr. de la Cour d'assises d'Indre-et-Loire du 11 juin 1830. — Arr. cass. du 11 août 1853.

(2) V. art. 37, 39 du *Code d'inst. crim.*

(3) V n°s 152, 153. — Art. 32 du *Code d'inst. crim.*

la plus grande attention. Il fera tous ses efforts pour reconnaître la nature, l'espèce du crime; le temps et le lieu (1) de son exécution; les moyens à l'aide desquels il aura été commis; les effets matériels qui en seront résultés, et qu'il appréciera, au besoin, avec le secours des gens de l'art; le nombre des coupables et des complices, quels ils sont, ce qu'ils sont devenus; enfin, toutes les circonstances constitutives ou accessoires du crime (2) : de telle sorte que, par suite de ses recherches, l'on apprenne positivement comment les faits se sont passés, et que l'on en sache exactement tous les détails.

Le juge de paix, pour s'assurer qu'il n'omettra rien de très-important dans ses investigations, fera prudemment de se reporter toujours, autant que possible, à la loi pénale applicable. Il trouvera dans le texte répressif les circonstances qui caractérisent le délit, qui le constituent, qui le modifient, en l'atténuant ou en l'aggravant.

Ici, chaque expression a sa portée, et indique. à l'officier de police judiciaire ce qu'il doit constater et vérifier pour que l'instruction remplisse son objet, qui est de mettre les juges et les jurés en position d'avoir

---

(1) Il s'attachera à fixer de la manière la plus invariable *l'heure* et *le lieu précis* où le fait aura été commis, parce que cela importe très-souvent pour la preuve soit de l'innocence, soit de la culpabilité du prévenu.

En cas d'homicide, quand le jour et l'heure de la mort ne sont pas bien connus, il faut rechercher et constater quel est le dernier moment où a été vu le défunt, et si l'on a entendu partir du lieu où gît le cadavre, du bruit, des cris ou des plaintes, qui paraissent se rapporter à l'instant de la mort.

(2) *V.* n⁰ˢ 13 à 25.

une idée nette et complète de la matérialité et de la moralité du fait incriminé, de la perversité ou de l'innocence du prévenu ; enfin, de tout ce qui doit déterminer la mesure des peines à appliquer.

Il serait difficile d'expliquer ou seulement d'indiquer tout ce qu'il est nécessaire de faire relativement à chaque espèce de crime : chaque fait est modifié par ses circonstances, et les détails sont infinis.

Mais, à l'appui des théories que nous avons développées jusqu'ici, et pour les élucider par des exemples, nous exposerons rapidement les principaux actes dont on doit s'occuper relativement aux crimes les plus graves et les plus fréquents, abandonnant au zèle et à l'intelligence des juges de paix de suppléer, en chaque occasion, les remarques qui naîtraient des faits, et les recherches que ces faits nécessiteraient, bien que nous ne les ayons pas indiquées.

160. *Crimes contre la sûreté de l'État* (1) : Dans de si graves circonstances, le procureur de la République et le juge d'instruction ne manqueront pas de se rendre sur les lieux, dès que le juge de paix aura donné avis du crime. Mais provisoirement, le juge de paix, plus rapproché du théâtre des événements, devra s'y transporter sans le moindre retard.

(1) *V.* art. 75 à 102 du *Code pénal.*

La police judiciaire doit réprimer tous actes séditieux d'où pourraient naître des troubles, tous les excès contraires à l'ordre public, et déployer une juste sévérité pour confondre des machinations dont le but serait de compromettre l'existence même de l'État. La tranquillité intérieure de l'État doit être maintenue par le courage et la vigilance des magistrats. *V.* Circulaire du ministre de la justice du 11 mai 1815.

Il mettra tous ses soins à faire arrêter sur-le-champ les provocateurs, auteurs ou complices du crime : il visitera le lieu de la réunion et le domicile des prévenus, pour y saisir les papiers et correspondances révélateurs du complot, des intentions et de la conduite des prévenus, les armes, les instruments et moyens quelconques d'exécution (1).

Il recueillera tous les renseignements qui aideraient à suivre ultérieurement l'instruction avec succès. La discrétion, le secret, qui doivent être observés pour toutes les procédures, sont indispensables dans ce cas. Le juge de paix écartera toutes personnes inutiles à ses recherches ; il mettra la plus grande circonspection dans ses investigations, et ne laissera connaître ou transpirer aucune de ses découvertes.

Que s'il n'y avait pas urgence à ce qu'il procédât lui-même à toutes ces opérations, le juge de paix, pour obvier à tout péril en la demeure, avisera, du moins, à conserver toutes choses intactes ; il retiendra toutes personnes suspectes, et il s'opposera à l'éloignement de celles qui pourraient éclairer la justice, jusqu'à ce qu'elles aient fait leur déclaration. Il mettra, s'il y a lieu, les scellés sur les portes des appartements et des meubles contenant des objets à examiner ou à retenir, etc. (2).

(1) On n'aura pas oublié de faire intervenir la force publique, pour assurer l'arrestation et la garde des prévenus, ainsi que pour la saisie et la conservation des pièces de conviction, etc.

(2) Les cris et propos séditieux (*V.* art. 86 du *Code pénal.* — Lois des 17 mai 1819, 25 mars 1822, 29 novembre 1830.—Décret du 11-12 août 1848. — Loi du 27-29 juillet 1849) ne mettent, le plus souvent, le juge de paix que dans la nécessité de recueillir des renseignements, pour les transmettre au procureur de la République ; il devrait,

161. *Fausse monnaie* (1) : Le juge de paix s'efforcera de découvrir le lieu où sont déposées les pièces fausses déjà fabriquées, et celles qui seraient en fabrication.

Il saisira les pièces contrefaites ou altérées, mises en circulation ; il en déterminera l'espèce ; il constatera si elles sont d'or, d'argent, de billon ou de cuivre, si elles sont au type français ou étranger ; il spécifiera

de plus, faire arrêter les prévenus, dans certains cas indiqués au n° 55.

S'il s'agissait d'affiches ou placards incendiaires, le juge de paix devrait s'en emparer, rédiger procès-verbal de saisie, les faire signer et parapher avec lui par les prévenus, et les envoyer au parquet avec les renseignements obtenus, en les faisant suivre, selon les circonstances, de prévenuss eux-mêmes. *V.* n° 55.

(1) *V.* art. 132 et suiv., 163 et suiv. du *Code pénal*. — Art. 464 du *Code d'inst. crim.*

Ce crime consiste généralement dans la contrefaction ou altération des monnaies *ayant cours légal*, et dans l'émission faite *sciemment* de pièces contrefaites ou altérées. *V.* art. 132 et suiv. du *Code pénal*.

La grossièreté de la contrefaçon n'excuse pas. *V.* Arr. cass. du 5 octobre 1821.

Pour qu'il y ait crime de fausse monnaie, il n'est pas nécessaire qu'on ait altéré précisément l'effigie, la légende ou d'autres signes distinctifs de la véritable valeur de la monnaie : il y a crime de fausse monnaie, par cela seul qu'on enduit d'un minéral blanc des monnaies de cuivre auxquelles on donne à peu près la ressemblance d'une monnaie d'argent de valeur supérieure. *V.* Arr. cass. des 4 juillet 1811, 9 août 1833 et 17 janvier 1835.

Le fait d'avoir doré des pièces de deux francs, dans le but de les faire passer pour des pièces de quarante francs, constitue le crime de fausse monnaie. *V.* Arr. cass. du 4 mars 1830.

Rogner la monnaie, dans l'intention de la remettre en circulation, sous une fausse valeur, c'est la contrefaire dans le sens de la loi. *V.* Arr. cass. du 19 brumaire an **X.**

Les pièces *démonétisées* n'ont plus qu'une valeur purement *matérielle ;* leur falsification n'entraînerait pas les peines prononcées par la loi. *V.* Arr. cass. du 6 fructidor an XI.

12

leur titre et valeur (1) ; le nombre des pièces émises ou saisies sur les faux monnayeurs ou distributeurs, etc.

Le juge de paix saisira, en outre, tous les instruments, ustensiles et matières qui auraient pu servir à la fabrication.

Il indiquera la part que chacun des prévenus aurait prise dans le crime. Si des révélations ont amené la découverte du fait et l'arrestation des coupables, il nommera les révélateurs.

Que s'il n'est pas parvenu à s'assurer de tous les prévenus, et principalement des auteurs de la fabrication ; s'il n'a pu arrêter qu'un simple distributeur ou qu'un agent subalterne, il essaiera d'en obtenir d'utiles renseignements, en leur représentant que la loi leur fait remise de la peine encourue, s'ils procurent l'arrestation des autres coupables (2).

Si le prévenu alléguait son ignorance ou sa bonne foi ; s'il prétendait avoir reçu pour bonnes et valables les pièces contrefaites ou altérées qu'il aurait émises, et qu'il soutiendrait n'avoir fait que remettre en circulation, il conviendrait de vérifier immédiatement ses assertions, puisque, si le résultat de la vérification lui était favorable, il serait, dans quelques cas, à l'abri de poursuites (3).

---

(1) L'officier de police judiciaire ne manquera pas, en pareil cas, d'appeler des experts, tels qu'essayeurs de monnaies et de métaux, orfèvres, etc. V. art. 43 du *Code d'inst. crim.*

(2) V. art. 138 du *Code pénal.*

(3) Le prévenu ne serait passible que d'une amende, s'il [n'avait connu qu'après réception le vice de la pièce ou des pièces saisissables. V. art. 135 du *Code pénal.*

162. *Faux en écritures* (1): En cas de faux en écritures authentiques ou publiques, ou en écritures

Il serait exempt de toute peine, et à l'abri de toutes poursuites, s'il avait ignoré le faux. *V.* art. 163 du *Code pénal.*

Mais il serait passible des travaux forcés à perpétuité, s'il avait eu connaissance du vice des pièces fausses, altérées, contrefaites ou falsifiées, en les recevant et en les remettant en circulation. *V.* art. 132 du *Code pénal.* — Arr. cass. des 21 mai 1813 et 5 octobre 1821.

(1) *V.* art. 448 à 464 du *Code d'inst. crim.* — Art. 145 à 152, 163 à 165 du *Code pénal.*

Le faux est la suppression ou l'altération frauduleuse de la vérité au préjudice d'autrui.

Il y a faux dans tout acte qui a pour objet ou pour résultat de nuire à autrui, en altérant la vérité, en faisant passer une chose pour ce qu'elle n'est pas.

L'art. 41, IIe partie, titre II, de la loi du 25 septembre 1791, portait : « Quiconque sera convaincu d'avoir, *méchamment et à dessein de nuire à autrui*, commis le crime de faux, sera puni..... »

Sous l'empire du Code pénal actuel, bien qu'il ne s'exprime pas aussi catégoriquement, ce sont encore la fraude et le dessein ou la possibilité de nuire qui impriment au faux son caractère de crime.

Pour que le faux soit dommageable et caractérisé, il n'est pas nécessaire qu'il puisse nuire immédiatement à la fortune : il suffit qu'il doive porter atteinte à l'honneur ou à la réputation. *V.* Arr. cass. du 12 novembre 1813.

Un faux commis avec mauvaise intention est punissable, bien que l'acte dans lequel on l'a commis soit nul. *V.* Arr. cass. du 20 nov. 1807. — Arr. de la Cour de Metz du 18 janvier 1820.

Les cas de faux sont infiniment variés.

Le faux en écriture se divise, quant à ses caractères, en faux *matériel* et en faux *intellectuel*.

— Le faux *matériel* résulte d'une falsification ou altération, en tout ou en partie, commise sur la pièce arguée, et susceptible d'être reconnue, constatée et démontrée physiquement par une opération ou par un procédé quelconque. La fabrication d'une pièce ou d'une signature, une addition, une suppression, une altération, une radiation, un grattage, une surcharge, une lacération, une substitution d'acte ou d'une disposition à une autre, un changement même dans la ponctuation d'un acte, si le sens en est changé, dénaturé ou

privées, il est de la plus grande importance d'appréhender les pièces fausses ou falsifiées, puisqu'elles contiennent ou constituent le corps du délit; puisqu'elles renferment les plus sûrs moyens de vérification., et les éléments de conviction les plus certains (1).

Lorsque des pièces fausses sont saisies, il est de rigueur qu'elles soient immédiatement signées et paraphées, à toutes les pages, par le déposant, par le prévenu, par la partie civile, en même temps que par

---

modifié, etc., sont autant de circonstances à l'aide desquelles le faux matériel peut être consommé.

— Le faux *intellectuel* résulte seulement de l'altération dans la substance d'un acte falsifié matériellement, c'est-à-dire dans les dispositions constitutives de cet acte ; il ne peut être reconnu à aucun signe palpable, physique et matériel.

— Ainsi, par exemple, un homme fabrique un certificat pour en faire un usage quelconque, et le signe de noms réels ou imaginaires: voilà le faux *matériel* ou *formel*.

— Un homme altère, dans un certificat vrai, une ou plusieurs dispositions de ce certificat, ou applique à un tel individu, par un changement de nom, ou de prénoms, ou de qualité, etc., ce qui était certifié à l'égard d'un autre : voilà encore le faux *matériel*.

— Au lieu de fabriquer ce certificat, au lieu d'en altérer le contenu, il s'en fait délivrer un dans lequel, par une complaisance coupable, le fonctionnaire qui a qualité pour donner cette pièce atteste comme véritables des faits faux et controuvés : voilà le faux *intellectuel* ou *substantiel*.

— Un homme, fonctionnaire public ou simple particulier, sous prétexte de rédiger un acte convenu, en fabrique un autre et le fait signer frauduleusement de celui qui croit signer l'acte auquel il a donné son assentiment: voilà encore le faux *intellectuel*. V. LEGRAVEREND, *Lég. crim.*, t. Ier, p. 588, 589.

(1) Néanmoins la soustraction, par le prévenu, de la pièce falsifiée dans sa substance, ne fait pas obstacle aux poursuites. V. Arr. cass. des 7 thermidor an VIII, 28 octobre 1813, 18 juin 1835 et 14 mai 1836.

l'officier de police judiciaire et par le greffier, après que
l'état matériel de ces pièces aura été minutieusement
décrit au procès-verbal détaillé qui en sera dressé. Les
mêmes formalités doivent être remplies quant aux
pièces de comparaison qu'on *se serait procurées* (1);
pièces de comparaison qui peuvent être authentiques
ou privées, si ces dernières sont reconnues par les
parties intéressées (2). En cas d'impossibilité de signer, de la part des personnes de qui la signature est
requise, il en serait fait mention au procès-verbal,
ainsi que l'interpellation de signer qui leur aurait été
adressée (3).

(1) Tous possesseurs ou dépositaires de pièces de comparaison
sont tenus de les remettre aux officiers de justice. *V.* art. 452 et suiv.
du *Code d'inst. crim.*

Les registres publics et les minutes d'actes authentiques ne peuvent cependant être déplacés qu'avec certaines formalités. *V.* art. 452
et suiv. du *Code d'inst. crim.*

Les registres et papiers déposés au bureau de la conservation des
hypothèques ne peuvent jamais être déplacés, même en cas de faux,
sauf à faire au bureau même les vérifications et constatations nécessaires. — Loi du 9 messidor an III, art. 228.

(2) Les pièces sous signatures privées ne pouvant être admises
comme pièces de comparaison qu'autant qu'elles sont reconnues
(*V.* art. 456 du *Code d'inst. crim.*), on doit préférer les pièces authentiques, et ne prendre les premières qu'autant que les autres seraient
insuffisantes. Parmi les pièces sous signatures privées, on doit choisir
ou les plus récemment écrites, ou celles dont la date se rapproche
le plus de la date de l'acte attaqué; en un mot, celles qui sont le
moins susceptibles de discussion. Toutes les pièces retenues pour
servir de termes de comparaison sont mentionnées au procès-verbal.

(3) *V.* art. 526 et suiv. du *Code* du 3 brumaire an IV. — Art. 448,
449, 450, 453, 456 du *Code d'inst. crim.*

Il faudrait aussi faire signer et parapher les pièces par les témoins
à qui elles seraient représentées. *V.* art. 457 du *Code d'inst. crim.*

Mais il serait superflu de faire remplir cette formalité itérative-

Les pièces de comparaison ont pour objet de faire reconnaître soit la ressemblance de l'écriture du prévenu, soit la dissemblance de l'écriture du plaignant, avec celle qui est arguée de faux. L'on devrait donc saisir à cette fin toutes les pièces qui se trouveraient sur le prévenu, et recueillir celles qui seraient fournies par le plaignant, sauf au prévenu son droit de discussion sur le mérite de ces pièces.

A défaut de pièces de comparaison, ou pour les compléter, le prévenu pourra être requis de produire et de former un corps d'écriture; en cas de refus ou de silence, le procès-verbal en fera mention (1).

On peut faire former le corps d'écriture au procès-verbal de description; mais il est plus commode d'en faire une pièce à part, qui est signée et paraphée du prévenu, de la partie civile, du juge et du greffier (2).

Au reste, le juge de paix ne doit pas s'en tenir à la description et à la saisie des pièces arguées de faux. Dans tous les cas, il devra réunir, dans l'acte spécial d'information, les preuves des circonstances morales et de fait qui pourraient avérer la matérialité du faux et l'impossibilité de l'existence des stipulations, obligations ou décharges résultant de l'acte faux ou falsifié; de plus, il interrogera le prévenu sur les principales circonstances relatives à la cause, à la sincérité, à la confection, à l'usage des pièces saisies, etc. (3).

---

ment, chaque fois qu'une pièce serait représentée de nouveau à une personne qui l'aurait déjà signée et paraphée.

(1) V. art. 461 du *Code d'inst. crim.*

(2) V. art. 448, *ibid.*

(3) Les faux commis dans les passeports, les feuilles de route, les

163. *Incendie* (1) : S'il s'agit d'un incendie, le juge de paix recueillera les circonstances matérielles du fait. Il décrira l'espèce, l'importance des objets ou des propriétés incendiés ; la nature, le nombre, la valeur des papiers brûlés : il vérifiera s'ils étaient *assurés*. Les déclarations des propriétaires ou des voisins pourront amener d'utiles découvertes.

Le juge de paix constatera à quelle heure, dans quel endroit, de quelle manière le feu s'est manifesté ; s'il est provenu d'un pur accident, d'un défaut de construction, de réparations ou d'entretien, ou de quelque imprudence, ou enfin de la malveillance.

Il s'assurera s'il n'y a pas eu antérieurement des menaces écrites ou verbales d'incendie ; s'il n'existe point quelque motif déterminant du fait : tel que la haine, la vengeance, etc.

Autant que possible, il recueillera les matières qui seraient présumées avoir servi à commettre le crime, et il

certificats (*V.* art. 153 à 162 du *Code pénal*), ne donnent pas lieu, en général, à l'application de peines afflictives ou infamantes; mais ils ne doivent pas moins être constatés et signalés par le juge de paix, avec toutes leurs circonstances : et la saisie des pièces doit être opérée, comme dans les autres cas de faux.

En cas de contrefaçon des sceaux de l'État, des billets de banque, des effets publics et des poinçons, timbres et marques (*V.* art. 139 à 144 du *Code pénal*), la procédure est la même que pour la fausse monnaie, et que pour le faux en écritures.

(1) *V.* art. 434, 436, 439, 458 du *Code pénal.*

L'art. 434 § 2 du *Code pénal*, modifié par la loi du 13 mai 1863, s'occupe de l'incendie des édifices, voitures, wagons, etc.

Pour constituer un crime, l'incendie doit avoir été commis volontairement, par malice ou par vengeance, ou à dessein de nuire à autrui *V.* Arr. cass. du 7 thermidor an XII.

les comparera, s'il y a lieu, avec celles de même nature
qui se trouveraient chez la personne soupçonnée, ou qui
auraient été dans sa possession.

Le juge de paix constatera si, par suite de l'incendie,
il y aurait eu homicide ou blessures ; il recherchera si
l'incendie n'aurait pas été pratiqué pour faire disparaître les traces d'un autre crime (1).

Enfin, il s'assurera, si faire se peut, de la personne
des incendiaires (2).

164. *Destructions et dévastations* (3) : Dans le cas où
soit des édifices, soit d'autres propriétés, auraient été
méchamment endommagés, dévastés ou détruits, par
d'autres moyens que l'incendie, on décrirait, avec un
égal soin, les objets ou propriétés détruits ou dévastés ;
les moyens employés ; le dommage souffert ; la cause du
crime ; le nombre, la qualité de ses auteurs, et la part
que chacun d'eux y aurait prise, les moteurs étant punis
par la loi plus rigoureusement que les hommes qu'ils
ont entraînés.

Si un homicide s'en était suivi, ou s'il en était résulté des blessures seulement, on ne manquerait pas de
le constater (4).

---

(1) V. n° 238.

(2) L'incendie dégénérerait en un simple délit, punissable seulement d'une amende (art. 458 du *Code pénal*), et par conséquent n'entraînerait pas l'arrestation de ses auteurs (art. 131 du *Code d'inst.
crim.*), s'il n'avait été causé que par la vétusté, ou le vice de construction, ou le défaut d'entretien de la chose ; par négligence ou
imprudence, sans intention coupable.

(3) *V.* art. 435 à 462 du *Code pénal*.

(4) *V.* art. 304, 437, *ibid.*

165. *Vols* (1) : Il convient de s'enquérir tout d'abord de la réalité de l'existence de la chose volée, si elle n'est pas représentée : car il faut qu'il soit constant

(1) *V.* art. 379 à 401 du *Code pénal.*

Le méfait le plus commun, le plus varié dans ces circonstances, c'est le vol. C'est à son égard surtout qu'il importe d'opérer la loi à la main, pour en bien saisir les nuances, et pour ne rien omettre d'intéressant dans le procès-verbal de constat.

Le vol dégagé de circonstances aggravantes (*V.* art. 388, 400, 401 du *Code pénal*) s'appelle *vol simple :* c'est un DÉLIT.

Accompagné des circonstances aggravantes déduites et définies aux art. 381 à 400 du *Code pénal,* ou de quelques-unes de ces circonstances seulement, il s'appelle *vol qualifié :* c'est un CRIME.

Puisque les circonstances du vol en peuvent changer la nature et la punition, on ne saurait être trop soigneux de bien établir tous les faits et circonstances accessoires caractéristiques de cette infraction.

L'extorsion de signatures, d'obligations, décharges ou quittances, constitue une sorte de vol. *V.* art. 400 du *Code pénal.*

Le vol consiste essentiellement dans la soustraction d'une chose qui n'appartient pas du tout au voleur : celui qui enlève le gage qu'il avait donné ne commet pas un vol. *V.* Arr. cass. du 29 octobre 1812; non plus que celui qui se fait restituer par violence ce qui lui est dû. *V.* Arr. cass. du 1er thermidor an XII.

Pour caractériser le vol, il faut que la soustraction ait été *frauduleuse ;* c'est-à-dire, il faut qu'il y ait eu *mainmise* sur la chose d'autrui, avec *fraude* ou *intention de fraude, à l'insu* ou *contre le gré* du propriétaire. *V.* Arr. cass. des 26 octobre 1815 , 7 mars 1817, 25 mai 1863, 7 janvier 1864, 2 décembre 1871, 5 avril 1873, 27 février 1874.

Celui qui prend une chose qu'il croit ou qu'il prétend être sa propriété , quoique son droit soit contesté, ne commet pas un vol. *V.* Arr. cass. du 17 octobre 1806; non plus, celui qui, étant créancier, s'empare, pour se payer, de marchandises appartenant à son débiteur, au *vu* et *su* de celui-ci, et malgré son opposition. *V.* Arr. Cour de Paris, du 15 avril 1823.

Il en serait autrement si le créancier avait soustrait frauduleusement des objets pour s'indemniser : une créance ne peut légitimer un vol. *V.* Arr. cass. du 22 décembre 1808.

Celui qui n'a pris la chose d'autrui que par erreur, croyant qu'elle

que l'objet prétendu volé a existé, que le plaignant en a
réellement été dépouillé, avant qu'on doive rechercher
s'il y a eu soustraction et quels en sont les auteurs. En
un mot, il faut, avant tout, constater le corps du
délit.

Le juge de paix décrira l'objet volé. S'il s'agit d'argent, il spécifiera les sommes, détaillera les espèces, etc.

Dès qu'il aura déterminé la chose volée, il recherchera dans quel lieu elle était déposée : si elle était
abandonnée au dehors, sur un chemin public (1),
dans un parc ou enclos (2), ou dans tout autre en-

lui appartenait, ne commet pas un vol. *V.* Arr. cass. du 17 octobre
1806.

Il faut, pour constituer un vol, que le dessein de s'approprier le
bien d'autrui ait accompagné l'enlèvement de la chose, et non pas
seulement qu'il ait été conçu après l'enlèvement. *V.* Arr. cass.
des 2 août 1816, 2 septembre 1820 et 3 février 1831.

Il y a vol de la part de celui qui, ayant trouvé un objet, nie l'avoir
trouvé, ou ne le rend pas, quoiqu'il connaisse le propriétaire (*V.* Arr.
cass. des 4 mars 1825, 2 septembre 1830, 5 janvier 1861, 30 janvier
1862, 2 décembre 1873); et de la part de celui qui s'empare de la totalité du trésor qu'il a trouvé sur le fonds d'autrui (*V.* Arr. cass.
du 18 mai 1827). — Art. 716, 717 du *Code civil.*

La copropriété de la chose volée n'exclut pas l'action de vol contre
le copropriétaire qui l'a soustraite. *V.* Arr. cass. du 14 mars 1818.

Est coupable de vol celui qui enlève furtivement, sans les payer,
des objets qu'il a achetés sous la condition de les payer lors de leur
livraison. *V.* Arr. cass. du 7 mai 1813.

Les peines établies contre le vol ne sont pas réduites et le crime
ne peut changer de nature, à raison de l'exiguïté de l'objet volé.
V. Arr. cass. du 17 octobre 1811.

L'absence du vol caractérisé n'empêche pas les poursuites à l'occasion des effractions, violences, etc., dont on a fait usage pour s'emparer d'une chose.

(1) *V. sup.* n° 17. — Art. 383 du *Code pénal.*

(2) *V.* n° 17. — Art. 391, *ibid.*

droit; si elle était renfermée dans un édifice ou dépôt public (1), dans une maison habitée ou servant à l'habitation (2), dans des dépendances de maison habitée ou servant à l'habitation (3), dans un meuble; si elle était sous clef, ou exposée à toute appréhension.

Dans quel endroit se trouvait la personne dépouillée, au moment du vol, s'il a été commis sur elle-même (4)?

Quels sont les moyens connus ou présumés à l'aide desquels aurait été commis le vol: a-t-on pratiqué des effractions extérieures ou intérieures (5), un bris de scellés (6),

(1) *V.* n° 17. — Art. 255, 386 du *Code pénal.*
(2) *V.* n° 17. — Art. 390, *ibid.*
(3) *V.* n° 17. — Art. 392, *ibid.*
(4) *V.* n° 17. — Art. 383, 390, *ibid.*
(5) *V.* n° 18. — Art. 393 à 396, *ibid.*

Il importe de constater, de décrire et de mesurer avec soin les traces d'effraction et pesées restées sur les meubles, portes et croisées, les ustensiles et instruments qui ont servi à les commettre pouvant être trouvés sur les inculpés, ou à leur domicile, être à leur usage habituel, à raison de leur profession, ou avoir été vus en leur possession. Si on saisit des instruments paraissant avoir servi à commettre des effractions, on examine s'ils restent empreints de plâtre, ou de bois, ou de la couleur des portes ou des meubles, si leur état indique qu'ils aient servi à commettre des effractions. On les rapproche des empreintes restées sur les lieux, portes, croisées ou meubles. On a soin de les conserver comme pièces de conviction.

(6) *V. sup.* n° 18. — Art. 253 du *Code pénal.*

On constatera le nombre de scellés brisés, et sur quoi ils avaient été apposés.

Si c'est le juge de paix instrumentant qui avait apposé les scellés, il les rétablira immédiatement, au cas qu'il y ait intérêt à ce qu'il le fasse. Sinon, il préviendrait sur-le-champ l'appositeur, pour qu'il vînt les rétablir, s'il était nécessaire. Le juge de paix devrait alors, au besoin, apposer provisoirement son scellé.

une escalade (1); a-t-on fait usage de fausses clefs (2)?

Le vol a-t-il été commis avant le lever ou après le coucher du soleil, c'est-à-dire la nuit ; l'a-t-il été dans le temps intermédiaire du lever au coucher du soleil, c'est-à-dire le jour (3)? A quelle heure l'a-t-il été, s'il est possible de préciser l'heure ?

Le vol a-t-il pu, ou non, être commis par une seule personne? Y avait-il un seul ou plusieurs coupables (4)?

Les voleurs étaient-ils porteurs d'armes apparentes ou cachées (5), en ont-ils fait usage, ont-ils menacé d'en faire usage ? Ont-ils exercé des violences envers

---

(1) *V.* n° 18. — Art. 397 du *Code pénal.*

Dans le cas d'escalade, le juge de paix devrait vérifier quelle est la hauteur du mur escaladé, la distance de la terre jusqu'à la fenêtre, ou jusqu'à l'ouverture qui se trouverait dans la maison ; de quel instrument le voleur se serait servi pour effectuer l'escalade ; si l'escalade a eu lieu à l'aide d'une échelle, ou d'une corde, ou de clous à vis, etc.

(2) *V.* n° 18. — Art. 398, 399 du *Code pénal.*

Dans le cas de fausses clefs, il faut commencer par s'assurer qu'on ne s'est pas introduit à l'aide d'effraction ou d'escalade; que les portes ou meubles présumés ouverts avec des fausses clefs avaient été exactement fermés soit au pêne, soit au double tour de la serrure; enfin, que le coupable n'a pu s'introduire que par la porte indiquée.

Une perquisition chez le prévenu mettra à même de lui faire représenter les clefs dont il serait porteur; on vérifiera si elles ont pu servir à l'introduction, en les employant aux serrures.

La seule fabrication de fausses clefs, ou l'altération de clefs, constituerait un délit à constater. Elle constituerait une complicité du crime, si elle avait été faite pour le faciliter. *V.* art. 60, 399 du *Code pénal.* — Arr. cass. du 13 juin 1811.

(3) *V.* n° 16, aux notes. — Art. 381 et suiv. du *Code pénal.*

(4) *V.* n° 22.

(5) *V.* n° 23.

les personnes, soit pour accomplir le crime, soit pour
assurer leur fuite (1)? Ces violences ont-elles laissé des
traces de blessures ou de contusions (2)? Ont-ils employé des tortures ou exercé des actes de barbarie pour
l'exécution du crime (3)? Avaient-ils pris de faux costumes, invoqué de faux ordres de l'Autorité, usurpé les
titres ou les dehors d'un fonctionnaire de l'État (4).

Tout cela doit être relevé, décrit, constaté, sans différer (5).

Le fait et toutes ses circonstances étant vérifiés et
rapportés, il faudra rechercher quels sont nominativement les coupables ; quelles sont leurs qualités et
professions ; quels sont leurs rapports avec les plaignants (6) ; s'ils ont des complices (7) ; s'ils ont ca-

(1) *V.* n° 23.
(2) Il ne faudrait pas manquer de faire visiter de suite le blessé
par des hommes de l'art. *V.* n°° 122, 123.
(3) *V.* art. 303 du *Code pénal.*
(4) *V.* art. 381, *ibid.*
(5) On doit d'autant moins différer de constater les différentes circonstances spécifiées ci-dessus, que souvent les personnes volées
négligent d'en conserver les traces, et que presque toujours elles se
hâtent, pour leur sûreté, soit de faire changer les gardes des serrures, ce qui rend impossible l'essai des clefs, rossignols, etc.,
saisis chez le prévenu; soit de faire réparer les dégradations occasionnées par les effractions et escalades. Le temps lui-même efface,
souvent en peu d'instants, les dégradations faites et les empreintes
fugitives laissées par le coupable.
Une prompte guérison pourrait de même rendre impossible le
constat des violences, blessures et contusions.
Dans ces cas, il faut suppléer par l'information ce que l'on ne peut
obtenir par l'inspection du juge. *V.* n°° 159 et 181.
(6) *V.* n° 14. — Art. 169 et suiv., 254 et suiv., 380, 386, 387, 399 du
Code pénal.
(7) *V.* n°° 10, 11.

ché quelque part des objets volés, et quels sont les recéleurs (1).

On désigne les prévenus par leurs prénoms, noms, surnoms, professions et demeures; on décrit leurs vêtements, et l'on établit minutieusement leur signalement, toutes les fois qu'on le peut (2).

Le juge de paix procède ensuite, s'il y a lieu, à des visites domiciliaires, saisit les pièces de conviction, etc. (3).

166. *Pillages* (4) : Les pillages commis en réunion ou bande (5) et à force ouverte participent du vol et de la dévastation des propriétés, puisque les auteurs de ces crimes ont le plus souvent pour but autant de s'approprier le bien d'autrui que d'empêcher que le propriétaire n'en jouisse. La procédure, dans ce cas, doit

---

(1) *V.* nᵒˢ 10, 11.

(2) *V.* nᵒˢ 67, 68, 148.

(3) *V.* nᵒˢ 55, 129 à 160, 174, et chap. vi et vii.
Les vols dans les champs, les vols simples, les larcins et filouteries (*V.* art. 388, 401 du *Code pénal*) [les *larcins* et *filouteries* ne sont que des variétés de vols (*V.* Arr. cass. du 25 septembre 1824); — les *larcins* et *filouteries* sont des vols exécutés, ceux-là furtivement, ceux-ci par adresse (*V.* Arr. cass. du 7 mars 1817)], les abus de confiance (*V.* art. 408 du *Code pénal*), les escroqueries (*V.* art. 405 du même Code), ne constituent que des délits correctionnels; mais ils ne doivent pas moins fixer l'attention du juge de paix, qui doit, suivant les circonstances (*V.* nᵒ 55), ne pas se borner à informer le procureur de la République, mais encore s'occuper de suite de constater les faits, de retenir les pièces de conviction, et d'envoyer les prévenus, *sans mandat*, par-devant le procureur de la République.

(4) *V.* art. 440 du *Code pénal*.

(5) La Cour de cassation a jugé, le 5 avril 1832, qu'il y a *réunion* ou *bande*, dans le sens de l'art. 440 du *Code pénal*, lorsque le crime qu'il prévoit a été commis par *trois* personnes *au moins*.

donc être suivie comme nous l'avons indiqué pour les vols et dévastations.

Ici, il importe spécialement de rechercher et de signaler quels sont les chefs, les provocateurs, et ceux des coupables qui n'ont été qu'entraînés (1).

167. *Coups et blessures volontaires* (2) : Si les coups

---

(1) *V.* art. 441, 442 du *Code pénal.*

(2) *Violences et voies de fait. V.* art. 309 et suiv., 231, 232, 279, *ibid.* Les violences envers les personnes, les coups qui n'ont pas occasionné d'accidents graves, ne constituent, en général, que de simples *délits*, relativement auxquels le juge de paix n'est tenu, le plus souvent, que d'informer le procureur de la République. *V.* art. 311 et 317, IIᵉ partie, § 1ᵉʳ, du *Code pénal.*

Mais le *délit* prendrait le caractère de *crime* s'il avait été commis par un mendiant, vagabond ou repris de justice (art. 279 du *Code pénal*), ou par un enfant envers ses ascendants (art. 312, *ibid.*), ou enfin si les violences avaient été exercées, jusqu'à effusion de sang, envers un fonctionnaire public (art. 231, 232, *ibid.*).

Les simples violences, en général, exclusives du fait de blesser ou frapper, qu'on appelle *voies de fait légères*, sont justiciables de la simple police, et punissables, non d'après le *Code pénal*, mais d'après les art. 605 nᵒ 8 du *Code* du 3 brumaire an IV et 19 nᵒ 2, tit. 1ᵉʳ, de la loi du 22 juillet 1791. *V.* Arr. cass. des 8 janvier 1813, 7 et 13 janvier 1865, 6 janvier 1867. — Pour exception, *V.* art. 504, 505 du *Code d'inst. crim.*, 228, 230 du *Code pénal.*

Sont punissables comme *coups* et *violences et voies de fait*, aux termes des art. 309, 311 du *Code pénal*, un seul coup, — un soufflet, — un coup de poing ou de pied, — le fait d'avoir jeté une personne à terre ou contre un corps dur, — de lui avoir fait beaucoup de mal (Arr. cass. des 9 décembre 1819, 5 mars 1831, 22 août 1834, 16 avril 1864, 23 août 1867, 30 avril 1869), — le jet de pierres (Arr. cass. du 21 mars 1868), — un coup de pistolet tiré pour inspirer une frayeur préjudiciable (Arr. cass. du 6 décembre 1872).

La mutilation d'un individu, pour le soustraire aux lois sur la conscription, quoique faite du consentement de cet individu, est

et les blessures avaient une certaine gravité (1); s'il en était résulté une maladie ou une incapacité de travail personnel, qui aurait duré ou qui paraîtrait devoir durer plus de vingt jours (2), une mutilation, ou une infirmité permanente (3), le juge de paix devrait les constater par un procès-verbal, où il rapporterait le fait avec toutes ses circonstances. Il entendrait la personne blessée ou maltraitée; il procéderait à une information; enfin, il ferait arrêter les coupables, et les interrogerait, en tenant note de leurs rapports avec les plaignants.

Il y aurait négligence blâmable à s'en rapporter à soi-même pour apprécier les faits, et pour en préjuger les conséquences. Le juge de paix devrait faire cons-

---

punissable. *V.* Arr. cass. du 13 août 1813. — Art. 41 de la loi du 21 mars 1832, relative au recrutement.

(1) Il peut y avoir aggravation à raison de l'intensité des coups et blessures (*V.* art. 231, 232, 309, 316 du *Code pénal*), à raison de la préméditation et du guet-apens (art. 297, 298, 310, *ibid.*), à raison de la qualité de la personne blessée (art. 231, 232, *ibid.*), à cause des rapports existant entre le blessé et l'auteur des blessures (art. 312, 317, *ibid.*). — Dutruc, *Code pénal modifié,* p. 135 et suiv.

(2) Dans les vingt jours se trouvent compris celui où les violences auraient été exercées et celui de l'expiration du délai. *V.* Carnot, *Commentaire du Code pénal,* t. II, p. 43.

Il ne suffirait pas, pour que le fait constituât un crime, que les marques des coups subsistassent pendant plus de vingt jours. *V.* Arr. cass. du 17 décembre 1819.

Il y a incapacité de travail personnel toutes les fois que l'individu malade ne peut, sans commettre une imprudence, se livrer à son travail habituel, c'est-à-dire au travail habituel de sa profession, quoiqu'il pût se livrer à un simple travail de surveillance. *V.* Arr. cass. du 21 mars 1834.

(3) *V. inf.* p. 421.

tater, dès les premiers moments, par des officiers de santé, l'état du malade ou blessé, l'espèce, l'étendue, la gravité des violences et blessures (1); il ferait expliquer les hommes de l'art sur les suites probables que les violences exercées pourraient entraîner, sur la durée présumable de la maladie ou de l'incapacité de travail (2).

Il saisirait les armes ou autres instruments du crime, les papiers et tout ce qui pourrait servir à conviction (3).

Si le prévenu alléguait n'être coupable que par imprudence ou par maladresse, sans mauvaise intention (4); s'il invoquait les moyens d'excuses admis par la loi (5), il faudrait vérifier ses dires sur-le-champ, pour ne pas laisser dépérir ses preuves, et pour éviter le regret, comme le reproche fondé, d'avoir négligé les moyens de justification du prévenu, ou les motifs d'atténuation militant en sa faveur, que l'on est tenu de

(1) *V.* nᵒˢ 122, 123, 255.

En médecine légale, on désigne, sous le nom de *blessures*, toute altération locale d'une partie du corps, produite par un acte de violence ou par l'application d'un caustique..... Il suit de là que l'on doit rapporter aux blessures : *la contusion, la commotion, la fracture, la luxation, l'entorse, la brûlure et les plaies.*

(2) Si le blessé s'était fait visiter, on devrait appeler celui qui a fait la première visite, et recevoir son rapport. Le juge peut ensuite ordonner une seconde visite par le même expert, ou par d'autres en présence ou en l'absence du premier expert.

(3) *V.* nᵒˢ 155 et suiv.

(4) *V.* nᵒˢ 12, 15.

Alors, ce ne seraient plus les art. 309 et suiv. qui seraient applicables, parce que ces articles supposent expressément la *volonté* de frapper ou blesser; ce serait l'art. 320, qui punit même l'imprudence ou la maladresse.

(5) *V.* nᵒˢ 12, 15.

rechercher et de reconnaître aussi bien que sa culpabilité (1).

D'après les mêmes motifs, le juge de paix s'assurera, par le ministère des hommes de l'art, que le plaignant n'a point simulé ou prétexté la maladie dont il impute la cause au prévenu : à cet effet, il pèsera les allégations du plaignant, sa moralité, celle des témoins ; les hommes de l'art, de leur côté, tireront leurs observations des circonstances qui sont de leur ressort ; le résultat du tout sera mentionné tant dans le procès-verbal que dans le rapport.

Au cas où les blessures auraient été faites en réunion séditieuse, avec rébellion et pillage, le juge de paix ne manquerait pas de relever cette circonstance, et, de plus, il devrait signaler les chefs, auteurs, provocateurs et instigateurs de ces réunions, rébellions et pillages (2).

168. *Homicide* (3) : En cas d'homicide, quelles qu'en soient la cause, l'espèce et les circonstances, si la victime a succombé avant l'arrivée du juge de paix, ce magistrat constatera le corps du délit, en se livrant aux recherches indiquées et en s'occupant des

---

(1) No 39.

(2) V. art. 213 du *Code pénal*.

(3) V. art. 295 et suiv., *ibid*.

Le complice d'un suicide n'est pas sujet aux peines prononcées contre les homicides. V. Arr. cass. du 27 avril 1815.

Le fait d'avoir donné volontairement la mort à autrui, même sur son ordre ou de son consentement, constitue un homicide volontaire ou un meurtre, ou même un assassinat, s'il y a eu préméditation, et non un suicide ou un acte de complicité de suicide. V. Arr. cass. des 2 août 1816 et 16 novembre 1827.

opérations retracées au chapitre IX, *Des levées de corps*, auquel nous renvoyons, pour éviter des redites (1).

Si l'homicide avait été tenté, mais non consommé, et que la victime existât encore, le juge de paix devrait s'empresser de la faire visiter, et constater ses blessures (2); de prendre ses déclarations sur les auteurs (3), le temps, le lieu, les moyens, les instruments et circonstances du crime; sur ses causes, sa préparation et son exécution, sur les témoins, etc.

Il est de la dernière importance de confronter, s'il est possible, l'inculpé à la victime, pour s'assurer qu'elle le reconnaît indubitablement, et pour obtenir des éclaircissements certains.

Si la victime déclarait s'être défendue, ou si des indices l'indiquaient, on retrouverait peut-être, sur les vêtements ou sur la personne du prévenu, des traces ou marques de cette défense.

A défaut d'avoir pu recueillir les déclarations de là victime, on s'enquerra, du moins, auprès des personnes qui ont assisté à ses derniers moments, de ce qu'elle aurait dit relativement aux auteurs du crime et à ses

(1) Si le cadavre d'une personne homicidée a disparu, ou s'il est trouvé caché, il importe de rechercher par qui il a été enlevé ou caché, parce que le recélé du cadavre d'une personne homicidée, ou d'une personne morte des suites de coups ou blessures, constitue un délit correctionnel (*V.* art. 359 du *Code pénal*), et peut faire supposer d'ailleurs une coopération à l'homicide ou aux blessures. *V.* nº 159.

(2) Si les blessures sont cicatrisées, il faut appeler et entendre en témoignage l'homme de l'art qui les a pansées dès l'origine.

(3) Si l'auteur du crime est inconnu, le juge demandera au blessé s'il a eu querelle avec quelqu'un, s'il a quelque ennemi capital, ou si on lui a fait auparavant des menaces de ce qui est arrivé, etc.

circonstances, et l'on cherchera à vérifier, à prouver, l'exactitude de ses indications.

Bien que ces données ne soient pas infaillibles, on comprendra qu'elles peuvent être d'un grand secours pour la recherche et la découverte de la vérité.

C'est une règle à ne jamais négliger, de confronter, toutes les fois qu'on le peut, le prévenu à la victime, ou à son cadavre, et de les lui faire reconnaître. Cette vue peut inspirer à un coupable des remords accablants, et lui arracher l'aveu qu'il laisserait échapper dans ses premières et vives émotions, avant qu'il ait eu le temps de calculer ses dangers, de se remettre de l'agitation produite par la conscience de son crime, ou de se raffermir par l'espoir d'échapper à la conviction et d'obtenir l'impunité.

Quand bien même un aveu ne devrait pas s'ensuivre, cette confrontation peut donner lieu à des observations qu'il est utile de recueillir.

Dans les cas de levées de corps ordinaires, sans indications premières des causes déterminantes de la mort, ce sont ces causes principalement que l'on constate, autant que possible, en même temps que l'état du cadavre.

Au cas de flagrant délit, au contraire, on sait presque toujours de quelle manière la mort a été donnée; quelquefois on en connaît l'auteur; le plus souvent, c'est sur ce point à vérifier ou à éclaircir que portent les investigations de la police judiciaire.

Rien ne doit être négligé pour parvenir à la découverte de la vérité : mais il faut procéder avec une extrême circonspection, à raison de la gravité des conséquences. L'officier de police judiciaire ne répudiera aucun des renseignements qui lui seront fournis, pas plus qu'il ne les accueillera avec précipitation et sans examen : il ne doit être ni trop crédule, ni trop défiant; il doit constater les faits, consigner les déclarations, vérifier sur-le-champ, par lui-même, ou à l'aide de témoins ou d'experts, tout ce qui peut avoir une importance influente ou médiocre au procès.

Tel, dont la clameur publique attribue la mort à un assassinat, s'est peut-être suicidé. Tel feint malicieusement un empoisonnement, ou se croit mal à propos empoisonné : l'analyse des déjections sera peut-être loin de prouver la présence du poison, la certitude d'un poison administré (1).

L'appréciation des motifs qui auraient pu entraîner l'inculpé à la perpétration ou à la tentative du crime, sa conduite antérieure, ou au moment du forfait qu'on lui

(1) Il n'y a pas crime d'empoisonnement quand la substance administrée n'était pas, *de sa nature* ou *d'après sa préparation*, susceptible de donner la mort. *V.* Arr. cass. des 20 novembre 1812 et 4 février 1814. — Art. 301 du *Code pénal.*

Le fait d'avoir administré des substances nuisibles, quoique non susceptibles de donner la mort, peut cependant constituer un crime ou un délit. *V.* art. 317, IIe partie, du *Code pénal.*

Il y a tentative d'empoisonnement quoique la quantité de poison administrée ne fût pas suffisante pour donner la mort : il suffit que la substance administrée fût mortifère. *V.* Arr. cass. des 26 novembre 1812 et 7 juillet 1814.

Si l'empoisonnement était constaté, il faudrait que l'officier de police s'attachât à connaître par qui les poisons, les mets ou liqueurs auraient été apprêtés, ou présentés avec le poison à la personne empoisonnée; si le vendeur était autorisé à en débiter (*V.* nº 156); s'il s'est conformé aux précautions prescrites par la loi pour le débit des matières vénéneuses; s'il ne les a point vendues ou fournies pour favoriser l'empoisonnement.

impute, exténueront ou dissiperont peut-être toutes les charges élevées contre lui.

On vérifiera donc tous les faits que le prévenu alléguerait pour sa défense : le défaut de volonté coupable, l'imprudence, la maladresse, le simple défaut d'attention, les cas d'excuses (1).

Mais on recherchera de même, avec activité, les faits qui prouveraient la perversité de l'intention, la préméditation, le guet-apens, de la part de l'inculpé (2).

On s'assurera si quelqu'autre crime ou délit n'aurait pas précédé, accompagné ou suivi l'homicide, et l'on constatera la corrélation des divers crimes ou délits entre eux (3).

Les instruments de crime, les papiers, les pièces de conviction que l'on aura pu saisir; les observations résultant de l'état des lieux, des procès-verbaux, des hommes de l'art, de l'état du prévenu, ou de ses complices, de leur interrogatoire, de l'audition des témoins sur les circonstances et les détails du fait : tels sont les éléments de preuves, les moyens de connaître la vérité, que le juge de paix devra mettre en œuvre, en décrivant et constatant avec le plus grand soin tout ce qu'il aura vu ou entendu (4).

(1) *V.* art. 64, 319 à 329 du *Code pénal.*
Il est bien entendu que la preuve de l'excuse n'arrêterait pas la marche de la procédure : les officiers de police judiciaire n'ont rien à délibérer ni à décider; c'est la fonction de la justice. *V.* n° 39.
(2) *V.* art. 295, 296, 297, 298 du *Code pénal.* — N° 15.
(3) *V.* art. 303, 304 du *Code pénal.*
(4) Nous nous dispenserons de prolonger nos observations sur ce sujet, parce que le chapitre ix, nous l'avons déjà rappelé, traite au long de cette matière; d'ailleurs, le procès-verbal de constat de fla-

169. *Viol* (1) : L'attentat à la pudeur avec violence, le viol tenté ou commis sur une personne de l'un ou de l'autre sexe, quel que soit son âge ou son état, est un des crimes les plus odieux : mais l'âge de la victime, son état de dépendance à l'égard du coupable, ou la domesticité du prévenu envers elle, sont des circonstances qui peuvent être aggravantes (2), et que l'officier de police judiciaire doit relever dans l'instruction.

Il est à peu près toujours nécessaire que la personne offensée soit visitée par des hommes de l'art. Cette visite doit être faite dans un temps très-rapproché de celui du crime ; après trois jours, suivant des auteurs de médecine légale, elle serait pratiquée en pure perte. Cependant cette préfixion de délai est peut-être trop absolue : il peut vraisemblablement se présenter des cas où une visite même plus tardive pourrait procurer des preuves : comme si les violences avaient produit des désordres très-graves ; si une maladie vénérienne avait été communiquée, etc.

Des interpellations faites avec ménagement, pour ne

grant délit que nous proposons pour exemple met en action des règles qu'il serait superflu de répéter, la pratique en faisant ressortir l'esprit, comme elle en fait connaître l'application.

Mais nous ferons remarquer que si l'on avait enterré précipitamment la personne homicidée, pour faire disparaître les traces du crime, il faudrait faire opérer l'exhumation, afin que le cadavre pût être sans retard soumis aux investigations des hommes de l'art.

(1) *V.* art. 332 du *Code pénal.*

Tout attentat à la pudeur commis avec violence est réputé viol. *V.* Arr. cass. des 10 mars 1820 et 10 juin 1830.

L'attentat à la pudeur, consommé ou tenté avec violence, peut être un crime, encore qu'il ait eu lieu par des motifs autres que la lubricité ou l'impudicité. *V.* Arr. cass. du 14 janvier 1826.

(2) *V.* art. 331 à 335 du *Code pénal.*

pas blesser la pudeur, pourront procurer des renseignements profitables.

Le désordre des vêtements de la victime, les blessures,
les contusions qui existeraient sur les diverses parties
de son corps, l'état des organes sur lesquels auraient
principalement porté les brutalités du coupable, les
lésions qui s'y rencontreraient, seront autant de moyens
de vérification à ne pas négliger.

Si l'auteur du crime est connu, il sera visité au besoin,
pour reconnaître s'il ne porte point sur sa personne,
sur ses vêtements, des traces de la résistance qui lui
aurait été opposée. L'état même de ses parties génitales
sera constaté, s'il y a lieu : car on pourrait, à l'occasion,
vérifier, par leur visite, si le prévenu a été dénoncé à
tort, ou s'il est possible que les ravages exercés sur la
victime proviennent de son fait.

La présence de taches provenant d'un écoulement
vénérien, observées sur le linge ou sur les parties de la
victime, peut être un indice accusateur ou favorable à
l'égard du prévenu, suivant son état de santé parfaite ou
d'infection d'une maladie virulente.

La confrontation de l'inculpé avec la personne qui
se plaint pourra amener des résultats à constater et à
retenir dans l'intérêt de la vérité ; leur taille et leur
force comparatives seront expliquées, et méritent
d'être prises en considération : car elles pourraient
suffire pour démentir la plainte, si la victime présumée
racontait les faits d'une manière telle, qu'elles ren-
dissent ses allégations invraisemblables, ou qu'il en
résultât l'impossibilité de l'accomplissement des faits
imputés.

En procédant à la recherche et à la constatation de

ce crime, on devra observer la plus grande décence ; on se gardera avec soin de toute obscénité dans les termes et dans les actes. Le besoin de se faire comprendre autoriserait seul à enfreindre cette règle ; la nécessité de mettre la vérité dans tout son jour peut seule permettre certaines recherches. Interpeller, exprimer, ou agir, au delà de l'indispensable, serait abusif et répréhensible (1).

Ces observations, du reste, s'appliquent aux faits dont nous allons nous occuper dans les numéros subséquents.

Nous pourrions nous dispenser, sans doute, d'ajouter, relativement au viol, qu'ici, comme en tout autre cas, les déclarations de la personne lésée, les réponses du prévenu, les dépositions des témoins devront confirmer ou éclaircir ce que la visite aura fait découvrir ou laissé douteux.

170. *Avortement* (2) : Pour reconnaître s'il y a eu avortement, l'examen de la femme dont la grossesse en serait aux premiers mois promettrait peu de résultats. Il en serait autrement si la grossesse était très-avancée : les signes consécutifs d'un accouchement pourraient être découverts.

Si la grossesse même était niée, on aurait à faire à ce sujet les recherches que nous indiquerons devoir être

---

(1) On aura bien soin surtout, en interrogeant des enfants, de donner aux questions une forme telle, qu'elles fassent dire aux enfants ce qu'ils savent, et qu'elles ne leur apprennent pas ce qu'ils ignorent.

(2) On entend par *avortement*, l'accouchement avant terme malicieusement provoqué par des aliments, des breuvages, des médicaments, des violences, ou par tout autre moyen. *V.* art. 317 du *Code pénal*.

effectuées, en pareille hypothèse, pour le cas d'infanticide.

Dans une question d'avortement, on doit surtout s'attacher à découvrir la présence de l'avorton et à la démontrer, son état, son âge pouvant faire apprécier, par
les seules ressources de l'art médical, les causes de son
expulsion.

L'avortement étant constaté, reste à savoir s'il s'est
opéré naturellement ou s'il a été provoqué.

Le juge de paix devra appeler l'examen des hommes
de l'art sur l'époque à laquelle l'avortement a eu lieu;
sur les causes à l'influence desquelles la femme a été
soumise; sur les marques de sévices qui peuvent se
trouver sur le corps du fœtus ou de la mère.

Si tout porte à croire que l'avortement n'est la suite
d'aucune cause accidentelle, on examinera si la femme
n'a point caché sa grossesse; si elle ne s'est pas informée auprès de ses amies, ou des gens de l'art, de l'ef-
ficacité de certains moyens propres à provoquer des
pertes ou à se faire avorter; si elle ne s'est point livrée
sans nécessité à des exercices violents et dangereux à
son état; si elle était malade, faible, ou d'une constitution robuste; si elle a acheté des drogues, ou si elle
les a fait acheter par des confidents; quelle en était la
dose; si elle a préparé, à l'insu de tout le monde, des
médicaments composés plus ou moins actifs; si elle a
fait usage de pareils médicaments sans nécessité, et
sans consulter le médecin; si elle a caché aux personnes
qui l'entouraient les douleurs qu'elle aurait pu éprouver par l'usage de ces moyens énergiques, ou bien si
elle s'est plainte; si, lorsque rien n'annonçait qu'elle dût
être malade, elle a fait des préparatifs qui pourraient

prouver qu'elle s'attendait à l'être ; si elle s'est fait sai-
gner secrètement et à plusieurs reprises, par différents
chirurgiens, sans dire qu'elle l'avait été déjà beaucoup
de fois : si elle niait avoir été saignée, on ferait chercher sur le trajet des veines, sur la vulve et sur les
cuisses, s'il n'y a point de traces récentes de la lancette
ou des sangsues. On s'attacherait encore à reconnaître
si, pour faire prendre le change, elle n'a pas caché l'hémorragie qui suit l'avortement, et voulu rapporter les
symptômes qu'elle éprouve à toute autre cause. Il est
encore une foule de considérations qui n'échapperont
pas à la sagacité de l'officier de police judiciaire, et qui
permettent quelquefois de découvrir si l'avortement a
été provoqué. Enfin, il importe beaucoup d'examiner
attentivement si les médicaments que l'on regarde
comme abortifs ont été conseillés ou employés dans une
intention criminelle.

L'interrogatoire de la prévenue et de ses complices,
l'audition des témoins, quelquefois les pièces de conviction saisies, telles que les breuvages ou autres moyens
qui auraient procuré l'avortement, ou les produits
expulsés, éclaireront la marche de l'officier de police
judiciaire, et mettront la justice sur la trace de la vérité.

Si des présomptions portaient à croire que l'avortement est simulé, qu'on l'impute méchamment à une
personne de qui l'on voudrait, par ce moyen, obtenir
des dommages-intérêts, le juge de paix aurait à consulter l'expérience des hommes de l'art, à scruter profondément les faits, la conduite et la moralité de la plaignante,
pour réunir les éléments d'une juste solution de cette
question difficile.

171. *Exposition d'enfant* (1) : Lorsqu'une femme est accusée d'avoir exposé ou fait exposer l'enfant dont elle est récemment accouchée, il peut arriver qu'elle s'excuse en disant que l'enfant était mort-né et qu'elle l'a abandonné pour sauver sa réputation. La justice, chargée d'apprécier le fait, est intéressée à savoir : 1° si effectivement l'enfant est mort-né ; 2° dans le cas où il aurait vécu, quelle a pu être l'influence du milieu dans lequel il a été délaissé ; 3° jusqu'à quel point le défaut de soins, d'aliments, de vêtements, etc., a pu contribuer à le faire périr, ou à ce qu'il fût mutilé, estropié.

Une autre question peut encore se présenter : Lorsqu'on voit tout à coup disparaître la grossesse chez une femme que l'on croyait enceinte, et que, d'ailleurs, on apprend qu'un enfant a été abandonné, peut-on déterminer que celui-ci appartient à la femme dont il s'agit, et qu'il a été exposé par elle ou par son ordre ?

On s'attachera, dans ces différents cas, à établir qu'il y a eu grossesse et accouchement ; que celui-ci est récent ou ancien ; que l'époque où l'enfant est né correspond ou ne correspond pas à celle où l'accouchement a eu lieu. Si tout portait à croire que la femme pourrait être la mère de l'enfant délaissé, il n'en faudrait pas encore conclure que l'exposition de part a eu lieu ; cette conclusion ne pourrait ressortir que d'une information complète.

---

(1) *V.* art. 347 à 353 du *Code pénal.*

L'exposition d'enfant (que dans la pratique on nomme aussi *exposition de part*, du mot latin PARTUS, *accouchement, fruit d'un accouchement*) est considérée comme crime lorsqu'elle a entraîné la mort ou la mutilation de l'enfant délaissé. *V.* art. 351 du *Code pénal.*

172. *Suppression d'enfant* (1) : Dans cette occurrence, on aura à résoudre les mêmes questions que dans le cas d'exposition d'enfant, et à faire les mêmes recherches, par rapport à la femme, que pour l'infanticide.

La procédure est la même à l'occasion du crime de suppression d'enfant, que pour le crime d'infanticide (2).

173. *Infanticide* (3) : Dans toute inculpation d'infanticide, de quelque manière que ce crime, malheureusement trop commun, ait été révélé à la police judiciaire, soit par la découverte du cadavre d'un nou-

---

(1) *V.* art. 345 du *Code pénal*.

La suppression d'enfant (que l'on nomme aussi, dans la pratique, *suppression de part;* — *V.* la note précédente) a lieu lorsqu'une femme soustrait l'enfant dont elle vient d'accoucher, et le cache, au lieu de l'exposer sur la voie publique.

(2) La suppression de part est le premier degré de l'infanticide; c'est souvent le seul crime qui puisse être prouvé en cas d'infanticide; car, l'accouchement étant avéré, toutes les fois que l'enfant n'est pas représenté, quoiqu'il soit reconnu qu'il était né vivant, il est impossible, malgré les soupçons que fait naître sa disparition, d'être convaincu que l'enfant ait été mis à mort plutôt qu'exposé ou abandonné.

(3) *V.* art. 300, 302 du *Code pénal*. — No 258.

Est qualifié infanticide le meurtre d'un enfant nouveau-né (*V.* article 300 du *Code pénal*) ou d'un enfant naissant.

Le meurtre d'un enfant nouveau-né constitue le crime d'infanticide, soit qu'il ait été commis par la mère de l'enfant, soit qu'il ait été commis par toute autre personne. *V.* Arr. cass. du 8 février 1816.

Mais, pour qu'il y ait infanticide, il faut qu'il soit établi que l'enfant était né vivant. *V.* Arr. cass. des 22 janvier et 30 juin 1808.

Le fait d'avoir donné volontairement la mort à un enfant, plusieurs jours après sa naissance, constitue non un infanticide, mais un meurtre ou un assassinat, suivant les circonstances. *V.* Arr. cass. du 31 décembre 1835.

veau-né, dont la mère est ou n'est pas connue, soit par la clameur publique, qui dénonce une femme comme étant clandestinement accouchée, et comme ayant fait disparaître ou mis à mort son enfant, les recherches de l'officier de police judiciaire ont pour but de constater :

1° *Par rapport à l'enfant*, sa naissance à terme ou avant terme ; sa mort postérieure à sa naissance, et provenant d'une cause naturelle et innocente, ou causée par négligence ou par imprudence, par omission volontaire ou par des actes de violence ;

2° *Par rapport à la femme inculpée*, un accouchement récent dont l'époque se rapporte à celle de la naissance de l'enfant, et des sévices par omission volontaire ou par commission, qui démontrent la maternité et la perpétration du crime, si, en résultat, un crime a été commis.

Reprenons. A l'égard de l'enfant, le lieu et l'état où l'enfant a été trouvé, l'examen de son cadavre, les investigations et les épreuves dont il sera parlé au n° 258 aideront à déterminer quels sont le genre et la cause de la mort : si elle a été intra-utérine ou extra-utérine, naturelle ou violente, la suite d'un criminel abandon, d'un odieux forfait ou de l'impossibilité de la prévenir. Les faits recueillis relativement à la mère découvriront peut-être entièrement la vérité, et convertiront en preuves évidentes des indices, des présomptions, d'abord équivoques.

Le cadavre de l'enfant étant trouvé avant que l'on connaisse la femme qui en est accouchée, le juge de paix s'enquerra si quelque fille ou veuve, si quelque femme ayant des motifs pour cacher sa grossesse, était connue pour être grosse, ou soupçonnée de l'être ; si elle l'est encore, ou si elle est accouchée en secret.

Si le juge de paix obtient quelques données méritant confiance, il fera visiter, par des hommes de l'art, la femme indiquée, pour vérifier le fait de l'accouchement.

Que si la clameur publique accuse une femme d'être accouchée secrètement et d'avoir fait disparaître son enfant, ou d'avoir mis à mort un enfant non représenté, on devrait encore, si l'accusation paraît plausible, faire intervenir les hommes de l'art, et vérifier, avant tout, par leur secours, le fait de l'accouchement.

Les résultats de ces vérifications sont d'ordinaire fort peu concluants, lorsqu'elles sont effectuées après les huit ou dix jours qui suivent l'accouchement ; on ne devrait pas cependant désespérer de procéder avec succès au-delà de ce terme.

Il faudrait opérer avec la même exactitude, avec le même soin, soit que l'accouchement fût avoué, soit qu'il fût dénié par l'inculpée : car un aveu pourrait être ultérieurement rétracté lorsqu'il serait devenu impossible de constater les faits, dont il importe, d'ailleurs, que la preuve demeure acquise indépendamment de l'aveu.

La solution du problème est facilitée quelquefois par la découverte du placenta, de linges et hardes tachés de sang ou de lochies, enfin d'autres objets indicateurs, que l'on retient comme pièces de conviction. Mais ces éléments de preuve (hors la découverte du placenta) ne sont pas absolument décisifs.

Une femme pourrait avoir été délivrée d'une masse

d'hydatides, de polypes, d'une concrétion sanguine, d'une môle ou débris de conception, dont la présence et l'expulsion auraient produit des phénomènes semblables à ceux qu'occasionnent la gestation et la sortie d'un enfant.

Aussi, à défaut de représentation du produit de la conception, du corps expulsé, les conclusions des hommes de l'art sont pour l'ordinaire flottantes et évasives. Cependant, la justice ne peut rester dans le doute, ni se contenter de probabilités. Il est donc très-intéressant de rechercher le corps dont la prévenue a été délivrée, pour dissiper toutes les incertitudes, justifier les allégations de la prévenue, ou renverser le système mensonger qu'elle aurait imaginé dans l'espoir de dissimuler l'enfantement.

Que si tout portait à croire l'accouchement réel ; si, par des perquisitions faites dans le domicile de la prévenue, dans les environs du lieu de l'accouchement, ou par une rencontre fortuite, on parvenait à découvrir, ou l'on avait découvert antérieurement à la visite, le corps d'un enfant nouveau-né, la représentation du cadavre à la prévenue, la supputation et le rapprochement des époques, des dates de l'accouchement et de la naissance de l'enfant, fourniraient des indices plus ou moins pressants, et peut-être de puissants moyens de conviction.

Enfin, à l'appui des conjectures ou des assertions des officiers de santé, on s'enquerra auprès des voisins, des domestiques, des personnes de la connaissance de l'inculpée, sur sa conduite habituelle, sur son état avant le jour auquel remonterait l'accouchement.

Un embonpoint extraordinaire et sa disparition subite devront être expliqués ; les causes alléguées par la prévenue seront examinées. Peut-être des secours auront été demandés par elle à des hommes de l'art ; des moyens auront été employés pour déterminer l'avortement (1) ; elle aura avoué sa grossesse, l'aura cachée, ou l'aura niée quoique apparente ; elle aura préparé les moyens d'accoucher secrètement et de faire disparaître son enfant ; elle aura demandé des conseils, employé des complices, qui l'auront aidée, facilitée, si même ils ne l'ont pas provoquée à commettre le crime : l'excès des précautions dont elle se sera entourée, loin de la prémunir, comme elle y comptait, contre la honte d'être découverte, n'aura fait que trahir le secret de son inconduite et de son infamie.

Au surplus, le fait même de l'accouchement aurait pu avoir des témoins ; les cris de l'enfant auraient pu être entendus.

Toutes ces particularités fixeront l'attention du juge de paix, et feront l'objet de questions, de recherches et de vérifications.

L'accouchement étant avéré, on en constatera le lieu, et par là, on expliquera peut-être les intentions et les actes de la prévenue ; on recherchera si elle est accouchée subitement, isolément, ou si elle s'est fait assister de quelqu'un. Dans ce dernier cas, on s'informera des circonstances de l'accouchement : s'il a été prompt et facile, ou long et laborieux ; comment s'est présenté l'enfant, etc.

On recherchera si les instruments de mort présomptivement employés se retrouvent chez la prévenue ; si

(1) *V.* n° 170.

ceux que l'on aurait rencontrés, ainsi que tous autres objets, auprès de l'enfant, ont appartenu à la prévenue, ou s'ils ont été vus en sa possession.

La moralité de la prévenue sera explorée; si c'est une fille, on remarquera si elle avait eu un premier enfant, et quel en aurait été le sort.

Enfin, l'interrogatoire de la prévenue, toujours indispensable, devra fournir quelques lumières : elle répondra sans hésiter, avec l'accent de l'innocence; ou l'embarras, les contradictions, les invraisemblances de ses réponses dissiperont les derniers doutes. Ces réponses, consignées par écrit, demeureront au procès comme une sauvegarde pour la prévenue, ou comme un témoignage accusateur qu'elle voudra vainement décliner par la suite.

Les observations, les remarques, se présenteront en foule au rédacteur des procès-verbaux de constat. C'est surtout dans une matière si délicate, si obscure, qu'il importe de ne rien omettre ; c'est ici surtout qu'il serait facile de se laisser aller à de fâcheuses préventions pour ou contre l'inculpée, et que l'impartialité de l'officier de police judiciaire lui fait un devoir de ne négliger aucun fait, aucune allégation, aucune vérification à charge ou à décharge.

Il ne suffit pas de constater le fait d'un accouchement même clandestin, même nié d'abord ; il ne suffit pas de constater que l'enfant était né vivant, qu'il a vécu. Il faut encore, il faut surtout rechercher si la mort de l'enfant a été le résultat d'un crime. Le cadavre de l'enfant porterait sur lui des traces visibles, non équivoques, d'une mort violente, que ce ne serait pas encore assez. L'officier de police doit recueillir, avec le

plus grand soin, toutes les circonstances qui peuvent
établir soit la culpabilité, soit l'innocence de la mère ;
les charges les plus accablantes ne doivent jamais lui
paraître suffisantes, tant qu'il lui reste encore quelque
point, quelque circonstance à examiner ; il ne doit rien
rejeter comme inutile ; il doit consigner à son procès-
verbal tous les indices, même les moins décisifs, toutes
les particularités, même les plus insignifiantes en apparence, dès que la prévenue pourrait en tirer avantage. Ainsi, par exemple, il ne devrait pas négliger de
faire procéder aux épreuves hydrostatiques sur le pou-
mon, bien qu'elles n'aient rien de déterminément concluant, mais par cela seul que l'accusée pourrait avoir
intérêt à en argumenter pour sa défense (1).

La mort de l'enfant peut tenir à des causes inno-
centes ; telles seraient : 1° la longueur et la difficulté
du travail de l'enfantement, à raison de la conformation de la mère ou du volume disproportionné de l'enfant, qu'une trop forte étreinte aurait fait mourir
asphyxié ; 2° la compression du cordon ombilical, ou
son entortillement autour du col, qui peuvent déterminer les mêmes accidents ; 3° une pression éprouvée par
la tête de l'enfant entre les os du bassin, lors même
que le travail de l'enfantement n'est pas long ; 4° une
hémorragie considérable produite par le décollement
total ou partiel du placenta, par la rupture de la ma-
trice ou du cordon ombilical ; 5° la faiblesse de l'enfant,
provenant de son immaturité ou de quelque maladie ;
6° la nécessité où l'on a été de terminer brusquement
l'accouchement, pour obvier au danger que courait la

(1) V. n° 258.

mère ; 7° la chute de l'enfant sur un corps dur, circonstance rarement mortelle.

L'infanticide pourrait provenir d'omission volontaire
de la mère.

On peut réduire à quatre chefs principaux tout ce
qui est relatif à l'omission volontaire des soins à donner à l'enfant qui vient de naître : 1° l'asphyxie provenant de ce qu'on n'aurait pas mis l'enfant dans une
position où il pût respirer, ou de ce qu'on ne l'aurait
pas degagé de ce qui faisait obstacle à la respiration ;
2° l'hémorragie ombilicale à défaut de ligature du cordon ombilical ; 3° le délaissement de l'enfant dans
un lieu froid et humide, ou dans un lieu trop chaud,
près d'un foyer ardent, à l'action du soleil au milieu
d'émanations malfaisantes, etc.; 4° l'inanition : la
privation de nourriture prolongée pouvant devenir
mortelle.

Mais il faudra apprécier si la mère savait, ou si elle
pouvait savoir, de quels soins avait besoin son enfant,
et s'il lui était possible de les lui donner.

On s'enquerra si l'inculpée était primipare; si elle
avait ignoré sa grossesse, le moment de l'accouchement
et l'accouchement lui-même; si elle est accouchée
inopinément, dans un lieu isolé, privée de toutes ressources; si, épuisée par le travail de l'enfantement, elle
n'aurait point éprouvé des accidents graves, tels qu'une
syncope prolongée, des convulsions qui eussent anéanti
ses forces, ou qui l'eussent livrée à des mouvements
désordonnés.

L'état du cordon rompu ou coupé, le genre des lésions éprouvées par l'enfant, des secours dont il aura
manqué, l'état de la mère comparé à ses allégations,

permettront aux hommes de l'art de se former une opinion précise, qui sera consignée dans leur rapport.

Que si l'on avait à constater un infanticide par commission, on se rappellera que les causes violentes et criminelles qui peuvent déterminer la mort d'un nouveau-né sont fort nombreuses; les plus remarquables sont : les plaies de la tête; les fractures des membres ou leur section complète; la luxation des vertèbres cervicales; la torréfaction; l'asphyxie, résultat de l'enfouissement dans un coffre, etc.; l'oblitération des cavités nasales et buccales, ainsi que des voies aériennes; la submersion; l'empoisonnement par les gaz délétères, etc.

Les manœuvres auxquelles on a plus particulièrement recours pour arracher la vie à un enfant naissant sont : l'écrasement de la tête entre les cuisses, avant que l'accouchement soit terminé; l'acu-puncture, ou introduction d'une aiguille très-déliée dans le cerveau, à travers les narines, les oreilles, les tempes, les fontanelles, les sutures, — ou dans le cœur, par enfoncement au-dessous du sein gauche, — dans les viscères abdominaux, par le rectum ou le bassin; la torsion du col, après la sortie de la tête; la détroncation; l'étranglement avec les mains ou avec le cordon.

Les hommes de l'art auront à examiner en détail toutes ces causes.

Le juge de paix ne devra jamais manquer de leur faire constater si les sévices ont été exercés avant ou après la mort de l'enfant; et souvent, dans la constatation des sévices eux-mêmes, on trouvera la preuve du crime, savoir : que l'enfant a vécu, et que la vie lui a été violemment arrachée (1).

174. Au cours de ses recherches, le juge de paix a obtenu des renseignements qui l'ont aidé à reconnaître l'état des lieux, le corps du délit, les faits matériels du crime, à en saisir les indices, les instruments, les produits, à rassembler les éléments de son procès-verbal de constat.

Mais il devra de plus recevoir, par écrit, les déclarations des personnes présentes, des parents, domestiques et voisins (2). C'est par l'information qu'il constatera, ou qu'il achèvera de constater, quels sont les auteurs du crime, quels faits sont imputables à chacun d'eux (3) : en cas de simple tentative, quels discours l'ont annoncée, quels faits l'ont manifestée, par quelles causes elle a été suspendue ou elle a manqué son effet (4) ; en cas de complicité, quels actes ont constitué la participation au crime (5). Il fera expliquer dans le plus grand détail tous les renseignements fournis.

En outre, le juge de paix devra interroger le prévenu, s'il est arrêté (6).

L'information et l'interrogatoire se font par actes séparés.

Le procès-verbal de constat ne doit contenir ni information ni interrogatoire, pour ne pas rendre impra-

(1) *V.* n° 258.
(2) *V.* n°ˢ 47, 185 et suiv. — Art. 32 du *Code d'inst. crim.*
(3) *V.* n° 9.
(4) *V.* n° 5.
(5) *V.* n°ˢ 10, 11.
(6) *V.* art. 40 du *Code d'inst. crim.*

ticable, ou au moins difficile, l'exécution de l'art. 341 du Code d'instruction criminelle, qui défend de mettre sous les yeux des jurés les dépositions des témoins, et qui ordonne, en même temps, de leur remettre les procès-verbaux qui constatent le délit (1).

Nous nous occuperons ultérieurement, dans des chapitres spéciaux (2), de l'accomplissement des formalités prescrites par le Code d'instruction criminelle quant aux informations et aux interrogatoires en cas de flagrant délit.

175. Lorsque le juge de paix a recueilli tous les documents nécessaires, ou au fur et à mesure qu'il fait ses recherches, il rédige son procès-verbal de constat.

Dans aucun cas on ne peut se dispenser de dresser procès-verbal, sous le prétexte que la preuve est impossible, ou que le prévenu est inconnu, parce que les preuves, qui manquaient d'abord, peuvent s'acquérir par la suite, et que le prévenu peut être découvert un jour.

Le procès-verbal doit contenir le récit fidèle de tout ce qu'a fait l'officier de police judiciaire, ou de ce qui s'est passé, de ce qui a été fait ou dit devant lui et en sa qualité.

(1) *V.* art. 341 du *Code d'inst. crim.*
On lit pourtant dans le *Manuel* de LEVASSEUR, p. 225 : « Maintenant que l'on remet aux jurés toutes les pièces, il n'y a aucun inconvénient à insérer au procès-verbal de constat les déclarations des parents, voisins, domestiques, etc. » C'est là une erreur manifeste : cette doctrine serait directement en opposition avec le texte formel de l'art. 341 du *Code d'inst. crim.*
(2) *V.* chap. VI et VII.

Le premier mérite d'un procès-verbal est d'être rédigé avec clarté, précision et concision. On doit s'y servir, autant que possible, des expressions des plaignants, des dénonciateurs, des témoins, des prévenus, et employer toujours les termes techniques des experts, sauf à les traduire, au besoin, en langage vulgaire.

Le procès-verbal énoncera les prénoms et noms du juge et du greffier; la date et le lieu de l'opération; la voie par laquelle l'officier de police aura été informé; la nature du fait qui vient de se commettre, de manière qu'il en résulte clairement si c'est un assassinat, un meurtre, un vol, un incendie, un empoisonnement, un crime consommé, ou un commencement d'exécution, ou une simple entreprise préparée (1); les défenses de s'éloigner faites par le juge de paix (2); le nom du prévenu et de ses complices, en cas qu'ils soient présents, arrêtés, ou connus (3); l'interpellation faite au prévenu, ou aux complices présents, d'assister aux opérations (4), ou les noms des personnes qui sont, à cette fin, chargées de leurs pouvoirs (5); les noms et qualités des personnes appelées (6); les mandats décer-

(1) *V.* n⁰ˢ 4, 50.

Les circonstances même les plus minutieuses en apparence, si elles se rattachent aux faits qui ont concouru soit à préparer, soit à faciliter, soit à consommer le crime, quand même elles ne sembleraient pas avoir assez de cohérence pour établir une preuve formelle, doivent être mentionnées dans le procès-verbal.

(2) *V.* n° 140.

(3) *V.* n⁰ˢ 144 et suiv.

(4) *V. ibid.*

(5) *V. ibid.*

(6) *V.* n⁰ˢ 119 à 123.

Il faut, autant que possible, retenir les prénoms, noms, professions et domiciles des parties lésées, des personnes inculpées, des

nés (1) ; les pièces de conviction saisies (2) ; enfin les investigations du juge de paix ; les résultats obtenus ; les délits connexes (3) ou non connexes qui auraient été découverts, etc.

Si des experts ou des hommes de l'art ont été employés (4), le procès-verbal mentionnera leur prestation de serment (5), et contiendra leur rapport.

Le rapport des experts est le témoignage de tout ce qu'ils ont vu ou reconnu par leur visite, ainsi que de la cause qu'ils estiment avoir produit le fait, et des suites qui en peuvent résulter, suivant leurs lumières et les règles de leur art.

Les vérifications des experts ne sont qu'une partie de l'opération générale, qui a pour objet de constater exactement le fait et ses circonstances, et par conséquent elles doivent être consignées dans le procès-verbal de l'officier de police judiciaire. Cela se déduit des expressions de l'art. 44 du Code d'instruction criminelle, *faire leur rapport*, *et donner leur avis*..... Les experts peuvent d'ailleurs être incapables de rédiger convenablement un procès-verbal (6).

176. Cependant on admet ordinairement une ex-

---

témoins, des hommes de la force publique, et des experts, afin qu'en procédant à l'instruction on puisse les trouver et les appeler facilement. *V.* nᵒˢ 67, 68.

(1) *V.* nᵒˢ 140 et suiv., 147 et suiv.

(2) *V.* nᵒˢ 155 et suiv.

(3) *V.* nᵒˢ 24, 139.— Art. 227 du *Code d'inst. crim.*

(4) *V.* nᵒˢ 122, 123.

(5) *V.* nᵒ 127 et les notes.

(6) *V.* Carnot, *De l'Inst. crim.*, t. Iᵉʳ, p. 257. — Carré, *Droit français...*, t. IV, p. 353. — Legraverend, *Lég. crim.*, t. Iᵉʳ, p. 216.

ception à l'égard des officiers de santé (1) : ils ont l'habitude de cette sorte de rédaction; d'un autre côté, il
arrive souvent qu'ils aient besoin de temps et de réflexion
pour rédiger leur rapport, qui doit devenir dans la discussion l'une des pièces les plus importantes, en sorte
qu'ils ne peuvent le remettre, ni donner leur avis, à
l'instant même (2).

Quoique les médecins ou officiers de santé dressent
eux-mêmes leur rapport, nous croyons qu'il est convenable et utile que l'officier de police judiciaire mentionne
dans son procès-verbal, autant que cela est possible,
leur avis, sauf à n'en rapporter que les observations
principales, le résultat succinct, les conclusions sommaires ; auquel cas, l'officier de police judiciaire indique
que les médecins ou officiers de santé ont rédigé séparément leur rapport, qui sera annexé (3).

Si les médecins ou officiers de santé sont prêts et dis-
posés à dicter leurs remarques et leur opinion au cours

---

(1) Autrefois, il était même de rigueur que le rapport des médecins fût rédigé séparément du procès-verbal du juge.

(2) Il peut même arriver que les officiers de santé aient à faire
plusieurs visites, plusieurs rapports successifs : par exemple, au cas
où il s'agit de constater le fait d'un accouchement, ou d'apprécier
les résultats de coups, de blessures.

Les opérations ultérieures se font alors en vertu de leur premier
serment, et du même ou d'un subséquent réquisitoire.

(3) Quoique les officiers de santé dressent eux-mêmes leur rapport, l'officier de police judiciaire peut, et doit même, consigner
dans son procès-verbal toutes les observations que son expérience
et la nature de ces sortes d'opérations lui suggèrent relativement à
la présomption, à l'intention et à la volonté, qu'on peut tirer de
l'arme ou de l'instrument dont le coupable s'est servi, de la situation, de la direction et de la gravité des blessures qui ont causé la
mort.

du procès-verbal de l'officier de police judiciaire, il conviendrait de les y insérer en entier (1).

177. Au reste, le rapport des officiers de santé étant leur œuvre, dans tous les cas, l'officier de police judiciaire ne peut s'y immiscer en rien, ni pour l'approuver, ni pour le contester : il ne peut que le recevoir tel qu'ils ont cru devoir le faire.

Néanmoins, s'il s'aperçoit que les médecins ou officiers de santé omettent quelques particularités intéressantes, il est de son devoir d'appeler leur attention sur ces points, et de provoquer de leur part des explications plus étendues à ce sujet.

Mais là se borne son droit. Si les experts, ne voyant que des faits insignifiants dans les particularités qu'il leur signale, refusent de s'en occuper, il ne peut les forcer à le faire, sauf à lui de consigner ses observations et interpellations dans son procès-verbal, s'il le juge à propos.

Il est toutefois une observation essentielle, commune à tous les experts, que l'officier de police judiciaire devra faire aux médecins ou officiers de santé qui rédigeraient eux-mêmes leur rapport, et qu'il n'oubliera pas dans son propre procès-verbal : c'est que les actes dressés en présence du corps du délit ont particulièrement pour objet de conserver des faits périssables, de les retenir avec une exactitude telle, que la lecture de ces actes fasse connaître tout ce qu'il était possible d'apprendre à la vue des circonstances matérielles du fait incriminé.

D'après cela, les officiers de santé ne rempliraient

(1) *V. inf.* nº 181, Formule de procès-verbal de constat.

donc que très-imparfaitement le but de leur commission, s'ils se bornaient à déposer dans leur rapport
seulement leur avis ou leurs conclusions. Ils doivent
encore consigner par écrit le détail exact, minutieux et
complet de tout ce qui leur est apparu, d'où puissent
être tirées des inductions favorables ou contraires, sur
la réalité ou sur l'absence du crime, et relativement à
son auteur dénommé ou inconnu, quelle que doive
être, en définitive, leur opinion personnelle.

Autrement, il serait impossible de discuter, à l'audience, la valeur de leurs conclusions, qui pourraient
cependant être mal déduites ou erronées; tandis que, les
faits étant relevés et conservés dans toutes leurs parties,
les docteurs en médecine, que la justice croirait devoir
appeler pour opiner sur le corps du délit, se trouveront
l'avoir, pour ainsi dire, sous les yeux, en examinant le
rapport, s'il est détaillé et bien fait, et pourront conclure et donner leur avis en connaissance de cause,
soit pour confirmer, soit pour contredire le jugement
porté par les médecins ou officiers de santé employés
primitivement (1).

178. Quant aux pièces de conviction, il importe,
dit M. Carré (2), de remarquer qu'il est nécessaire de
dresser séparément un procès-verbal de la saisie de ces

___

(1) C'est parce qu'il peut arriver qu'un second examen des faits
soit nécessaire, et que le premier rapport paraisse insuffisant, qu'il
est recommandé par les médecins légistes, aux officiers de santé qui
ont procédé à une autopsie cadavérique, de rétablir ou de mettre,
autant que possible, les parties à explorer, dans un état tel, que,
l'exhumation étant ordonnée, il soit possible de retrouver et de re-
voir les points sur lesquels tombe la difficulté. V. n° 252.

(2) V. *Droit français...*, t. IV, p. 259.

pièces; l'auteur ajoute (1), et encore sans donner de
motifs, que le procès-verbal de saisie des pièces de conviction ne doit pas être confondu avec celui par lequel
le corps du délit est constaté.

Nous ne pensons pas qu'il soit indispensable de con-
sacrer un procès-verbal spécial à cet objet. Les pièces
de conviction participent de la matérialité du délit;
nous estimons que la description à en faire trouve naturellement sa place dans le procès-verbal de constat.
Que si l'art. 35 du Code d'instruction criminelle exige
qu'il soit rédigé procès-verbal de la saisie des pièces de
conviction, il ne parle pas d'un procès-verbal spécial :
le but de la loi nous semble rempli, dès que les formalités qu'elle prescrit à ce sujet ont été accomplies dans
le procès-verbal de constat. Opérer suivant l'avis de
M. Carré serait, selon nous, multiplier les écritures,
les procès-verbaux, non-seulement sans nécessité,
mais même bien souvent au détriment de la célérité des
opérations.

Un procès-verbal spécial et séparé ne nous paraît nécessaire que pour le cas où la saisie des pièces de conviction aurait fait, seule, l'objet du transport (2), ou
lorsque ces pièces n'auraient été découvertes qu'à la
fin des opérations, et après la rédaction des autres
procès-verbaux, dans lesquels on aurait pu décrire ces
pièces et mentionner leur saisie (3).

(1) *V. ibid.*, t. IV, p. 329.
(2) *V.* chap. xi.
(3) *V.* nᵒˢ 195, 223, 224.

Cependant, si les pièces de conviction étaient très-nombreuses et
d'une longue description, il pourrait paraître convenable d'en dresser
un état à part, pour ne pas allonger outre mesure, et en quelque

179. Aux termes de l'art. 42 du Code d'instruction-criminelle, chaque feuillet (1) du procès-verbal doit être signé par l'officier de police judiciaire et par les personnes qui y auront assisté; en cas de refus ou d'impossibilité de signer de la part de celles-ci, il en doit être fait mention.

Il faut remarquer que cette disposition finale se rapporte à celles qui précèdent (2) : d'où il suit que le procès-verbal doit être signé ainsi seulement par l'officier de police judiciaire, le greffier, le commissaire de police, le maire ou l'adjoint, ou par les témoins qui le remplacent, et par le prévenu ou son fondé de pouvoir (3).

Les experts signent leur déclaration au corps ou à la fin du procès-verbal. Les officiers de santé, alors même qu'ils rédigent un rapport séparé, doivent signer le procès-verbal, parce qu'il contient nécessairement mention de leur commission, de leur acceptation et de leur serment, et en outre, le plus ordinairement, un précis de leurs opérations, avec indication sommaire des résultats (4).

---

sorte encombrer, le procès-verbal des opérations par un volumineux inventaire.

(1) M. CARNOT, *De l'Inst. crim.*, t. Ier, p. 253, estime que l'on fera plus sagement de signer et de faire signer le procès-verbal ainsi qu'il est ordonné par l'art. 76 pour le cahier d'information, quoiqu'il n'y eût pas irrégularité à ne signer qu'à chaque feuillet, puisque l'art. 42 n'exige pas strictement davantage.

Dans la pratique, on opère généralement comme le conseille M. CARNOT. *V.* n° 99.

(2) *V.* n° 120.

(3) *V.* n°ˢ 146, 150, 151.

(4) *V.* n°ˢ 127, 181.

La signature des autres personnes en présence desquelles on a opéré, sans en être *assisté*, serait inutile. Tels seraient les manouvriers, les artisans, qui n'ont eu à s'occuper que d'un travail manuel, sans avoir d'avis à donner, et les agents de la force publique (1).

180. Suivant M. Levasseur (2), toutes les opérations du juge de paix doivent se terminer dans une seule séance, à la fin de laquelle il ne lui resterait que le droit d'apposer les scellés, parce que, passé cette première séance, il n'y aurait plus cas de flagrant délit.

Nous estimons, au contraire, que le juge de paix pourrait opérer plusieurs jours de suite, pourvu qu'il eût commencé en cas de flagrant délit. Autrement, dans une affaire grave et compliquée, le juge de paix, appelé pour recueillir les traces fugitives du crime, se verrait arrêté au moment où ses recherches, faisant entrevoir la vérité, auraient pu la dévoiler entièrement, si elles eussent été continuées ; tandis que la cessation de ses investigations, le temps perdu dans l'attente d'un autre magistrat, assureraient l'impunité au coupable. Telle n'a pu être l'intention de la loi.

Mais il est bien entendu que reconnaître ce droit au juge de paix, ce n'est pas l'engager à en user sans discrétion et sans besoin, et à remettre au lendemain ce qu'il pourrait faire sur-le-champ.

Si, à la fin d'une première séance, le juge de paix,

---

(1) Cependant, en l'absence d'autres personnes qui nous assistassent, nous avons quelquefois fait signer nos procès-verbaux par les chefs de la force armée, et même par de simples gendarmes, pour que leurs noms fussent retenus, et que leur témoignage pût être invoqué au besoin.

(2) *V. Manuel des Juges de paix*, p. 209, 231.

par précaution ou par mesure de sûreté, avait apposé les scellés sur des papiers ou sur des meubles, il pourrait les lever de sa propre autorité, s'il le jugeait convenable, sans attendre le juge d'instruction, comme le voudrait M. Levasseur.

Le cas échéant, le procès-verbal, dans sa clôture après les premières vacations, ferait mention de la cause qui nécessiterait la suspension et la remise des opérations ; et, à cela près, il serait clos et signé de la même manière que si tout était terminé.

La suite des opérations serait reprise par un *advenant*, aux lieu et heure fixés dans le renvoi, et avec continuation des mêmes formalités que devant.

181. Le procès-verbal de constat est un acte du plus haut intérêt. Il importe que cette pièce introductive détermine exactement les faits ; que cette base de la procédure soit solidement établie : c'est, d'ailleurs, un acte qui comporte beaucoup de détails, et qui exige une grande attention ; on ne saurait y donner trop de soins.

Nous ne croyons pas pouvoir mieux faire que de proposer pour exemple, avec de légères modifications, le modèle donné par M. Jacquinot-Pampelune, alors procureur du roi de la Seine, dans son instruction à ses auxiliaires (1).

L'an   , le   , heure·   (2),

Nous   (3), juge de paix du canton de   , arrondissement de   , département de   , officier de

(1) *V.* Instruction du procureur du roi de la Seine, p. 59.
(2) Avant ou après midi. *V.* n⁰ˢ 136, 137, 138.
(3) Prénoms et nom du juge de paix.

police judiciaire auxiliaire de M. le procureur de la République, écrivant N... (1), notre greffier (2),

Instruit par la dénonciation à l'instant faite devant nous, par le sieur Jacques M... (3), qu'un homicide venait de se commettre sur la personne du sieur A..., domicilié dans une maison sise à..., en cette commune (4),

Procédant, en cas de flagrant délit, conformément aux art. 32 et 49 du Code d'instruction criminelle (5),

Nous sommes transporté dans ladite maison; dont nous avons fait garder l'extérieur et les issues, avec défense à qui que ce fût de sortir de la maison et de s'éloigner du lieu jusqu'après la clôture de notre procès-verbal, sous les peines portées par l'art. 34 du même Code (6).

Monté au premier étage par un escalier à droite au fond de la cour, nous avons été introduit dans un appartement de cinq pièces, donnant sur la cour et sur un jardin (7), où nous avons trouvé réunis : 1º le nommé Jean E..., domestique du sieur A...; 2º les sieurs

(1) Prénoms et nom du greffier.

(2) *Ou* écrivant (prénoms, nom, qualité, demeure de l'individu appelé à remplacer le greffier; — *V.* nº 63), auquel nous avons momentanément confié les fonctions de greffier (cause du remplacement; — *V.* nº 63), et dont nous avons reçu le serment de se bien et fidèlement acquitter de ces fonctions.

(3) *Ou* par l'avis qui nous a été donné....., *ou* par la clameur publique.

(4) *Ou* sise en cette ville de   , rue   , nº   .

(5) Ces deux lignes pourraient être supprimées; et elles devraient l'être s'il s'agissait d'un fait reconnu dès l'abord comme constituant un simple délit correctionnel. *V.* nº 55.

(6) On pourrait supprimer : *sous les peines,* etc. *V.* nº⁰ˢ 140, 141.

(7) *V.* nº 154.

Louis G... et Jean H..., voisins, demeurant dans la maison; 3° et un individu que l'on nous a désigné comme étant celui qui a été arrêté par Jacques M..., dénonciateur, et par son domestique (1).

Sur notre interpellation, cet individu nous a déclaré se nommer Nicolas B... (2).

Nous l'avons remis entre les mains de la force publique, en recommandant de veiller à ce qu'il ne communiquât avec personne, et ne jetât ou ne détruisît rien de suspect (3).

En présence tant de cet individu (4) que des personnes nommées ci-dessus (5), nous avons constaté le corps du délit et ses circonstances (6), ainsi qu'il suit :

Dans une troisième pièce donnant sur le jardin, et servant de chambre à coucher, nous avons vu sur un lit, dont les draps, la couverture et les matelas étaient inondés de sang, un cadavre du sexe masculin, que le nommé E..., domestique, et les sieurs G... et H..., nous ont déclaré être celui dudit sieur A... (7).

L'inculpé a reconnu l'identité du sieur A... (8).

Ce cadavre était couché sur le dos, vêtu d'une simple chemise, et coiffé d'un bonnet de coton; la chemise et le bonnet sont ensanglantés ; la chemise est

(1) V. nᵒˢ 152, 175, aux notes.
(2) Il convient d'établir la qualité ou profession, la demeure, et tout ce qui peut concourir à désigner l'individu de la manière la plus exacte.
(3) V. nᵒ 146.
(4) V. nᵒˢ 144 et suiv.
(5) V. nᵒˢ 120, 152.
(6) V. nᵒ 159.
(7) V. nᵒˢ 168, 245, 246.
(8) V. nᵒ 168.

percée de plusieurs trous, dans la partie antérieure.

Le sang avait jailli jusque sur la muraille, du côté de la ruelle.

A terre, et à peu de distance du lit, était un poignard à manche de bois d'ébène, dont la lame est de..... centimètres de longueur et ne porte aucun nom ou marque de fabricant; ce poignard était teint de sang (1).

Sur une commode placée à droite en entrant dans la chambre à coucher, était posée une lanterne sourde, toute neuve, en fer-blanc, et garnie d'un verre, lequel se cache au moyen d'une plaque de fer-blanc, qui se rabat par dessus; dans cette lanterne était un bout de bougie éteint et presque consumé.

Requis par nous de procéder à l'examen des causes de la mort du sieur A..., les sieurs... (2), docteurs, l'un en médecine, l'autre en chirurgie, ont prêté entre nos mains le serment de faire leur rapport et de donner leur avis en leur honneur et conscience (3).

Leur examen terminé (4), ils nous ont rapporté (5) :

---

(1) *V.* nos 154, 156, 157.

Si l'on découvre le marchand qui a vendu le poignard, on l'entend dans sa déposition, et on lui confronte l'inculpé.

Ce marchand se trouvant dans le cas de l'art. 314 du *Code pénal*, on fera chez lui perquisition des armes prohibées qu'il posséderait. On en rédigera un procès-verbal séparé.

Il ne faudrait constater les perquisitions par le même procès-verbal qu'autant que l'individu qui aurait procuré les armes aurait su l'usage que l'on voulait en faire, ce qui le constituerait complice.

(2) *V.* nos 123, 124.

(3) *V.* no 127.

(4) L'examen doit être fait en présence du juge de paix, qui mentionnera son assistance. *V.* nos 128, 236, 251.

(5) *V.* no 176.

Qu'inspection faite du cadavre (1), ils ont re--
connu.....; qu'ouverture faite du cadavre (2), ils ont
trouvé....;

Qu'ayant, sur notre réquisition, rapproché de telles et
telles blessures (3) les coupures de la chemise dont est
vêtu le défunt, ils ont reconnu que ces coupures cor-
respondaient à ces blessures, par leur situation et leur
direction; qu'elles avaient la même longueur, et étaient
faites par le même instrument tranchant;

Qu'ayant également, sur notre réquisition, rapproché des mêmes plaies et coupures la lame du poignard (4) trouvé dans la chambre, ils ont reconnu que
la largeur de la lame était de la longueur des plaies et
coupures;

Que, d'après toutes ces observations, ils estiment
que telles et telles blessures n'étaient pas mortelles; que
telles et telles blessures étaient essentiellement mortelles, et ont causé une mort très-prompte;

(1) *V.* nos 247, 248.

(2) *V.* nos 251, 252.

Il ne faut pas oublier que, hors le cas de mort évidente, l'ouverture ne doit se faire qu'après un délai de vingt-quatre heures depuis
le décès.

A moins d'urgence, il convient d'attendre les instructions du procureur de la République, à qui l'on a dû donner avis du crime sans
perte de temps; d'autant plus que dans beaucoup de cas, surtout
en matière d'homicide, d'empoisonnement, d'infanticide, les officiers auxiliaires n'ont pas toujours les mêmes moyens que le procureur de la République ou le juge d'instruction pour constater ces
crimes : il n'y a pas toujours dans les campagnes des experts assez
habiles pour aider la justice dans ses investigations. *V.* n° 118.

(3) *V.* n° 255.

(4) *V. ibid.*

Que telles et telles blessures, ainsi que telles coupures de la chemise, ont été produites par le même instrument tranchant, et que cet instrument est le poignard en question ;

Que le nombre des blessures, et surtout la multitude des écorchures qui se voient au visage et aux mains du défunt, font présumer que la victime a cherché à se défendre contre son assassin.

Nous avons requis les hommes de l'art de visiter l'inculpé arrêté (1) : ce qu'ayant effectué, ils nous ont rapporté, que son visage, ses mains, son habit, son gilet, sa chemise et sa cravate sont ensanglantés, ce que nous avons nous-même vérifié ; qu'il existe à sa main droite et à son poignet gauche plusieurs écorchures, et à tels ou tels doigts de la main des traces de morsures ; que ces écorchures et morsures sont tellement récentes, qu'elles sont encore sanguinolentes.

Ce rapport terminé (2), nous avons observé qu'il n'existait dans les divers objets et meubles de l'appartement aucune effraction, aucun dérangement, qui pût faire présumer qu'on y eût volé, ou qu'on eût eu le temps d'y voler (3).

Voulant constater comment on avait pénétré dans l'appartement (4), nous avons remarqué qu'il n'existait à la porte d'entrée aucune trace d'effraction ; une clef

(1) V. n° 168.
(2) Ou les experts nous ayant déclaré qu'ils ne pourront nous remettre qu'ultérieurement leur rapport, qui sera rédigé par écrit et annexé au présent procès-verbal, etc. V. n° 176.
(3) V. n°ˢ 153, 154.
(4) V. n° 154.

était dans la serrure à l'extérieur : cette clef (1) n'étant ni neuve, ni nouvellement limée, et s'ajustant, d'ailleurs, très-bien à la serrure, qui est une serrure de sûreté, nous avons présumé qu'elle était la véritable clef de la serrure.

Instruit qu'une porte qui donne du jardin sur la rue avait été entr'ouverte, et présumant que l'assassin était entré par ce côté dans la maison, le jardin n'étant séparé de la cour que par un mur d'appui, dans lequel est une porte fermant seulement au loquet, nous nous sommes rendu à la porte de ce jardin, par l'extérieur, pour ne point effacer ni confondre les empreintes de pas qu'aurait pu laisser l'assassin, dans l'intérieur du jardin.

La rue étant pavée, nous n'avons rien vu au dehors; mais, dans une des allées qui conduisent intérieurement de la porte du jardin à la maison, nous avons remarqué, sur la terre amollie par la pluie qui est tombée hier, des empreintes de pas qui se dirigeaient de la porte à la maison : ces empreintes, toutes de la même grandeur, appartenaient à deux souliers différents, les unes portant la trace de trente clous au talon, les autres ne portant au talon que vingt-huit clous, et une trace de clou manquant au milieu du talon (2);

Nous avons fait déchausser Nicolas B..., et nous avons vu que le soulier de son pied gauche s'adaptait parfaitement aux empreintes où se voit la trace de trente clous, et que le soulier de son pied droit

(1) *V.* nᵒˢ 18, aux notes, 154.
(2) *V.* nᵒ 154.

s'adapte aussi parfaitement aux empreintes où est la trace de vingt-huit clous ; qu'à ce soulier il manque un clou, à la même place qu'à ces dernières empreintes (1).

Nous avons ensuite fait fouiller Nicolas B... ; il ne s'est trouvé sur lui qu'un passe-partout, que nous avons essayé (2) à la porte du jardin, et qui l'ouvre avec peu de difficulté.

En présence de l'inculpé, nous nous sommes emparé, pour servir de pièces de conviction (3), de la chemise, du bonnet de coton, des draps et de la couverture du lit du défunt, du poignard, de la lanterne, de la clef de l'appartement, du passe-partout saisi sur Nicolas B..., de l'habit, du gilet et des souliers de l'inculpé, à qui nous en avons fait fournir d'autres par le sieur..., marchand-fripier, demeurant rue... (4).

Nous avons renfermé lesdits objets, par nous saisis, dans un sac de toile, que nous avons fermé au moyen d'une corde sans nœuds, aux deux bouts de laquelle nous avons adapté une feuille de papier, au moyen de cire à cacheter rouge, que nous avons scellée

---

(1) Dans le cas où l'inculpé n'est pas arrêté, on prend la dimension des pas avec une feuille de papier qu'on découpe dessus, et, avec de l'encre, on y figure l'empreinte des clous. Cette feuille est comparée avec la chaussure de l'inculpé, s'il est arrêté ultérieurement, ou si sa chaussure peut être saisie.

On pourrait, aux mêmes fins, couler dans les empreintes, du plomb ou du soufre fondu, ou du plâtre délayé.

(2) V. nᵒˢ 18, 154, 155, 165, aux notes.

(3) V. nᵒˢ 156, 157.

(4) Dans ce cas, les vêtements sont payés, sur mandat du juge, comme frais urgents. V. art. 133, 134 du Décret du 18 juin 1811. — Nᵒ 339.

de notre sceau. Sur notre interpellation, Nicolas B...,
inculpé, a signé et paraphé avec nous cette bande de
papier (1).

Personne ne pouvant nous donner les renseignements
nécessaires pour la rédaction de l'acte de décès du sieur
A..., et étant instruit par le sieur G..., l'un des voisins
présents, que l'acte de naissance du sieur A... était
renfermé dans son secrétaire, nous avons ouvert le
meuble, à l'aide de la clef que nous avons trouvée dans
la poche du pantalon du défunt, et nous avons trouvé,
dans un des tiroirs, ledit acte de naissance, duquel il
résulte que le sieur A... portait les prénoms de... ; qu'il
est né à..., le..., du sieur... et de la demoiselle..., son
épouse.

Les sieurs G... et H .. nous ont déclaré que le défunt n'a jamais été marié, et que son père et sa mère
sont décédés, sans pouvoir indiquer le lieu ni le temps
de leur décès.

Nous avons immédiatement apposé les scellés, pour
la conservation des droits de qui il appartiendra, et nous
avons constaté par un procès-verbal spécial ladite apposition de scellés (2).

Nous avons rédigé le présent procès-verbal en présence de... (3).

Lecture faite du procès-verbal à l'inculpé et aux per-

(1) *Ou* a déclaré ne vouloir, ne savoir ou ne pouvoir signer et parapher, ce dont nous avons fait mention sur ladite bande. *V.* n° 157.

(2) *V.* n° 183.

(3) Maire, *ou* adjoint, *ou* commissaire de police, *ou* des sieurs N...
et N..., tous les deux domiciliés dans cette ville ou commune, requis par nous de nous assister; *ou encore*, sans assistance de témoins, n'ayant pu nous en procurer sur-le-champ. *V.* n° 120.

sonnes y dénommées, ils l'ont signé avec nous et notre greffier (1).

Signatures (2).

Nous nous sommes transporté de suite, heure de... (3), dans le domicile de Nicolas B..., rue..., et là, en sa présence, nous avons fait une perquisition dans tous les lieux qui dépendent de sa location, et nous n'y avons rien trouvé, si ce n'est un billet sans signature, portant son adresse, qui était caché derrière la glace, et qui contient ces mots : « Retardez jusqu'à demain soir ; je vous en dirai la raison, demain matin, à notre rendez-vous ordinaire. »

Sur notre réquisition, Nicolas B... a signé et paraphé le billet, dont nous nous sommes saisi (4).

Nous avons rédigé le présent procès-verbal, etc.

Lecture faite..., etc.

D'après l'interrogatoire de Nicolas B..., rédigé séparément du présent procès-verbal (5), des soupçons graves s'élevant contre Jacques D..., neveu du défunt, nous juge de paix nous sommes transporté sur-le-

---

(1) *Selon le cas :* excepté N..., qui a déclaré ne savoir, ne pouvoir, ou ne vouloir signer, de ce interpellé. *V.* n°ˢ 179, 310.

Si les opérations étaient telles, qu'elles ne pussent être mentionnées toutes dans le même procès-verbal, il faudrait dresser un procès-verbal particulier des opérations séparées, en observant pour chaque procès-verbal les mêmes formalités, et en évitant d'y confondre ce qui doit être consigné dans la plainte ou dénonciation, dans l'information, et dans les interrogatoires.

(2) A toutes les pages. *V.* n° 179.

(3) *V.* n°ˢ 129 et suiv.

(4) *V.* n° 158.

(5) *V.* n° 174.

champ, lesdits jour et an, heure de... (1), à son domicile, rue...; cet individu étant absent, nous avons fait ouvrir la porte de son logement par le sieur..., serrurier, rue..., par nous requis; nous avons fait, dans tous les lieux dépendants de la location de D..., une perquisition par l'effet de laquelle nous n'avons rien trouvé de suspect.

Jacques D... ayant été arrêté en vertu de notre mandat d'amener, pendant le cours de nos opérations (2), immédiatement après son interrogatoire nous l'avons confronté (3) au cadavre de son oncle, dans le domicile duquel nous sommes retourné. A la vue de ce cadavre, il a pâli et s'est troublé; nous lui avons demandé s'il le reconnaissait; il nous a déclaré, en balbutiant, que c'était celui de son oncle, et que ses assassins étaient bien criminels.

Nous avons dressé le présent procès-verbal, etc.

Lecture faite... etc.

Et attendu que Nicolas B... est inculpé d'être l'auteur de l'assassinat du sieur Jean-Baptiste A...; que Jacques D... est inculpé de s'être rendu complice de ce crime, en provoquant par promesses B... à le commettre, et en lui procurant les instructions et moyens de le consommer, nous avons ordonné qu'ils resteront sous la main de justice, en état de mandat d'amener (4).

Fait à   , etc. (5).

(1) *V.* nos 129 et suiv.
(2) *V.* nos 144 et suiv.
(3) *V.* no 168.
(4) *V.* no 225.
(5) Cette partie du procès-verbal n'est signée que du juge et du

182. L'art. 45 du Code d'instruction criminelle exige que le procureur de la République qui a procédé en cas de flagrant délit transmette, sans délai, au juge d'instruction les procès-verbaux, actes, pièces et instruments dressés et saisis en vertu des articles précédents.

Lorsque c'est le juge de paix qui a procédé, soit comme officier de police judiciaire auxiliaire du procureur de la République, soit comme délégué du juge d'instruction, il doit pareillement, pour l'accomplissement des dispositions de l'art. 45 du Code d'instruction criminelle, adresser sans délai les procès-verbaux, actes, pièces et instruments au procureur de la République, pour le mettre en état de les communiquer au juge d'instruction, en requérant ce qu'il appartiendra (1).

Après cet envoi (2) effectué, comme nous l'avons énoncé précédemment (3), le juge de paix dessaisi n'a plus qualité pour continuer l'instruction; il ne pourrait que faire des actes d'urgence, en cas d'absolue nécessité (4), et prendre ou recevoir des renseignements qu'il adresserait au procureur de la République.

183. Les premières opérations, celles qui sont du ressort de la police judiciaire, étant terminées, il peut

greffier. En tant qu'ordonnance du juge, elle pourrait même n'être signée que par lui. *V.* n° 62.

(1) *V.* art. 53 du *Code d'inst. crim.*

(2) L'envoi comprend nécessairement l'information et l'interrogatoire, dont nous parlerons aux chapitres VI et VII.

(3) *V.* n° 54.

(4) *V.* n° 55.

rester au juge de paix des obligations à remplir pour la conservation des intérêts civils.

Si la personne homicidée n'est pas de la commune où son cadavre est trouvé, le juge de paix devrait transmettre de suite à l'officier de l'état civil les renseignements qu'il aura pu recueillir sur les prénoms, nom, âge, profession, lieu de naissance, filiation et domicile de la personne décédée, pour la rédaction de l'acte de décès (1).

De plus, et, dans tous les cas, si les héritiers sont mineurs ou absents, ou enfin, si les intérêts de tiers l'exigeaient, le juge de paix devrait apposer les scellés sur les meubles, effets, papiers, etc., de la personne homicidée (2). Cette apposition de scellés est constatée par un procès-verbal spécial (3), dont il est fait mention au procès-verbal de constat.

(1) *V*. art. 81, 82 du *Code civil*.
(2) *V*. art. 907 et suiv. du *Code de proc. civ.*
De même, dans le cas où un particulier est arrêté, en vertu d'un mandat d'amener ou de dépôt, et que ses meubles et effets se trouvent à la merci de ses domestiques, ou sans gardiens, il convient d'y apposer les scellés.
Il n'y a pas à s'occuper de ces mesures conservatoires, lorsque la personne intéressée a confié à quelqu'un le soin de ses affaires.
(3) *V*. art. 914 et suiv. du *Code de proc. civ.* — Formule de procès-verbal de constat ci-dessus.

CHAPITRE VI.

—

DE L'INFORMATION SUR FLAGRANT DÉLIT.

184. Il y a des crimes dont le corps de délit ne peut se constater, ni par le procès-verbal du juge, ni par le rapport des experts, soit parce que ces crimes n'ont pas laissé de traces après eux, soit parce que les traces qu'ils ont laissées ont dépéri ou cessé d'exister par les manœuvres de l'auteur même du crime, lequel a eu soin d'en dérober la connaissance, en les faisant disparaître. Alors, comme il est de l'intérêt public que les crimes ne demeurent point impunis, la preuve du corps du délit peut être suppléée et s'acquérir par une information.

Dans tous les cas, le procès-verbal de constat ne peut contenir que la description ou le récit des faits qui tombent sous les sens extérieurs lors de la descente de justice, et l'information est indispensable pour compléter les documents que renferme le procès-verbal de constat, pour faire connaître les coupables, la date, le mode de l'accomplissement du fait, et ses circonstances immatérielles.

185. Aussi, il entre, comme nous l'avons écrit précédemment (1), dans les attributions du juge de paix qui constate un flagrant délit, à titre d'officier de police

---

(1) *V.* n°s 47, 174. — Art. 32 du *Code d'inst. crim.*

auxiliaire, de recevoir les déclarations des personnes qui auraient été présentes ; il peut encore, à cet effet, appeler à son procès-verbal les parents (1), domestiques ou voisins présumés en état de fournir des éclaircissements sur le fait.

Mais le juge de paix, en ce cas, n'a pas le droit de citer à comparaître devant lui des personnes qui ne se trouveraient pas sur les lieux, ou qui ne s'y présenteraient pas volontairement ; ce droit est réservé au juge d'instruction ou à son délégué.

Il n'y a d'exception que pour les parents, domestiques ou voisins.

Encore, d'après l'interprétation donnée à l'expression *voisins* par M. Levasseur (2), il ne faudrait comprendre sous cette dénomination que les personnes qui se trouvent sur le lieu même du délit, ou tout au plus dans la même maison.

Mais, selon nous, c'est trop restreindre le sens du mot *voisins*, que de ne comprendre sous cette qualification que les habitants de la maison où le crime aurait été commis. En rigueur, cela se concevrait pour Paris et les grandes villes ; mais à la campagne et dans les petites villes, où chaque famille occupe une maison tout entière, l'on ne peut évidemment trouver de voisins qu'au dehors ; alors, les *voisins* sont donc les habitants des maisons voisines, des maisons les plus rapprochées : en un mot, la valeur du terme *voisins*, dont la loi s'est servie, est relative et n'est nullement absolue.

(1) Il y a ici dérogation formelle aux dispositions des art. 156 et 332 du *Code d'instr. crim.*
(2) *V. Manuel des juges de paix*, p. 229.

186. Le juge de paix peut retenir les personnes trouvées sur les lieux (1) : chaque citoyen doit à la justice le tribut de ses connaissances sur ce qui intéresse la société.

187. Quant aux parents, domestiques ou voisins qu'il n'aurait pas trouvés sur les lieux, il peut les faire appeler devant lui par un simple avertissement, et, en cas de mauvaise volonté ou de résistance de leur part, les faire citer à comparaître, par l'huissier qui l'accompagne, ou par un agent de la force publique (2).

188. Le juge de paix entendra les personnes lésées, si elles n'ont pas encore porté plainte, ou si elles ont de nouvelles explications à fournir.

Il recherchera, et entendra dans leurs déclarations, surtout les personnes qui, dans des instants rapprochés du délit, auraient rencontré ou vu rôder le prévenu dans les lieux où le délit a été commis.

Il appellera, et entendra dans leurs déclarations, les personnes qui pourraient déposer de la possession qu'aurait eue, de l'usage qu'aurait fait le prévenu, des objets saisis comme pièces de conviction ; celles de qui il les aurait tenus ; celles qui les auraient vus entre ses mains, peu d'instants avant le délit.

Il recueillera des hommes de la force publique qui ont été appelés sur les lieux, ou qui ont concouru à l'arrestation, ou de toutes autres personnes, les aveux ou discours suspects qui seraient échappés au prévenu, sur le lieu du délit, lors de son arrestation, ou depuis, n'importe en quel endroit :

(1) *V.* art. 34 du *Code d'inst. crim.* — N° 140.
(2) *V.* n°ˢ 119, 125. — Art. 105 du *Code* du 3 brumaire an IV.

Il se fera donner par les plaignants, dénonciateurs ou témoins, et il consignera dans l'information, le signalement exact et détaillé de la personne et des vêtements des inculpés non arrêtés, afin de faciliter leur recherche, et de donner plus de poids à la reconnaissance ultérieure des inculpés par ces diverses personnes.

Enfin, il fera en sorte d'obtenir, de reconnaître, et il consignera soigneusement tous les indices, tous les renseignements relatifs à la passion ou à l'intérêt qui auraient déterminé à commettre le crime.

189. Le juge de paix doit tout d'abord s'informer des relations des témoins soit avec la personne qui est victime du crime, soit avec celle qui est présumée en être l'auteur (1).

Il doit engager les témoins à lui donner les renseignements les plus développés et les plus détaillés ; à déclarer par quelle voie la connaissance du fait et des circonstances leur est parvenue ; à indiquer s'ils ont été à portée de bien apercevoir tous les actes qui se sont passés, et s'ils ont été dégagés de toute illusion des sens par l'organe desquels ils s'en sont aperçus (2).

Il doit montrer au témoin soit les contradictions qui pourraient se trouver entre sa déposition et celle des autres témoins, soit la désharmonie de ses indications sur le fait et les circonstances, et exiger de lui une déposition réitérée et plus claire (3).

Les témoins doivent déposer sommairement, d'après

(1) *V.* nº 289.
(2) *V.* nº 291.
(3) *V.* nº 292.

l'ordre de leurs idées ; le juge de paix doit s'abstenir de leur poser des questions sur le fait, et de préparer par cela non-seulement le résultat de leurs dépositions, mais aussi la concordance entre les dépositions respectives. Il ne s'agit ici que de la vérité, qui n'a pas besoin de secours étrangers pour éclater (1).

Le procès-verbal doit contenir les propres expressions des témoins, afin que tout tiers puisse concevoir ces dépositions de la même manière que l'officier qui a procédé à l'information, et afin que toute falsification involontaire des pensées des témoins soit prévenue (2).

190. Les déclarations de ces témoins du fait et de ses circonstances, qui auront puissamment aidé les recherches du juge de paix, ou qui les auront complétées, ne doivent point être consignées dans son procès-verbal de constat, mais dans un acte spécial et séparé (3).

191. Il est à observer que les témoins doivent faire leurs déclarations séparément, hors de la présence du prévenu, devant le juge de paix et son greffier seuls (4).

192. Au reste, ces témoins sont entendus de la manière la plus expéditive.

La célérité que le juge de paix doit apporter dans cette première partie de l'instruction ne lui permettant pas de remplir exactement toutes les formalités des informations ordinaires, il se borne à recevoir des *déclarations*, sauf ensuite au juge d'instruction à faire *déposer* les mêmes témoins par-devant lui, ou sur commission rogatoire, suivant qu'il le jugera nécessaire.

(1) *V.* n°⁵ 292, 293.
(2) *V.* n° 296.
(3) *V.* n°⁵ 174, 312, 313. 314.
(4) *V.* art. 73 du *Code d'inst. crim.* — N°⁵ 282, 283, 284.

Lorsque le juge de paix constate le flagrant délit, il ne s'agit encore que de recueillir de simples renseignements, d'autant plus précieux néanmoins qu'ils sont donnés par des témoins encore frappés de ce qui vient de se passer et qu'aucune suggestion n'a pu atteindre, enfin, envers lesquels on prend des assurances qu'ils ne trahiront pas plus tard la vérité, à la découverte de laquelle ils auront eu les moyens de contribuer.

Ces déclarations n'ayant pour objet que d'obtenir les premiers éclaircissements sur les faits, et de faciliter les recherches de l'officier de police judiciaire, elles peuvent être exigées des parents, domestiques et voisins, en un mot, de tous les témoins, sans qu'il soit besoin de leur faire prêter serment, la loi ne les y assujettissant pas, en se servant du mot *déclarations*, qui exprime un témoignage non assermenté.

Cependant M. Levasseur (1) enseigne qu'il faut remplir, à cet égard, toutes les formalités prescrites pour l'audition des témoins, et notamment leur faire prêter serment.

C'est évidemment une inadvertance de l'auteur. Le juge de paix remplaçant le procureur de la République ne reçoit, comme lui, que de simples *déclarations*, et non pas des *dépositions* proprement dites, que le juge d'instruction seul, ou l'officier par lui commis, a le droit de recevoir ; M. Levasseur semble le reconnaître lui-même, puisqu'à l'alinéa suivant de la même page, il écrit : qu'il ne s'agit point ici de *témoignages ;* et à la

(1) *Manuel des juges de paix,* p. 228.

page suivante : qu'il n'est pas nécessaire, en conséquence, d'observer les formes des dépositions.

M. de Molènes (1) enseigne que les officiers de police
auxiliaires peuvent et doivent faire prêter serment aux
témoins, s'ils procèdent en cas de flagrant délit, non
hors ce cas. Cette distinction, fondée sur des raisonnements laborieux, nous paraît paradoxale.

Toutefois, quoique le juge de paix ne soit pas astreint
à faire prêter serment aux témoins, il n'y a pas d'inconvénient et il peut y avoir utilité à ce qu'il le fasse, pour
exciter la sincérité des déclarations.

193. Les témoins signeront leurs déclarations, après
lecture, et, en cas d'impossibilité ou de refus, il en sera
fait mention (2).

Le juge de paix et son greffier signent aussi la déclaration de chaque témoin, et de plus ils doivent signer le
procès-verbal d'information au bas de chaque page (3).

Il ne doit pas être fait d'interlignes. Les ratures et
renvois seront approuvés (4).

Ces formalités ne doivent pas être négligées ; car les
personnes qui auraient fait leurs déclarations, et qui ne
les auraient pas signées, pourraient varier dans la suite,
et exténuer, par ce moyen, les preuves que l'on préten-
drait faire résulter de leur premier témoignage (5).

194. Les témoins entendus dans le cas de flagrant
délit, bien que n'étant pas assignés, le plus ordinairement, et quoique comparaissant sur un simple avertis-

---

(1) *Des fonctions d'officiers de police judiciaire*, p. 27.
(2) *V*. art. 33, 76 du *Code d'inst. crim.* — N° 302.
(3) *V*. art. 53, 76 du *Code d'inst. crim.* — N°ˢ 302, 309.
(4) *V*. art. 78 du *Code d'inst. crim.* — N° 310.
(5) *V*. Carnot, *De l'Inst. crim.*, t. Iᵉʳ, p. 234.

sement, ont droit à la taxe de comparution, qui doit leur être accordée, *s'ils la réclament*. Ils peuvent se prévaloir des dispositions de l'art. 82 du Code d'instruction criminelle, et prétendre à un juste dédommagement pour l'abandon de leurs occupations habituelles, et pour la perte de leur temps (1).

Mais, dans la pratique, il est rare que l'indemnité soit réclamée, et que le juge de paix ait à taxer des témoins pour quelques instants qu'ils ont perdus.

195. Plus loin, nous développerons davantage les règles à suivre pour l'audition des témoins et pour la rédaction du procès-verbal d'information ; nous croyons devoir nous abstenir d'y insister ici, et nous préférons renvoyer à notre chapitre X, toutes les règles tracées dans ce chapitre étant applicables au cas de flagrant délit, à cela près seulement de ce qui a rapport à la citation et au serment des témoins.

Mais comme le cadre de l'information sur flagrant délit est plus simple que celui de l'information sur commission rogatoire, il ne sera pas superflu d'en donner un modèle.

Les déclarations dont parle l'art. 32 du Code d'instruction criminelle se reçoivent en la forme suivante :

L'an   , le   , heure   ,

Nous (2)   , juge de paix du canton de   , arrondissement de   , département de   , officier de police judiciaire auxiliaire de M. le procureur de la République, étant assisté de   (3), notre gref-

_____

(1) *V.* art. 82 du *Code d'inst. crim.* — N°ᵒˢ 263, 306, 339.

(2) Prénoms et nom.

(3) Prénoms et nom.

fier (1), et procédant en cas de flagrant délit, par suite de notre procès-verbal de ce jour,

Avons fait comparaître devant nous, à   , en la maison de   , où nous nous sommes transporté, les personnes ci-après nommées, à nous indiquées comme pouvant donner des renseignements sur   (2); elles nous ont fait successivement, et séparément les unes des autres, hors de la présence du prévenu, les déclarations suivantes :

1° Jean Antoine, âgé de   , marchand de drap, demeurant à   , non domestique, parent ni allié du prévenu (3),

Déclare : Je... (4),

Représentation faite du prévenu (5), avec interpellation de..., il déclare : Je...

A déposé entre nos mains tels objets (6).

Lecture faite, a persisté et a signé avec nous et notre greffier (7).

Signatures.

(1) *Ou* de (prénoms, nom), à qui nous avons confié temporairement les fonctions de greffier, qu'il a juré de bien et fidèlement remplir, par serment prêté entre nos mains. *V.* nᵒˢ 63, 286.

(2) Spécifier la nature du crime.

(3) En cas de parenté ou d'alliance, on fait connaître le degré.

S'il y a partie civile en cause, on exprime les rapports du témoin avec cette partie.

(4) *V.* nᵒ 296.

(5) *Ou* de telles pièces de conviction.

(6) La pièce déposée devrait être décrite et scellée. *V.* nᵒˢ 157, 158. Si c'était un écrit, le témoin devrait le signer et parapher à toutes les pages avec le juge et le greffier, ou du moins il serait interpellé de le faire. *V.* nᵒ 158.

(7) *Ou* a déclaré ne pouvoir, ne savoir, ou ne vouloir signer, de ce requis, et nous avons signé avec notre greffier.

2° —

3° —

Fait et clos à   , le   , et nous avons signé avec notre greffier (1).

Signatures.

(1) Cette clôture s'établit au-dessous de la signature de la dernière déposition.

Elle n'est pas rigoureusement nécessaire.

V. n°ˢ 313, 314.

CHAPITRE VII.

—

DE L'INTERROGATOIRE.

196. Il arrive le plus ordinairement que le juge de paix qui s'est transporté pour constater un flagrant délit découvre l'auteur présumable du crime et ses complices, s'il en a, soit parce qu'ils lui auront été désignés par la dénonciation, par la plainte, par la clameur publique, ou autrement, soit parce que les opérations entreprises pour constater le corps du délit, le rapprochement des circonstances, la réunion des pièces de conviction, les renseignements recueillis, les lui auront fait connaître.

C'est parce qu'il est possible que l'auteur du crime se rencontre et vienne à être découvert parmi les personnes qui ont été trouvées sur les lieux, autant que pour prévenir la disparition des témoins et tout concert entre eux, que l'officier de police judiciaire est autorisé par l'art. 34 du Code d'instruction criminelle à défendre que qui que ce soit sorte de la maison ou s'éloigne du lieu, jusqu'après la clôture du procès-verbal (1).

Nous avons déjà eu occasion de rappeler (2) que, d'après les termes de l'art. 40 du Code d'instruction

(1) *V.* n° 140.
(2) *V.* n°ˢ 144, 147.

criminelle, au cas de flagrant délit, et si le fait est de
nature à entraîner une peine afflictive ou infamante,
l'officier de police judiciaire doit faire saisir les prévenus
présents, contre lesquels il existerait des indices graves;
et que, si le prévenu n'est pas présent, il y a lieu alors
de décerner contre lui un mandat d'amener, en re-
marquant toutefois que la dénonciation seule ne constitue pas une présomption suffisante pour décerner ce
mandat contre un individu ayant domicile (1).

Le même art. 40 veut que l'officier de police judiciaire interroge sur-le-champ le prévenu saisi ou amené
devant lui. Il est très-important d'accélérer ce premier
interrogatoire, pour mettre le prévenu dans le cas de
se justifier sur-le-champ, s'il est innocent, et pour ne
pas lui laisser le temps ni la faculté de combiner un
système de dissimulation et de mensonge, de préparer
une défense artificieuse, ou de se concerter avec ses
complices, s'il est coupable.

197. Mais quelles sont les règles, quelle est la forme
de l'interrogatoire?

L'ordonnance du mois d'août 1670, régulatrice des
procédures criminelles dans notre ancien droit, avait
un titre spécial sur les interrogatoires des accusés.

Dans le système actuel d'instruction criminelle, les
interrogatoires des prévenus ne sont sujets à aucune
formalité: la loi a cru devoir en laisser la forme à l'arbitraire des officiers et magistrats.

Cependant cet acte est fort important; et, de peur
que, dans le silence du Code d'instruction criminelle
sur cette matière, les juges de paix, pour qui nous écri-

(1) *V.* néanmoins n° 55.

vons, ne viennent à s'égarer, nous rapporterons à cet égard les préceptes des criminalistes, et nous retracerons les règles qui découlent de l'ordonnance de 1670, à laquelle, sur ce point, renvoient nos auteurs.

198. Chaque affaire, comme chaque prévenu, a, pour ainsi dire, une physionomie particulière, dont il faut bien se pénétrer pour interroger avec fruit.

199. L'officier de police judiciaire chargé de procéder à un interrogatoire ne doit en remettre le soin à personne : les questions doivent être faites par lui (1) ; le ministère du greffier se borne à recueillir, sous sa dictée, les demandes, et les réponses qui y sont faites.

200. Il ne doit permettre que le prévenu soit assisté d'aucun conseil : le prévenu, de quelque qualité qu'il soit, doit répondre par lui-même, de vive voix.

Néanmoins, les étrangers, et tous ceux qui n'entendent pas la langue française, peuvent répondre par un interprète assermenté (2).

(1) Il doit même empêcher que qui que ce soit n'adresse des questions au prévenu, avant l'interrogatoire, comme les hommes de la force publique et des personnes attirées par l'événement ont quelquefois l'indiscrétion de le faire. Ces questions ont le double inconvénient de dévoiler des faits qui doivent être tenus secrets, et de mettre le prévenu sur la voie des questions qui peuvent lui être adressées par le juge, ce qui le prépare à y répondre d'une manière évasive ou mensongère.

(2) *V.* art. 332 du *Code d'inst. crim.*

Il faudrait employer un interprète, si le prévenu, bien que Français, ne parlait qu'un patois ou un idiome local trop distinct de la langue française pour être bien compris généralement sans une traduction.

On ne doit jamais prendre l'interprète parmi les témoins néces-

Les sourds-muets peuvent répondre par écrit, ou par un interprète de leurs signes, également assermenté (1).

201. S'il y a plusieurs prévenus, chacun d'eux doit être interrogé séparément (2). On empêchera qu'ils ne se parlent et qu'ils ne puissent concerter leurs réponses.

Toutefois, le juge instructeur peut, et doit même souvent, pour la recherche et la manifestation de la vérité, les confronter les uns aux autres.

202. La partie publique ni la partie civile ne peuvent assister à l'interrogatoire.

Si cela arrivait, le prévenu pourrait se prévaloir de cette circonstance pour soutenir qu'il aurait été intimidé, gêné dans ses réponses, forcé à des aveux, ou entraîné à des contradictions (3).

203. L'ordonnance de 1670 prescrivait que l'accusé prêtât serment avant d'être interrogé, et qu'il en fût fait mention, à peine de nullité. Cette disposition n'avait été conservée dans l'ordonnance qu'après de vives discussions; la pratique et l'usage avaient là-dessus prévalu sur la raison, qui ne permet pas qu'un homme soit placé entre le cri de sa conscience, entre un par-

---

saires pour constater les faits, parce que l'interprète ne peut ensuite être entendu comme témoin aux débats du jugement, d'après l'article 332 du *Code d'inst. crim.*

(1) *V.* art. 333 du *Code d'inst. crim.*

(2) Il convient d'interroger, le premier, celui des prévenus dont on croit devoir plus facilement tirer la vérité.

(3) En ce qui concerne la partie publique, il faut distinguer les cas de flagrant délit, dans lesquels le procureur de la République pourrait lui-même interroger, de ceux où le juge de paix opère par délégation du juge d'instruction, ou d'un autre magistrat supérieur.

jure, et le sentiment de sa liberté ou de sa conservation. Cette formalité inhumaine et immorale a été heureusement écartée de notre procédure criminelle par l'art. 12 de la loi des 8 et 9 octobre 1789 (1).

204. Le juge de paix interrogera d'abord le prévenu sur ses prénoms, nom, âge (2), état, profession, demeure, lieu de naissance (3), et, au besoin, sur tout ce qui tend à éclairer sa qualité et sa réputation, par exemple à faire connaître s'il a déjà été poursuivi et condamné (4).

Le prévenu sera interrogé, suivant les circonstances, s'il connaît la cause pour laquelle il a été arrêté ; s'il sait que tel crime a été commis ; sur la manière dont il l'a appris ; sur ce qu'il en sait ; sur l'emploi de son temps à l'époque, au jour et à l'heure de l'exécution du crime ; sur la part qu'il y aurait prise comme auteur ou comme complice, etc. On vérifiera sur-le-champ ses réponses (5).

---

(1) Ce serait un abus de pouvoir que d'exiger qu'un prévenu prêtât serment lors de son interrogatoire. *V.* Arr. du 12 messidor an XI.

(2) On se fera représenter, s'il est possible, et l'on annexera aux pièces, l'acte de naissance, dans le cas où le prévenu se donnerait moins de seize ans ou plus de soixante ans. *V.* n° 14.

Ou du moins on insisterait pour connaître le temps et le lieu précis de la naissance, afin de faciliter la recherche de l'acte de naissance, auquel on pourrait suppléer par un extrait du *casier judiciaire.*

On prendrait des renseignements sur les mêmes points, auprès des personnes qui pourraient en fournir.

(3) Si le prévenu refusait de décliner son nom et sa qualité, il y aurait lieu de rédiger un procès-verbal d'identité, avec assistance de deux témoins.

(4) *V.* n° 23.

(5) Si le prévenu refusait de répondre, il en serait fait mention, et l'interrogatoire serait momentanément suspendu.

Si le prévenu exprimait les motifs de son refus de répondre à une

Si le prévenu nie avoir la moindre connaissance du crime ou de son auteur, on lui représentera que *tels* soupçons pèsent sur lui, d'une manière générale, c'est-à-dire sans lui faire connaître les noms des témoins qui déposent contre lui, ni leurs dépositions.

205. L'interrogatoire adressé au prévenu ne doit pas porter sur des faits étrangers à la prévention de crime dont il est l'objet, ni à la fois sur plusieurs circonstances ou sur plusieurs faits réunis : le prévenu ne doit être ni exposé à se tromper, ni aidé à deviner l'intention du juge, pour y approprier un système de défense qui lui assure l'impunité.

Il faut éviter les questions complexes : toutes les questions adressées au prévenu doivent être claires, précises, sans équivoque.

206. On ne doit point arracher des aveux en promettant de l'indulgence ou une modération de peine (1).

207. Que le juge de paix ait toujours devant les yeux que ce n'est pas déterminément un coupable qu'il doit chercher dans le prévenu, mais la vérité du fait de son innocence ou de son crime.

Qu'il se rappelle sans cesse que ce n'est point par des moyens captieux que la loi charge les magistrats de rechercher les coupables, de les atteindre; et que, si la présence d'esprit, l'adresse, sont des qualités importantes dans le juge qui interroge, la ruse et la surprise dégraderaient la dignité de son caractère.

---

question ou à toutes les questions de l'interrogatoire, sa déclaration devrait être consignée au procès-verbal d'interrogatoire.

(1) *V.* néanmoins, pour des cas exceptionnels, les art. 108 et 138 du *Code pénal.*

208. Il ne faut pas confondre cependant avec les questions captieuses les exhortations, les représentations qui, faites avec prudence, pourraient disposer ou décider à un aveu.

Le juge peut inviter le prévenu à confesser la vérité, il doit même l'en presser; et lorsqu'il a des indices, lorsque le prévenu se contredit, il doit le lui faire remarquer pour tâcher d'obtenir de lui des aveux et des détails.

Mais on ne doit employer ni menaces, ni contrainte, ni violences envers un prévenu pour extorquer un aveu. Il ne faut pourtant pas confondre avec cette défense d'user de moyens coercitifs, le droit de réprimander soit le refus obstiné du prévenu de répondre à des questions, soit les mensonges qui sont à découvert.

Au reste, si le prévenu adopte, pour s'y renfermer, un système de mensonges et de dénégations, rédigez d'abord fidèlement son plan; démontrez-lui ensuite clairement la fausseté des points sur lesquels il se fonde, en lui faisant des représentations circonspectes, et il se trouvera réduit à dire la vérité.

209. La confrontation du prévenu avec ses complices, avec la partie lésée ou les témoins; la représentation qui lui sera faite des pièces de conviction, sur lesquelles il sera interpellé de s'expliquer, et qu'il sera requis de signer et parapher, ou dont il aura à signer et parapher les enveloppes, si cela n'a été fait au moment où l'on a constaté le délit, auront souvent d'utiles résultats.

210. Les explications essentielles, les aveux, seront consignés soigneusement.

Le juge de paix ne doit pas se contenter d'un *aveu général* : il faut qu'il en recherche avec soin les raisons et les causes, et qu'il tâche de recueillir, par des questions sagement posées, toutes les circonstances spéciales du fait sur lequel l'aveu est fondé (1).

Quand le prévenu a fait un aveu, il faut que cet aveu soit rédigé en termes précis, clairs, positivement négatifs ou affirmatifs ; s'il y a rétractation, il en sera fait mention ainsi que des motifs.

211. Si le prévenu a dû avoir des complices, la demande lui en sera faite, en termes généraux, et sans indication des personnes, ses réponses en général ne devant pas être suggérées, et encore moins alors qu'elles constitueraient une dénonciation.

Quand les complices désignés par un prévenu ne sont pas arrêtés, que leurs noms et demeures ne sont pas connus d'une manière certaine, on se fait donner par lui, et l'on consigne dans ses interrogatoires, le signalement de leurs personnes et de leurs vêtements, l'indication des lieux qu'ils fréquentent, des individus avec lesquels ils sont en relation, et, dans tous les cas,

---

(1) Quoique l'aveu du prévenu serve à le convaincre du crime, néanmoins, quand on peut avoir la preuve du crime par des dépositions de témoins ou par tous autres moyens indépendamment de l'aveu, il faut entendre les témoins, ou réunir les autres éléments de preuves, parce qu'il est possible que l'aveu soit rétracté, et que d'ailleurs c'est une maxime générale, en matière criminelle, que le juge, pour le bien de la justice, doit mettre en usage toutes les preuves qu'il peut avoir au procès. Ainsi, en matière de faux, l'aveu ne dispenserait pas de la vérification des écritures par experts; en matière d'empoisonnement, l'aveu ne dispenserait pas de rechercher le poison, d'en constater l'existence et d'en faire reconnaître les effets par les médecins, etc.

le détail circonstancié de la part qu'ils ont prise au crime.

Au reste, ce n'est pas assez encore que le prévenu ait fait la déclaration de ses complices sans suggestion, spontanément, librement et avec précision, pour que l'on doive attacher de l'importance aux désignations qu'il a données : il faut examiner la moralité des personnes désignées, les motifs de haine, de passion ou de vengeance qui auraient déterminé le prévenu, auquel on ne peut ajouter foi avec sécurité qu'autant qu'on a acquis des preuves de sa sincérité, par la vérification des circonstances qu'il a indiquées, ou par la mauvaise réputation des complices dénoncés, et par l'absence de toute réponse plausible de la part de ceux-ci pour repousser les inculpations dirigées contre eux.

212. La vérité et la justice étant le but de toute instruction criminelle, le juge de paix doit rédiger exactement les circonstances que le prévenu allègue en sa faveur, entendre les témoins qu'il indique à sa décharge, et rassembler toutes les autres preuves de l'innocence, afin qu'elles ne dépérissent pas, et que le prévenu ne soit pas exposé, par leur perte, à un combat inégal.

Tels sont : l'alibi ; l'allégation de n'avoir jamais eu le costume, les instruments, les armes, etc., que l'on a remarqués en la possession du coupable, ou de les avoir perdus un ou plusieurs jours avant le crime ; la méprise des noms ou des personnes, à raison des ressemblances ; l'indication du véritable auteur du fait, avec offre de preuve ; l'allégation d'être venu sur les lieux pour mettre la paix ou pour défendre la victime ; le consentement de la personne lésée ; l'existence de la

personne prétendue assassinée ; la bonne foi de la détention d'un objet volé ; la prétention que la chose
volée n'a pas existé en la possession du plaignant,
qu'elle avait seulement été égarée et a été retrouvée
par le propriétaire; l'obéissance à des ordres légitimes, la légitime défense, la démence au temps de l'action, etc. (1).

Les officiers de police judiciaire, dont la compétence
est bornée, doivent recueillir au moins des indications,
des éléments pour la procédure à édifier par le juge
d'instruction, à l'égard de tout ce qu'ils ne peuvent vérifier par eux-mêmes.

Quoique le procès-verbal dressé sur l'interrogatoire
ne serve que de simple renseignement, quoique le juge
d'instruction puisse le refaire, le juge de paix ne devrait cependant rien négliger pour donner à l'interrogatoire toute la rectitude, la régularité, la clarté et toute
l'étendue dont il est susceptible. Autrement, si le prévenu changeait plus tard ses déclarations, on n'aurait
rien de démonstratif ou de sûr pour le convaincre de
mensonge.

213. Le juge de paix devra mentionner dans son
procès-verbal l'état du prévenu au moment de l'interrogatoire : s'il jouissait d'une entière liberté d'esprit; s'il
n'était point insensé, furieux ou ivre; sa contenance plus
ou moins ferme ; la conduite qu'il a tenue ; le trouble et
les mouvements de l'âme ; les changements du visage,
de la voix, l'embarras ou l'hésitation à répondre, qu'il
aura observés.

(1) *V.* art. 444 du *Code d'inst. crim.* — Art. 64, 114, 190, 321 à 329 du
Code pénal.

214. Le juge doit toujours conserver le calme et la modération en présence du prévenu : sa conduite pendant l'interrogatoire ne doit respirer ni la dureté ni la sensibilité ; elle doit être celle d'un homme impartial qui ne considère que son ministère et ses devoirs. Il ne doit pas regarder cet acte comme un moyen de faire briller son talent ; il ne doit ni faire éclater sa joie, si ses hypothèses se confirment, ni s'emporter, s'il les trouve contredites ou infirmées par le prévenu.

215. Il faut faire mention complète des questions adressées au prévenu, et rendre ses réponses textuellement, dans ses propres termes, telles qu'il les a faites.

Le juge ne doit pas plus se permettre de les modifier, de les traduire, que de les suggérer. C'est ce qu'a pensé le prévenu, ce sont ses déclarations, ses aveux, ses dénégations, ses doutes, ses hésitations, ses tergiversations, ses contradictions, ses retours sur lui-même, qu'il importe de recueillir et de conserver ; et une froide analyse de ses réponses serait loin d'atteindre ce but.

Bien que nous recommandions de ne pas traduire les réponses du prévenu, ce n'est pas à dire pourtant que l'on doive s'astreindre à conserver les locutions d'un idiome local, les termes de patois (1), ou les incorrec-

---

(1) Encore vaudrait-il mieux conserver les mots de patois dont le sens ne pourrait pas être très-exactement et très-fidèlement rendu en meilleurs termes, de même que les expressions auxquelles le prévenu attacherait une acception spéciale, sauf à souligner et à donner la traduction entre parenthèses, afin de laisser entières les explications à fournir ultérieurement par le prévenu ou contradictoirement avec lui.

tions de langage qu'elles contiendraient. Il est entendu
que c'est particulièrement à la pensée que l'on doit
s'attacher, en ne s'écartant de l'expression que le moins
possible.

216. La rédaction de l'interrogatoire doit être précise, claire, lisible, sans interlignes (1).

217. Lecture doit être donnée au prévenu de son
interrogatoire, et il doit lui être demandé s'il persiste
dans ses réponses, s'il veut y ajouter ou modifier quelque chose. Si le prévenu veut y faire quelque changement, il en sera fait mention à la suite de l'interrogatoire (2).

Avant la signature, les mots rayés sont comptés et rejetés. Les renvois sont approuvés et signés par le prévenu, par le juge et par le greffier, ainsi que l'interrogatoire lui-même (3).

Si le prévenu ne sait, ne peut ou ne veut signer, il en
est fait mention.

218. L'ordonnance de 1670 exigeait que l'interrogatoire fût coté et paraphé par le juge, à toutes les
pages.

Cette formalité, qui fut introduite dans l'intérêt des
prévenus, qu'elle avait pour but de garantir contre
toute interpolation d'écritures, n'est pas prescrite par
le Code d'instruction criminelle, qui ne s'est point occupé de la forme des interrogatoires, et elle n'est pas
suivie dans la pratique : l'on se borne généralement à

(1) Argument de l'art. 78 du *Code d'inst. crim.*
(2) *V.* art. 76, *ibid.*
(3) *V.* n° 310.

signer le procès-verbal d'interrogatoire avec le prévenu et le greffier.

Quant à nous cependant, nous sommes dans l'usage de signer l'interrogatoire, avec le greffier, au bas de chaque page, par analogie de ce qui est prescrit pour les informations, par la dernière disposition de l'article 76 du Code d'instruction criminelle. L'identité des motifs nous semble devoir entraîner l'identité des formes.

M. Carré (1) enseigne que l'interrogatoire doit être signé du prévenu et des personnes qui y auront assisté. Ces expressions un peu vagues contiendraient une erreur, si l'on devait en induire que l'auteur entendît parler d'autres personnes que du juge et du greffier (2).

219. Pour plus de commodité, et afin de pouvoir insérer dans les interrogatoires les interpellations et les réponses au fur et à mesure de l'instruction, on rédige chaque interrogatoire sur un cahier séparé (3).

220. L'interrogatoire peut être fait à diverses reprises, dans une même séance ou en plusieurs. Il est clos à la fin de chaque séance.

221. Il peut être répété autant de fois que cela est jugé convenable.

L'interrogatoire devrait surtout être réitéré si on avait oublié d'interroger sur quelque fait important, ou s'il était survenu de nouvelles charges depuis le dernier interrogatoire : le prévenu devrait être mis à même de s'expliquer.

(1) *V.* CARRÉ, *Droit français...*, t. IV, p. 346.
(2) *V.* nᵒˢ 200, 201, 202.
(3) *V.* art. 65 du *Code* du 3 brumaire an IV. — Art. 341 du *Code d'inst. crim.*

222. L'inculpé pourrait-il demander, au commencement de chaque séance, la lecture de ce qu'il a répondu dans la précédente ? On ne l'estime pas.

223. Au surplus, voici la formule ordinaire d'un interrogatoire :

L'an   , le   , heure   (1),

Nous (2)   , juge de paix du canton de   , arrondissement de   , département de   , officier de police judiciaire auxiliaire de M. le procureur de la République, assisté de   (3), notre greffier (4),

Étant à   , et procédant en cas de flagrant délit, par suite de notre procès-verbal de ce jour (5),

Avons fait subir l'interrogatoire suivant au dénommé ci-après, prévenu de... (6), trouvé et arrêté sur les lieux (7) :

DEMANDE : Quels sont vos prénoms, nom, âge, état (8), profession, domicile et lieu de naissance ?

---

(1) Du matin ou du soir.

(2) Prénoms et nom.

(3) Prénoms et nom.

(4) *Ou* de N..., que nous avons pris temporairement pour greffier, à cause d'empêchement de notre greffier ordinaire, et auquel nous avons fait prêter serment de bien et fidèlement remplir ces fonctions.

(5) *Ou* procédant sur la réquisition de N.   , chef de maison. *V.* chap. VIII.

Ou procédant en vertu de la commission rogatoire de M.   , juge d'instruction de   , en date du... *V.* nᵒˢ 59, 313.

Dans ce dernier cas, on n'exprime pas la qualité d'officier de police auxiliaire du procureur de la République, mais seulement celle d'officier de police judiciaire.

(6) Déterminer le fait succinctement.

(7) *Ou* se présentant volontairement, *ou* conduit devant nous en vertu de notre mandat d'amener du...

(8) Suivant le cas, on demande au prévenu s'il est célibataire,

RÉPONSE :

D.

R. Je...

Lecture faite, a persisté, et a signé avec nous et notre greffier (1).

Rejeté *tant* de mots rayés. Approuvé... (2).

Signatures.

224. Dans le cas où l'interrogatoire serait continué après une première clôture, on demande de nouveau au prévenu ses prénoms, nom, etc., pour constater son identité, et l'on commence ainsi la reprise du procès-verbal :

Et reprenant l'interrogatoire ci-dessus (3), nous juge de paix susdit, assisté comme dit est, avons fait les questions et retenu les réponses qui suivent :

D. Quels sont vos prénoms, nom, etc. ?

R.

Représentation faite au prévenu de tels objets..., avec interpellation d'expliquer..., le prévenu a répondu : Je...

Lecture faite..., etc. (4).

225. Que deviendra le prévenu après son interrogatoire ?

---

marié ou veuf; s'il a des enfants; s'il sait lire et écrire. Ces renseignements sont utiles au procureur de la République.

(1) *Ou* a déclaré ne savoir, *ou* ne pouvoir, *ou* ne vouloir signer, de ce requis, et nous avons signé avec notre greffier.

(2) *V.* n° 217.

(3) *Ou* de l'autre part.

Il est entendu que cet interrogatoire est écrit à la suite du précédent.

(4) Pour la clôture, mêmes formalités qu'au n° 223.

M. Carnot (1) estime que, dans tous les cas , il devra être gardé sous la main de la justice, en état de mandat d'amener, conformément à l'art. 45 du Code d'instruction criminelle ; qu'il n'appartient pas à l'officier de police auxiliaire, ni même au procureur de la République, de le relaxer.

M. Bourguignon (2) , dont l'opinion a été adoptée par d'autres auteurs , nous semble mieux interpréter la loi, en enseignant que l'art. 45 du Code d'instruction criminelle n'a pour but que d'exprimer la prohibition de convertir le mandat d'amener en mandat de dépôt, ce qui n'appartient qu'au juge d'instruction ; mais que, si les circonstances qui ont provoqué l'arrestation s'évanouissent ; s'il est reconnu qu'il n'existe ni crime ni délit ; enfin , si les indices qui s'élevaient contre le prévenu sont entièrement dissipés , l'état d'arrestation provisoire doit cesser, et le prévenu doit être laissé en liberté (3).

Les officiers de police judiciaire ne doivent être ni plus sévères ni plus indulgents que la loi ; ils ne doivent faire arrêter un prévenu qu'autant qu'il s'élève des charges contre lui, et que ces charges sont *graves ;* ils ne doivent non plus le relaxer qu'autant qu'il s'est pleinement justifié : par exemple , si le véritable coupable avait été arrêté ; si le crime avait disparu : comme si la personne prétendue assassinée était saine et sauve ; si l'objet prétendu volé n'avait été qu'égaré et avait été

---

(1) *V.* Carnot, *De l'Inst. crim.*, t. Ier, p. 261.
(2) *V.* BOURGUIGNON, *Jurisp. des Codes crim.*, t. Ier, p. 149, 150.
(3) *V.* Loi en forme d'Instruction du 29 septembre 1791. — Art. 66, 67 du *Code* du 3 brumaire an IV.

retrouvé ; ou dans d'autres hypothèses également favorables.

Mais il est évident que, dans de telles circonstances, retenir encore, après sa justification complète, dans les liens d'un mandat d'amener, et renvoyer devant le juge d'instruction, sous l'escorte de la gendarmerie, la personne qui aurait eu le malheur d'être injustement et peut-être très-inconsidérément soupçonnée, ce serait porter gratuitement une atteinte déplorable à la liberté d'un citoyen.

Abordant la difficulté, M. Levasseur avait cherché à la résoudre par un moyen terme.

Si l'innocence paraissait évidente, dit-il (1), et que le prévenu fût domicilié, le juge de paix pourrait, du moins je le pense, renvoyer sous mandat de comparution.

C'est là un non-sens.

Si le prévenu ne s'est pas disculpé, s'il existe toujours contre lui des charges tellement graves qu'elles aient dû provoquer son arrestation, il faut le retenir sous la main de la justice, en état de mandat d'amener : c'est la loi (2).

S'il est innocent, ou s'il paraît tel à défaut de charges, pourquoi le laisser sous le coup d'un mandat quelconque ?

Renvoyer sous mandat de comparution serait faire un acte abusif, car la loi ne l'autorise pas.

Ce serait faire un acte inutile, si l'on avait en vue des moyens de prévoyance et de précaution. Car mettre

(1) V. LEVASSEUR, *Manuel des Juges de paix*, p. 208.
(2) V. art. 45 du *Code d'inst. crim.*

sous mandat de comparution ou renvoyer purement et simplement, sont la même chose, puisque le mandat de comparution, ne gênant en rien la liberté du prévenu, ne le prive pas de la faculté de s'évader.

Il y a plus : ce moyen n'est pas praticable. En effet, le mandat de comparution doit indiquer les lieu, jour et heure auxquels le prévenu sera tenu de se présenter, pour que le juge d'instruction l'interroge *de suite* (1). Or, comment le juge de paix, ou tout officier de police judiciaire autre que le juge d'instruction lui-même, saurait-il assigner l'instant où le juge d'instruction pourra et devra procéder à l'interrogatoire?

M. Levasseur conseille donc un acte imprudent ou vexatoire : imprudent s'il laisse la possibilité de fuir à un prévenu contre lequel s'élèvent des charges ; vexatoire, s'il suspend et arrête sur la tête d'un innocent les angoisses d'une prévention toujours funeste et quelquefois infamante.

Dans notre opinion, dit M. Carré, après avoir examiné la proposition de M. Levasseur (2), cette marche serait vicieuse. Tel est aussi notre avis, par les motifs que nous venons d'exposer.

(1) *V.* art. 93 du *Code d'inst. crim.*
(2) *V.* CARRÉ, *Droit français...,* t. IV, p. 347 à 351.

CHAPITRE VIII.

—

DES RÉQUISITIONS DES CHEFS DE MAISON.

226. La nécessité de protéger spécialement et promptement les citoyens dans leur domicile a dicté les dispositions de l'art. 46 du Code d'instruction criminelle.

Cet article porte : « Les attributions faites ci-dessus au procureur de la République (1), pour le cas de flagrant délit, auront lieu aussi toutes les fois que, s'agissant d'un crime ou délit commis dans l'intérieur d'une maison, le chef de cette maison requerra le procureur de la République (2) de le constater. »

Pour que ce texte reçoive son application, il n'est pas besoin qu'il y ait flagrant délit, ni que le fait soit de nature à emporter une peine afflictive ou infamante (3).

La raison, dit M. Bourguignon (4), qui a fait admettre les visites pour simples délits, dans ce cas particulier et exclusif, est qu'une pareille perquisition ne saurait présenter le plus léger inconvénient, puisqu'elle est faite à la réquisition de celui-là seul qui a le droit de permettre ou d'interdire l'entrée de sa maison, tandis

---

(1) Ajoutez : et à ses auxiliaires, d'après l'art. 49 du *Code d'inst. crim.*

(2) Ou l'un de ses auxiliaires.

(3) *V.* art. 32, 41 du *Code d'inst. crim.*

(4) *V.* BOURGUIGNON, *Jurisp. des Codes crim.*, t. Ier, p. 142.

que dans les cas déterminés par les art. 32 et 36 du
Code d'instruction criminelle, c'est la partie adverse
du prévenu qui s'introduit d'autorité et malgré lui
dans son domicile.

Il suffit donc, pour exciter la vigilance et motiver la
descente de l'officier de police judiciaire, 1° que le fait
ait le caractère d'un crime, ou d'un simple délit de police correctionnelle ;

2° Qu'il soit ou qu'il ait été commis dans l'intérieur
d'une maison ;

3° Que l'auteur de la réquisition soit le chef de cette
maison.

227. Or, que faut-il entendre par ces mots *chef de
maison?*

Il semble qu'ils ne devraient signifier qu'un chef de
famille, de telle sorte qu'il y aurait dans une maison
autant de *chefs* qu'elle contiendrait de familles ou de
locataires particuliers.

L'ordonnance du 29 octobre 1820, relative au service
de la gendarmerie, désigne comme chef de maison :
le *propriétaire*, le *principal locataire* et le *locataire de
chaque appartement* (1).

Mais, en général, un propriétaire ou principal locataire n'a pas le droit de faire faire une perquisition dans
le domicile d'un locataire particulier, sous le prétexte
d'un crime ou délit qui y aurait été commis, ou d'un
délit qui s'y commettrait actuellement : du moins si le
fait dénoncé n'était pas vrai, il s'exposerait à une demande en dommages-intérêts. Bien plus, et malgré

---

(1) *V.* art. 171 de cette ordonnance. — Décret du 1er mars 1854,
art. 244, 263, 264.

la possibilité d'une réparation pour les inconvénients qui résulteraient de la visite, l'officier de police judiciaire devrait, selon nous, s'abstenir de cette visite, sur une telle dénonciation, s'il lui était possible de référer sans retard au juge d'instruction, par l'intermédiaire du procureur de la République, à moins qu'il n'y eût urgence, ou grave présomption de la perpétration d'un fait qui aurait les symptômes d'un flagrant délit caractérisé.

Car, pour nous, il est évident que l'art. 46 du Code d'instruction criminelle a été porté dans l'intérêt unique de celui qui habite le local dans lequel le crime non flagrant a été commis, ou dans lequel le délit qui fait l'objet de la plainte se commet actuellement. Cette opinion, au surplus, s'étaie de l'autorité de nombreux auteurs.

228. Ajoutons, avec MM. Carnot et Bourguignon (1), qu'il ne faut pas conclure des dispositions restrictives de ce même art. 46 du Code d'instruction criminelle, que, lorsque les cris partis d'une maison pour appeler du secours à raison d'un délit ou d'un crime qui s'y commet actuellement, seraient proférés par tout autre que le chef de famille ou de maison, le procureur de la République ne puisse pas y accourir ainsi que ses auxiliaires; ils peuvent, ils doivent se transporter, pour empêcher, s'il en est temps, la consommation du délit, faire saisir les prévenus, dresser des procès-verbaux, etc.

Il est vrai qu'ils n'agissent plus alors en vertu de

---

(1) V. Bourguignon, *Jurisp. des Codes crim.*, t. Ier, p. 156. — Carnot, *De l'Inst. crim.*, t. Ier, p. 262, 263.

l'art. 46 du Code d'instruction criminelle textuellement appliqué ; mais ce droit leur est attribué, cette obligation leur est imposée par l'art. 32 du même Code, attendu qu'il s'agirait d'un véritable flagrant délit, ou d'un fait qui pourrait avoir ce caractère.

229. Dans ce cas, pourrait-on déférer à une réquisition faite la nuit ?

Si la gendarmerie est autorisée par l'art. 131 de la loi du 28 germinal an VI, réfléchi dans les art. 162 de l'ord. de 1820 et 263 du décr. de 1854, à pénétrer dans l'intérieur d'une maison, même pendant la nuit, dans le cas de réclamation venant de l'intérieur, conformément à l'art. 76 de la Constitution de l'an VIII, à plus forte raison le procureur de la République et ses auxiliaires doivent-ils avoir cette autorisation.

MM. Ortolan et Ledeau (1) ont abordé cette question, et ils l'ont laissée indécise sous le rapport de l'application de l'art. 131 de la loi du 28 germinal an VI. Pour nous, disent-ils, abstraction faite de cette loi, nous pensons que la circonstance d'une réquisition *faite par le chef de maison* suffit pour donner à l'officier de police le droit d'entrer. La maison d'un citoyen est un asile inviolable pendant la nuit, porte la loi (2) ; mais il est clair que ce n'est pas violer l'asile d'un citoyen que d'y entrer à sa prière. Nous croyons donc pouvoir dire, ajoutent MM. Ortolan et Ledeau, que le droit qu'ont les officiers de police d'agir dans le cas de l'art. 46 est entièrement indépendant de la circonstance de l'heure.

---

(1) *V.* Ortolan et Ledeau, *Traité du ministère public*, t. II, p. 72.
(2) *V.* n° 136. — Art. 76 de la Constitution de l'an VIII.

Mais notre question est complexe : elle doit être divisée.

En l'envisageant sous l'aspect où MM. Ortolan et Ledeau l'ont considérée, il ne peut sans doute y avoir de difficulté, et la solution de ces auteurs est rigoureusement nécessaire.

En supposant, au contraire, que la réquisition fût faite par une autre personne que le chef de maison, on pourrait trouver matière à douter. Nous croyons toutefois que, dans les deux cas, la décision doit être la même, tant parce que l'art. 131 de la loi du 28 germinal an VI autorise cette opinion (1), que parce qu'une solution différente aurait de graves inconvénients, et conduirait même à l'absurde. En effet, si l'on ne pouvait, pendant la nuit, répondre à l'appel de secours fait médiatement ou immédiatement de l'intérieur d'une maison, par une voix autre que celle du chef de maison, il pourrait s'ensuivre que si le chef de maison lui-même était l'auteur de la violence, du crime ou du délit, il lui serait loisible de consommer le forfait tout à son aise, sans redouter aucun obstacle du dehors. La possibilité que cette circonstance se produise souvent nous paraît décisive.

230. Au reste, les visites domiciliaires que les auxiliaires du procureur de la République sont autorisés à faire sur-le-champ, dans les deux cas de flagrant délit et de réquisitions de chefs de maison, ainsi que la loi le détermine, ne doivent être effectuées que dans le lieu même où a été commis le crime ou le délit, ou dans le

(1) Cette loi, comme l'art. 76 de la Constitution de l'an VIII, permet l'entrée sans distinction, en cas de *réclamation* de l'intérieur.

domicile du prévenu, et l'on doit prendre garde de donner à ce droit une extension contraire à la loi (1) ; si
l'instruction de la procédure exige d'autres visites, c'est
au juge d'instruction qu'il appartient de les faire, par
lui-même ou par délégation (2).

Cependant, si, lorsque les auxiliaires du procureur
de la République font des actes de procédure, dans les
cas où ils y sont autorisés, ils étaient informés que les
instruments ou les produits du crime ou du délit et les
pièces de conviction existent, ou viennent d'être transportés à l'instant même dans un lieu quelconque, ils
pourraient et devraient s'y rendre de suite, ou déléguer un autre officier pour les suppléer dans cette opération : car cette circonstance serait caractéristique du
flagrant délit; et la loi charge expressément les auxiliaires du procureur de la République de faire, dans le
premier moment, tous les actes qui peuvent servir à
préparer la manifestation de la vérité (3).

231. Toutes les opérations prescrites pour le cas de
flagrant délit le sont pour celui du transport sur réquisition d'un chef de maison.

La manière de constater le fait, de recevoir les déclarations des personnes qui auraient été présentes ou
qui auraient des renseignements à donner, de faire
saisir ou arrêter et d'interroger le prévenu, est la
même (4).

Toutefois, il faut remarquer spécialement que, dans
le cas de l'art. 46 du Code d'instruction criminelle, l'of-

(1) V. nᵒˢ 129 et suiv.
(2) V. nᵒ 133.
(3) V. nᵒˢ 47, 129.
(4) V. art. 46 du Code d'inst. crim.

ficier de police judiciaire doit mentionner à ses procès-verbaux la réquisition qui lui a été faite, et de laquelle dérive son droit ; autrement, on pourrait lui reprocher d'avoir agi en dehors et au delà des pouvoirs qui lui sont conférés par la loi.

232. La réquisition peut être faite en forme de plainte : il y a lieu, pour ce cas, de suivre les formalités que nous avons retracées plus haut, dans notre chapitre IV (1).

Mais, si le temps a manqué, s'il est urgent que le magistrat descende sur les lieux, nous estimons qu'une simple réquisition verbale suffit : la relation qui en est faite au procès-verbal, dans lequel sera mentionnée la signature du plaignant ou l'interpellation de signer qui lui aura été adressée, constate d'une manière satisfaisante la démarche, la qualité et les griefs du requérant, ainsi que le droit d'intervention de l'officier de police judiciaire.

233. Le procès-verbal de constat se dresse ainsi :

L'an   , le   ,   heure   (2),

Nous (3)   , juge de paix du canton de   , arrondissement de   , département de   , officier de police judiciaire auxiliaire de M. le procureur de la République, assisté de   (4), notre greffier (5),

---

(1) *V.* n°ˢ 91 et suiv., 111, 112.

(2) Avant ou après midi.

(3) Prénoms et nom.

(4) Prénoms et nom.

(5) *Ou* de N. (prénoms, nom, qualité, demeure), auquel, à défaut de notre greffier ordinaire absent, *ou* malade, *ou* empêché, nous avons confié momentanément les fonctions de greffier, et dont nous avons reçu le serment de se bien et fidèlement acquitter de ces fonctions. *V.* n° 63.

Procédant, en vertu des art. 32, 46 et 49 du Code d'instruction criminelle, sur la réquisition du sieur   (1), plaignant, lequel (2) nous a exposé... (3), et nous a requis de nous transporter immédiatement sur les lieux, pour constater les faits et en recueillir les preuves,

Nous sommes transporté dans une maison sise à... (4);

Nous avons été introduit par le sieur   (5);

Nous avons vu, etc. (6).

Le reste du procès-verbal sera rédigé comme au cas de flagrant délit (7).

De même, en ce qui concerne les procès-verbaux d'information et d'interrogatoire, on suivra les formules des chapitres VI et VII (8), sauf à insérer, dans l'intitulé, la mention des réquisitions et la relation des articles du Code d'instruction criminelle qui régissent cette procédure, comme nous l'avons indiqué.

(1) Prénoms, nom, qualité, demeure.

(2) Par sa plainte du   , *ou* verbalement.

(3) Précis des faits.

(4) Le lieu.— *Ou* sise en cette ville, rue   , n°   .

(5) Prénoms, nom, qualité, demeure de la personne et description des lieux.

(6) Détail des faits.

(7) *V.* n° 181.

(8) *V.* n°s 195, 223, 224.

CHAPITRE IX.

—

DES LEVÉES DE CORPS.

234. Ce sont, en général, l'actualité des faits et leur criminalité appréciée d'après les circonstances et selon la loi, qui déterminent la compétence et provoquent les investigations des officiers de police judiciaire (1).

Mais, toutes les fois que le corps d'un homme a été trouvé privé de vie, quel que soit le temps écoulé depuis qu'il l'a perdue, si la mort a été violente, si la cause en est inconnue et suspecte, il suffit de la possibilité, de l'appréhension d'un crime, pour exciter toute la sollicitude, toute la vigilance des officiers de police judiciaire, quel que soit leur rang dans la hiérarchie (2).

---

(1) N° 47. — Art. 32, 41 du *Code d'inst. crim.*

(2) *V.* n° 51. — Ici encore, il y a assimilation au cas de flagrant délit.

Il n'y a pas lieu à l'intervention de la police judiciaire : 1° si une personne est tombée du toit ou de la fenêtre d'une maison ; — 2° si une personne passant devant une maison a été écrasée par un morceau de bois, ou par une pierre qui s'en détachait ; — 3° si quelqu'un, sous les yeux de beaucoup de monde, a péri dans les ondes, dans les flammes... ; — 4° si la foudre est tombée sur une personne, et l'a tuée ; — 5° s'il s'agit d'un suicide certain ou dont la personne décédée a laissé des preuves, etc.

Tous ces cas et beaucoup d'autres, où l'on peut reconnaître tout d'abord un accident, un effet de pur hasard, sans suspicion de crime, sont du ressort de la police administrative. Circulaires des 3 nov. 1824, 24 nov. 1851. — *Manuel des Juges d'instruction*, n° 114, 227.

Déjà le Code civil, dans ses art. 81 et 82, répétant les dispositions de la législation antérieure, avait statué : « Lorsqu'il y aura des signes ou des indices de mort violente, ou d'autres circonstances qui donneront lieu de le soupçonner, on ne pourra faire l'inhumation qu'après qu'un officier de police, assisté d'un docteur en médecine ou en chirurgie, aura dressé procès-verbal de l'état du cadavre et des circonstances y relatives, ainsi que des renseignements qu'il aura pu recueillir sur les prénoms, nom, âge, profession, lieu de naissance et domicile de la personne décédée. — L'officier de police sera tenu de transmettre de suite à l'officier de l'état civil du lieu où la personne sera décédée tous les renseignements énoncés dans son procès-verbal, d'après lequel l'acte de décès sera rédigé. »

Ces articles, d'après leur rubrique, avaient principalement en vue d'assurer et de faciliter la rédaction de l'acte de décès ; mais M. Siméon, dans son rapport au tribunat, leur assignait aussi pour motif « que, s'il y a un délit, il faut saisir le dernier moment qui reste pour le constater. »

Le Code d'instruction criminelle a pris des précautions dans le même but. Son art. 44, qui doit être conféré avec l'art. 104 du Code du 3 brumaire an IV, porte : « S'il s'agit d'une mort violente, ou dont la cause soit inconnue et suspecte, le procureur de la République (1) se fera assister d'un ou de deux officiers de santé, qui feront leur rapport sur la cause de la mort et sur l'état du cadavre. »

L'art. 359 du Code pénal, à son tour, prononce des

(1) Ajoutez : ou l'un de ses auxiliaires.

peines sévères pour le seul fait d'avoir recélé ou caché le cadavre d'une personne homicidée ou morte des suites de coups et blessures.

Enfin, l'art. 179 de l'ord. du 29 octobre 1820, comme l'art. 125, nᵒ 16, de la loi du 28 germinal an VI, et les art. 283 et suiv. du D. du 1ᵉʳ mars 1854, enjoignent aux gendarmes de dresser des procès-verbaux de tous les cadavres trouvés sur les chemins, dans les campagnes ou retirés de l'eau.

235. L'attention soutenue du législateur à s'occuper de cette matière, si sérieuse par elle-même, atteste tout l'intérêt qu'elle doit exciter. Ce serait donc une erreur grave de croire que les levées de corps soient des opérations de pure forme, et que l'officier de police judiciaire qui en est chargé fût excusable d'y avoir procédé avec incurie ou précipitation.

Nous estimons que cet acte est un des plus délicats, des plus difficiles bien souvent, de la police judiciaire.

Dans les cas ordinaires de flagrant délit, on a, pour se guider, quelquefois les déclarations de la victime, presque toujours des dépositions de témoins et des indices formels d'un crime commis. Que si l'on doit néanmoins alors se livrer à des recherches scrupuleuses, pour constater le corps du délit, pour s'assurer de l'existence réelle et de la nature du crime, on a du moins, en général, de grandes facilités pour arriver à un résultat positif; et l'éveil donné à la justice, la dénonciation d'un crime réputé non douteux, frappent assez l'attention du magistrat pour qu'il se rappelle toutes ses obligations, et pour qu'il songe à recourir aux moyens les plus minutieux, afin de pénétrer la vérité.

Dans notre hypothèse, au contraire, le fait est le plus souvent entouré d'une obscurité profonde ; il existe moins de ressources pour écarter le voile qui couvre la vérité : il faut donc, en quelque sorte, un examen plus sévère, des perquisitions plus actives.

236. Mais une grande partie des lumières dont le magistrat a besoin sont d'un ordre tel, que rarement il les possédera par lui-même ; et son embarras en peut être augmenté.

Ici, le magistrat et le médecin auront à se prêter un mutuel secours. La supputation des circonstances, des faits extérieurs, les inductions à en tirer, concourront avec les données de l'autopsie cadavérique, toujours nécessaire en pareil cas, pour déterminer une conclusion aussi certaine, ou du moins aussi probable que possible (1).

Comme l'officier de police judiciaire doit présider aux explorations médico-légales, il est utile sans doute qu'il sache ce qui doit s'y pratiquer, sur quoi l'attention doit se porter principalement, et enfin qu'il soit en état de soumettre à l'expert les questions générales et les observations qu'il y aurait lieu de lui adresser, suivant l'occurrence. Nous croyons donc nécessaire d'exposer ici quelques observations que nous avons puisées dans les ouvrages des docteurs les plus distingués parmi ceux qui ont écrit sur les matières de médecine légale.

237. Lorsqu'on trouve un corps mort, on doit examiner : 1° si la mort n'est point due à un accident interne ; 2° si elle n'est point l'effet d'un accident externe ;

---

(1) *V.* art. 43, 44 du *Code d'inst. crim.* — N°ˢ 168 et suiv.

3° si les violences observées ne sont pas plutôt un produit du suicide que de l'homicide.

Ces premières données exigent quelques explications générales.

238. *Premièrement :* La rupture subite d'un anévrisme, dans les cavités thorachique ou abdominale (1), la rupture d'un kyste purulent (2), qui s'est formé lentement dans l'un des principaux viscères, sont des causes fréquentes de destruction.

Une très-forte constitution, un embonpoint extraordinaire, la grosseur ou la brièveté du cou, des tumeurs qui compriment les vaisseaux de cette partie, un excès de colère, l'intempérance du vin, de la bonne chère, des plaisirs de l'amour, l'impression violente des rayons du soleil, chez un homme d'ailleurs très-robuste : tous ces accidents, réunis en totalité ou en partie, sont des causes connues de mort inopinée, par les congestions sanguines qu'elles produisent rapidement dans le cerveau ou dans les poumons, ce qui détermine l'apoplexie foudroyante.

L'apoplexie nerveuse et l'apoplexie séreuse, accompagnées de la pâleur du visage et de la résolution des membres, sont moins brusques, laissent moins de traces, mais peuvent être indiquées comme causes de mort inattendue, en l'absence de toutes traces de violences exercées soit au dehors, soit au dedans (par le poison).

On peut ranger encore parmi les causes de mort tenant à un accident intérieur les combustions sponta-

(1) Les cavités de la poitrine ou du ventre.
(2) Sorte de dépôt.

nées, dont les phénomènes sont faciles à distinguer de la combustion ordinaire, que le crime aurait employée.

239. *Secondement :* La mort peut être la suite d'asphyxie ou de suffocation causée par les gaz non respirables, par des corps étrangers introduits dans la trachée-artère.

La suffocation pourrait être également déterminée par l'effet d'une disposition du sujet, d'une affection morbide, d'une passion, comme d'une violente colère, d'une joie excessive : la colère surtout cause des mouvements si désordonnés dans les fonctions vitales et animales, qu'il en résulte quelquefois des hémorrhagies, des dilatations du cœur, et même des apoplexies foudroyantes et mortelles.

La mort causée par le froid (par congélation), ou par une trop grande chaleur (par insolation), espèce d'asphyxie, ne peut laisser aucun doute, quand le corps ne porte d'ailleurs aucune trace de violence.

D'autres fois, on peut reconnaître que la mort provient d'inanition.

Les accidents extérieurs sont pour ainsi dire innombrables : tel périt d'une chute ; tel est enfoui sous des décombres, écrasé par l'écroulement d'un mur, froissé par une voiture, entraîné par les eaux, etc., etc. (1).

240. *Troisièmement :* La mort pourrait être le résultat d'un suicide.

Les causes occasionnelles du suicide les plus ordinaires sont les suivantes : des affections morales fortes et pénibles, telles que le désespoir, un chagrin profond et prolongé, l'amour contrarié, les humiliations de

(1) *V.* nº 234, note 2º, p. 273, *sup.*

l'amour-propre et de l'orgueil, les mécomptes de l'ambition, les revers de fortune inattendus, etc.; le dégoût physique et moral, l'apathie intellectuelle sans espoir de guérison, état fâcheux qui suit souvent l'abus prématuré des jouissances de toutes sortes ; le passage trop brusque d'une vie active et laborieuse à une oisiveté complète; les excès prolongés des plaisirs vénériens et des boissons alcooliques ; la crainte de réprimandes ou de punitions sévères chez les jeunes gens ; des maladies longues et douloureuses, des infirmités dégoûtantes, pour lesquelles le malade n'a pu obtenir de soulagement ; les sensations bizarres et pénibles des hypocondriaques ; le délire des maladies aiguës, et l'aliénation mentale.

Lors donc qu'aux circonstances qui éloignent l'idée d'un crime commis sur la personne d'un individu trouvé mort, on peut joindre l'existence d'une ou de plusieurs des causes ordinaires du suicide, on ne sera pas embarrassé pour porter un jugement.

Souvent même la personne trouvée morte a laissé quelque écrit annonçant la résolution de s'arracher la vie, elle a parlé du désir qu'elle avait de se tuer, ou elle a fait déjà quelques tentatives ; on a observé que depuis telle époque elle était soucieuse, morose, préoccupée, inattentive, privée d'appétit ou de sommeil ; qu'elle maigrissait et perdait de sa fraîcheur... Quelquefois cependant il est difficile d'acquérir la connaissance des chagrins qui ont précédé le suicide, ou même de les soupçonner.

241. *Quatrièmement :* Enfin, la mort pourrait être l'effet d'un crime.

Nous nous occuperons plus tard des spécialités [relatives aux genres de mort violente les plus communs : nous parlerons de la submersion, de la strangulation et de la suspension, des mutilations, de la mort par blessures, de l'empoisonnement, de l'avortement, du viol, de l'infanticide.

242. Mais, avant d'aller plus loin, nous croyons devoir poser un principe applicable à tous les cas.

Que la mort soit naturelle ou accidentelle, qu'elle soit l'effet du suicide ou de l'homicide, cette question, qui surgira sans cesse, doit être examinée avec un esprit dégagé de toute prévention : que l'on ne se laisse point égarer ou séduire par des apparences fallacieuses ; que l'on ne se préoccupe point de l'idée fixe d'un crime commis ou non existant.

Le devoir du magistrat pourrait être formulé ainsi : procéder avec autant de vigilance, d'exactitude et de soin que s'il y avait certitude de rencontrer un crime et occasion de le constater, alors même que non-seulement il n'y a aucune apparence de crime, mais encore qu'il y a tout lieu de croire à l'inexistence d'un crime : — douter du crime jusqu'à ce qu'il soit constaté qu'il existe.

La prévention, quel que soit le sentiment qui l'inspire, conduit à l'erreur ; et, en matière criminelle, toute erreur est déplorable, soit qu'elle ait entraîné des rigueurs injustes, soit qu'elle ait produit une impunité imméritée.

243. Nous avons eu l'exemple d'un décès attribué formellement à une cause naturelle par des officiers de santé qui, dans la préoccupation de cette pensée, ne s'étaient livrés qu'à un examen superficiel et fort abrégé : ce décès fut plus tard l'objet d'une instruction pour assassinat, qui produisit les charges les plus graves, mais dans laquelle on eut à regretter que les premières opérations eussent été faites avec trop de légèreté, et qu'au lieu d'un rapport insignifiant, on n'eût pas consigné dans le procès-verbal de visite une description exacte, détaillée et complète de l'état du cadavre.

Dans l'espèce, on avait eu le tort très-grave de ne pas faire l'ouverture du cadavre; cependant l'autopsie est presque toujours nécessaire, si l'on considère que les médecins-légistes la recommandent expressément dans les circonstances suivantes :

1° Lorsque, dans tous les cas, la cause de la mort n'est nullement indiquée.

2° Lorsque, à la suite d'une violence reçue, on est dans le doute si la mort, survenue ensuite, est l'effet de cette violence. La mort a pu, en effet, provenir de toute autre cause que du coup qui a été porté ; ou bien, lors même que le coup reçu serait reconnu pour première cause de la mort, cette mort aurait pu ne pas avoir lieu, si le blessé avait été secouru convenablement.

3° Il est plusieurs causes de mort violente qui sont cachées, et dont on ne peut absolument découvrir aucune trace par la simple inspection extérieure.

4° Il est des cas de mort violente tellement compliqués, que, sans les lumières anatomiques, il est impossible de décider à laquelle de plusieurs lésions mortelles la mort doit être réellement attribuée. Par exemple, si un homme avait reçu deux blessures graves, de deux individus différents, à des temps divers, l'anatomie seule peut apprendre quelle blessure a donné la mort, et, par là, quel est le coupable.

5° Lorsque les cas sont tellement évidents qu'ils semblent exclure toute idée de la nécessité d'ouvrir un cadavre, l'ouverture n'en doit pas moins avoir lieu. Si on trouve, par exemple, un homme décapité, ou percé de plusieurs coups, mortels de leur nature, ce n'est que par l'inspection et la dissection anatomique que l'on constatera s'il a été percé ou mutilé encore vivant ou déjà mort. N'est-il pas possible, en effet, qu'on ne l'ait traité ainsi que pour cacher la véritable cause de la mort, par exemple le poison?

On en doit dire autant du cas où un homme a été trouvé mort dans une chambre où le feu a pris, et que l'on supposerait tout naturellement asphyxié, ou mort des suites de la combustion : l'on n'en devrait pas moins faire l'examen anatomique, parce qu'il est possible que l'on découvre, par ce moyen, qu'il a été assassiné ou empoisonné, et que ses meurtriers ont ensuite mis le feu à la chambre, pour cacher leur forfait.

Les mêmes observations s'appliquent aux noyés et aux pendus.

6° Pour rechercher si la mort est l'effet de l'homicide ou du suicide.

244. Dès que le juge de paix est informé de la découverte d'un cadavre dans son canton (1), il doit se transporter *immédiatement* sur les lieux, étant assisté de son greffier, de quelques agents de la force publique (2), et en se faisant accompagner d'un ou de deux

(1) *V.* n° 51.

(2) Il nous paraît prudent que le juge de paix se fasse toujours accompagner de son greffier et de la force publique, parce que leur concours peut lui être nécessaire, s'il venait à être découvert que la mort fût le résultat d'un crime.

docteurs médecins ou officiers de santé, suivant les circonstances (1).

En effet, qu'il s'agisse d'une blessure, de l'asphyxie par submersion, d'un empoisonnement, etc., on court risque, en différant la visite de quelques heures seulement, de ne plus pouvoir constater le délit, s'il en existe un; on perd souvent les moyens d'établir l'identité d'un individu, parce que la putréfaction a exercé de tels ravages, que les formes sont devenues méconnaissables.

245. C'est surtout à la reconnaissance de l'individu dont le cadavre a été trouvé, que le magistrat doit donner ses premiers soins.

Toutes les fois, dit le docteur Biessy, qu'une personne a été trouvée morte, et qu'on est parvenu à la reconnaître, on a bientôt découvert également les circonstances précises de sa mort; et, si celle-ci a été l'effet d'une cause criminelle, on est promptement remonté jusqu'aux auteurs de ce crime.

On s'adressera pour cette reconnaissance aux parents, amis ou voisins du défunt, et aux personnes qui ont eu des relations avec lui.

246. Si l'individu est inconnu dans le canton, on relèvera exactement son signalement, quand bien même il porterait sur lui des papiers indiquant son nom et sa profession; car ces papiers peuvent avoir été substitués, ou déposés dans les vêtements du défunt, par les assassins, pour donner le change. La taille du cadavre est mesurée avec soin; on observe son embonpoint, les taches ou marques extérieures propres à le

---

(1) *V.* n°ˢ 123, 124, 125. — Art. 44 du *Code d'inst. crim.*

faire reconnaître ; on décrit les traits ; on note la couleur des cheveux, leur épaisseur ou leur rareté ; on indique le sexe ; on détermine l'âge, au moins d'une
manière approximative, et spécialement par l'état de
la face et des dents.

On décrit également, avec soin, le costume, les divers vêtements, les papiers quels qu'ils soient, enfin
tous autres objets trouvés sur le cadavre ou auprès de
lui, et qui, étant conservés, pourraient en amener la
reconnaissance.

247. Il est extrêmement essentiel, lorsqu'il s'agit
d'un blessé, de pouvoir examiner le corps dans la même
position où il a reçu le coup et dans laquelle il est mort ;
c'est pourquoi il convient de faire la première visite
dans l'endroit même où il a été trouvé, de peur que le
transport ne dérange l'attitude des membres ou les
traits du visage, ne change l'état de la plaie, ou d'une
fracture, ou d'un engorgement des vaisseaux, ou ne
déplace un instrument qui aura causé la mort d'une
manière extraordinaire.

248. Dans tous les cas, rendu auprès du cadavre,
on doit examiner si le lieu où le corps a été trouvé est
éloigné ou non de la voie publique, et quelle est la distance ou la proximité des habitations ; si c'est une
mare, une fosse d'aisance, un endroit sec, humide,
chaud ou froid ; quelles traces ou marques se trouvent
à la surface du sol ; si le cadavre était dans l'eau
ou sous terre ; si l'on voit auprès de lui des la-
cets, des cordes, de la charpie, de l'étoupe, des substances malfaisantes, des machines ou instruments meurtriers ; quelle est la situation de l'instrument par rapport au corps : s'il est placé dans l'une des mains du

cadavre, il faudra s'assurer s'il a bien été saisi par le
défunt, ou s'il n'a été placé qu'après coup, circonstance
fort importante pour distinguer l'homicide du suicide,
et qui peut être singulièrement éclaircie par le degré
plus ou moins marqué de contraction des doigts sur le
corps vulnérant.

S'il y a du sang répandu dans le voisinage, les traces
en seront suivies, et la quantité qui a pu s'écouler
des blessures sera approximativement calculée. Si
ces traces de sang font présumer que le défunt ait
été attaqué ou tué dans un lieu, qu'il ait fui ou qu'il
ait été traîné dans le lieu où gisait le cadavre, on le
constatera.

Si, avant l'arrivée de l'officier de police, le cadavre
et les meubles ou autres objets qui étaient à sa proximité ont été dérangés; si les armes, instruments, effets
ou papiers dont il était porteur, ou qui se sont trouvés
près de lui, ont été enlevés, on doit s'empresser de
faire rétablir les choses dans leur premier état, de les
faire replacer, s'il est possible, par les personnes mêmes
qui les ont dérangées, et si cela est impossible, de faire
expliquer ces personnes sur l'état où elles se trouvaient.
On constatera le tout.

On notera l'heure précise à laquelle le cadavre aura
été découvert, sa position, son attitude; s'il est enveloppé, on recherchera si les vêtements offrent des traces
de sang ou de tout autre fluide, s'ils sont déchirés, cou-
pés, percés en quelques endroits, mouillés, salis par du
sang, par des excrétions, de la boue, de la poussière...

On le déshabillera avec précaution, et on examinera
avec la plus grande attention quelle est la couleur des
différentes parties du corps; si la peau est couverte d'un

enduit sébacé (1); si l'épiderme se détache. Si on observe des contusions, des excoriations, des piqûres ou autres blessures, on en indiquera la situation, la forme, la longueur, la largeur et la profondeur; on aura soin de déterminer si les taches livides que l'on remarque sont des ecchymoses (2), des lividités cadavériques, ou des vergetures.

Pour ne rien laisser à désirer à cet égard, on étudiera successivement toutes les parties du corps, décrivant leur état au fur et à mesure de l'examen de chacune d'elles.

L'état de putréfaction du cadavre, plus ou moins avancé, sera soigneusement remarqué, et on devra avoir égard aux circonstances de température, de climat, de localité, qui ont pu avancer cette désorganisation.

On déterminera aussi par approximation le temps qui s'est écoulé depuis la mort.

249. Mais, après ces premières considérations, qui ne sont qu'un aperçu général, si la nature peu favorable de l'endroit où le corps a été trouvé ne permet point d'en faire l'ouverture, et que le transport soit jugé indispensable, on n'abandonnera pas un moment le cadavre et on éloignera la foule importune, en empêchant que personne y porte la main; on aura soin que, dans cette opération de la translation, rien ne puisse l'endommager, ou en augmenter les lésions. Le médecin, au surplus, aura à prendre, ou à indiquer, les précautions exigées suivant les circonstances. Ce sera lui encore qui

(1) C'est-à-dire ressemblant à du suif.
(2) Sang amassé sous la peau par infiltration ou par congestion.

désignera le local le plus propice pour le dépôt du cadavre ; qui fera disposer les lieux de la manière la plus convenable ; enfin, qui pourvoira aux mesures à prendre pour prévenir la putréfaction du cadavre, s'il y avait lieu de discontinuer l'examen.

Le corps étant arrivé au lieu de sa destination, il faudra, si l'on croit devoir faire un nouvel examen des blessures, chercher à le mettre dans la même position que celle où il aura été trouvé.

250. Il convient d'écarter du lieu choisi pour la visite la foule incommode des curieux, qui troublent et fatiguent par leurs colloques, leurs questions indiscrètes, leurs raisonnements prématurés, et de n'y admettre que les personnes dont la présence est nécessaire.

251. La manière de procéder à l'ouverture du cadavre regarde l'expert. A cet égard pourtant, il est quelques règles que le magistrat est intéressé à connaître, et que dès lors nous devons énoncer.

1° Avant de procéder à l'ouverture du corps, on s'assurera que la mort n'est pas seulement apparente, mais bien réelle. Il faudra même déterminer approximativement l'instant auquel l'individu a cessé de vivre, en ayant égard à la température du corps, à la rigidité ou à la flexibilité des membres, à l'état de putréfaction plus ou moins avancé, etc.

On ne doit, en général, faire l'ouverture du corps que vingt-quatre heures après le décès (1).

Cependant, après certaines maladies, lorsque la mort est bien assurée, le magistrat peut aussitôt, de l'avis du

---

(1) Argument de l'art. 77 du *Code civil*.

médecin, faire procéder à l'opération ; mais, avant de commencer, il est toujours prudent d'éprouver par différents moyens si la vie est complétement et irrévocablement éteinte.

2° La visite, l'ouverture d'un cadavre, pouvant intéresser la tranquillité publique, l'ordre social, l'honneur et la vie des citoyens, rien, dans ces actes, ne doit être négligé pour parvenir à la vérité ; et, comme les recherches anatomiques que l'on fait n'ont d'autre but que de voir, de bien voir, de reconnaître et constater l'état des parties, le degré, la nature de leurs altérations, tous les procédés opératoires doivent tendre à ce but et être déterminés par quelque motif d'utilité.

Tous les médecins-légistes donnent à ce sujet des explications qu'il serait superflu de rapporter ici : l'expert doit les connaître ; elles ne sont pas du ressort du magistrat.

3° Il faut toujours faire l'ouverture des trois cavités splanchniques ou principales du corps (1). Ainsi, quoique l'on ait trouvé dans l'une de ces cavités des lésions qui paraissent être les causes de la mort, on doit visiter les autres cavités, pour s'assurer s'il n'y a pas, comme on l'a vu souvent, quelque altération morbide et profonde qui aurait ajouté à la violence extérieure, ou qui même seule eût pu suffire pour déterminer la mort.

Il est toujours indispensable, écrit M. Orfila, d'ouvrir les trois cavités splanchniques ; la plupart des rapports pourraient être frappés de nullité, si l'on avait né-

_____

(1) *Splanchniques*, c'est-à-dire contenant des organes. Ce sont : le crâne, le thorax ou la poitrine, l'abdomen ou le ventre.

gligé ce précepte. L'homme de l'art qui n'aurait point rempli cette formalité serait beaucoup plus coupable encore, s'il se permettait de décrire l'état des organes renfermés dans une des cavités qu'il n'aurait pas ouverte.

On ne doit donc point, sous aucun prétexte, se borner à l'examen de la partie blessée, encore moins à l'inspection extérieure du corps, d'après les motifs déduits plus haut, et parce que les lésions extérieures auraient pu être faites pour masquer la nature du crime.

4° La visite doit être faite en présence du magistrat, précaution qui, en assurant l'exactitude de la visite, maintient l'ordre et la tranquillité.

5° Le médecin requis pour une opération judiciaire doit noter et écrire soigneusement ce qu'il observe, afin d'avoir à sa disposition toutes les données nécessaires pour rédiger convenablement le rapport : il serait blâmable s'il négligeait de prendre des notes à mesure que les faits se présentent, ceux-ci pouvant être nombreux et difficiles à retenir.

252. Après que l'expert a fait sur le cadavre toutes les recherches jugées nécessaires pour reconnaître et constater le genre et les causes de la mort, il reste encore à prendre quelques précautions qu'il ne faut point négliger.

1° On doit rassembler, rapprocher, remettre dans leur situation première, toutes les parties du cadavre ; on fait ensuite coudre à grands points toutes les incisions ; puis, après avoir lavé, nettoyé, essuyé le corps, on l'enveloppe dans un suaire ou grand drap, que l'on fait coudre, et sur lequel l'officier de police doit appo-

ser son sceau (1), pour prévenir toute altération frauduleuse, et pour s'assurer, en cas de besoin, que le corps
n'a point été touché ; enfin, on le dépose dans un cer-
cueil, dont on confie le soin à la municipalité.

2° On ne doit pas, sous le prétexte d'absorber le sang
ou d'empêcher l'effusion des liqueurs, comme le con-
seillent quelques-uns, remplir les cavités splanchniques avec du son, des cendres, de la sciure de bois,
et encore moins avec de la chaux ou du plâtre, parce
que s'il était nécessaire par la suite de vérifier quelque
point du rapport, on ne pourrait plus, ou qu'avec
grande peine, faire de nouvelles recherches sur le
cadavre.

3° On ne doit pas, sans nécessité bien démontrée,
séparer, emporter un viscère, une partie du cadavre,
et s'il y a quelque motif pour emporter une pièce, il faut
en faire mention dans le procès-verbal.

4° Si, pour faire des recherches ultérieures plus suivies, on a détaché du cadavre l'estomac ou quelque autre
partie, il faut l'envelopper dans un linge que l'on attache bien, ou le déposer dans un vase que l'on bouche
exactement, et n'en confier le transport qu'à des personnes sûres et connues, afin que la pièce ne disparaisse
pas, comme cela est arrivé.

Il sera même prudent, dans tous les cas, pour prévenir les substitutions, que l'officier de police judiciaire
appose son sceau sur l'enveloppe de l'objet distrait pour
être soumis à un nouvel examen. Cette observation s'applique également à ce qui suit.

(1) C'était sur le front même du cadavre que le magistrat devait
apposer son sceau, pour prévenir toute substitution, d'après une déclaration du 5 septembre 1712.

5° S'il convenait, soit pour l'instruction de l'affaire, soit pour objet de vérification, de conserver une partie molle du cadavre, il faudrait après l'avoir lavée et nettoyée, la mettre dans un bocal de capacité suffisante, que l'on remplirait d'alcool ou esprit de vin, et que l'on boucherait fort exactement.

6° Lorsque l'on trouve un poison dans l'estomac, il convient d'en partager la quantité en deux parties; l'une est soumise aux expériences convenables, pour constater la présence et la nature de la substance vénéneuse; l'autre est conservée comme moyen de vérification (1).

7° L'ouverture du cadavre, les recherches et expériences qui sont quelquefois nécessaires pour déterminer l'existence, la nature du poison, doivent toujours être faites en présence du magistrat.

Si elles n'étaient pas terminées dans une séance, l'officier de police judiciaire doit renfermer dans un endroit convenable les pièces d'examen, après y avoir mis un scellé, dont on vérifiera l'intégrité avant de continuer les opérations commencées.

8° Souvent le médecin, après avoir fait la visite, dicte aussitôt son rapport au greffier, qui l'inscrit et l'insère dans l'acte même de constat; d'autres fois ce-

---

(1) Lorsqu'il s'agit d'empoisonnement, il convient, en général, de s'abstenir de faire faire sur les lieux l'analyse des substances suspectes; il est bien préférable de conserver ces substances, de faire extraire les viscères qui les renferment, et de les envoyer, avec les précautions d'usage, aux magistrats qui doivent instruire, et qui probablement auront les moyens de s'entourer de plus de lumières pour faire cette importante opération de l'analyse avec beaucoup plus de chances de succès. — Instruction du Ministre de la justice du 23 novembre 1824. — V. n° 118.

pendant le médecin écrit son rapport sur un papier détaché, et il le remet ensuite au magistrat, qui en fait une mention expresse dans son procès-verbal, et l'y annexe.

Outre les observations générales que nous avons indiquées jusqu'ici, les divers genres de mort peuvent donner lieu à des remarques particulières, dont il convient de nous occuper : ce sera l'objet des numéros suivants :

253. *De l'asphyxie par submersion.* L'individu que l'on trouve noyé était-il vivant au moment de son immersion dans l'eau ?

Telle est la première question à examiner dans l'espèce ; question qui, le plus souvent, est toute du ressort de l'homme de l'art. Les médecins-légistes indiquent les signes qui souvent peuvent conduire à une solution probable ou certaine ; nous croyons superflu de les énumérer : c'est à l'expert à les connaître ; c'est à lui de décrire exactement tout ce qu'il aura remarqué à ce sujet, pour que les conclusions de son rapport puissent être examinées et vérifiées au besoin.

Après avoir résumé ces signes fournis par l'autopsie, et avoir apprécié leur valeur, M. Orfila ajoute : Mais le médecin ne doit point borner là ses recherches ; il examinera, avec le plus grand soin, si l'individu n'aurait pas été assassiné avant de tomber dans l'eau, et si les meurtriers n'auraient pas eu recours à la submersion pour mieux faire prendre le change ; il déterminera en conséquence s'il ne découvre point de traces d'empoisonnement, d'étranglement, d'asphyxie par les gaz délétères, de blessures, etc. : souvent il trouvera sur le front, aux tempes et sur quelques autres parties du corps, des contusions, des plaies contuses, des ecchymoses ; il s'attachera alors à décider si elles ont été faites avant ou après la mort. Si tout porte à croire que l'individu a été blessé avant la mort, on recherchera, d'après la forme des blessures, celle de l'instrument qui les a produites, en se rappelant toutefois que des lésions de ce genre peuvent être le résultat de la violence avec laquelle l'individu qui est tombé à l'eau a heurté contre des corps durs, qui se trouvaient au fond du liquide, ou de la chute d'un lieu élevé, pendant laquelle le corps aurait frappé contre des pierres, des rochers, etc.

Ces observations ne sont pas étrangères au magistrat, et il aurait soin, au besoin, de les rappeler à l'expert.

Une seconde question à éclaircir est celle ci : Lorsqu'un individu vivant a été submergé, est-il tombé dans l'eau par accident, s'y est-il précipité, ou bien a-t-il été noyé par une main homicide ?

M. Orfila avoue que, dans beaucoup de circonstances, l'art ne possède aucun moyen de résoudre le problème. Il s'en remet au magistrat pour découvrir, dans les considérations générales propres à chaque cas, la solution de la difficulté.

Il faut avoir égard à la nature du lieu où l'on a trouvé le noyé ; distinguer si c'est un torrent ou une rivière, la mer ou un étang, un puits ou un fossé ; si l'eau est stagnante ou agitée ; si le lit est uni, formé uniquement de sable, de gravier ou de vase, ou s'il est inégal, pierreux et raboteux ; si les bords de l'endroit d'où le sujet s'est jeté, est tombé ou a été précipité, sont élevés ou s'ils sont bas ; s'il n'a fallu qu'être lancé pour atteindre les eaux, ou si on n'a pu s'y précipiter qu'en montant sur un mur, sur un parapet, etc. ; si l'endroit de la submersion est un lieu habité ou désert, fréquenté ou abandonné.

Suivant la saison, on pourrait avoir à s'enquérir si le sujet ne se serait pas noyé en nageant ou en prenant un bain.

On recherchera si les occupations ou les besoins du défunt l'appelaient sur le lieu, et pouvaient l'exposer à des accidents.

On invoquera le secours des signes commémoratifs pour savoir si la personne décédée avait la vue courte; si elle était sujette à des accès d'épilepsie, d'hystérie; si elle n'éprouvait point des vertiges, des tournoiements de tête, en regardant en bas d'un lieu élevé; si elle avait donné des signes de démence; si elle était tourmentée du dégoût de la vie, assiégée par un noir chagrin ou par la crainte d'un mal à venir.

Dans le cas où quelqu'un a été jeté dans l'eau par des mains étrangères, il est possible, s'il s'est débattu, de trouver sur son corps des traces de violences, et d'en apercevoir sur ses vêtements. C'est pourquoi on examinera si ses pieds ou ses mains n'ont point été liés, et si son corps ne porte aucun vestige de meurtrissures ou de contusions.

On ne pourra, néanmoins, tirer aucune induction bien concluante de ces traces, si le sujet a été trouvé dans une eau courante dont le lit est inégal, rempli de pierres, de cailloux, de morceaux de bois, etc., contre lesquels il a pu heurter, ou qui ont pu déchirer ses vêtements.

Après avoir discerné et estimé la valeur de ces indices

et autres amenés par les circonstances, on cherchera,
au moyen de l'autopsie cadavérique, si le corps ne décèle point quelques-unes de ces lésions qui déterminent
à un acte de désespoir.

La solution du problème ne présentera aucune difficulté, s'il s'agit d'un nouveau-né qui a été submergé vivant ; car il est évident qu'il aura été noyé par une main
homicide.

254. *De l'asphyxie par strangulation* ou *par suspension.* Un individu que l'on a trouvé étranglé ou pendu
a-t-il été mis en cet état avant ou après la mort ? Cette
question, dont la solution peut être fort difficile, est la
première dont on doive s'occuper.

L'expert aura à rechercher, comme dans le cas du
numéro précédent, si la suspension ou la strangulation
n'a point été simulée pour masquer un autre genre de
mort : par exemple, un empoisonnement, ou des blessures non apparentes.

La considération des lieux, des circonstances environnantes, des faits commémoratifs, et enfin l'exploration
anatomique, détermineront les conclusions.

On en viendra ensuite à l'examen de cette seconde
question, à l'égard de laquelle les motifs de décider la
première ne seront pas sans influence : si la strangulation ou la suspension a eu lieu pendant la vie, est-elle
l'effet du suicide ou de l'homicide ?

Il faut admettre comme un fait reconnu qu'il est possible qu'une personne s'étrangle avec une corde, avec
une cravate, qu'elle aura serrée et maintenue serrée à
l'aide d'un bâton ou de tout autre objet : quant à la possibilité de la suspension de la part du sujet lui-même,
elle ne saurait être révoquée en doute.

On ne doit guère compter, pour résoudre notre question, sur le nombre, la direction, ou la profondeur des sillons. Toutefois, il faudra, comme on doit toujours le faire dans des circonstances même moins difficiles, présenter l'instrument à la plaie, pour juger l'une par l'autre, c'est-à-dire remettre la corde dans ces sillons, et rechercher le point où le nœud était appliqué, afin de s'assurer qu'ils ont été faits par elle.

On examinera minutieusement toutes les parties du corps, pour voir si elles ne portent point des marques de violences, et si la mort a pu être l'effet de la strangulation ou de la suspension simple.

Viendra ensuite la dissection des cavités.

L'autopsie cadavérique est particulièrement indispensable pour ajouter aux présomptions morales que l'on peut avoir du suicide. Par là on découvrira si le sujet n'était point tourmenté par quelque maladie qui porte avec elle l'ennui de la vie et le désir ardent de la voir finir.

On ne devra négliger aucune des circonstances accessoires aux indices physiques déjà obtenus; on remontera aux signes commémoratifs, aux maladies, à la vie, aux mœurs, aux passions, aux chagrins de l'individu, à son état mental : on constatera si le mort a été trouvé dans un lieu ouvert ou fermé; si les portes ou les fenêtres étaient fermées en dedans ou en dehors; on examinera l'arrangement ou le désordre de ses membres, de ses cheveux, de ses vêtements; les moyens dont on a pu ou dont il a dû se servir pour commettre l'attentat; la possibilité ou l'impossibilité d'une strangulation ou d'une suspension volontaire; les écrits qu'aurait laissés le sujet, qui annonçait l'intention de se suicider, etc.

Les coups et les marques extérieures de violences, comme les contusions, les blessures, les habits déchirés, le sang répandu, sont des indices d'assassinat; il n'est cependant pas impossible que le sujet, cherchant un autre genre de mort, se soit blessé ou maltraité lui-même, avant de s'étrangler ou de se pendre.

255. *De la mort par blessures ou par mutilation.* Quels signes peuvent faire distinguer si les blessures sont le résultat d'un accident, d'un meurtre ou d'un suicide ?

Les magistrats parviennent souvent à résoudre ce problème sans le secours de l'homme de l'art : ils basent leur jugement sur l'état des lieux où le cadavre a été trouvé, sur la situation du corps, sur la position de ses membres, sur le désordre des vêtements, sur les objets qui entourent le cadavre, sur la quantité de sang répandu à terre ou sur les vêtements, sur la présence d'un instrument vulnérant dans le voisinage du blessé, sur son état de démence, sur les haines et les inimitiés, et particulièrement sur la déposition des témoins.

Toutefois, il serait difficile que les ministres de la justice parvinssent à décider la question, dans un très-grand nombre de cas, s'ils n'étaient éclairés par le rapport des médecins. Il faut donc étudier attentivement les circonstances qui doivent servir de bases à ces rapports.

On examinera si le corps présente des signes de violence : s'il est vrai qu'une personne peut avoir été assassinée sans avoir opposé la moindre défense, parce

qu'elle était endormie, parce qu'elle a été prise au dé-
pourvu ou qu'elle a été assaillie par plusieurs assassins,
il est incontestable que, dans tous les autres cas, elle
aura pu se débattre pour chercher à éviter le coup, et la
lutte qui aura précédé l'assassinat pourra être marquée
par des meurtrissures sur différentes parties du corps,
par des signes d'étranglement avec les mains ou avec
un lien quelconque, par le dérangement de la coiffure,
l'arrachement des cheveux, etc.

L'homme de l'art déterminera d'abord si les violences dont il s'agit, ainsi que les blessures, ont été
faites pendant la vie ou après la mort, puis il cherchera à reconnaître si elles ne seraient pas le résultat naturel de la chute de l'individu du haut d'un
rocher, etc.

On notera la situation des blessures, leur nature, leur
profondeur et leur direction.

Situation : Il est assez ordinaire que les personnes
qui veulent se suicider portent vers la partie antérieure
ou latérale du tronc l'instrument piquant ou tranchant
dont elles font usage, tandis que, pour les armes à feu,
elles choisissent assez souvent la bouche, le dessous du
menton, l'oreille, l'œil, le front, les parties latérales ou
antérieures de la poitrine. Rarement le suicide di-
rige l'instrument meurtrier sur la partie postérieure du
corps.

La situation et la direction de certaines blessures de
la partie postérieure du tronc sont quelquefois telles,
qu'il est impossible qu'elles soient l'œuvre du suicide.
On sentira donc facilement l'importance, dans les cas
de ce genre, de remettre l'instrument vulnérant successivement dans les deux mains du cadavre, de l'amener

jusqu'à la plaie, afin de juger s'il y a eu suicide ou homicide.

Nature des blessures : L'expérience prouve que la
plupart des individus qui veulent attenter à leurs
jours par le moyen des blessures emploient les armes
à feu ou les instruments tranchants et piquants, soit
pour pénétrer dans les cavités thorachique et abdominale, soit pour ouvrir des vaisseaux sanguins con-
sidérables, parce qu'ils regardent ces lésions comme
devant amener nécessairement une mort prompte ; ils
se gardent bien de faire usage d'instruments contondants, dont l'effet ne leur paraît ni assez prompt, ni
assez sûr.

La *profondeur* des blessures peut, dans des circonstances à la vérité fort rares, faire soupçonner l'homicide plutôt que le suicide, parce qu'il est permis de supposer, d'après la situation et la direction de certaines
plaies, qu'elles n'auraient pas pu être aussi profondes
s'il n'y avait pas eu assassinat.

Direction des blessures : On observe assez généralement, dans le suicide, que les plaies faites par un instrument piquant sont dirigées obliquement de droite à
gauche, et de haut en bas, tandis que celles qui sont
produites par un instrument tranchant se dirigent ordinairement de gauche à droite, transversalement ou
obliquement, de haut en bas ou de bas en haut : toutefois, on remarque à cet égard une foule de variétés provenant de la longueur de l'instrument et de la manière
dont il est tenu. La direction serait nécessairement l'in-
verse de celle qui vient d'être décrite, si l'individu qui
veut se suicider était gaucher.

Le premier devoir de l'homme de l'art, dans des

questions de ce genre, est de comparer la forme de la plaie à l'instrument que l'on présume avoir été employé. Après en avoir armé la main du cavadre et avoir amené le bras vis-à-vis de la blessure, il déterminera si l'espace qu'il a parcouru, dans une direction donnée, est en rapport avec la longueur du bras et avec la direction que la main a dû suivre pour porter le coup; s'il n'en est pas ainsi, il remettra l'arme meurtrière dans l'autre main.

On aura égard au *nombre* des blessures.

Il est assez ordinaire de n'observer sur les cadavres des suicidés qu'une seule blessure, celle qui a déterminé la mort. Il arrive cependant quelquefois le contraire : la personne qui veut mettre un terme à son existence commence par porter atteinte à des parties dont la lésion est mortelle, ou qui, d'après un préjugé vulgaire, passe pour telle; néanmoins elle ne périt point; alors elle a recours à des moyens infaillibles, et succombe. Nul doute que dans le cas d'homicide il ne puisse y avoir aussi, outre la blessure qui a occasionné la mort, des lésions de quelques autres parties du corps ; mais ces lésions peuvent très-bien ne pas occuper les régions du corps dont les blessures sont mortelles ou passent pour l'être.

L'existence de plusieurs blessures mortelles, dont une seule aurait dû causer la mort *immédiatement*, serait une preuve d'homicide. Il y aurait doute hors ce cas ; car un homme blessé, si la blessure, quelque grave qu'elle soit, ne détermine la mort qu'au bout d'un temps quelconque, a pu attenter de nouveau à ses jours, et léser un organe dont la blessure serait également mortelle.

La question qui nous occupe doit être considérée sous un point de vue fort important ; le voici : On trouve un cadavre au fond d'un puits, d'une rivière, au pied d'un rocher, d'une montagne, d'un endroit escarpé, au bas d'un précipice ; il s'agit de reconnaître *si l'individu était vivant ou mort au moment de la chute*, et, s'il était vivant, de déterminer *s'il s'est précipité volontairement ou s'il a été poussé*.

On pourra supposer qu'une personne était morte au moment de la chute, si on trouve des traces non équivoques d'étranglement, de plaies régulières faites par des instruments tranchants ou piquants, ou par des armes à feu, et si on peut établir que les blessures existaient avant la mort. Ici, tout annonce que la personne a été assassinée, et que, pour faire prendre le change, le meurtrier a jeté le cadavre de haut en bas : sans doute que le corps mort pourra offrir des déchirures et d'autres blessures qui seront le résultat des inégalités, des saillies, des pointes, contre lesquelles il aura pu heurter pendant la chute, ou de l'écrasement opéré par les pierres qui auront roulé en même temps que lui ; mais ces blessures, irrégulières comme les corps qui les auront produites, ne présenteront aucun des caractères que l'on remarque dans celles qui ont été faites avant la mort.

Si la personne a été assassinée par un des moyens énoncés, et que la blessure n'ait pas été mortelle sur-le-champ, il pourrait se faire que l'individu fût encore vivant au moment où il a été précipité : dans ce cas, on trouverait, outre les marques d'une lésion régulière faite par une corde, les mains, un sabre, un poignard, un pistolet, etc., des contusions, des déchirures, des fractures, des blessures irrégulières et très-étendues, dont quelques-unes auraient été faites pendant la vie et d'autres après la mort, et qui seraient le résultat du choc du corps sur les inégalités du sol, sur des branches d'arbres rompues, sur des racines, etc.

Si l'assassinat n'a point précédé la chute, et si l'individu était vivant au moment où il a commencé de tomber, toutes les blessures pourront présenter le caractère de lésions faites avant la mort, à moins que, l'individu ayant péri au milieu de sa chute, il y ait des lésions, faites après la mort, qui n'aient point ce caractère. L'irrégularité, l'étendue, la forme, le nombre des blessures, et l'intensité des ecchymoses qui les accompagnent, seront en rapport avec les aspérités, les éminences et les angles des corps; il faudra donc comparer attentivement les effets aux causes présumées, et voir si réellement, d'après l'espace parcouru par le corps, et d'après les obstacles contre lesquels il a heurté, la mort est le résultat de la chute.

Mais, en supposant que l'on ait prouvé que la personne était vivante au moment de la chute, est-il aisé de démontrer que celle-ci est plutôt volontaire que le résultat d'un accident, ou d'un attentat criminel? Comment distinguer, par exemple, si un tel individu a été précipité par un assassin, s'il s'est lancé lui-même, dans le dessein de se suicider, ou bien si la chute ne tiendrait pas à ce qu'il aurait perdu involontairement l'équilibre, par suite de vertiges, d'une attaque d'apoplexie ou d'épilepsie, de l'ivresse, etc. ?

Ce problème est, sans contredit, un des plus difficiles à résoudre, lorsque les dépositions testimoniales ne viennent point éclairer les magistrats. L'attention doit plus particulièrement se fixer, en pareil cas, sur l'existence de certaines lésions du cerveau et des viscères gastriques qui pourront faire soupçonner une apoplexie, l'ivresse, et quelquefois l'épilepsie ; sur les signes commémoratifs, qui apprendront peut-être que l'individu dont il s'agit était sujet à des vertiges, à des accès d'épilepsie ou d'hystérie, ou bien qu'il était hypocondriaque ; sur l'habitude qu'il avait pu contracter de s'enivrer ; sur le dérangement habituel de ses facultés intellectuelles, etc.

256. *De l'empoisonnement.* Cette matière est des plus épineuses.

D'une part, on ne peut généralement *affirmer* que le sujet est mort empoisonné, qu'après avoir constaté la présence du poison, parce que la plupart des symptômes et altérations de tissus, déterminés par les poisons, peuvent se remarquer dans un grand nombre de maladies, telles que le choléra-morbus, la gastrite, etc.

D'un autre côté, on ne peut *affirmer* qu'il n'y a pas eu empoisonnement, à défaut d'avoir découvert le poison, parce que certaines substances vénéneuses s'absorbent en entier, se décomposent et que souvent il peut être difficile, sinon impossible, d'en constater l'existence.

Dans cette perplexité, il faudra procéder avec une attention soutenue, et ne conclure qu'avec une prudente réserve.

L'examen extérieur du cadavre aura fait découvrir les taches ou lividités qui existeraient à la surface ; il aura donné lieu de remarquer l'état convulsif des membres, les contractions des traits, l'état des lèvres et de l'intérieur de la bouche. A ces indications se joindront les circonstances concomitantes et environnantes du lieu, des objets trouvés sur le cadavre ou près de lui, des matières contenues dans un vase, dans une fiole, etc., des déjections dont la couleur révélatrice peut faire naître des conjectures : dès lors il sera permis de soupçonner la présence et les effets du poison.

L'ouverture du corps et l'exploration de tout le tube digestif feront connaître les lésions de tissus, les altérations des organes.que causent les toxiques ; l'analyse des liquides et des substances solides recueillis dans le corps du sujet et autour de lui déterminera une opinion de probabilité ou de certitude.

Nous avons déjà indiqué, au n° 252, quelques précautions à prendre dans ce cas ; nous y renvoyons.

La présence du poison, non accompagnée des lésions qui en sont ordinairement la suite, pourrait conduire à des conclusions erronées ; on devra donc se tenir en garde contre les méprises, et examiner soigneusement si le poison n'aurait pas été introduit frauduleusement, après la mort, dans certaines parties du corps, comme la bouche, l'estomac, le rectum.

Étant bien reconnu que le sujet a été empoisonné, il faudra rechercher s'il l'a été par lui-même ou par autrui.

Ici s'appliquent les considérations générales sur le suicide (1). On examinera si le sujet avait quelque motif d'attenter à ses jours ; s'il a laissé quelque écrit annonçant ses ennuis et sa détermination d'y mettre un terme ; s'il a recherché ou refusé le secours des médecins et des remèdes ; enfin, on s'en-

(1) *V.* n° 240.

querra de toutes les circonstances qui pourraient expliquer le fait.

On recherchera si aucune des personnes avec lesquelles il avait un rapport quelconque n'avait intérêt à ce qu'il cessât de vivre et aurait acheté ou préparé des poisons, sans pouvoir justifier d'un but vraisemblable auquel on aurait voulu les employer ; si les poisons trouvés en possession de cette personne sont de la même nature que ceux que l'on aurait découverts dans le cadavre ; si cette personne, convaincue d'avoir acheté des poisons de même nature, en niait l'achat ; avec qui et de quelle manière le défunt avait passé les derniers moments de sa vie.

Des restes de poison trouvés sur le sujet ou auprès de lui sont des signes équivoques, qui peuvent appartenir au suicide comme à l'homicide.

Comme en toute autre occurrence, l'essentiel est de préparer les voies pour arriver à la vérité, et de constater exactement ce qui est : s'il reste des doutes, on acquerra peut-être, avec le temps, les moyens de les dissiper.

Nous terminerons par une réflexion importante. Nous avons dit précédemment, pour divers genres de mort, que les causes apparentes qui les auraient déterminés auraient pu être employées pour dissimuler la cause véritable du décès. Mais, dans notre hypothèse, un homme peut s'être empoisonné, et, tourmenté par des douleurs atroces, avoir hâté le moment de la catastrophe, en choisissant un moyen plus prompt de destruction, comme un coup de feu ou de poignard, la pendaison, ou l'immersion dans l'eau. Les signes commémoratifs détermineront, à l'occasion, le mérite et la valeur de cette remarque, qui souvent n'aura pas été étrangère à la rectitude de la conclusion applicable aux faits constatés.

257. *Des cadavres des personnes du sexe.* Si le cadavre trouvé était celui d'une personne du sexe, on aurait, outre les explorations dont nous nous sommes occupé dans les numéros précédents, à rechercher spécialement, par la visite et l'examen des organes génitaux, si la mort ne serait point survenue à la suite d'un avortement ou d'un accouchement; si elle ne serait point le produit du viol.

La femme pourrait avoir péri sous les efforts successifs et répétés de plusieurs hommes; elle pourrait même avoir succombé à la brutalité d'un seul, si l'auteur de l'attentat avait employé une violence grave pour subjuguer la victime, et pour étouffer ses cris; elle aurait pu trouver la mort dans l'épuisement de sa résistance; enfin, le ressentiment profond de l'injure reçue aurait pu éteindre en elle le principe de la vie.

Des meurtrissures à la vulve, aux seins, aux cuisses, aux bras; des empreintes de liens qui auraient retenu les mains; des corps étrangers introduits dans la bouche, pour empêcher la femme de crier; des traces d'une défloration récente et forcée; des taches laissées sur le linge, sur les parties sexuelles d'une personne saine, et provenant d'un écoulement vénérien, sont autant d'indices qui peuvent concourir à éclairer la justice et à déceler la vérité.

Le lieu où le corps est trouvé, son attitude, l'état des vêtements, le souvenir des relations habituelles de la défunte et de ses dernières démarches, fourniront quelquefois des indications précieuses , qu'il ne faudra pas négliger de recueillir.

258. *Des cadavres des enfants nouveau-nés.* Lorsque l'on a découvert le cadavre d'un nouveau-né inconnu , et abandonné dans un champ , une rue, une place publique, etc., on doit l'examiner avec autant d'attention que dans le cas où la mère serait connue , parce que l'on peut toujours conserver l'espoir que sa reconnaissance n'échappera pas aux recherches de la police judiciaire.

Après avoir noté tout ce qui est relatif aux objets qui entourent le cadavre , à sa situation , au lieu où il a été trouvé , et aux circonstances que nous avons indiquées au n° 173 ; avoir examiné attentivement le poids, la longueur de l'enfant , l'état des diverses parties de son corps , tout ce qui peut déterminer son âge au moment de la naissance ; avoir tenu compte des lésions extérieures, de l'état plus ou moins avancé de putréfaction , l'on procède enfin à l'autopsie , sans omettre , dans aucun cas , l'ouverture des trois cavités splanchniques.

On cherche à découvrir les causes de la mort.

Le nouveau-né a pu périr avant de sortir de l'utérus : pour s'en assurer, on ne devra pas négliger les secours de la docimasie pulmonaire, bien qu'elle ne fournisse pas toujours des données concluantes.

Le nouveau-né a pu périr pendant l'accouchement, s'il a été laborieux , s'il a été provoqué ou accompagné par des tentatives criminelles.

Il a pu périr après sa naissance, pour cause de débilité, par vice de conformation, parce qu'il a manqué des secours nécessaires, parce qu'on a exercé envers lui

des actes de violence, que l'on peut rapporter aux blessures, à l'asphyxie, à l'empoisonnement par les gaz
délétères, etc.

On s'attachera à déterminer depuis quand l'enfant
est né, et, s'il a vécu, quelles ont été la durée de sa
vie et l'époque de sa mort. On pourrait retirer de ces
remarques des moyens de découvrir à quelle femme
appartient le nouveau-né, en supputant l'époque de tel
ou tel accouchement, dont le fruit a disparu, et qui a
laissé des soupçons de crime.

La plus grande part des investigations appartient,
en cette matière, à l'homme de l'art, d'après les détails succincts que nous venons de retracer ; mais nous
devions mettre l'officier de police judiciaire en état
d'exercer une utile surveillance, en l'éclairant sur ce
sujet.

259. Quelle que soit l'hypothèse, l'examen et les
autres opérations nécessités par l'événement étant ter-
minés, ou après chaque séance, si plusieurs vacations
sont nécessaires, le juge de paix rédigera procès-verbal
de tout ce qui aura été fait, remarqué ou appris, et il
suivra, soit pour la procédure, soit pour la saisie et la
conservation des pièces de conviction, soit enfin pour
la rédaction, les formes indiquées précédemment au
chapitre V (1).

C'est ainsi qu'il mentionnera dans son procès-verbal
le serment des experts (2) ; qu'il y insérera leur rapport,
ou qu'il y annexera ce rapport détaillé et motivé, loin
de se contenter d'un simple certificat contenant des con-

---

(1) *V.* nᵒˢ 174, 175.
(2) *V.* nᵒˢ 127, 175, 176. — Art. 44 du *Code d'inst. crim.*

clusions sans exposition des faits, ce qui rendrait impossible toute vérification ultérieure (1).

260. On a dû remarquer que, dans ce chapitre, nous avons supposé la possibilité de la découverte d'un crime, ne nous occupant que de la constatation des faits en eux-mêmes, et faisant abstraction des actes d'information à dresser, des diligences à entreprendre envers les coupables.

C'est que, dans le cas où un crime serait constaté, si les auteurs en étaient indiqués par les circonstances du fait, par des témoins, ou par la clameur publique, il y aurait alors véritablement cas de flagrant délit; et comme nous avons tracé, aux chapitres V, VI, VII, les règles à suivre en pareille occurrence, nous devions nous borner à y renvoyer, pour éviter d'inutiles redites : nous nous référons donc, pour ce cas, à ce que nous avons écrit sur le flagrant délit et sur l'instruction qu'il comporte.

(1) *V.* nᵒˢ 128, 176, 177.

CHAPITRE X.

—

DE L'INFORMATION SUR COMMISSION ROGATOIRE.

261. Nous avons défini ailleurs la commission rogatoire, son emploi et ses règles (1); nous ne nous occuperons dans ce chapitre que des commissions rogatoires à fin d'entendre des témoins, et des divers actes d'exécution qui incombent aux juges de paix.

262. Le juge de paix investi d'une commission rogatoire régulièrement déférée doit la remplir avec diligence et exactitude (2). Son premier soin, dès qu'il l'aura reçue, devra être d'en étudier attentivement toutes les dispositions, de s'en bien pénétrer, afin d'accomplir utilement, et sans rien omettre, tout ce que l'on apprend de sa coopération.

263. Avant que de recevoir les témoignages qui font l'objet de la commission rogatoire, le juge de paix aura à prendre des mesures préliminaires, à faire des

(1) *V.* nᵒˢ 56, 57, 58, 59, 60.

(2) Le juge de paix n'a pas le droit de différer l'exécution d'une commission rogatoire, soit parce qu'il n'en reconnaîtrait pas l'opportunité ou la nécessité, soit parce qu'il aurait fait lui-même une information comme auxiliaire du procureur de la République...

— Les informations préparatoires faites par les officiers auxiliaires et par le procureur de la République ne contiennent que des *déclarations;* elles ne servent que de simples *renseignements,* et ne peuvent servir de base à une mise en prévention ou en accusation. Lettre du procureur général de Poitiers du 15 mai 1831.

dispositions préparatoires, qu'il convient d'expliquer tout d'abord.

Dans toute information, il est de principe général qu'un témoin ne peut être entendu sans citation préalable (1).

Cette règle ne souffre d'exception que dans le cas de flagrant délit, où l'intérêt et la nécessité qu'il y a de réunir, sans perte de temps, les renseignements et les preuves, ont fait introduire des formes de procéder plus simples et plus hâtives (2).

264. Les art. 71 et 72 du Code d'instruction criminelle indiquent de quelle manière les témoins sont évoqués (3).

Le juge commis rend une ordonnance ou cédule, dans laquelle il relate la commission d'où émanent ses pouvoirs; il y désigne les témoins par leurs prénoms, noms, surnoms, professions, qualités, demeures (4), en un mot, le plus nettement et avec le plus de précision qu'il est possible, pour éviter les erreurs; il fixe le jour, l'heure et le lieu auxquels il ordonne qu'ils seront assignés à comparaître par un huissier, ou par un agent de la force publique (5).

Le juge de paix n'est pas obligé d'énoncer dans sa cédule les causes de la procédure qu'il a à suivre, c'est-

---

(1) *V.* art. 3 du Code du 3 brumaire an IV. — Art. 71, 74 du *Code d'inst. crim.*

(2) *V.* art. 113 du Code du 3 brumaire an IV. — Art. 33 du *Code d'inst. crim.*

(3) *V.* art. 112 du Code du 3 brumaire an IV.

(4) Il est quelquefois obligé de s'en enquérir, le juge d'instruction n'ayant pas été à même de les lui faire connaître exactement.

(5) *V.* nᵒˢ 269, 270, 271, 273.

à-dire la nature du délit et le nom de l'inculpé ; il convient au contraire de s'abstenir de ces énonciations.

Il y a souvent beaucoup d'inconvénient à ce que les témoins sachent à l'avance pour quel motif ils sont assignés. Ils sont moins exposés à être circonvenus, ils ont moins de facilité à créer des dépositions mensongères, à se concerter entre eux pour altérer ou déguiser la vérité, s'ils ne sont pas instruits, avant d'arriver devant le juge, de l'objet sur lequel leur témoignage est requis.

A la vérité, l'huissier a besoin personnellement de connaître la nature et la qualification du crime ou délit, pour inscrire sur ses états de frais à quelle occasion il a instrumenté ; mais cette connaissance peut assurément ne lui être donnée qu'après l'émission de l'exploit ; ou du moins, si on l'en informait plus tôt, ce ne devrait être qu'en lui rappelant la discrétion que lui commande son caractère d'homme public, et les indications qui lui sont nécessaires lui seraient communiquées en dehors de la cédule.

265. Dans les commissions rogatoires à fin d'informer, des témoins sont désignés ; ceux-là doivent tous, sans exception, être appelés en témoignage, s'ils se trouvent momentanément ou s'ils ont leur demeure habituelle dans le ressort du juge commis.

Souvent le juge de paix est, de plus, invité à faire citer à comparaître devant lui *tous autres témoins qu'il découvrirait* (1), *et dont l'audition paraîtrait utile à la manifestation de la vérité.*

_____

(1) Il est entendu que ces témoins résideraient ou se trouveraient

Le juge de paix délégué se méprendrait étrangement, s'il considérait comme une formule banale cette recommandation indéfinie, dont il est facile de concevoir les motifs.

Plus rapproché que le juge d'instruction du lieu du délit, des personnes qui en ont vu ou appris les circonstances, il est plus à portée de connaître les témoins qui sont à même d'éclairer la justice par les renseignements qu'ils possèdent; d'un autre côté, l'information à laquelle il aura procédé aura pu révéler des témoins importants, ignorés jusque-là : ce serait de sa part remplir très-imparfaitement sa mission, que de négliger d'entendre ces témoins inconnus du juge d'instruction, et de laisser la vérité douteuse et incertaine, lorsqu'il aurait pu en porter la manifestation jusqu'à l'évidence.

Il y a plus : le juge de paix ne doit même pas attendre que le hasard lui décèle des témoins ; il doit s'enquérir s'il n'en existerait pas d'autres que ceux qui auraient été dénommés dès le principe, pour choisir parmi eux ceux dont les dépositions mériteraient d'être retenues (1).

266. Le juge commis peut, de prime abord, ajouter, sur sa cédule, à la liste des témoins donnée dans la commission rogatoire, les noms de ceux qu'il connaîtrait personnellement comme devant fournir d'utiles documents sur le fait en instruction.

S'il n'apprend que par l'audition des premiers té-

dans son canton; autrement, il ne pourrait que les signaler au juge d'instruction.

(1) Ce serait un abus que de faire citer des témoins dont on ne pourrait espérer, avec quelque certitude, retirer des renseignements

moins que d'autres personnes auraient des révélations importantes à faire à la justice, ou qu'un témoin entendu et qui s'est déjà éloigné connaît certains faits à constater, dont il n'a pas déposé, il donne une seconde, une troisième cédule, suivant les circonstances.

Au surplus, si les témoins indiqués par la commission rogatoire ou connus par le juge délégué étaient trop nombreux pour être entendus le même jour, le juge délégué aurait à les faire assigner à tels jours différents qu'il le jugerait convenable, sauf à ne pas prolonger mal à propos l'information, et à ne pas en reculer abusivement le terme (1).

267. Il importe toutefois de remarquer que la faculté laissée ou l'invitation adressée au juge commis d'entendre des témoins, outre ceux qui lui sont primitivement indiqués, ne l'autoriserait pas à appeler légèrement d'autres personnes.

Par exemple, il ne devrait pas faire citer des témoins qui seraient présumés n'avoir rien à dire sur le fait ou sur ses circonstances, et qui ne pourraient que déposer de la bonne ou mauvaise moralité du prévenu, parce que les dépositions de tels témoins n'auraient rien de concluant. Mais, évidemment, il ne faut pas comprendre

profitables. On doit éviter l'inconvénient d'augmenter les frais sans utilité. *V.* Circulaire du Ministre de la justice du 9 avril 1825.

(1) Lorsque les occupations du juge de paix ne lui permettent pas d'entendre, le même jour, tous les témoins qui doivent déposer dans la même affaire, les citations, quoiqu'elles indiquent des jours différents pour la comparution, n'en doivent pas moins être données en même temps, et être constatées par un seul original, pour tous les témoins qui résident dans la même commune ou dans des communes voisines. — Instruction du 30 septembre 1826, p. 69. — Décision du Ministre de la justice du 13 mars 1828.

dans cette prohibition les témoins qui auraient à déposer de faits propres à établir la justification du prévenu ; à prouver soit que le crime ou délit n'existe pas, soit que le prévenu n'a pu s'en rendre coupable, ou qu'il en est complétement innocent : l'instruction doit toujours se faire à *décharge* comme à *charge*.

Ce n'est aussi qu'avec beaucoup de circonspection qu'à la liste des témoins désignés dans la commission rogatoire le juge de paix pourrait ajouter les noms de certaines personnes, que leur état éloigne ou dispense de rendre témoignage à l'égard de faits particuliers ou dans des circonstances données.

Nous devons, à ce sujet, entrer dans quelques explications.

1° Ainsi, les prêtres ne sont pas tenus, en général, de révéler à la justice ce qu'ils n'ont appris que par le secret de la confession sacramentelle (1).

2° Mais ils doivent déposer de ce qu'ils ont appris par une autre voie, la foi sacerdotale n'ayant pas plus de priviléges que la foi naturelle (2).

Or, on a prétendu vainement que celui qui n'a connaissance d'un crime que parce qu'on le lui a confié sous le sceau du secret n'est pas tenu de déposer (3).

3° Il est sans difficulté que la qualité de membre d'une congrégation religieuse ne dispenserait pas de l'obligation de rendre témoignage (4).

---

(1) *V.* Arr. cass. du 30 novembre 1810.

(2) *V. ibid.*

(3) *V.* Arr. cass. des 30 novembre 1820 (affaire Madier-Moutjau) et 8 mai 1828 ; et arrêt de la Chambre des pairs (affaire du colonel Fabvier).

(4) Art. 3, tit. vi, de l'Ordonnance de 1670.

4° L'art. 378 du Code pénal prononce des peines contre les médecins, chirurgiens et autres officiers de santé, les pharmaciens, les sages-femmes et toutes autres personnes dépositaires, par état ou profession, des secrets qu'on leur confie, qui, hors le cas où la loi les oblige de se porter dénonciateurs, auront révélé ces secrets.

Dès lors, suivant plusieurs auteurs, les médecins, chirurgiens, pharmaciens et sages-femmes, ne peuvent être forcés de révéler les faits relatifs aux maladies qu'ils ont traitées, et pour lesquelles on leur a recommandé le secret.

Nous ne pensons pas que l'on puisse inférer de l'article cité la dispense de déposer en justice, particulièrement en matière criminelle. La Cour de cassation nous semble avoir fixé le véritable sens de la loi, par des motifs irréfragables, dans son dernier arrêt sur cette matière.

Ces motifs sont : que l'art. 378 du Code pénal est placé sous la rubrique des *calomnies, injures et révélations de secrets;* qu'il a pour objet de punir les révélations indiscrètes, inspirées par la méchanceté et le dessein de diffamer ou de nuire ; mais qu'il ne s'ensuit pas que les personnes qui exercent les professions dénommées dans cet article doivent être dispensées de faire à la justice la révélation des faits qui sont à leur connaissance, lorsqu'elles sont entendues comme témoins, et que, dans l'intérêt de l'ordre public, leurs dépositions sont jugées nécessaires pour parvenir à la vérité (1).

---

(1) *V.* Arr. cass. du 23 juillet 1830. — Cependant un arrêt de la Cour de cassation, du 26 juillet 1845, a jugé que l'homme de l'art est fondé à refuser de déposer, lorsqu'il déclare, *sous la foi du serment,* qu'il a été secrètement introduit près d'un blessé, et que ce n'est que *confidentiellement* qu'il a été instruit des causes de la blessure.

Dans les mêmes conditions, il y aurait sans doute lieu à décider de la même façon, si l'homme de l'art avait été appelé pour soigner une maladie honteuse, compromettant l'existence du malade ou son honneur. — Du moins le juge de paix devrait en référer au juge d'instruction.

5° Les avocats et les avoués sont dispensés de déposer contre leurs clients de ce qu'ils en ont appris confidentiellement dans leur cabinet, à moins qu'ils n'eussent été consultés frauduleusement pour empêcher leur audition comme témoins.

Il résulte des arrêts anciens et nouveaux, et de l'avis de tous les auteurs, que les avocats ou avoués qui sont conseils ou défenseurs d'une partie ne sont point tenus de déposer des faits qui leur sont confiés sous le sceau du secret, dans leurs conférences avec leurs clients ; mais qu'ils ne peuvent refuser de rendre témoignage des faits qui sont parvenus à leur connaissance de toute autre manière.

6° Les notaires revendiquent les mêmes droits d'abstention.

La Cour de cassation (1) a repoussé cette prétention, par les motifs : que si quelques auteurs ont pensé que les notaires ne devraient point être interrogés ni entendus dans les enquêtes, sur ce qui aurait été dit par les parties pour s'accorder sur les conditions des actes qu'ils ont reçus, opinion qui ne paraît fortifiée par aucun monument de jurisprudence, il ne s'agit toutefois, dans l'opinion de ces auteurs, que d'intérêts civils entre personnes privées, et qu'il n'en pourrait être rien induit en matière criminelle et contre l'action de la vindicte publique ; — que si les avocats et même les avoués sont dispensés de déposer des faits qui sont à leur connaissance, *en leur qualité seulement*, dans les procès de leurs

<hr>

(1) *V.* Arr. cass. du 23 juillet 1830, déjà cité. — Cependant un arrêt de la Cour de cassation, du 10 juin 1853, a décidé que les notaires peuvent se dispenser de déposer des faits qui ne leur ont été confiés, dans l'exercice de leurs fonctions, *que sous le sceau du secret*. De même, Arr. cass. du 7 avril 1870.

clients, cette dispense exceptionnelle est une mesure
d'ordre public, établie par la jurisprudence en faveur
du droit sacré de la défense, qui prédomine tous les
autres, et qui ne peut ni ne doit être étendue aux notaires, dont la profession ne les appelle pas à exercer
cette défense (1).

7° Aux termes des art. 156 et 322 du Code d'instruction criminelle, ne pourront être reçues devant les tribunaux les dépositions des ascendants ou descendants des
prévenus ou accusés, de leurs frères et sœurs ; des alliés
aux mêmes degrés, du mari ou de la femme, même
après le divorce prononcé (2).

Ces dispositions s'appliquent à l'instruction écrite
aussi bien qu'à l'instruction orale (3).

Mais les raisons de s'abstenir n'existent pas à l'égard
des tiers qui viendraient apporter à la justice les renseignements qu'ils tiennent d'un témoin incapable de les
transmettre personnellement aux magistrats ; dès lors,
l'intérêt de la vérité reprend tout son empire, et le
témoignage de ces tiers doit être nécessairement admis,
comme il peut être exigé (4).

---

(1) C'est de la discrétion que l'on attend, dit DALLOZ, *Rép.*, au mot
Témoins, t. XII, p. 590, d'un notaire et d'un médecin ; ils ne sont pas
indiscrets en obéissant à la justice. C'est le silence qu'on attend d'un
défenseur : il y aurait violation du droit sacré de la défense, si l'avocat
pouvait être forcé de trahir la confiance qui a été placée en lui.

(2) On ne pourrait pas entendre contre le prévenu son enfant adul-
térin, ni le fils naturel de son conjoint (Arr. cass. du 6 avril 1809) ;
mais on pourrait entendre ses neveux et nièces (Arr. cass. du 11 juin
1807) ; de même ses oncles (Arr. cass. du 13 janvier 1820), la femme
de son beau-frère ou le mari de sa belle-sœur, parce que *l'affinité ne
produit pas l'affinité* (Arr. cass. du 5 prair. an XIII).

(3) V. CARNOT, *De l'Inst. crim.*, t. Ier, p. 348. — DALLOZ, *Rép.*, au mot
Témoins, t. XII, p. 589. — DE MOLÈNES, *Des Fonctions d'officiers de
police judiciaire*, p. 30. — Arr. de la Cour royale de Rennes du 8 décembre 1836. — *Contra*, Arr. cass. du 1er décembre 1869.

(4) V. Arr. cass. des 11 avril 1811, 30 mai 1818 et 19 mars 1829.

8° Il convient de s'abstenir, en général, d'appeler en témoignage le plaignant devenu partie civile, sa femme ou ses enfants (1) : cependant la loi ne défend pas de les entendre (2).

9° Les dénonciateurs non salariés pour le fait de leur dénonciation peuvent, sans aucun doute, être entendus en témoignage.

Quant aux dénonciateurs salariés, leur déposition est repoussée du débat oral (3) ; mais nous pensons qu'ils peuvent être entendus dans la procédure écrite, pour en recevoir des renseignements qu'eux seuls souvent pourraient fournir (4).

10° Le fonctionnaire public qui a rédigé un procès-verbal, par suite duquel une procédure a été instruite, peut être entendu comme témoin, pour donner des explications et renseignements sur les faits énoncés en cet acte, ou pour déposer de faits qui n'y sont point contenus (5).

Mais on doit user d'une grande réserve pour appeler en témoignage les maires, adjoints, et en général

(1) *V.* Arr. cass. des 21 thermidor an XIII et 16 avril 1868.

(2) *V.* Arr. cass. des 5 octobre 1833 et 19 janvier 1837.

S'il est vrai que personne n'est témoin *idoine* (apte, recevable) dans sa propre cause, il faut remarquer que c'est le ministère public, non la partie civile, qui est l'adversaire du prévenu. D'ailleurs, il ne faut pas s'exposer à écarter les seuls témoins du fait.

(3) *V.* art. 323 du *Code d'inst. crim.*

La même prohibition n'atteint pas leurs parents.

(4) En tout cas, on ne doit pas considérer comme dénonciateurs salariés les agents de police, bien que leur emploi soit rétribué, que leur mission soit de dénoncer les crimes et délits, et qu'ils soient intéressés à faire preuve de zèle.

(5) *V.* Arr. cass. des 12 juillet 1810, 31 octobre 1817, 3 février 1820, 8 mars 1821 et 1er mars 1822.

tous les fonctionnaires non rétribués, que la crainte de trop fréquents déplacements pourrait éloigner de faire des rapports ou écarter de leurs fonctions.

· 11° Les étrangers, à n'en pas douter, peuvent être entendus comme témoins, de même qu'ils peuvent être nommés interprètes.

Nous terminerons par une observation générale : c'est qu'en cas d'hésitation, le juge de paix délégué devrait consulter le juge d'instruction de qui il tiendrait la commission rogatoire.

268. Lorsque parmi les témoins à assigner se trouvent des gendarmes ou des militaires présents à leur corps, le juge de paix qui fait donner l'assignation doit en écrire à leur chef, vingt-quatre heures au moins avant la notification de la citation, et inviter le chef à ordonner aux militaires ou gendarmes de se rendre aux lieu, jour et heure qui leur seront dénoncés dans l'exploit (1).

· **269.** Bien que l'art. 8 de la loi du 28 floréal an X permette aux juges de paix de résider dans une commune autre que celle du chef-lieu de leur canton, c'est dans celle-ci seulement qu'ils peuvent faire les informations dont ils sont chargés par le juge d'instruction.

Une circulaire de M. le procureur-général de Poitiers, du 27 août 1824, contient à cet égard les instructions suivantes : « M. le garde des sceaux me fait observer, à ce sujet, que la loi du 28 floréal permet, il est vrai, aux juges de paix de résider ailleurs qu'au chef-lieu, mais que c'est par tolérance, et que cette tolérance ne doit point aller jusqu'à nuire au trésor ni

_____

(1) *V.* Circulaire du Ministre de la justice du 15 septembre 1820.

aux justiciables ; que cependant les témoins seraient obligés à des voyages quelquefois onéreux, et que le trésor aurait fréquemment des frais de déplacement à payer, si les informations ne se faisaient point au chef-lieu ; qu'il en résulte que c'est là qu'on doit y procéder ; et qu'au surplus on ne pourrait le faire dans une autre commune sans ôter à l'administration tout moyen de contrôler les taxes des témoins, puisque les seuls tableaux des distances sur lesquels elle règle leur déplacement ne présentent que la distance de chaque commune au chef-lieu du canton, et ne font pas connaître les distances des communes entre elles. »

270. Le jour de la comparution des témoins doit être peu reculé (1), tout en leur laissant un délai suffisant pour comparaître ; et l'heure devra être fixée, autant que possible ; de manière qu'ils aient le temps de retourner chez eux, ou au moins de recevoir le montant des indemnités qui leur auront été taxées (en supposant qu'il y ait un bureau d'enregistrement au chef-lieu du canton), le jour même où ils auront déposé (2).

271. Si l'huissier du canton était malade ou empêché, on pourrait faire donner la citation par un autre huissier de l'arrondissement, qui ne serait taxé que comme l'eût été celui du canton (3), les juges de paix n'ayant pas le droit de donner des mandements exprès (4).

---

(1) L'expédition des affaires criminelles et correctionnelles peut avoir lieu les jours fériés. V. art. 2 de la loi du 17 thermidor an VI. — Art. 25 du *Code pénal*. — Arr. cass. des 27 août 1807 et 14 avril 1815.

(2) V. nᵒˢ 329, 333, 334.

(3) V. circulaire du Ministre de la justice du 23 septembre 1812.

(4) V. art. 84 du Décret du 18 juin 1811. — Instruction du Ministre

Ou bien encore la citation pourrait être donnée par un agent de la force publique (1).

Les agents de la force publique appelés en concurrence avec les huissiers, pour donner les citations, sont particulièrement les gendarmes, les agents de police, les gardes champêtres et les gardes forestiers (2).

Mais les gendarmes ne peuvent être employés à porter des citations que dans le cas d'une nécessité urgente et absolue (3).

Nous pensons que cette disposition doit être entendue dans ce sens, qu'il ne faut pas sans nécessité détourner les gendarmes de leurs fonctions habituelles; mais, lorsqu'on peut les employer sans déranger leur service ordinaire, sans les déplacer, au cours d'une tournée qu'ils ont à faire, ou dans le cas où ils escortent la justice, il n'y a pas à hésiter à les charger de cette mission, au défaut de l'huissier du lieu; puisque d'ailleurs c'est un moyen, dans tous les cas, de procurer au trésor une épargne de frais, les gendarmes n'étant pas payés à raison des citations, notifications et significations dont ils sont chargés par les officiers de police judiciaire (4).

de la justice du 30 septembre 1826, p. 87.— Art. 28 du Décret du 14 juin 1813. — Même Instruction, p. 83.

(1) V. art. 72 du *Code d'instr. crim.*

(2) V. art. 67 de l'Ordonnance du 29 octobre 1820. — Art. 84 du Décret du 18 juin 1811. — Lois des 9 floréal an XI et 5 pluviôse an XIII. — Décret du 1er mars 1854, art. 99.

(3) V. art. 68 de l'Ordonnance du 29 octobre 1820.

(4) V. art. 72, 77 du D. du 18 juin 1811, et 107 du D. cité de 1854.

Remarquez que les gardes champêtres, les gardes forestiers et les agents de police ne sont pas non plus payés dans les mêmes cas, en tant qu'agents de la force publique.

272. N'ayant pas auprès de lui, comme le juge d'instruction, d'officier du ministère public pour faire exécuter ses ordonnances (1), le juge de paix pourvoit lui-même à l'exécution de sa cédule, en la remettant à l'huissier ou à l'agent de la force publique qui devra en remplir l'objet.

Il veillera à ce que l'huissier établisse régulièrement la taxe de ses exploits, et à ce qu'il porte exactement en marge de ses actes le détail de cette taxe (2).

Il s'assurera également si l'huissier a fait enregistrer ses exploits dans les quatre jours de leur notification (3).

(1) *V.* art. 28, 72 du *Code d'inst. crim.*

(2) Ce qui est nécessaire pour la vérification des taxes. — Circulaire du Ministre de la justice du 9 avril 1825.

(3) *V.* art. 20 de la loi du 22 frimaire an VII.

Remarques : 1° Que l'exploit soit donné par un huissier, par un gendarme ou par un garde, les formalités en sont les mêmes : 2° quand c'est un gendarme ou un garde qui procède, les frais sont seulement de 60 centimes par visa en débet de l'original de l'exploit, et de 60 centimes pour le visa en débet de chaque copie; enfin de 1 fr. 20 c. pour l'enregistrement en débet de l'original : il n'y a point de salaire pour l'agent qui notifie l'exploit; 3° l'original et les copies peuvent être établis sur papier non visé pour timbre; le receveur, en enregistrant l'original, le vise pour timbre, et tient note du papier employé pour les copies; 4° les gendarmes peuvent exploiter dans tout le canton; les gardes, seulement dans le territoire où ils exercent leurs fonctions ordinaires; 5° l'exploit et les copies peuvent être écrits, *gratuitement*, par le greffier ou par tout autre; il suffit qu'ils soient signés par l'agent qui instrumente.

MODÈLE D'EXPLOIT.

L'an..., le..., à la requête de M. le procureur de la République de l'arrondissement de..., en vertu de la cédule de M. le juge de paix du canton de..., en date du...,

Je soussigné... (*prénoms, nom, qualité et demeure*), ai à... (*prénoms, nom, profession*), demeurant à..., en son domicile, en parlant à...,

Donné assignation à comparaître en personne, le..., heure...,

273. Les cédules ou ordonnances de citation de témoins sont toujours écrites sur papier libre ; elles sont exemptes d'enregistrement ; leur rédaction n'entraîne aucuns frais (1).

Il est inutile que l'huissier les notifie aux témoins ; il suffit de les relater dans les actes de citation (2).

L'ordonnance dont nous nous occupons se rédige habituellement dans la forme suivante :

Nous (3)   , juge de paix du canton de   , arrondissement de   , département de   , agissant en vertu de la commission rogatoire de M. le juge d'instruction de   , en date du   (4),

par-devant M. le juge de paix de..., à..., pour déposer sur les faits dont il sera enquis ; lui enjoignant de comparaître, sous les peines de droit.

Et j'ai délaissé audit N... copie du présent exploit, dont le coût est de deux francs quarante centimes.   (*Signature.*)

DÉTAIL : Papier. . . . . . . 1 fr. 20 c.
—   Enregistrement. . . 1   20
        Total. 2   40

S'il y avait plusieurs témoins, on calculerait 60 centimes pour papier de l'original et pour chaque copie.

La copie est la répétition de l'exploit, avec la seule différence que le délaissé est libellé ainsi : « Et j'ai délaissé audit N... la présente copie de l'exploit, dont le coût est de... »

Quand il y a plusieurs témoins, ils sont tous compris dans le même original d'exploit, avec un numéro d'ordre. La rédaction est du reste la même, en substituant le pluriel au singulier, et en mettant dans le délaissé sur l'original : « Et j'ai à chacun des sus-nommés délaissé... » — Chaque copie ne doit, toutefois, contenir que le nom du témoin à qui elle est destinée, et elle est libellée comme si l'original ne comprenait qu'un seul témoin.

(1) *V.* n° 103, aux notes.
(2) *V.*, pour analogie, instruction du 30 sept. 1826, n° 68, § II, p. 71.
(3) Prénoms et nom du juge de paix ou du suppléant. *V.* n° 60.
(4) *Ou* de la commission rogatoire de M..., en date du..., à nous transmise le..., par M. le juge d'instruction de...

Mandons et ordonnons à tous huissiers ou agents de la force publique d'assigner, à la requête de M. le procureur de la République (1) :

1°... (2).

2°...

A comparaître le   , heure   (3), par-devant nous, en notre cabinet, situé à   , pour y déposer en personne sur les faits et circonstances dont il leur sera donné connaissance ; leur déclarant qu'à défaut de comparaître, ils y seront contraints par corps.

Fait à   , le

    Sceau.   *Signature.*

274. Toute personne citée pour être entendue en témoignage est tenue de comparaître et de satisfaire à la citation, c'est-à-dire de déposer (4).

275. Cependant une personne assignée a pu se trouver être absente au moment où la citation lui a été laissée, et n'être pas de retour au jour fixé pour sa comparution. Lorsque le juge en est informé, il peut se borner à faire donner une nouvelle citation (5), si

---

(1) L'assignation qui est donnée aux témoins doit leur être donnée à la requête du procureur de la République de l'arrondissement où le procès criminel s'instruit.

(2) Prénoms, nom, surnom, qualité ou profession, lieu d'habitation et commune du témoin.

(3) Date précise par indication du jour de la semaine, quantième du mois, et heure du matin ou du soir.

(4) *V.* n° 267. — Art. 3, tit. VI, de l'Ordonnance de 1670. — Loi du 11 prairial an IV.

Remarquez que si des témoins qui peuvent s'abstenir de déposer étaient assignés, ils devraient néanmoins comparaître, pour obéir aux art. 80 et 304 du Code d'instruction criminelle, sauf à présenter leur excuse.

(5) Ajoutez : en vertu d'une nouvelle cédule.

le retour du témoin doit être prochain ; autrement, il y aurait lieu d'avertir le juge d'instruction, qui déciderait s'il convient de suspendre la clôture de l'information, pour obtenir le témoignage de l'absent.

Il y aurait lieu de réassigner simplement, si le délai donné était reconnu insuffisant.

276. Si le témoin était dans les liens de la contrainte par corps, il faudrait lui expédier un sauf-conduit, qui serait délivré par le juge d'instruction, le juge de paix n'ayant pas le droit de l'accorder (1). Au reste, la durée du sauf-conduit ne devrait pas être étendue jusqu'au complément de la procédure en instruction ; il ne devrait être donné et conserver effet que pendant le temps strictement nécessaire pour la comparution, l'audition et le retour du témoin dans son domicile, sauf à le renouveler en cas de besoin (2).

277. D'un autre côté, un témoin a pu fournir une *exoine*, c'est-à-dire un certificat d'un officier de santé attestant l'impossibilité d'obtempérer à la citation (3).

---

(1) *V.* Loi du 15 germinal an VI, tit. III, art. 8. — Art. 782 du Code de procédure civile. — Avis du conseil d'État du 30 avril 1807. — Circulaire du Ministre de la justice du 8 septembre 1807.

La loi du 22 juillet 1867 a supprimé la contrainte par corps en matière *civile* et *commerciale*.

(2) *V.* Circulaire du Ministre de la justice du 22 brumaire an VIII.

(3) *V.* art. 118 et suiv. du *Code* du 3 brumaire an IV.

Ce certificat doit être sur papier timbré ; il est exempt d'enregistrement. Il doit être annexé à la procédure ; sinon le juge de paix qui se rendrait auprès du témoin pour recevoir sa déposition perdrait son droit à une indemnité de voyage, quand même il se serait transporté à plus de cinq kilomètres de sa résidence. — SUDRAUD-DESISLES, *Notes d'un juge d'instruction*, p. 33. — DE DALMAS, *Commentaire* du Décret du 18 juin 1811, p. 254.

Dans ce cas, le juge de paix devrait se rendre au domicile du témoin, pour recevoir sa déposition.

Il ne serait pas nécessaire que la commission rogatoire contînt à ce sujet des instructions ou une délégation expresses. L'art. 83 du Code d'instruction criminelle a posé le principe : il s'applique virtuellement au juge délégué.

278. Mais, si le témoin auprès duquel le juge commis se serait transporté n'était pas réellement atteint de l'indisposition ou de la maladie qui aurait été attestée l'avoir constitué dans l'impossibilité de comparaître sur la citation qu'il aurait reçue, il y aurait lieu de décerner un mandat de dépôt à la maison d'arrêt contre le témoin et contre l'officier de santé qui aurait délivré le faux certificat (1) ; le témoin et l'officier de santé seraient, en outre, passibles de l'amende infligée par l'art. 80 du Code d'instruction criminelle.

Nous avons dit plus haut (2) qu'il n'appartient pas au juge de paix de décerner, en ce cas, le mandat de dépôt, et qu'il a seulement à constater la fausseté de l'excuse, par un procès-verbal qui doit servir de base au mandat de dépôt que décernera le juge d'instruction, et à l'amende qu'il prononcera, sur le réquisitoire du procureur de la République.

Quant à l'amende, la loi explique trop formellement qu'elle sera prononcée par le juge d'instruction et sur les conclusions du procureur de la République, pour que le juge de paix, dont l'incompétence est évidente,

(1) *V.* art. 86 du *Code d'inst. crim.*
(2) *V.* n° 58.

puisse croire qu'il lui appartienne de prononcer cette peine.

C'est au juge d'instruction de son arrondissement que le juge de paix doit dénoncer la fraude, quand même il opérerait pour l'exécution d'une commission rogatoire d'un autre juge d'instruction à lui transmise, parce que c'est le juge d'instruction du lieu de la demeure du témoin et de l'officier de santé qui applique les peines encourues (1).

279. Le juge de paix qui se transporte au domicile d'un témoin non comparant d'après son ordonnance et excusé par une exoine, ou qui a été commis spécialement pour suppléer le juge d'instruction en pareille occurrence, aux termes de l'art. 83 du Code d'instruction criminelle, peut trouver bien portant le témoin supposé malade, soit parce qu'il est guéri, soit parce qu'il a fait attester faussement une maladie dont il n'a pas été atteint.

Quoi qu'il en soit, nous estimons que le juge de paix peut toujours recevoir la déposition du témoin, soit qu'il y ait lieu de sévir contre lui, en cas de maladie faussement alléguée, soit que le témoin eût pu être réassigné à se rendre auprès du juge, vu sa guérison.

Cependant M. Carnot (2) enseigne que le juge de paix délégué dans cette circonstance, et pour ce cas spécial, n'aurait pas le droit de recevoir la déposition, car il n'est commis que pour le cas d'impossibilité constatée; il en serait autrement, ajoute M. Carnot, si

(1) V. art. 80, 86 du *Code d'inst. crim.*
(2) V. CARNOT, *De l'Inst. crim.*, t. Ier, p. 371.

c'était le juge d'instruction qui se fût transporté, parce qu'il a caractère inhérent à sa qualité pour entendre des témoins.

Nous répondons que le juge de paix délégué, soit pour procéder à une information, soit pour recevoir la déposition d'un témoin empêché ou malade, puise dans la commission rogatoire, quant à l'audition des témoins, et sauf les restrictions expresses qu'elle contiendrait, les mêmes droits dont le juge d'instruction commettant est investi directement par la loi.

Ainsi, relativement aux témoins assignés sur sa propre cédule, il doit procéder comme procéderait le juge d'instruction dans son canton (1).

Que s'il était délégué pour entendre un témoin présumé malade, d'après l'exoine par lui fournie, il n'y aurait aucun inconvénient à ce qu'il entendît ce témoin trouvé bien portant ou guéri, puisqu'il avait aptitude à être commis pour l'entendre avant l'exoine donnée ; puisque d'ailleurs le but de la commission est que le témoin soit entendu par le juge de paix ; qu'enfin il serait encore loisible au juge d'instruction de faire réassigner le témoin pour l'entendre lui-même de nouveau, s'il le jugeait convenable et nécessaire.

A la vérité, l'exoine aura été la cause de la délégation et, par suite, du transport du juge de paix.

Or, si l'exoine était sincère, on ne peut reprocher au témoin revenu à la santé, et qui pouvait être réassigné, le transport inutile du juge.

(1) V. art. 83 du *Code d'inst. crim.*

Si l'exoine était fausse, le témoin subira la peine de sa supercherie (1).

Est-ce donc à dire que l'on doive, en outre, suspendre le cours de l'information, au risque du dépérissement des preuves déjà acquises ou que l'on pourrait tirer de la déposition même du témoin récalcitrant? Nous ne le pensons pas.

S'il y a lieu, la désobéissance du témoin sera punie; mais il faut songer à remplir, sans différer, l'intention de la loi, qui est de mener à fin avec autant de célérité que d'exactitude les procédures commencées. Le prévenu, qui est peut-être en état de détention; la société, qui peut-être a besoin d'un exemple prompt; la justice, qui réclame qu'incessamment l'innocence du prévenu soit proclamée ou que son crime soit déclaré et réprimé, ne peuvent pas souffrir de retardement à raison de l'état sanitaire du témoin ou de sa mauvaise volonté.

Cependant, la prohibition d'entendre le témoin, prohibition non exprimée dans la loi, peut faire perdre un temps précieux, tandis que l'audition de ce témoin, par le juge de paix, ne vicie pas l'instruction préparatoire écrite.

Nous persistons donc à penser qu'à moins de défense contenue dans la commission rogatoire, pour le cas où le témoin ne serait pas trouvé malade ou valablement

_____

(1) Les témoins qui auront allégué une excuse reconnue fausse seront condamnés, outre les amendes prononcées pour non-comparution (*V.* art. 80, 86 du *Code d'inst. crim.*), à un emprisonnement de six jours à deux mois. *V.* art. 236 du *Code pénal.*

Le témoin qui ne comparaît pas, et qui, en outre, allègue une fausse excuse, doit être condamné cumulativement à l'emprisonnement et à l'amende. *V.* Arr. cass. du 29 novembre 1811.

empêché de se transporter, le juge de paix, dans notre hypothèse, devrait recevoir la déposition.

280. Si un témoin ne comparaît pas, sans qu'il produise d'excuse, ou si, comparaissant, il refuse de prêter serment ou de déposer, le juge de paix doit en faire mention dans son procès-verbal d'information, et en référer de suite au juge d'instruction, seul chargé de statuer sur cette désobéissance à justice et sur les moyens de contraindre le témoin à satisfaire à la citation (1).

Au reste, il ne peut y avoir doute sur l'assimilation de ces deux cas du défaut de comparaître et du refus de prêter serment ou de déposer.

Celui qui, en comparaissant, refuse le serment, sans lequel il n'y a pas de déposition, ou refuse de déclarer tout ce qu'il sait, et qui par conséquent désobéit à la justice en face, est bien plus coupable que celui qui ne comparaît pas. Le motif de la loi qui punit le témoin défaillant est : que tout citoyen doit à la justice vérité; qu'entière soumission est due à la loi ; que tout moyen d'en suspendre l'effet est un délit. Et certainement ce motif s'applique tout aussi bien au témoin refusant de déposer en comparaissant, qu'au témoin refusant de comparaître. Donc l'un et l'autre sont également coupables et encourent les mêmes peines (2).

---

(1) *V.* art. 80 et 304 du *Code d'inst. crim.*

(2) *V.* nᵒˢ 267, 274. — Art. 304, 355 du *Code d'inst. crim.*

Toutefois, il est bien entendu que les personnes dont parlent les art. 156 et 322 du Code d'instruction criminelle, les confesseurs et les avocats, ne sont astreints qu'à comparaître, et ne peuvent être forcés de déposer, s'ils s'y refusent, d'après les explications que nous avons données plus haut, nᵒ 267.

Il serait à propos de mettre ces considérations sous les yeux du témoin qui s'obstinerait à garder le silence.

281. Quand, de plusieurs témoins assignés, les uns s'abstiennent de se présenter, c'est après avoir entendu les témoins présents, et dans la clôture du procès-verbal d'information, que le juge mentionne les exoines, les absences motivées ou sans excuse (1).

Ces cas se présentent assez rarement. Il convenait pourtant d'en parler, et nous nous en sommes occupé dès l'abord, pour n'avoir pas à interrompre par des digressions ce que nous avons à dire sur l'audition des témoins comparants, et sur la forme du procès-verbal d'information.

282. Les témoins sont entendus séparément les uns des autres, hors la présence du prévenu, par le juge assisté de son greffier (2).

La raison en est, dit Bornier, parce qu'on croit que le témoin dépose plus véritablement lorsqu'il est ouï en secret, que s'il venait déposer en présence des parties, dont la crainte ou la considération pourrait retenir ou corrompre son témoignage.

La loi devait ordonner, et elle a voulu que chaque témoin déposât isolément ou secrètement, pour obvier à tout concert, pour éloigner toute crainte, toute influence.

Si l'on opérait autrement, un témoin pourrait craindre de se compromettre en déposant en sens contraire des témoignages déjà reçus en sa présence ; rectifier ses idées sur celles des témoins dont il aurait entendu la

(1) *V.* n° 313.
(2) *V.* art. 73 du *Code d'inst. crim.*

déposition; être tenté de dissimuler des circonstances qu'il aurait remarquées, lorsque d'autres témoins, présents comme lui à la consommation du crime, ne les auraient pas révélées.

283. Le ministère public et la partie civile ne doivent pas assister à l'information, parce que leur présence pourrait gêner le témoin.

284. Le témoin doit déposer sans armes, debout et découvert, à moins que le juge n'ait permis qu'il en soit autrement. Il est d'usage de faire asseoir le témoin.

Tout témoin a droit à des égards, quels que soient son rang, son état, sa profession; s'il se saisit, si son trouble rend sa déposition embarrassée et le fait tomber dans une apparente contradiction, le juge le rassurera et l'encouragera, en lui parlant avec douceur et honnêteté.

285. Il est de rigueur que la déposition soit reçue par le juge, *qui dicte*, et par le greffier, *qui écrit :* chacun de ces officiers doit remplir sa mission, et s'y renfermer.

Il y aurait une négligence coupable de la part du juge à ce qu'il abandonnât la rédaction au greffier, quelque habile qu'il fût.

Et il y aurait également abus à ce que le juge écrivît les dépositions des témoins : aucune préoccupation ne doit détourner son attention de ce qui fait l'objet de l'information à laquelle il se livre.

Le juge ne peut, d'ailleurs, se dispenser, sous aucun prétexte, d'employer son greffier; la loi est formelle : c'est une garantie de plus qu'elle a voulu donner au prévenu de la droiture et de l'impartialité de la procédure (1).

_____

(1) *V.* art. 73 du *Code d'inst. crim.*

286. Si le greffier était malade ou empêché; s'il était lui-même témoin, ou parent du prévenu aux degrés fixés par les art. 156 et 322 du Code d'instruction criminelle, le juge devrait le faire remplacer momentanément par une personne ayant au moins vingt-cinq ans, et dont il recevrait, au préalable, le serment de se bien et fidèlement acquitter de ces fonctions (1).

287. Avant d'être entendus, les témoins doivent représenter la citation qui leur aura été donnée pour déposer; il en sera fait mention dans le procès-verbal (2).

Tout témoin volontaire est suspect de partialité pour ou contre le prévenu : c'est pour cela que la citation doit précéder l'audition (3).

Selon M. Levasseur (4), quoique le juge de paix se transporte auprès du témoin pour l'entendre, celui-ci ne doit pas moins être assigné, et le juge doit se faire représenter la copie de l'assignation.

Nous estimons qu'une seconde assignation, au cas de l'art. 83 du Code d'instruction criminelle, serait inutile et frustratoire.

---

(1) *V.* n° 63.

(2) *V.* art. 74, 77 du *Code d'inst. crim.*

Un témoin assigné peut être entendu avant ou après l'échéance de l'assignation. Le vœu de la loi serait rempli, bien que l'assignation fût fautive.

Si le témoin avait perdu sa copie de citation, on devrait néanmoins l'entendre, après avoir vérifié sur l'original de l'exploit que ce témoin a été assigné. Le témoin, dans ce cas, conserve son droit à la taxe. *V.* n°ˢ 329, 352.

(3) *V.* n° 363.

(4) *Manuel des Juges de paix*, p. 241.

Tout témoin volontaire est suspect, avons-nous dit (1) ; par suite, tout témoin à entendre doit être assigné. Mais un témoin assigné n'a pu comparaître : à quoi bon lui donner une assignation nouvelle, le plus souvent pour l'entendre dans son lit ?

Il doit suffire (2) de se faire représenter et de relater la première assignation, afin de constater que ce n'est pas spontanément, mais pour obéir à la justice, que le témoin a déposé.

Il en serait autrement, si le témoin, auprès duquel le juge de paix se transporte, n'avait pas encore été assigné : nous avons indiqué le motif de différence et la raison de décider dans cette dernière hypothèse.

288. Les témoins prêtent serment de dire *toute la vérité, rien que la vérité* (3). Le juge prononce la formule du serment, et le témoin répond : *Je le jure.*

Les termes du serment sont sacramentels ; mais la forme peut varier : chaque témoin peut prêter serment suivant le rit de son culte.

Les enfants de l'un ou de l'autre sexe, âgés de moins de quinze ans, peuvent être entendus par forme de *déclaration* et sans prestation de serment (4). Il en est de même des sourds-muets qui ne savent pas écrire (5).

(1) *V.* n° 263, cas exceptionnels.
Un témoin qui se présenterait volontairement pour déposer devrait être préalablement cité.

(2) Surtout quand c'est sur l'ordonnance du juge de paix que le témoin a déjà été assigné.

(3) *V.* art. 75, 77 du *Code d'inst. crim.*

(4) *V.* art. 79 du *Code d'inst. crim.* — On peut leur faire prêter serment (Arr. cass. du 27 mai 1825) ; mais il vaut mieux s'en abstenir.

(5) *V.* Arr. cass. du 13 août 1812.

Doivent aussi être entendus sans prestation de serment, et ne sont reçus qu'à donner de simples renseignements (1) :

Quiconque aura été condamné à la peine des travaux
forcés, du bannissement, de la réclusion, ou de la dégradation civique, et n'aura pas été réhabilité (2) ;

Enfin, ceux qui auront été condamnés pour ca-
lomnie, larcin, escroquerie, abus de blanc-seing,
tenue de maison de jeu, pourvu que le jugement ait
prononcé l'interdiction de porter témoignage en justice (3) ;

289. Le juge demandera aux témoins quels sont
leurs prénoms, noms, âge, état, profession, demeure;
s'ils sont domestiques (4), parents ou alliés des parties (5),

---

(1) Sous la simple promesse de dire la vérité. *V.* Arr. cass. des 30 mai
1818 et 31 mai 1827. Mais si leur position avait été ignorée, leur audition dans les formes usitées pour les témoins en général ne vicie-
rait pas l'information.

On dit de ces témoins, légalement suspects, qu'ils sont appelés,
non pour faire connaître la vérité, mais pour fournir des moyens de
la découvrir.

(2) *V.* art. 28, 34, 42 du *Code pénal.*

Les condamnés à des peines afflictives et infamantes sont désignés ordinairement par la dénomination de *repris de justice. V.* Circulaire du Ministre de la justice du 7 octobre 1818. Cette qualification ne s'applique pas à ceux qui n'ont subi que des peines correctionnelles.

(3) *V.* art. 374, 401, 405, 407, 408, 410 du *Code pénal.*

(4) Le Code d'instruction criminelle entend par *domestique* tout
ce que l'Ordonnance de 1670 entendait par *serviteur* ou *domestique,*
c'est-à-dire tous ceux qui sont attachés au service de la personne ou
du ménage, ou qui occupent un emploi dans la maison.

(5) C'est-à-dire des prévenus, et des parties civiles, s'il y en a en
cause.

et à quel degré ; il sera fait mention de la demande du juge et des réponses des témoins (1).

Cette disposition de la loi a pour objet : 1º de mettre le juge d'instruction et la chambre d'accusation en état de fixer leur opinion sur la foi due aux témoins ; 2º de mettre le ministère public à même de n'appeler à l'audience que des témoins dont l'audition soit recevable d'après le vœu des art. 156 et 322 du Code d'instruction criminelle.

Toutes les demandes de l'art. 75 du Code d'instruction criminelle, énoncées plus haut, doivent être faites et mentionnées, ainsi que les réponses, quels que soient la qualité et le rang du témoin, la loi ne distinguant pas.

290. Après ces questions générales, le juge cesse d'interroger. Il rappelle au témoin, s'il le croit nécessaire, qu'il doit dire *toute la vérité, tout ce qu'il sait*, après lui avoir fait connaître l'objet de l'information indiqué à la commission rogatoire (2).

Le témoin peut consulter des notes, mais il doit déposer de vive voix (3), par lui-même, s'il est capable de s'exprimer en français, et avec l'assistance d'un interprète, s'il ignore la langue française : dans ce cas

(1) *V.* art. 75, 77 du *Code d'inst. crim.*— Si la plainte est rendue contre des inconnus, ou contre des inconnus et contre des personnes dénommées, il suffit que le témoin déclare s'il est ou non domestique, parent, allié des parties nommées dans la plainte ou de lui connues, et qu'il dise qu'il ne connaît point les autres.

(2) *V.* art. 83 du *Code d'inst. crim.*

(3) Un témoin ne peut déposer par procureur, c'est-à-dire par un fondé de pouvoir, ni envoyer ou apporter une déposition écrite, qui serait remise au juge.

L'art. 93 du Code de procédure civile ne permet même pas de consulter des notes.

l'interprète prête serment comme le témoin, et il signe la déposition (1). Les sourds-muets ont seuls la faculté de remettre une déposition écrite, laquelle doit même être faite en présence du juge (2). Si le témoin sourd-muet ne sait pas écrire, on emploie un interprète de ses signes (3).

291. Le témoin raconte ce qu'il a vu, ce qu'il a entendu, ce qu'il a ouï dire ; il fait un récit exact et circonstancié ; il rend compte de tout ce qui peut servir à prouver la culpabilité ou l'innocence du prévenu ; il rend raison de la manière dont il sait ou dont il a appris ce qu'il déclare. La cause du délit, l'instrument, le jour, l'heure, le lieu, les distances ; la qualité, l'âge, le sexe, la moralité du prévenu, c'est-à-dire sa bonne ou mauvaise réputation ; ses habitudes, ses démarches, ses paroles, les menaces qu'il aurait faites ; ses propositions de transaction, s'il y en a eu ; ses relations d'amitié ou de haine avec la partie lésée ; ses motifs d'animosité, en un mot, tout ce qu'il a dit ou fait avant ou depuis la perpétration du crime ou délit, tout ce qui tendrait à conviction ou à décharge ; le nombre des auteurs et des complices du fait incriminé ; la part que chacun d'eux y a prise : tout doit être déterminé avec clarté et précision.

292. Lorsque le témoin a cessé de parler ; quand il

(1) *V.* art. 332 du *Code d'inst. crim.*

Le ministère d'interprète peut être rempli par une femme : *V.* Arr. cass. du 16 avril 1818 ; — par un étranger : *V.* Arr. cass. du 2 mars 1827.

(2) *V.* art. 333 du *Code d'inst. crim.*

(3) *V.* art. 332, 333, *ibid.*

Dans ce cas, le sourd-muet n'est entendu qu'à titre de renseignements.

a positivement affirmé, sur l'interpellation du juge, qu'il a déclaré tout ce qu'il sait, si sa déposition paraît obscure, si elle renferme des contradictions, le juge pourra l'interroger pour éclaircir ce qui est ambigu, douteux ou inconciliable ; mais il devra prendre garde de défigurer le sens de la déposition du témoin, et surtout de lui adresser des questions qui puissent l'embarrasser et lui faire oublier de rendre hommage à la vérité.

Si le témoin n'avait pas déposé d'un ou de plusieurs faits, ou seulement de certaines particularités dont le juge est informé que ce témoin doit avoir connaissance, il devrait être interpellé de dire ce qu'il sait à cet égard.

En faisant expliquer le témoin sur les circonstances aggravantes du fait, on aura soin de les lui faire qualifier dans le langage ordinaire, et non en droit, car il peut ignorer le sens légal des mots : *effraction*, *escalade*, etc.

Mais en aucun cas la réponse ne doit être suggérée.

293. On ne tirerait pas une conséquence juste de l'art. 83 du Code d'instruction criminelle, si l'on voulait en induire que le juge de paix délégué doit *interroger* le témoin sur les notes et pièces qui lui auraient été transmises ; il doit se borner à recevoir sa déposition. Aussi l'art. 83 ne dit-il pas que le juge de paix donnera connaissance au témoin des faits sur lesquels il devra l'*interroger*, mais des faits sur lesquels il devra *déposer*. L'interrogatoire fait au témoin aurait des inconvénients graves : il pourrait être captieux ; le juge pourrait y insinuer la réponse à faire ; la déposition ne serait plus vraiment celle du témoin ; elle serait en quelque sorte celle du juge, dont les fonctions doivent se borner à recevoir les témoignages.

Toutefois, c'est dans ce sens seulement que le juge doit s'abstenir de toute suggestion, et qu'il doit laisser le témoin déposer librement, avant de l'interroger, que l'on a admis la maxime : *Les dépositions ne doivent pas être reçues par interrogatoire;* car d'Aguesseau écrivait : « On reproche au juge... d'avoir interrogé les témoins, au lieu de recevoir simplement leurs dépositions ! Mais il n'y a pas de bon juge qui ne le fasse, et l'on peut dire que la faute des officiers de Châtillon n'est pas de l'avoir fait, mais de l'avoir écrit (1). »

294. Au reste, cette défense d'écrire les questions faites aux témoins, ou de les entendre par interrogatoire, ne s'applique pas aux témoins militaires, puisque, d'après la loi du 18 prairial an II, les commissions rogatoires relatives à ces témoins doivent expressément contenir les questions sur lesquelles ils auront à répondre, et qui, par conséquent, doivent leur être adressées.

Il est même de pratique, dans ce cas, que le juge, après avoir établi le préambule de son procès-verbal

---

(1) D'Aguesseau, 51e plaidoyer, affaire de la Pivardière.

Jousse, *Traité de la Justice crim.*, t. II, p. 85, après avoir établi qu'on ne doit pas informer par interrogatoire, ajoute : Au surplus, il faut observer que les règlements n'empêchent pas le juge qui instruit de pouvoir interroger le témoin pour éclaircir sa déposition et expliquer les circonstances du fait. Au contraire, cette précaution est prescrite aux juges-commissaires par l'ordonnance du mois de mars 1498, art. 15, et par celle du mois d'octobre 1535, ch. vii, art. 6; autrement, la plus grande partie des dépositions des témoins seraient obscures et inintelligibles; mais le juge doit éviter d'user en cela d'aucune suggestion. — Denisart, *Coll. de Jurisp.*, au mot *Information*, enseigne la même doctrine.

d'information, y transcrive immédiatement et consé-
cutivement toutes les questions posées dans la commission rogatoire, et qu'il les signe avec le greffier, avant
de recevoir et de consigner les dépositions des témoins.

Remarquez pourtant que ce mode de procéder n'est
pas formellement prescrit par la loi, dont l'objet, à
notre avis, serait également rempli (mais avec moins
d'avantage, en ce que les dépositions seraient moins
concises, moins suivies et moins claires, et que le procès-
verbal serait inutilement allongé), si chaque question et
la réponse étaient établies successivement, au fur et à
mesure de la déposition de chaque témoin.

295. L'information doit être faite à charge et à décharge, c'est-à-dire que les procès-verbaux doivent être
rédigés avec soin et impartialité; les dépositions des
témoins doivent l'être de manière qu'aucun fait ne soit
altéré, et que le prévenu puisse y trouver sa justification, comme il pourrait y trouver la conviction du crime
ou du délit dont on l'accuse.

296. La déposition des témoins doit être énoncée
en termes clairs et précis, sans aucune équivoque, en
conservant sa physionomie de manière à faire connaître
si le témoin affirme positivement certains faits ou s'il
se borne à les présenter comme douteux. La manière
de présenter un fait, d'exprimer une pensée, peut
changer, en quelque sorte, aggraver ou modifier la déposition du témoin. Il faut donc que le juge pèse sur
chaque mot, et qu'il fasse bien expliquer la personne
dont il reproduit le langage : on voit, aux assises, des
témoins affirmer que ce qu'ils paraissent avoir dit est
le contraire de ce qu'ils ont voulu dire.

La forme de la déclaration appartient à l'arbitraire

du magistrat ; mais, en faisant parler le témoin directement, la déposition est infiniment plus claire et plus précise.

297. Si le témoin, lors de sa déposition, représente quelque chose qui puisse servir à conviction ou à décharge, le juge doit en dresser procès-verbal, ou en faire mention dans la déposition.

De même, si le juge avait par devers lui des pièces de conviction, il les représenterait au témoin, avec telles interpellations que les circonstances comporteraient.

En matière de faux, les pièces représentées aux témoins doivent être signées et paraphées par eux (1).

298. On peut aussi, mais avec une grande discrétion, confronter les témoins avec le prévenu, pour le reconnaître, quand il est sur le lieu de l'information ; comme l'on peut confronter les témoins entre eux, pour éclaircir les points obscurs ou contradictoires de plusieurs dépositions.

299. On peut encore rappeler un témoin, lorsque ceux qui ont été entendus après lui ont fait découvrir qu'il doit avoir eu connaissance de faits dont il n'a pas déposé, et sur lesquels il est utile de l'interpeller.

300. La déposition doit être écrite devant le témoin : ce serait agir contre toutes les règles que de se borner à prendre des notes sous la dictée du témoin, surtout quand il ne sait pas signer, pour rédiger ensuite, à loisir, le procès-verbal d'audition.

301. Ainsi que nous l'avons dit plus haut (2), le juge ne doit point abandonner la rédaction au greffier,

---

(1) *V.* art. 457 du *Code d'inst. crim.* — N° 162, aux notes.
(2) *V.* n° 285.

quelque habile qu'il soit ; mais on peut laisser un témoin dicter sa déposition (1).

302. Chaque déposition sera signée du juge, du greffier et du témoin, après que lecture en aura été faite, et que le témoin aura déclaré y persister ; si le témoin ne veut ou ne peut signer, il en sera fait mention (2).

Lecture est faite aux témoins, dit Bornier, afin qu'ils soient par là plus particulièrement avertis de bien penser à ce qu'ils ont déposé, et, après que les dépositions leur ont été répétées, de ne pas se dédire ni varier plus tard, ce qui les exposerait à une peine.

Dans le système de notre législation actuelle, la déposition orale, c'est-à-dire celle qui est faite à l'audience, est la seule qui puisse compromettre le témoin, s'il trahissait la vérité (3). Le témoin conserve donc la liberté de changer à l'audience la déposition qu'il a faite dans l'instruction écrite. Mais il n'en est pas moins avantageux que la lecture de la déposition écrite ait

---

(1) *V.* Circulaire du procureur général de Poitiers du 4 mars 1830.

Lorsque le juge reçoit la déposition d'un témoin, il doit lui faire circonstancier tout ce qu'il a vu ou entendu, et écrire d'après sa déposition, sans renvoyer, pour abréger, à aucun acte de la procédure.

Ainsi, on doit dicter la déposition du témoin telle qu'il l'a faite, quand même une autre déposition déjà retenue contiendrait le même récit. Il serait irrégulier de se borner à énoncer que le témoin a déposé dans le même sens, ou dans les mêmes termes, que tel ou tel autre ; comme d'énoncer qu'il s'en réfère aux détails insérés dans tel procès-verbal, ou dans tel acte antérieur de la procédure.

(2) *V.* art. 76, 77 du *Code d'inst. crim.*

En cas de refus, il faudrait en exprimer le motif, s'il avait été donné.

(3) *V.* art. 317, 330 du *Code d'inst. crim.* — Art. 361 et suiv. du *Code pénal.*

stimulé la sincérité du témoin : quand tous les moyens ont été employés dans l'instruction préliminaire pour amener le témoin à dire la vérité ; quand il a persisté dans son témoignage, après en avoir pesé les expressions, il y a pour lui obligation morale à persévérer dans ses premiers dires, ou dans les rectifications qu'il y a fait introduire (1).

303. Quoiqu'un témoin déclare qu'il ne sait rien, il ne faut pas moins mentionner dans sa déposition qu'il lui en a été donné lecture, qu'il y a persisté et qu'il l'a signée, ou qu'il a déclaré ne savoir, ne pouvoir ou ne vouloir signer, de ce requis.

304. Les mêmes formalités sont à remplir à l'égard des réponses faites, sur l'interpellation du juge, par le témoin qui est appelé à compléter sa déposition.

305. Lorsqu'après la lecture, le témoin a quelques additions à faire à sa déposition, on les inscrit à la suite.

S'il s'agit de changements ou de rectifications, on raie les mots ou les phrases qui ne rendent pas la pensée du témoin, ou encore l'on renvoie, soit en marge, soit à la fin de la déposition, les explications données, les rétractations du témoin, suivant le cas.

Pour éviter tout embarras, il faut avoir soin de faire lire la déposition avant d'en dicter la clôture sur le procès-verbal.

306. Chaque témoin qui demandera une indemnité sera taxé par le juge (2).

---

(1) *V.* Loi en forme d'instruction du 29 septembre 1791.
(2) *V.* art. 82 du *Code d'inst. crim.* — Ci-après, chap. XII.
On ne pourrait refuser d'allouer la taxe requise, sous le prétexte

C'est après avoir fait mention de la lecture de la déposition et de la déclaration du témoin, qu'il convient d'établir au procès-verbal si le témoin a requis taxe et quelle est la somme qui lui a été allouée.

Le chiffre de la taxe doit, de plus, être porté en marge de la clôture de la déposition, pour faciliter les relevés et la confection des états de frais.

307. Aux termes de l'art. 82 du Code d'instruction criminelle et de l'art. 26 du Décret du 18 juin 1811, un témoin ne peut être taxé qu'autant qu'il l'a requis (1).

Cependant la plupart des témoins peuvent ignorer leur droit à la taxe et le moment de s'en prévaloir. Si le juge ne les en prévenait, en leur demandant s'ils requièrent taxe (2), il arriverait que des témoins perdissent l'indemnité qu'ils auraient eu l'intention de se faire payer, ou qu'ils ne la demandassent qu'après la signature de leur déposition, ce qui dérangerait l'économie des écritures.

Néanmoins, comme il est interdit, dans l'intérêt du trésor, d'accorder aucune taxe qui ne soit exigée, on

que le témoin comparant n'a pas été entendu, s'il survenait des motifs de discontinuer l'information : par exemple une maladie subite du juge, la mort du prévenu, etc.; ni sous le prétexte que l'audition aurait eu lieu un jour férié; ni parce que le témoin, par mauvaise volonté, aurait fait une déposition insignifiante. *V.* De Dalmas, *Commentaire* du Décret du 18 juin 1811, p. 63, 64.

(1) *V.* n° 329.

(2) L'art. 271 du Code de procédure civile enjoint au juge qui procède à une enquête de demander à chaque témoin s'il requiert taxe. Muyart de Vouglans, *Lois crim.*, t. II, p. 131, met au nombre des devoirs du juge qui procède à une information de demander au témoin *s'il requiert salaire.* — De même, Carnot, *De l'Inst. crim.*, t. Ier, p. 366.

ne doit ni presser un témoin de requérir taxe, ni même l'y inviter. Seulement, dans l'intérêt de l'équité, on ne doit pas dissimuler ou laisser ignorer au témoin, surtout s'il est pauvre et inexpérimenté, son droit de réclamer une allocation qui lui est légitimement acquise, et qui, quelquefois, ne l'indemnise pas intégralement des dépenses, des pertes de temps et des fatigues que lui a occasionnées l'obligation où il a été constitué de venir déposer.

308. La taxe s'inscrit au dos de la copie de la citation de chaque témoin requérant. Si le témoin avait perdu cette copie, étant justifié d'ailleurs, par l'original de l'exploit, qu'il a été assigné, le juge pourrait lui faire une taxe spéciale et séparée, dans laquelle il mentionnerait la perte de la copie d'assignation (1).

309. Indépendamment de ce que nous venons de dire pour chaque déposition, il existe quelques formalités générales auxquelles la loi soumet le procès-verbal d'information.

Chaque page du cahier d'information sera signée par le juge et par le greffier (2).

Ici, le motif du législateur a été de donner au prévenu une garantie que les dépositions des témoins ne pourraient pas être substituées ou amplifiées après coup.

Il serait sans doute superflu de faire remarquer que c'est *au bas* de chaque page que doivent être apposées les signatures prescrites, si nous n'avions eu sous les yeux des cahiers d'information que le juge et son gref-

---

(1) *V.* n° 329.
(2) *V.* art. 76, 77 du *Code d'inst. crim.*

fier avaient signés en marge et en tête de chaque page, ce qui n'était pas rationnel et ne remplissait point le but de la loi.

310. Aucun interligne ne pourra être fait : les ratures et les renvois seront approuvés et signés par le juge, par le greffier et par le témoin : les interlignes, les ratures et renvois non approuvés, sont réputés non avenus (1).

Lorsque le témoin, comme nous l'avons déjà dit (2), après avoir entendu lecture de sa déposition, veut y faire quelques additions, ou des rectifications importantes et d'une certaine longueur, on les écrit à la suite de la déposition ; s'il veut seulement faire quelques changements qui exigent des ratures ou renvois, les mots à supprimer sont rayés et numérotés, les renvois sont portés en marge.

Chaque renvoi est approuvé et signé (3) par le juge, par le greffier et par le témoin ; ou les mots renvoyés en marge, s'ils sont en petit nombre, sont entièrement transcrits et approuvés, à la suite de la déposition, immédiatement avant la signature.

Les mots serrés, retouchés ou surchargés doivent être approuvés de la même manière.

Il ne suffirait pas d'énoncer le rejet *des mots rayés*,

(1) *V.* Ordonnance de 1670, tit. VI, art. 12. — Art. 77, 78 du *Code d'inst. crim.*

(2) *V.* n° 305.

(3) Suffirait-il que les renvois fussent paraphés ? Non, suivant M. BOURGUIGNON, *Jurisp. des Codes crim.*, t. Ier, p. 187. Cependant, il n'y aurait pas nullité si l'on avait seulement paraphé au lieu de signer, suivant un arrêt de la Cour de cassation du 23 juillet 1824.

Autrefois, la signature était rigoureusement exigée, d'après les termes de l'Ordonnance de 1670, tit. VI, art. 12.

sans en indiquer la quotité ; d'écrire, par exemple, *rejeté les ratures*, *rejeté les mots rayés ;* les mots rayés
doivent être comptés, et rejetés *en nombre*, avant la
signature : c'est le seul moyen de s'assurer que les ratures et les renvois sont du fait du témoin, et que l'on
peut y avoir confiance (1).

Au surplus, d'après le contexte et la ponctuation de
l'art. 78 du Code d'instruction criminelle, tout interligne est défendu d'une manière absolue, et demeure-
rait comme non avenu malgré l'approbation qui en
serait faite. L'art. 12, tit. vi, de l'ordonnance de 1670,
fournirait, par sa rédaction plus précise, un moyen
d'interprétation en ce sens, s'il en était besoin.

311. Toutes les formalités prescrites par les art. 74,
75, 76, 78 du Code d'instruction criminelle (2) seront
remplies à peine de cinquante francs d'amende contre
le greffier, même, s'il y a lieu, de prise à partie contre
le juge, porté l'art. 77 du même Code.

Cette disposition rigoureuse atteste l'importance que
le législateur a attachée à l'accomplissement des formalités dont il s'agit. Si, d'après de hautes considérations, il n'a pas prononcé la peine de nullité pour les
infractions de la loi qui seraient commises, au moins
n'a-t-il pas voulu que ces infractions demeurassent
impunies ; et le zèle, l'attention des magistrats et des
greffiers, seront stimulés par cette pensée, en même
temps qu'ils seront soutenus par le sentiment de leurs
devoirs.

312. Après avoir analysé les dispositions du Code

(1) *V*. n° 313, formule.
(2) *V*. n°ˢ 287, 288, 289, 302, 309, 310.

d'instruction criminelle relatives à l'audition des témoins, il reste à dire comment doivent être agencés les procès-verbaux destinés à constater que le vœu de la loi a été rempli.

Le juge doit présider avec beaucoup d'attention à la dresse du procès-verbal d'information; et nous allons entrer à cet égard dans des détails qui, au premier aspect, pourront paraître minutieux, mais que nous ne devions pas négliger, dans un livre de pratique, dès que l'expérience nous a fait reconnaître la nécessité de les mettre sous les yeux des juges de paix.

En tête et à la marge du procès-verbal, on fera établir, par le greffier, sa date et l'indication de son objet, pour la facilité des recherches dans la procédure (1).

Le procès-verbal doit indiquer d'abord sa date, le lieu de l'information, les prénoms et nom du juge, la délégation en vertu de laquelle il procède, et qui est le fondement de sa compétence et de son pouvoir, les prénoms et nom du greffier, l'objet de l'information, la date de la cédule et de la citation, le nom de l'huissier, l'énonciation de l'accomplissement des formalités générales prescrites pour l'audition des témoins, afin de n'avoir pas à répéter cette mention en tête de chaque déposition.

Après avoir reçu de chaque témoin ses réponses aux questions générales qui lui sont adressées en vertu de

---

(1) *V.* Circulaire du procureur général de Poitiers du 23 novembre 1821.

Cette mention s'établit ainsi : *Du 1er septembre 1884,* — et au dessous, *Procès-verbal d'information.*

La même règle, par les mêmes motifs, est à observer pour tous les actes des juges de paix, en matière d'instruction préjudiciaire.

l'art. 75 du Code d'instruction criminelle (1), on renverra à la ligne pour la déposition.

Chaque fois qu'un témoin déposera d'un fait nouveau ou différent, ou d'une circonstance aggravante du fait, racontée avec détail, on renverra à la ligne.

Il en sera de même pour les interpellations faites au témoin, dont les réponses seront immédiatement établies.

De même encore pour la mention de la clôture de chaque déposition.

La taxe allouée au témoin, et relatée dans la clôture de sa déposition, devra être reportée, en chiffres, à la marge et vis-à-vis de cette clôture (2).

Le greffier devra laisser entre chaque déposition assez d'intervalle pour prévenir toute confusion.

Enfin, il est bien de veiller à ce que le greffier écrive nettement et correctement.

Ainsi, les procès-verbaux d'information seront plus faciles à dépouiller, pour les divers magistrats qui sont appelés à s'en pénétrer, afin de requérir, faire rapport, interroger ou discuter à l'audience.

313. Les procès-verbaux d'information se font toujours sur papier libre (3). En voici la formule :

L'an   , le   , heure   ;

Par-devant nous (4), juge de paix du canton de   , arrondissement de   , département de   , agissant en vertu de la commission rogatoire de M. le juge d'ins-

(1) *V.* n° 289.
(2) *V.* n° 306. — Si le témoin ne requiert pas taxe, on en fait mention.
(3) *V.* n° 104.
(4) Prénoms et nom.

truction de   , en date du   (1), étant à   , assisté de   (2), notre greffier (3);

En conséquence de la citation donnée à la requête de M. le procureur de la République de   , par exploit de   (4), huissier, du   (5), conformément à notre cédule du   ;

Ont comparu les témoins ci-après, chacun desquels appelé successivement et séparément, hors de la présence du prévenu, après avoir présenté la citation qui lui a été donnée pour déposer ; avoir reçu communication des faits contenus dans la commission rogatoire sus-relatée, relative à   (6), imputés à   (7); avoir prêté serment de dire toute la vérité, rien que la vérité, et enquis par nous de ses nom, prénoms, âge, état, profession, demeure, s'il est domestique, parent ou allié du prévenu, et à quel degré   (8), nous a répondu et a fait sa déposition ainsi qu'il suit :

1° Jean Simon, âgé de trente ans, menuisier, de-

---

(1) *Ou* en vertu de la délégation de M. le juge d'instruction de   , en date du   , pour l'exécution de la commission rogatoire de M.   , en date du   . *V.* n° 59.

(2) Prénoms et nom.

(3) *Ou* de N. (prénoms, nom, profession, demeure), auquel nous avons confié momentanément les fonctions de greffier, pour cause d'absence, *ou* de maladie, *ou* d'empêchement de notre greffier ordinaire; duquel N.   , nous avons reçu le serment de se bien et fidèlement acquitter desdites fonctions.

(4) Nom de l'huissier.

(5) Date de l'exploit.

(6) Nature du délit.

(7) Désignation du prévenu *ou* des prévenus.

(8) *Ou* des prévenus, et encore, s'il y a lieu, *ou* de N.   , partie civile.

meurant à   , commune de   , non domestique, parent ni allié du prévenu (1), dépose :

Tel jour, à telle heure, en tel lieu, j'ai vu..., j'ai entendu...

J'ai appris, de telle manière...

Je sais de plus...

Interpellé d'expliquer tel fait, *ou* de déposer ce qu'il sait sur telle circonstance, *ou* de faire connaître la moralité du prévenu, le témoin a répondu : Je...

Représentation faite de telle pièce de conviction, le témoin a déclaré : Je connais tel objet... (2).

Lecture faite, a persisté, a requis taxe, que nous avons allouée de la somme de   , a déclaré ne savoir signer, de ce requis, et nous avons signé avec le greffier (3).

Approuvé les mots   (4) renvoyés en marge ; et rejeté   , (5) mots rayés nuls.

Signature du greffier.   *Signature du juge* (6).

2° Louis-Samuel Maurice, âgé de   , forgeron, demeurant à   , non domestique du prévenu, mais son allié au troisième degré (7), dépose :

Je...

(1) On ajoute, s'il y a lieu : *ni de la partie civile.* — V. plus bas, note 7.

(2) Il ne suffirait pas de représenter les pièces au témoin; il faut encore que cette présentation et ses résultats soient mentionnés au procès-verbal.

(3) *Ou,* s'il y a lieu, avec le greffier commis.

(4) Les mots renvoyés en marge sont transcrits ici.

(5) Le nombre des mots rayés doit être spécifié.

(6) Le juge doit, *comme dans tous les procès-verbaux,* signer le dernier, pour s'assurer que toutes les signatures nécessaires ont été apposées.

(7) S'il y a partie civile, le témoin déclare ses rapports avec elle.

Lecture faite, a persisté, n'a requis taxe, et a signé avec nous et le greffier.

Sign. du témoin.   Sign. du greffier.   Sign. du juge.

3° Jules David, âgé de douze ans, sans profession, demeurant à   , non domestique, parent ni allié du prévenu, parent au troisième degré de Pierre N..., partie civile, entendu par forme de déclaration et sans prestation de serment, vu son âge, dépose :

Je...

Lecture faite, etc.   *Signatures.*

Tous les témoins assignés étant entendus, à l'exception seulement de Léon Martin, qui nous a fait présenter une exoine, ci-annexée, attestant qu'une fluxion de poitrine l'a mis dans l'impossibilité d'obéir à la citation et l'empêchera de pouvoir comparaître de longtemps (1); et de Louis Marc, qui n'a ni comparu ni fourni d'excuses, quoique valablement assigné, nous avons clos le présent procès-verbal, les jour, mois et an que dessus, et nous avons signé avec le greffier.   *Signatures.*

314. Si l'information dure plusieurs jours, le procès-verbal doit être continué ainsi :

Et l'an   , le   , heure   , par continuation,

Devant nous, juge de paix susdit, agissant et assisté comme dit est, ont comparu les témoins ci-après, par suite de l'exploit susrelaté (2);

(1) Remarquez que ce modèle de clôture est fait pour le cas où les témoins excusés sont trop éloignés pour qu'on puisse les entendre sur-le-champ et consigner leurs dépositions, sans désemparer, à la suite des témoignages déjà reçus.
Mais, si les témoins malades demeuraient à la résidence du juge de paix, ou à sa proximité, en sorte qu'il pût se rendre immédiatement auprès d'eux pour les entendre, alors, ce modèle de clôture ne servirait pas. Il y aurait lieu d'expliquer que le juge s'est rendu de suite auprès des témoins, pour telle cause, et qu'il a reçu leurs dépositions, avec les formalités prémentionnées... *V.* n°° 277 et suiv.
(2) *Ou*, en conséquence de l'exploit de N..., huissier, du   , en vertu de notre cédule du...

Lesquels témoins, après l'accomplissement de toutes les formalités énoncées au commencement de notre présent procès-verbal, ont répondu et déposé comme suit :
4° (1)...

Remarquez que, lorsque tous les témoins cités ont comparu et déposé, il n'est pas indispensable de rédiger une clôture du procès-verbal d'information.

Remarquez aussi, qu'aujourd'hui, particulièrement dans les affaires criminelles destinées à être portées devant les Cours d'assises, il est recommandé, par des circulaires du Ministre de la Justice et des Procureurs généraux, de dresser la déposition de chaque témoin individuellement sur une feuille séparée. — Sur la première feuille du procès-verbal d'information, on expose les formalités communes à tous les témoins, et l'on rapporte immédiatement la déposition du premier témoin. Sur chacune des autres feuilles, on commence ainsi :

« Par continuation de notre procès-verbal de ce jour... (date), et avec les mêmes formalités,

« Prénom, nom, qualité, demeure, non parent, allié, ni domestique du prévenu,

« Dépose... »

Dans ce cas, la clôture du procès-verbal est renvoyée à la fin de la dernière séance ; et, s'il n'y a rien d'extraordinaire à y consigner, elle peut être faite simplement en ces termes :

Fait et clos à , le , et nous avons signé avec notre greffier.

Signature du greffier.   *Signature du juge.*

315. L'information terminée, le juge commis doit renvoyer au juge d'instruction, directement ou par l'intermédiaire du procureur de la République (2), la

---

(1) Il est bien de continuer la série des numéros, parce que cela facilite les recherches et les moyens d'indiquer les témoins sans confusion, par leur ordre, quand on fait usage de l'information.

(2) *V.* art. 28 et 85 du *Code d'inst. crim.*

commission rogatoire, les cédules, les originaux d'exploits, les exoines, le procès-verbal d'information (1), les autres actes, s'il y en a, les pièces de conviction, s'il en a été remis, avec l'inventaire des actes et pièces et un état de frais (2). Enfin, dans la lettre d'envoi, le juge commis fait telles observations et donne tels renseignements que les circonstances peuvent comporter.

Par exemple, si des manœuvres ont été employées pour suborner ou intimider les témoins; s'il a appris qu'outre les témoins qui lui auront été désignés dans l'information, et dont les noms, prénoms, qualités et demeures auront été consignés dans son procès-verbal, des témoins résidant dans un autre canton, sont utiles à entendre sur tel fait, sur telle circonstance; si des témoins entendus sont suspects de partialité ou de mensonge, d'après leur moralité, leur conduite, leur incapacité, leurs rapports avec le prévenu, la partie civile ou les proches de l'un ou de l'autre; si l'existence de pièces de conviction, ou de complices, lui a été révélée hors de l'instruction, etc., le juge de paix doit en instruire le procureur de la République.

316. Sur l'art. 85 du Code d'instruction criminelle, MM. Carré (3) et Carnot (4) font remarquer que ce ne sera pas au juge d'instruction qui l'aurait commis, par suite d'une réquisition du juge d'instruction ou de tout autre fonctionnaire saisi de l'affaire, que le juge de paix devrait envoyer son procès-verbal, dans le cas prévu

(1) Le tout en minute. *V.* art. 59 du décret du 18 juin 1811.— N° 103.
(2) *V.* art. 60 du même décret du 18 juin 1811. — Loi du 18 germinal an VII, art. 4.
(3) *V.* Carré, *Droit français....*, t. IV, p. 360.
(4) *V.* Carnot, *De l'Inst. crim.*, t. I, p. 370.

par la deuxième disposition de l'art. 84 : dans ce cas,
comme dans celui où il aurait reçu la commission sans
intermédiaire, dans l'espèce de l'art. 83, il serait obligé
de faire l'envoi du procès-verbal au juge d'instruction
ou autre fonctionnaire saisi de l'affaire, et qui aurait
donné la première délégation.

Cette marche aurait, en apparence, l'avantage de la
célérité ; et c'est un point que la loi a en vue.

Mais, dans la réalité, si l'on suivait toujours ce système, il arriverait souvent que, pour avoir voulu gagner
du temps, on s'exposerait à en perdre. Car, en supposant que le juge de paix n'eût pas bien et complétement
rempli la commission rogatoire (nul n'est infaillible),
il faudrait alors la lui retourner de plus loin, tandis
que, la commission revenant au juge d'instruction qui a
saisi le juge de paix, ce magistrat examinera les pièces
et pourvoira plus promptement, s'il y a lieu, à leur régularisation.

D'ailleurs, l'information aurait pu faire connaître des
témoins résidant hors du canton du juge de paix, mais
dans l'arrondissement, et que le juge d'instruction devrait faire entendre, s'il était besoin. De là ressort un
motif de plus pour que les pièces lui reviennent.

Nous estimons donc qu'à moins d'injonctions contraires, qui ne manqueraient pas d'être données s'il y
avait nécessité, le juge de paix commis opérera convenablement en renvoyant les pièces au juge d'instruction qui lui aura adressé la commission rogatoire.

CHAPITRE XI.

—

DES PREUVES PAR ÉCRIT ET DES PIÈCES DE CONVICTION.

317. Les preuves par écrit sont de la plus grande importance dans les procès criminels : elles ne peuvent pas, comme les témoins, être suspectées de passion ou d'erreur ; elles ne peuvent pas être récusées, une fois que les écritures ont été vérifiées ou reconnues ; impassibles et persévérantes, elles obligent l'accusé à reconnaître la vérité, ou elles renversent au moins tous les systèmes qu'il aurait pu combiner pour se soustraire à un juste châtiment, si elles ne doivent établir sa justification d'une manière irréfragable.

Les pièces dites *de conviction*, quoique moins formelles la plupart du temps, et bien qu'elles ne puissent souvent que fournir des indices et donner lieu à des inductions plus ou moins pressantes, sont aussi, en général, des éléments précieux de preuves.

C'est pourquoi la loi a voulu que les officiers de police judiciaire, procédant au cas de flagrant délit, s'emparassent des armes et de tout ce qui paraîtrait avoir servi ou avoir été destiné à commettre le crime, ou qui en serait le produit, ainsi que des papiers du prévenu qui pourraient mettre en lumière son innocence ou sa culpabilité (1).

(1) *V.* n°⁵ 155, 156, 157, 158. — Art. 125 du *Code* du 3 brumaire an IV. — Art. 35, 37 du *Code d'inst. crim.*

318. Mais, protectrice attentive du domicile des citoyens, la loi, dans l'appréhension de l'arbitraire, et pour conjurer les écarts où le zèle et la prévention auraient pu entraîner les officiers de police judiciaire en général, ne leur a permis les recherches de cette nature que dans le cas exprès de flagrant délit, et ne leur a ouvert que le domicile de l'inculpé ou de ses complices.

Cependant il peut arriver que ces pièces si importantes à obtenir aient été transportées, dès les premiers moments, dans des mains étrangères, ou que ce ne soit qu'après les premières opérations terminées qu'on en connaisse l'existence et le dépôt.

La justice n'en demeurera pas privée; la loi ne la laissera pas impuissante et désarmée en présence du crime : un magistrat revêtu de ces pouvoirs qui avaient semblé exorbitants, le juge d'instruction, pourra exercer des recherches sans entraves, en tous lieux et à toutes époques; la loi s'en rapporte entièrement à sa prudence pour l'usage à faire d'un pouvoir qui n'admet pas de limites, mais qui, dans ses mains, ne devra jamais dégénérer en abus, en une tyrannie inquisitoriale et gratuitement vexatoire.

Tel a été l'esprit des art. 87, 88, 89 et 90 du Code d'instruction criminelle.

319. Or, le juge d'instruction devra-t-il toujours se livrer exclusivement et en personne aux recherches prescrites par ces articles?

Nous estimons qu'il peut commettre le juge de paix pour le suppléer dans ces perquisitions, lorsqu'elles doivent avoir lieu dans son arrondissement, comme il pourrait requérir et déléguer, par commission rogatoire, le juge d'instruction dans l'arrondissement duquel elles devraient être faites, sauf à donner au juge de paix commis les instructions que comporteraient les circonstances, et à lui recommander la réserve et la circonspection nécessaires en de telles opérations.

Il est reconnu que le droit de déléguer tient aux règles générales de la procédure criminelle ; que les dispositions du Code d'instruction criminelle, art. 83 et 84, sont énonciatives et non limitatives : ces articles citent pour exemple une circonstance qui rend la délégation indispensable, mais ils ne contiennent aucune expression qui prive le juge d'instruction de la faculté de déléguer hors les cas indiqués, lorsqu'il l'estime convenable, par quelque motif légitime (1).

M. Carnot, sur l'art. 87 du Code d'instruction criminelle, soutient néanmoins que le juge d'instruction doit se transporter en personne, et qu'il n'a pas le droit de déléguer dans son arrondissement. Il ajoute pourtant, sur l'art. 89, que les actes faits par l'officier de police judiciaire, par suite de commission rogatoire, ne seraient pas nuls et ne devraient pas être rejetés; seulement, dit-il, ils inspireraient moins de confiance et ne feraient pas pleine foi contre les dénégations du prévenu.

Cete dernière assertion de M. Carnot reste sans justification; et il est vrai de dire, au surplus, que, du moment que l'on reconnaît la validité des actes, c'en est assez pour que cette manière de procéder ne soit pas rejetée, s'il arrive qu'elle soit utile dans la pratique. Quant à la preuve, elle tiendra moins sans doute à la

(1) V. n° 56.

qualité du magistrat, qu'aux circonstances du fait et aux impressions que ces circonstances auront produites sur l'esprit des jurés, pour lesquels il n'y a rien qui fasse preuve par soi (1).

320. Au reste, les art. 87 et suiv. du Code d'instruction criminelle ne tracent pas de procédure particulière à suivre pour leur exécution ; ils n'ont pour objet que de déférer un droit plus étendu de recherches.

Il y a lieu, dans ce cas, d'opérer et de dresser les actes, en tout, conformément aux règles établies précédemment au chapitre V, *Du flagrant délit*, n°s 174, 175.

(1) *V*. n° 55. — Art. 342 du *Code d'inst. crim.*

CHAPITRE XII.

—

321. La translation des prévenus, l'envoi des pièces
servant à conviction ou à décharge, le déplacement et
l'audition des témoins, le transport des magistrats, certaines opérations auxquelles ils ont à procéder, occasionnent des dépenses. Le taux de l'allocation et le mode
de paiement de ces dépenses sont réglés par les Décrets
du 18 juin 1811 (1) et du 7 avril 1813.

Nous transcrirons ici, en notant les explications auxquelles ils ont donné lieu, ceux des articles de ces décrets qui concernent particulièrement les juges de paix,
comme officiers de police judiciaire, et nous ajouterons
les modèles de taxe et d'états de remboursement fournis
par les instructions ministérielles. Nous avons dû
prendre ce parti, et dans l'intérêt des juges de paix taxateurs, et dans l'intérêt des citoyens à indemniser.

En effet, aucune loi n'attribue aux magistrats un pouvoir discrétionnaire sur la fixation des indemnités : ils
ne peuvent, en aucun cas, même du consentement de
la partie civile, les augmenter, sous quelque prétexte et
par quelque considération que ce soit, sans engager

---

(1) On désigne souvent le Décret du 18 juillet 1811 par la dénomination de *Règlement* ou *Tarif des frais de justice criminelle*, ou de
Tarif criminel, ou simplement de *Règlement*.

leur responsabilité, aux termes de l'art. 141 du Règlement du 18 juin 1811; et la responsabilité pèserait sur
les magistrats lors même qu'ils seraient dans l'impossibilité d'exercer aucun recours utile contre les parties
prenantes, ou que le trésor national pourrait recouvrer
le montant des avances qu'il aurait faites (1).

D'un autre côté, les indemnités allouées par les règlements ne seraient pas acquittées, si la taxe n'en avait
été régulièrement faite, ou si le mode tracé pour leur
établissement, leur justification ou leur réclamation,
n'avait pas été ponctuellement suivi (2).

322. « L'administration de l'Enregistrement conti
« nuera de faire l'avance des frais de justice criminelle,
« pour les actes qui seront ordonnés d'office ou à la
« requête du ministère public, sauf à poursuivre, ainsi
« que de droit, le remboursement de ceux desdits frais
« qui ne seront point à la charge de l'État. » *(Art. 1ᵉʳ du
Décret du 18 juin 1811.)*

Les frais faits à la requête ou dans l'intérêt des Administrations, des Communes, des établissements publics (3), sont avancés pour leur compte et sauf remboursement, par la régie de l'Enregistrement, devant
qui les parties prenantes sont renvoyées à recevoir
paiement.

L'administration des Contributions indirectes fait
elle-même l'avance des frais des procédures qui la concernent; d'où suit que, dans ces procédures, les té-

(1) *V.* Décisions des 7 juin 1813, 11 mai et 29 juin 1819, 3 septembre 1822.
(2) *V.* Instruction générale sur les frais de justice criminelle, du 30 septembre 1826, p. 47.
(3) *V.* art. 158 du Décret du 18 juin 1811.

moins et autres personnes taxées doivent être renvoyés par le juge taxateur, qui le mentionne dans la taxe, pour recevoir paiement devant le receveur de la régie des Contributions indirectes, non devant celui de la régie de l'Enregistrement (1).

Nous nous occuperons, plus bas, du cas où il y a partie civile en cause (2).

Dans les affaires qui peuvent donner lieu à des peines *afflictives* ou *infamantes*, les frais sont toujours avancés par la régie de l'Enregistrement, au compte du ministère de la justice (3).

Ces distinctions feront comprendre la nécessité où sont les magistrats taxateurs d'expliquer, dans les taxes, les causes des procédures ; d'énoncer à la requête ou dans l'intérêt de qui elles sont suivies ; sinon la régie de l'Enregistrement ne saurait sur quel compte en établir les frais (4).

323. « Les prévenus ou accusés seront conduits à « pied, par la gendarmerie, de brigade en brigade ; « néanmoins ils pourront, si des circonstances extraor- « dinaires l'exigent, être transférés soit en voiture, soit « à cheval, sur les réquisitions motivées de nos officiers « de justice.

« Les réquisitions seront rapportées en original, ou « par copies dûment certifiées par les officiers qui don- « neront les ordres, à l'appui de chaque état ou mé-

---

(1) *V.* Instruction du 30 septembre 1826, p. 19. — Circulaire du Ministre de la justice du 3 mars 1825.

(2) *V.* plus bas, art. 157 et suiv. du Décret du 18 juin 1811.

(3) *V.* Instruction du 30 septembre 1826, p. 19.

(4) *V.* ci-après, p. 371, les observations sur l'article 26 du Décret du 18 juin 1811.

« moire de frais à fournir par ceux qui auront fait le
« transport. » *(Art. 4 du Décret du 18 juin 1811.)*

« Lorsque la translation par voie extraordinaire sera
« ordonnée d'office, ou demandée par le prévenu ou
« accusé, à cause de l'impossibilité où il se trouverait
« de faire ou de continuer le voyage à pied, cette im-
« possibilité sera constatée par certificat de médecin ou
« de chirurgien.

« Ce certificat sera mentionné dans la réquisition et
« y demeurera joint. » *(Art. 5, Ibid.)*

Le médecin doit être requis par écrit de procéder à
la visite. Il a droit à l'indemnité fixée par l'art. 17, n° 2,
du Règlement; mais ce n'est pas le juge de paix qui
doit le taxer (1).

Il sera fourni une paire de souliers à chaque prévenu
qui réclamera des moyens de transport *par la seule
raison qu'il est nu-pieds*. Cette dépense sera payée
comme frais urgents, conformément à l'art. 133 du Décret du 18 juin 1811, en rappelant, dans le mandat, la
date de l'autorisation ministérielle en vertu de laquelle
elle aura été faite, qui est une décision du Ministre de
la justice du 4 novembre 1820 (2).

« Dans le cas d'exception ci-dessus, la translation des
« prévenus ou accusés sera faite par les entrepreneurs
« généraux des transports et convois militaires, et au
« prix de leur marché.

« Dans les localités où le service des transports mili-
« taires ne sera point organisé, les réquisitions seront
« adressées aux officiers municipaux, qui y pourvoiront

(1) *V*. Décision du Ministre de la justice du 6 août 1832.
(2) *V*. n°ˢ 345, 346.— Décision du 21 février 1867.

« par les moyens ordinaires et aux prix les plus mo-
« dérés. » *(Art. 6 du Décret du 18 juin 1811.)*

Il conviendra, dans ce dernier cas, que l'officier qui
aura fait la réquisition, ou le maire, établisse, au pied
de la réquisition, la somme stipulée pour le transport,
afin que l'on puisse taxer à l'arrivée (1).

« Les prévenus ou accusés pourront toujours se faire
« transporter en voiture, à leurs frais, en se soumet-
« tant aux mesures de précaution que prescrira le ma-
« gistrat qui aura ordonné la translation, ou le chef
« d'escorte chargé de l'exécuter. » *(Art. 7 du Décret
du 18 juin 1811.)*

324. « Les procédures ou les effets pouvant servir
« à conviction ou à décharge seront transportés par les
« gendarmes chargés de la conduite des prévenus ou
« accusés.

« Si, à raison du poids ou du volume, ces objets ne
« peuvent être transportés par les gendarmes, ils le se-
« ront, d'après un ordre par écrit du magistrat qui
« ordonnera le transport, soit par les messageries, soit
« par les entrepreneurs de transports ou convois mili-
« taires, soit par toute autre voie plus économique,
« sauf les précautions convenables pour la sûreté des
« objets. » *(Art. 9 du Décret du 18 juin 1811.)*

Les magistrats et les officiers de police judiciaire
doivent prendre les précautions nécessaires pour que
les pièces de conviction ne soient pas endommagées par
le transport (2).

(1) *V.* n° 343.
(2) Toutes les dépenses qui sont indispensables pour la conservation des objets servant à conviction ou à décharge sont payées
comme frais urgents. *V.* art. 133 du Décret du 13 juin 1811.
Il convient de joindre à l'ordre de transport un état détaillé des

Ils devront aussi indiquer dans l'ordre de transport, *qui sera toujours joint au mémoire*, le poids des objets à transporter, le prix convenu, s'il y a lieu, et le jour où ces objets devront arriver à leur destination, afin que l'on puisse apprécier la nécessité des moyens de transport employés, et vérifier si l'entrepreneur n'aurait pas pu profiter, pour l'envoi des pièces, de la voiture sur laquelle il aurait transporté des prisonniers (1).

325. « Les aliments et autres secours nécessaires « aux prévenus ou accusés, pendant leur translation, « leur seront fournis dans les prisons ou maisons d'ar- « rêt des lieux de la route... Dans les lieux où il n'y « aura point de prisons, les officiers municipaux feront « faire la fourniture des aliments et autres objets..... « Dans ce dernier cas, le remboursement en sera fait « aux fournisseurs comme frais généraux de justice. » *(Art. 10 du Décret du 18 juin 1811.)*

326. « Si, pour l'exécution d'ordres supérieurs, re- « latifs à la translation des prévenus ou accusés, il est « nécessaire d'employer des moyens extraordinaires de « transport, tels que la poste, les diligences ou autres « voies semblables..., et si les gendarmes n'ont pas de « fonds suffisants pour faire les avances, il leur sera « délivré un mandat provisoire de la somme présumée « nécessaire, par le magistrat qui ordonnera le trans- « port. — Il sera fait mention du montant de ce mandat

---

objets, lorsqu'ils ne sont pas renfermés dans une caisse ou une enveloppe scellée, qui garantisse qu'aucune pièce ne pourra être égarée.

(1) *V.* Instruction générale du 30 septembre 1826, p. 31. — Ci-après, modèles de réquisitions et de taxes, nᵒˢ 344, 345.

« sur l'ordre du transport (1). » *(Art. 12 du Décret du 18 juin 1811.)*

327. « Pour les frais d'exhumation de cadavres, on « suivra les tarifs locaux... » *(Art. 20, Ibid.)*

C'est-à-dire que l'on taxera les hommes employés à raison de la journée de travail qu'ils auraient pu gagner suivant l'usage du lieu ; car il sera vraisemblablement très-rare qu'il existe des tarifs spéciaux pour fixer le salaire des exhumations.

Lorsqu'il n'y aura pas de tarif arrêté, le juge, pour fixer le salaire, doit avoir égard à la durée du travail, à ce qu'il a de pénible ; on peut le payer au double des travaux ordinaires qui auraient duré le même temps.

Cet article, du reste, sera sans doute fort rarement appliqué par les juges de paix, qui ne peuvent avoir, à moins de délégation, ou de circonstances tout à fait extraordinaires, à faire opérer une exhumation.

Mais il contient un principe général à suivre quand on aurait employé des hommes de journée, manouvriers ou artisans, à autre titre que celui d'experts (2).

328. « Chaque expert ou interprète recevra, pour « chaque vacation de trois heures... Il ne pourra être « accordé, pour chaque journée, que deux vacations « de jour et une de nuit. » *(Art. 22 du Décret du 18 juin 1811.)*

Les juges de paix ne taxent pas les personnes quali-

---

(1) *V.* modèle de mandat, n° 317.

(2) *V.* n° 348. — Art. 134 du Décret du 18 juin 1811, et note sur cet article.

fiées experts (1), parce qu'il y a lieu, de leur part, à fournir un état qui, après réquisitoire du procureur de la République, est ordonnancé par le président du tribunal ou par le juge d'instruction (2).

Mais, lorsqu'ils auront occasion d'en employer, ils doivent prendre le soin de préciser dans leurs procès-verbaux, et au pied des réquisitions, la durée de l'expertise : cette mention servira de base à la taxe (3).

Par le même motif, ils auront soin de mentionner la demeure et la commune des experts, la distance par eux parcourue, pour l'établissement de la taxe de leurs frais de voyage (4).

« Dans tous les cas où les médecins, chirurgiens (5), « sages-femmes, experts et interprètes sont appelés soit « devant le juge d'instruction, soit aux débats, à raison « de leur déclaration, visites ou rapports, les indemnités « dues pour cette comparution leur seront payées « comme à des témoins, s'ils requièrent taxe. » *(Art. 25 du Décret du 18 juin 1811.)*

Dans ce cas, les médecins, etc., sont considérés, abstraction faite de leur qualité ou profession, comme tous autres témoins, et sont taxés à ce seul titre.

---

(1) Ils ne taxent pas non plus les médecins, chirurgiens, officiers de santé et sages-femmes, quand ils sont appelés *autrement que comme témoins*, et qui sont alors soumis, comme les experts, à fournir leurs états de frais. C'est pourquoi nous n'avons pas transcrit les articles 16, 17, 18, 19 et 21 du décret du 18 juin 1811, qui les concernent *comme experts. V.* n° 339.

(2) *V.* art. 3 de l'Ordonnance du 28 novembre 1838. — N° 339.

(3) *V.* Instruction du 30 septembre 1826, p. 39. — N° 125.

(4) *V.* art. 24 du Décret du 18 juin 1811. — N° 125.

(5) Cet article est commun aux *officiers de santé.*

Les art. 17, 18, 22, 91, du décret du 18 juin 1811, sont alors inapplicables (1) : l'on rentre dans le cas des art. 27, 28, 95, n° 2, 96, n° 2, du même décret.

Les taxes devront être faites conformément au modèle transcrit au n° 350, ci-après (2).

Une circulaire du Ministre de la justice du 7 décembre 1861 décide que les *médecins* et *experts* appelés devant les cours et tribunaux pour *donner des explications sur leurs rapports et leurs opérations* doivent être taxés comme experts (quoiqu'ils soient cités et entendus comme *témoins*, dans ce cas particulier), et que l'on doit alors leur accorder les frais de voyage et les vacations, au moins une, tels que la loi les a fixés pour les *experts*, par les art. 16 à 21 du Décret du 18 juin 1811 (3).

329. « Conformément à l'art. 82 du Code d'instruc-
« tion criminelle, les témoins entendus lors de l'ins-
« truction et lors du jugement des affaires criminelles
« et de police recevront, s'ils le demandent, une indem-
« nité qui demeurera réglée ainsi qu'il suit » *(Art. 26
du Décret du 18 juin 1811) :*

« Pour chaque jour que le témoin aura été détourné
« de son travail ou de ses affaires, il lui sera accordé,
« savoir : à Paris, *deux francs ;* — dans les villes de
« quarante mille habitants et au dessus, *un franc cin-
« quante centimes ;* — dans les autres villes et com-
« munes, *un franc.* » *(Art. 27, Ibid.)*

« Les témoins du sexe féminin admis à déposer, et
« les enfants de l'un ou de l'autre sexe au-dessous de
« l'âge de quinze ans, entendus par forme de déclara-
« tion, recevront, savoir : à Paris, *un franc vingt-
« cinq centimes ;* — dans les villes de quarante mille

---

(1) *V.* Décisions des 2 décembre 1820 et 18 janvier 1823.
(2) *V.* Instructions du 30 septembre 1826, p. 41.
(3) Par identité de motifs, cette circulaire serait applicable au cours de l'instruction écrite. *V. Manuel des Juges d'instruction.,* n° 550.

« habitants et au dessus, *un franc;* — dans les autres
« villes et communes, *soixante-quinze centimes.* »
(Art. 28, Ibid.)

Il est important de remarquer qu'aucune taxe ne peut
être accordée aux témoins *qu'autant qu'ils la demandent* (1) : et l'art. 36 du Décret du 18 juin 1811 porte
expressément que les officiers de justice énonceront,
dans les mandats qu'ils délivreront au profit des témoins, *que la taxe a été requise;* sinon la taxe serait
rejetée (2).

La taxe des témoins doit toujours être faite sur la
copie de l'assignation (3). Cette formalité est de rigueur.

Si pourtant le témoin a égaré sa copie, la taxe mise à
la suite d'un certificat donné par le juge de paix ou par
le greffier pourrait valoir, et ce moyen n'a éprouvé aucune contradiction de la part de la Cour des Comptes.

Nous nous sommes plusieurs fois trouvé dans le cas
de taxer des témoins qui avaient perdu leur copie de
citation ; nos taxes, faites suivant le dernier modèle du
numéro 352, ci-après, ont toutes été accueillies (4).

Les taxes sont écrites, à l'exclusion des huissiers, par
le greffier, gratuitement (5), sous la dictée et l'inspection
du juge (6), et sauf la responsabilité de celui-ci (7).

Les nom, qualité et profession du témoin doivent
être indiqués dans la taxe, s'ils ne le sont pas dans l'ex-

(1) *V.* nº 307.
(2) *V.* Instruction du 30 septembre 1826, p. 47.
(3) *V.* art. 133 du Décret du 18 juin 1811. — Circulaire du Ministre
de la justice du 30 octobre 1824.
(4) On procède de la même manière quand le témoin a été appelé
par simple avertissement. *V. sup.,* nº 194.
(5) *V.* art. 63 du Décret du 18 juin 1811.
(6) *V.* Circulaire du Ministre de la justice du 16 juin 1823. — Instruction du 30 septembre 1826, p. 41.
(7) *V.* art. 141 du Décret du 18 juin 1811.

ploit, au pied duquel elle est faite, pour que l'on puisse reconnaître si le témoin a droit à la taxe, que la loi refuse aux militaires et à ceux qui reçoivent un traitement quelconque (1).

Il faut, suivant le cas, constater l'âge du témoin (2) et sa demeure (3).

La taxe doit indiquer que l'assignation a été donnée à la requête du ministère public, quand il y a lieu, l'indemnité accordée aux témoins ne devant être acquittée par le trésor national qu'autant qu'ils auraient été assignés à la requête du ministère public, et les témoins cités à la requête du prévenu ou des parties civiles devant recevoir *de ceux qui les ont appelés en témoignage* l'indemnité taxée par le juge (4).

Toutes les fois que la nature de l'affaire n'est pas indiquée dans la citation, ou ne l'est pas suffisamment, il faut nécessairement la rappeler dans la taxe, afin qu'on puisse reconnaître si les frais doivent être supportés par le Ministère de la justice, ou par quelques Administrations, par des établissements publics ou par des Communes, conformément à l'art. 158 du Règlement (5).

Il ne suffit pas de désigner la nature de l'affaire en termes généraux, tels que : *contravention de police ; délit rural ; vol de bois ; chemin ou voie publique ; injures, violences ou voies de fait envers les préposés ; rébellion ;*

(1) *V.* art. 31 et 32 du Décret du 18 juin 1811.
(2) *V.* art. 97, *Ibid.*
(3) *V.* art. 90, *Ibid.*, et art. 2 du Décret du 7 avril 1813.
(4) *V.* art. 33 et 34 du Décret du 18 juin 1811.
(5) *V.* art. 158 du Décret du 18 juin 1811. — Circulaire du Ministre de la justice du 2 novembre 1816.

concussion : on doit le faire d'une manière particulière
à chaque espèce (1).

Les sommes allouées aux témoins doivent être écrites
en toutes lettres, dans le corps de la taxe; les sur-
charges et ratures doivent être approuvées par le juge.

L'article de loi en vertu duquel la taxe est faite doit
être relaté (2).

On doit indiquer dans les taxes s'il y a partie civile
en cause, ou si elle a justifié de son indigence (3). Pour
éviter toute méprise, les ordonnances et mandements
du juge doivent, le cas échéant, indiquer qu'il y a partie
civile en cause, et la désigner (4).

La personne chargée de solder la taxe doit être dé-
signée spécialement.

Le témoin n'étant payé que sur son acquit, la taxe
doit énoncer si le témoin sait ou ne sait pas signer (5).

Les taxes doivent être datées (6); elles doivent être
signées par le juge qui les a délivrées, à peine de rejet.

A la marge de la taxe, on doit toujours placer le décompte prescrit par les instructions (7). Ce décompte
s'établit ainsi :

		fr.	c.	fr.	c.
(Nombre) myriamètres parcourus, à.		»	» l'un,	»	»
Id. jours de séjour forcé en route, à.		»	» l'un,	»	»
Id. jours de séjour au lieu de l'instruction, à.		»	» l'un,	»	»
Total de la taxe.				»	»

(1) *V.* Circulaire du Ministre de la justice du 3 mai 1825.
(2) *V.* art. 139 du Décret du 18 juin 1811.
(3) *V.* art. 161, *Ibid.*
(4) *V.* Circulaire du Ministre de la justice du 3 mai 1825. — Instruction du 30 septembre 1826, p. 137.
(5) *V.* Instruction du 30 septembre 1826, p. 43.
(6) Décision du 18 avril 1820.
(7) *V.* Circulaire du Ministre de la justice du 2 novembre 1816.

Toute taxe qui ne serait point rédigée conformément au modèle n° 14 de l'Instruction du 30 septembre 1826 serait rejetée (1).

Les taxes doivent être payées par le receveur de l'Enregistrement, tous les jours, à toute heure, depuis une heure avant le lever jusqu'à une heure après le coucher du soleil (2).

La taxe de comparution fixée par les art. 27 et 28 du Règlement est due à tout témoin qui n'est pas domicilié à plus d'un myriamètre du lieu où il est entendu (3) ; et on alloue une journée, quand même le témoin n'aurait été détourné de ses affaires que pendant quelques heures ou même quelques instants.

Quand le témoin demeure au-delà d'un myriamètre du lieu où il est entendu, les art. 27 et 28 du Règlement cessent d'être applicables, et les témoins sont taxés à raison du chemin parcouru (4).

Les gardes champêtres et forestiers, ainsi que les gendarmes, sont assimilés en tout aux autres témoins (5).

Quel que soit le nombre des affaires dans lesquelles un témoin aura comparu le même jour, il ne doit être taxé qu'une fois, ou du moins il ne doit obtenir qu'une seule taxe entière ; car la taxe est accordée pour chaque jour, et non pour chaque affaire (6).

(1) *V.* n° 351.

(2) *V.* Décision du Ministre des finances du 24 septembre 1808. — Décision du Ministre de la justice du 16 avril 1825. — Instruction du 30 septembre 1826, p. 41.

(3) *V.* néanmoins, plus bas, art. 32 du Décret du 18 juin 1811.

(4) *V.* art. 2 du Décret du 7 avril 1813. — *Inf.*, p. 401.

(5) *V.* art. 3, *Ibid.* — *Inf.*, p. 402.
L'article 32 du Décret du 18 juin 1811 ne leur est pas applicable.

(6) *V.* Décisions des 16 août 1823 et 4 mai 1824.

De même, au cas de transport ou de déplacement du témoin, il ne devrait lui être passé qu'un seul voyage, quoiqu'il eût déposé dans plusieurs procédures.

Dans ces circonstances, nous avons l'habitude de diviser l'indemnité sur les diverses taxes que nous faisons pour chaque témoin. Ainsi, un témoin ayant été entendu dans deux affaires, nous indiquons que nous allouons *demi-taxe*, parce que le témoin a été ou va être entendu, le même jour, dans une autre affaire. Il résulte de là que les frais sont plus équitablement cotés que si l'on faisait d'abord une taxe entière, puis ultérieurement un refus de taxe; et que le prévenu qui serait condamné, ou le Trésor, en cas d'absolution, n'a à supporter, en définitive, que les frais exactement faits pour chaque affaire jugée.

« Les témoins qui comparaîtront en justice dans un « état de maladie ou d'infirmité dûment constaté au- « ront droit au double de la taxe accordée aux témoins « valides. » *[Art. 29 du Décret du 18 juin 1811.]*

Cet article a été abrogé (1). Néanmoins, s'il est indispensable d'appeler hors de son domicile un témoin infirme ou malade, et si ce témoin ne peut se transporter devant le juge sans dépenser une somme plus forte que celle qu'il doit obtenir pour sa déposition, on doit considérer les frais de ce voyage comme une dépense extraordinaire, et faire application des dispositions de l'art. 136 du Règlement (2).

« Si les témoins sont obligés de se transporter hors

_____

(1) *V.* art. 1er du Décret du 7 avril 1813.
(2) *V.* Décisions du garde des sceaux des 23 décembre 1817 et 27 juillet 1822.

« du lieu de leur résidence, il pourra leur être alloué
« des frais de voyage et de séjour, tels qu'ils seront
« réglés ci-après (art. 90 et suiv.). — Audit cas, les frais
« de séjour, tels qu'ils seront fixés par le nº 2 de l'art. 96
« ci-après, leur tiendront lieu de la taxe déterminée
« dans les art. 27 et 28 ci-dessus. » *[Art. 30 du Décret
du 18 juin 1811.]*

Cette disposition n'est applicable que lorsque les témoins se transportent à plus d'un myriamètre de leur
résidence (1).

« Les officiers de justice n'accorderont aucune taxe
« aux militaires en activité de service, lorsqu'ils seront
« appelés en témoignage. — Néanmoins, il pourra leur
« être accordé une indemnité pour leur séjour forcé
« hors de leur garnison ou cantonnement, en se con-
« formant, pour les officiers de tout grade, à la fixation
« faite par le nº 2 de l'art. 96 du présent Décret, en
« allouant la moitié seulement de ladite indemnité
« aux sous-officiers et soldats. » *[Art. 31 du Décret
du 18 juin 1811.]*

Mais les frais ne peuvent et ne doivent être alloués
que pour les jours que ces militaires sont obligés de
passer dans les villes où ils sont appelés en témoignage,
et où leur présence est nécessaire. On ne doit pas comprendre dans la taxe le *jour de leur arrivée, ni celui du
départ* (2).

Les militaires en retraite ou en non-activité ont droit
aux mêmes indemnités que les simples particuliers,
lorsqu'ils sont appelés en témoignage.

(1) *V*. art. 2 du Décret du 7 avril 1813.
(2) *V*. Instruction du 30 septembre 1826, p. 45.

Les militaires en semestre ou en congé limité ont-ils droit à l'indemnité de séjour accordée par notre art. 31 ? Le Ministre de la guerre, à qui la question a été proposée, fait observer que, d'après une Ordonnance du 24 septembre 1823, ces militaires n'ont à prétendre aucune indemnité sur les fonds de la guerre ; et quoique ceux, dit-il, qui se trouvent dans cette position soient toujours en activité de service, ils doivent néanmoins être indemnisés de leur déplacement sur les fonds généraux de justice criminelle (1) : en d'autres termes, ils doivent être taxés comme les témoins ordinaires.

Tous ceux que les lois assimilent aux militaires n'ont droit qu'à l'indemnité de séjour dans le lieu de l'instruction ou des débats : tels sont notamment les chirurgiens attachés aux armées (2).

Suivant une lettre du Ministre de la marine, du 26 juillet 1815, les marins voyageant seuls, et se rendant à une destination quelconque, en vertu d'ordres, reçoivent des indemnités de route, conformément à l'Arrêté du Gouvernement du 29 pluviôse an IX (18 février 1801) ; les dispositions de l'art. 31 du Décret du 18 juin 1811 sont donc applicables aux officiers militaires, à ceux d'administration et autres, entretenus ou non entretenus, employés au service de la marine de l'État (3).

Les marins en disponibilité dans leurs quartiers sont payés, quand ils le requièrent, comme les témoins ordinaires (4).

(1) *V.* Lettre du Ministre de la guerre du 7 août 1825.
(2) *V.* Décision du 1er mai 1824.
(3) *V.* Décisions des 10 janvier 1816 et 23 février 1830.
(4) *V.* Décision du 14 août 1817.

La prohibition de l'art. 31 ne pèse plus sur les gen‐
darmes (1).

La modification de l'art. 3 du Décret du 7 avril 1813
ne peut être étendue à d'autres que les gendarmes, les
gardes champêtres et les gardes forestiers (2).

Les préposés des Douanes ne sont pas compris dans
l'application de l'art. 31 du Décret du 18 juin 1811 ; mais
ils rentrent dans la classe des individus à qui il est payé
un traitement à raison d'un service public (3).

« Tous les témoins qui reçoivent un traitement quel‐
« conque à raison d'un service public n'auront droit
« qu'au remboursement des frais de voyage, s'il y a
« lieu et s'ils le requièrent, sur le pied réglé dans le
« chapitre VIII, ci-après. » *(Art. 32 du Décret du
18 juin 1811.)*

On doit entendre par un traitement quelconque ce
qui est payé soit sur les fonds du trésor public, soit sur
les fonds départementaux, municipaux ou commu-
naux, à quelque titre et sous quelque dénomination que
ce soit (4).

_____

(1) *V.* art. 3 du Décret du 7 avril 1813. — *Inf.*, p. 402.

(2) *V.* Décision du 6 avril 1822.

(3) *V.* Décision du 26 octobre 1824.

(4) *V.* néanmoins, pour les gendarmes, gardes champêtres ou forestiers, l'art. 3 du Décret du 7 avril 1813. — Instruction du 30 septembre 1826, p. 45. — *Inf.*, p. 402.

Suivant l'opinion de M. DE DALMAS, *Comment. du Décret du 18 juin
1811*, p. 265, 266, les gardes et les gendarmes ne seraient exceptés
de l'application de l'art. 32 du Décret du 18 juin, par l'art. 3 du Décret
du 7 avril 1813, que pour le cas où ils sont appelés en témoignage
sur des faits qu'ils avaient mission ou pouvoir de constater.

Ce sentiment nous paraît contestable : il est fondé sur une distinction qui ne résulte pas clairement du Décret du 7 avril 1813; il
tend à retirer à des agents faiblement rétribués une faveur qui a été

Le motif de cet art. 32 est que l'obligation de paraître en témoignage est une charge imposée à tous les citoyens ; et, si la loi accorde quelque indemnité aux témoins, elle n'a pour but que de rendre cette charge plus supportable aux individus qui vivent de leur travail journalier (1). Or, à défaut de déplacement, il n'y a, pour les témoins salariés à raison de leurs fonctions, que déperdition d'un temps payé (2).

Les témoins n'ont droit aux frais de voyage que *s'il y a lieu ;* ces frais ne doivent leur être accordés que lorsqu'ils se sont transportés à plus d'un myriamètre, car il n'en est pas dû pour un moindre déplacement (3).

Ils n'ont droit non plus qu'*à des frais de voyage*, c'est-à-dire à l'indemnité des myriamètres parcourus et à celle du séjour forcé en route. Les magistrats ne doivent donc leur allouer ni l'indemnité de journée, c'est-à-dire l'indemnité déterminée par les art. 27 et 28 du Décret du 18 juin 1811, ni l'indemnité de séjour dans le lieu de l'information, lorsqu'ils ont été entendus le jour fixé pour leur comparution (4).

330. « Dans les cas prévus par les art. 16, 35, 37,

---

intentionnelle, et que le législateur n'a pas indiqué vouloir restreindre. Nous avons toujours admis dans toute sa latitude, au profit des gardes et des gendarmes, le bénéfice du Décret du 7 avril 1813 jamais nos taxes n'ont été critiquées.

(1) *V.* Instruction du 2 novembre 1816.

(2) D'après les mêmes principes, il n'est accordé aucune indemnité aux témoins qui sont sous la main de la justice, parce que, l'État faisant les frais de leur transport et de leur nourriture, ils n'ont à supporter ni dépense, ni perte de temps, dès lors aucun dédommagement à réclamer. *V.* Décision du 30 avril 1831.

(3) Art. 2, § 1er, du Décret du 7 avril 1813. — N° 333.

(4) Décision du 25 mars 1814.

« 38, 89 et 90 du Code d'instruction criminelle, il ne
« sera accordé taxe pour la garde des scellés que lors-
« que le juge instructeur n'aura pas jugé à propos de
« confier cette garde à des habitants de la maison où
« les scellés auront été apposés.

« Dans ce cas, il sera accordé, par chaque jour, au
« gardien nommé d'office : à Paris, *deux francs cin-*
« *quante centimes ;* — dans les villes de quarante mille
« habitants et au dessus, *deux francs ;* — dans les
« autres villes et communes, *un franc.* » *(Art. 37 du
Décret du 18 juin 1811.)*

« En matière criminelle et correctionnelle, les femmes
« ne peuvent être constituées gardiennes de scellés,
« conformément à la loi du 6 vendémiaire an III (27 sep-
« tembre 1794), qui recevra, quant à ce, son exécu-
« tion. » *(Art. 38, Ibid.)*

L'apposition et la levée des scellés, faites par les officiers de police judiciaire, n'entraînent aucuns frais
autres que l'indemnité du gardien, quand il y a lieu.

331. « Les animaux et tous objets périssables ne
« pourront rester en fourrière ou sous le séquestre
« plus de huit jours.

« Après ce délai, la mainlevée provisoire pourra en
« être accordée..., ou ils seront vendus...» *(Art. 39, 40
du Décret du 18 juin 1811.)*

« La mainlevée... sera ordonnée par le juge de paix
« ou par le juge d'instruction, moyennant caution et le
« paiement des frais de fourrière et de séquestre.

« Si les objets doivent être vendus... (1). »

---

(1) *V.*, pour les formes et les suites de la vente, ces deux articles 39
et 40 et les suivants dans le Décret du 18 juin 1811. — Instruction
du 30 septembre 1826, p. 46, 47, 48.

Nous pensons que si les objets saisis devaient servir de pièces de conviction au procès, cette circonstance écarterait, ou à tout le moins suspendrait l'application des art. 39 et 40 du Règlement, et que les objets devraient être conservés autant de temps qu'il y aurait utilité, sauf à en référer au juge d'instruction.

332. « Dans les cas prévus par les art. 32, 36, 43, « 46, 47, 49, 50, 51, 52, 59, 60, 62, 83, 84, 87, 88, 90, « 464, 488, 497, 501, 616, du Code d'instruction cri- « minellle, les juges et les officiers du ministère public « recevront des indemnités ainsi qu'il suit :

« S'ils se transportent à *plus de cinq kilomètres* de « leur résidence, ils recevront, pour tous frais de « voyage, de nourriture et de séjour, une indemnité de « *neuf francs* par jour. S'ils se transportent à *plus de* « *deux myriamètres*, l'indemnité sera de *douze francs* « par jour. » *(Art. 88 du Décret du 18 juin 1811.)*

« L'indemnité du greffier ou commis qui accompa- « gnera le juge ou l'officier du ministère public sera : « dans le premier cas, de *six francs* par jour ; dans le « second cas, de *huit francs* par jour. » *(Art. 89, Ibid.)*

L'indemnité accordée par ces articles est due dans tous les cas où les magistrats et les greffiers se transportent dans un lieu situé à plus de cinq kilomètres de la ville, siége du tribunal, où ils font leur résidence, quoique ce lieu dépende du territoire communal de la ville. Il en est autrement pour les autres parties prenantes, dont l'indemnité est fixée, à raison de la distance parcourue, par l'art. 90 du même Décret (1).

(1) *V.* Instruction du 30 septembre 1826, p. 91. — *Inf.*, n° 333.

Le juge de paix qui se déplace, dans le cas de l'art. 83 du Code d'instruction criminelle, a droit à l'indemnité accordée par l'art. 88 du Règlement, s'il parcourt les distances exprimées dans cet article (1).

D'après des circulaires du Ministre de la justice des 23 septembre 1812, 31 mai 1813 et 12 décembre 1820, l'indemnité de transport ne devait être accordée aux juges de paix qu'autant qu'ils agissaient comme délégués du juge d'instruction. Mais une circulaire du même Ministre, du 11 février 1824, de l'avis du comité de législation au conseil d'État, a décidé : 1° qu'il est dû une indemnité de transport aux juges de paix, dans le cas de l'art. 49 du Code d'instruction, c'est-à-dire quand ils procèdent comme auxiliaires du procureur de la République; 2° que les juges de paix et les officiers du ministère public ont droit, dans ce cas, de se faire accompagner d'un greffier, à qui est due l'indemnité fixée par l'art. 89 du Règlement.

Nous relèverons ici une erreur dans laquelle nous avons vu tomber quelques juges de paix pour la réclamation de leurs indemnités, en présentant un état distinct pour chaque voyage, quoiqu'ils eussent à s'en faire payer plusieurs en même temps : nous ferons remarquer que l'état-modèle a une colonne de numéros d'ordre, ce qui indique, de reste, que plusieurs transports peuvent figurer sur un même état (2).

Il y a économie de temps et de frais à ne pas multiplier ces états qui sont faits en double expédition, dont

(1) V. Instruction du 30 septembre 1826, p. 91.
(2) V. Inf., n° 355.

une sur papier timbré fourni, sans remboursement, par les parties prenantes.

Quelques remarques encore sont nécessaires.

1° Lorsque le juge de paix et le greffier se sont transportés ensemble, ils doivent rédiger collectivement leurs mémoires ; dans le cas de rédaction de mémoires individuels, il faut indiquer que tel a renoncé à l'indemnité, ou qu'il a été payé séparément (1).

2° Le juge de paix ne peut requérir ni décerner aucun exécutoire à raison des indemnités qui sont dues à lui-même ou à son greffier ; il faut que l'exécutoire soit requis par un officier du ministère public et décerné par le président du tribunal ou par le juge d'instruction (2).

Il faut donc que l'état de ces indemnités soit envoyé au parquet, où on le fait régulariser.

3° Les indemnités doivent être réclamées dans l'année du transport, à peine de déchéance (3).

4° Une circulaire du 24 novembre 1851 exige qu'il soit joint aux mémoires des magistrats un extrait du procès-verbal indiquant l'objet de leur transport et les opérations faites, et, dans le cas où ils auraient constaté *un suicide ou un accident*, que la cause de la mort était *inconnue et suspecte au moment du transport* (4).

333. « Il est accordé des indemnités aux témoins,

(1) *V.* Instruction du 30 septembre 1826, modèle 21.

(2) *V.* Modèle cité. — Art. 140 du Décret du 18 juin 1811. — Art. 3 de l'Ordonnance du 28 novembre 1838.

(3) *V.* art. 5 de l'Ordonnance précitée.

(4) Sinon, l'indemnité de transport ne serait pas due. *V. Sup.,* p. 273, note 2. — *Manuel des juges d'instruction,* n° 559.

« gardes champêtres et forestiers, lorsqu'ils sont obligés
« de se transporter à plus de deux kilomètres de leur
« résidence, soit dans le canton, soit au delà. » *[Art. 90
du Décret du 18 juin 1811.]*

Cet article a été modifié par l'art. 2, § 1, du Décret
du 7 avril 1813, en ce qui concerne les témoins, par
rapport aux distances qu'ils ont à parcourir pour avoir
droit au transport, et par l'art. 3 du même Décret, en
ce qui concerne les gardes champêtres et forestiers,
ainsi que relativement aux gendarmes, assimilés aux
témoins, comme ces gardes. *(V. inf.*, n° 342.)

Comme les distances se comptent du chef-lieu de
canton au chef-lieu de la commune où se fait l'instruction, ou réciproquement, il s'ensuit qu'il n'est dû aucune indemnité aux parties prenantes désignées dans
cet article qui ne sortent pas de la commune où elles
résident, quelle que soit la distance qu'elles aient parcourue dans cette commune (1).

Ainsi, un témoin demeurant à trois lieues, ou un
myriamètre et demi, du chef-lieu de canton, mais dans
la même commune où est situé ce chef-lieu, devrait
être taxé comme s'il ne s'était pas déplacé, et conformément aux art. 27 ou 28 du Décret du 18 juin 1811.

Il en serait de même pour ceux qui demeureraient
dans une autre commune, si, du chef-lieu de cette commune au chef-lieu du canton, il n'y avait pas plus d'un
myriamètre, quoique le témoin demeurât au-delà du
chef-lieu de sa commune et à plus d'un myriamètre du
chef-lieu du canton.

Au contraire, dans le cas où la distance du chef-lieu

(1) *V.* Instruction du 30 septembre 1826, p. 97.

de la commune du témoin au chef-lieu du canton serait de plus d'un myriamètre, le témoin serait taxé
suivant cette distance, bien qu'il demeurât à moins
d'un myriamètre du chef-lieu de canton.

La raison en est que le juge taxateur, comme ceux
qui sont chargés de vérifier les taxes, ne peuvent apprécier les distances qu'à l'aide de l'état dont il sera
parlé à l'art. 93 du Règlement, et que cet état ne donne
les distances que de chaque chef-lieu de canton, d'arrondissement et de département, à chaque chef-lieu de
commune, ou, comme on le dit vulgairement, de
clocher à clocher; que, hors de là, toutes les suppu-
tations seraient donc arbitraires (1).

334. « Cette indemnité est fixée par chaque myria-
« mètre parcouru en allant et en revenant, savoir... »
[Art. 91 du Décret du 18 juin 1811.]

Les dispositions de cet article ont été remplacées par
celles de l'art. 2 du Décret du 7 avril 1813, que nous
transcrirons plus bas, p. 401, 402.

« L'indemnité sera réglée par myriamètre et demi-
« myriamètre; les fractions de *huit* ou *neuf* kilomètres
« seront comptées pour un myriamètre, et celles de
« *trois* à *sept* kilomètres, pour un demi-myriamètre. »
[Art. 92, Ibid.]

La réduction des kilomètres en myriamètres ne doit

(1) En général, la distance doit être comptée non à partir du hameau ou village dans lequel les témoins résident, mais de la commune dont le hameau ou village fait partie, attendu que les indemnités fixées par myriamètres ne peuvent et ne doivent être réglées
que conformément au tableau des distances. S'il en était autrement,
on se jetterait dans des embarras inextricables, on donnerait lieu à
une multitude d'abus, et il n'y aurait pas moyen de vérifier les allocations. *V.* Décisions des 14 janvier 1820 et 19 juillet 1825.

pas se faire isolément, d'abord sur les kilomètres parcourus en allant, puis sur les kilomètres parcourus en revenant, mais sur les kilomètres *réunis, tant de l'aller que du retour*. Ainsi, soit la distance, du chef-lieu de commune au chef-lieu de canton, de un myriamètre trois kilomètres : on ne comptera pas un myriamètre et demi pour aller et autant pour le retour; mais, en additionnant le tout, on obtiendra vingt-six kilomètres, ou deux myriamètres six kilomètres, et l'on comptera deux myriamètres et demi (1).

On doit faire attention que, quand la distance du domicile du témoin au lieu où il est appelé n'excède pas un myriamètre, il n'est dû aucuns frais de voyage; mais il en est dû quand la distance excède un myriamètre, ne fût-ce que d'un kilomètre. La taxe alors doit indiquer d'une manière exacte cette distance, et toujours en se conformant au tableau des distances dressé en conformité de l'art. 93 ci-après du Règlement (2).

Y a-t-il lieu de compter les fractions de kilomètres? Non : le législateur n'a parlé que de celles du myriamètre. Les fractions de kilomètres devront uniquement servir à faire l'application des Règlements, qui n'accordent l'indemnité de voyage que lorsque l'on a parcouru plus de telle distance déterminée (3).

Ainsi, dans le cas où le tableau mentionnerait des fractions de kilomètres, celui qui aurait parcouru un myriamètre et un demi-kilomètre ou un quart de kilomètre, aurait droit à l'indemnité de transport, puis-

(1) *V.* Instruction du 2 novembre 1816 et instruction du 30 septembre 1826, p. 99.
(2) *V.* Instruction du 30 septembre 1826, p. 99.
(3) *V.* Décision du 29 janvier 1819.

qu'il aurait fait un trajet de plus d'un myriamètre.

Mais, si la distance était d'un myriamètre plus un kilomètre et demi, ce qui ferait, pour l'aller et le retour, deux myriamètres et trois kilomètres, comptant généralement pour deux myriamètres et demi, aux termes de notre art. 92, faudrait-il, comme cela ressort, à la rigueur, de la décision du 29 juin 1819, taxer seulement deux myriamètres, au lieu de deux myriamètres et demi, comme le justifierait le tableau ? Non, selon nous. Du moment qu'il est reconnu et vérifié que deux myriamètres et demi, ou l'équivalent légal, ont été parcourus ; que l'indemnité se règle par myriamètre et par demi-myriamètre ; que, si la loi n'a pas accordé de valeur aux fractions de kilomètres, elle a pris en considération les kilomètres complets ; qu'il faut cumuler l'aller et le retour, pour faire la taxe ; qu'ici on obtient, par le cumul, un myriamètre et trois kilomètres *entiers*; que, dès lors, par application de l'art. 92 du Règlement, il faudrait solder deux myriamètres et demi : nous estimons que c'est ainsi que, dans notre hypothèse, la taxe devrait être faite.

335. « Pour faciliter le règlement de cette indem
« nité, les préfets feront dresser un tableau des dis
« tances, en myriamètres et kilomètres, de chaque
« commune au chef-lieu de canton, au chef-lieu d'ar
« rondissement et au chef-lieu de département.

« Ce tableau sera déposé aux greffes des Cours, des
« tribunaux de première instance et des justices de
« paix : il sera transmis à notre ministre de la justice. »
(Art. 93 du Décret du 18 juin 1811.)

Le tableau des distances est obligatoire pour tous les magistrats, et il ne doit jamais être accordé plus de kilomètres ou de myriamètres parcourus que ne le porte ce tableau ; sauf, s'il y a des erreurs, à les indiquer aux officiers du ministère public, pour qu'ils en demandent la rectification (1).

336. « Lorsque les individus dénommés ci-dessus
« seront arrêtés dans le cours de leur voyage, par force
« majeure, ils recevront en indemnité pour chaque
« jour de séjour forcé, savoir : ceux de la deuxième
« classe (les témoins, gardes champêtres et forestiers,
« et gendarmes), *un franc cinquante centimes.*

« Ils seront tenus de faire constater par le juge de
« paix ou ses suppléants, ou par le maire, ou, à son
« défaut, par ses adjoints, la cause du séjour forcé en
« route, et d'en représenter le certificat à l'appui de
« leur demande en taxe. » *(Art. 95 du Décret du 18 juin
1811.)*

Cette indemnité est due, soit que le témoin ait été arrêté en se rendant de son domicile au lieu où se fait l'instruction, soit qu'il ait été arrêté à son retour. Mais une interruption de quelques heures dans le cours du voyage, et qui ne l'aurait pas nécessairement prolongé d'une journée, ne peut donner lieu à une indemnité de séjour en route.

Si le témoin ne représente pas le certificat, sa demande en taxe doit-elle être rejetée ? Nous le pensons : à moins que la cause du séjour forcé ne fût tellement notoire, qu'on ne pût la révoquer en doute ; et, dans ce cas, il faudrait qu'elle fût attestée dans la taxe.

Toute cause de séjour en route ne saurait motiver

_____
(1) *V.* Instruction du 2 novembre 1816. — Instruction du 30 septembre 1826, p. 99. — N° 355.

valablement l'allocation de l'indemnité : il faut qu'il y ait eu *force majeure*, telle que rupture de pont, inondation, et autres accidents de cette nature, relâches forcées de navires ou de bateaux, à bord desquels sont embarqués les témoins qui ont un trajet de mer à faire, etc. (1).

Le certificat dont parle l'art. 95 du Règlement est considéré comme pièce justificative de la dépense; il doit donc rester joint à la taxe, après avoir été visé par le juge.

Tous les témoins à qui il est dû des frais de voyage peuvent réclamer, s'il y a lieu, l'indemnité de séjour forcé en route; et l'indemnité est la même pour tous, quels que soient leur âge, leur sexe ou leur qualité, sauf ce qui est statué aux art. 31 et 97 du Règlement. Cette observation s'applique à l'art. 96 ci-après du Règlement.

337. « Si les mêmes individus, autres que les jurés, « huissiers, gardes champêtres et forestiers, sont obli-« gés de prolonger leur séjour dans la ville où se fera « l'instruction de la procédure, et qui ne sera point « celle de leur résidence, il leur sera alloué par chaque « jour de séjour, savoir : pour les témoins, à Paris, « *trois francs;* — dans les villes de quarante mille habi-« tants et au dessus, *deux francs;* — dans les autres « villes et communes, *un franc cinquante centimes.* » *(Art. 96 du Décret du 18 juin 1811.)*

D'après cet article, il n'est alloué aux témoins d'*indemnité de séjour* que lorsqu'ils sont obligés de prolonger leur séjour dans le lieu où ils ont été appelés.

(1) *V.* Circulaire du 10 janvier 1815.

L'indemnité n'est jamais accordée au témoin qui habite dans une commune dont le chef-lieu n'est pas à plus d'un myriamètre du chef-lieu de la commune où il doit déposer (1). Mais le témoin a droit à une taxe de comparution par chaque jour qu'il est retenu ou empêché de vaquer à ses affaires.

Toutes les fois que le témoin est entendu et qu'il peut recevoir sa taxe le jour même de sa comparution, à quelque heure que ce soit (2), il n'a droit à aucune indemnité de séjour. Cette indemnité ne peut être cumulée avec celle qui est allouée pour déposer ou accordée pour le jour de la déposition.

L'éloignement du domicile du témoin ne change rien à ce principe : car il reçoit des frais de voyage proportionnés au nombre de myriamètres qu'il a parcourus.

Cependant, s'il arrive que l'audition du témoin ne soit terminée que très-tard et après la clôture du bureau de l'Enregistrement, c'est-à-dire plus d'une heure après le coucher du soleil (3), comme il est forcé d'attendre au lendemain pour recevoir le montant de sa taxe, il peut être accordé un jour de séjour : mais il est indispensable d'énoncer dans la taxe la circonstance qui l'a motivée. Cette circonstance, au surplus, doit se présenter rarement ; et l'on remarquera que les explications que nous venons de donner sont pour le cas où le témoin est entendu dans le lieu où est placé le bureau de l'Enregistrement.

D'après l'article 3 du décret du 7 avril 1813, les

(1) *V.* art. 2 du Décret du 7 avril 1813.
(2) *V.* Observations sous les art. 26, 27 et 28 du Règlement.
(3) *V.* Observations précédentes sur les art. 26, 27 et 28 du Règlement, *sup.*, p. 369 et suiv.

dispositions de l'art. 96 ci-dessus sont applicables aux gendarmes, gardes champêtres et gardes forestiers, lorsqu'ils sont appelés en témoignage (1).

338. « La taxe des indemnités de voyage et de « séjour sera double pour les enfants mâles au-dessous « de quinze ans, et pour les filles au-dessous de vingt « et un ans, lorsqu'ils seront appelés en témoignage et « qu'ils seront accompagnés, dans leur route et séjour, « par leur *père*, *mère*, *tuteur* ou *curateur*, à la charge « par ceux-ci de justifier de leur qualité. » *(Art. 97 du Décret du 18 juin 1811.)*

Si les enfants mâles au-dessous de quinze ans et les filles au-dessous de vingt et un ans ne sont pas accompagnés par leur père, mère, tuteur ou curateur, *ou s'ils le sont par d'autres personnes*, il ne doit leur être accordé que les indemnités *simples* et ordinaires de voyage et de séjour.

Les femmes mariées ou veuves, quoique âgées de moins de vingt et un ans, n'ont pas droit à la double taxe.

La double taxe n'est due que dans le cas de voyage, c'est-à-dire de déplacement de plus d'un myriamètre, prévu par l'art. 2 du Décret du 7 avril 1813, non pour la simple comparution, au cas de l'art. 28 du Décret du 18 juin 1811.

Les magistrats doivent énoncer dans la taxe les nom, qualité ou profession des père, mère, tuteur ou curateur, et attester que ceux-ci ont fait la justification prescrite.

(1) *V.* Instruction du 2 novembre 1816. — Instruction du 30 septembre 1826, p. 103.

C'est au juge qui fait la taxe que la justification doit être fournie, d'une manière quelconque ; la loi s'en remet à sa prudence, et son attestation dans le mandat est suffisante pour motiver le paiement.

L'âge du témoin doit aussi être constaté dans la taxe, sans que l'on doive exiger la production de son acte de naissance, ce qui entraînerait des frais et des difficultés.

339. « Le mode de paiement des frais diffère sui-« vant leur nature et leur urgence ; il est réglé ainsi « qu'il suit » *(Art. 132 du Décret du 18 juin 1811) :*

« Les frais urgents seront acquittés sur simple taxe « et mandat du juge, mis au bas des réquisitions, « copies de convocation ou de citation, états ou mé-« moires des parties. » *(Art. 133, Ibid.)*

On peut ajouter à cette disposition que, lorsque les parties prenantes n'ont été appelées que par un simple avertissement, c'est au bas même de cet avertissement que doivent être apposés la taxe et le mandat.

En cas de flagrant délit, les témoins peuvent être entendus sans citation : s'ils comparaissaient même sans avertissement écrit, mais sur un simple avertissement verbal, et requéraient taxe, elle devrait leur être faite suivant le modèle donné au n° 352 ci-après ; sauf qu'on n'aurait pas de citation à relater, et qu'on devrait, au contraire, exprimer que le témoin a comparu sans citation, sur l'invitation du juge, l'information étant faite en cas de flagrant délit (1).

Le Ministre de la justice a décidé, le 10 novembre 1812,

(1) *V.* Circulaire du Ministre de la justice du 30 mai 1826. — N° 194.

que l'expression *du juge* de cet article ne doit pas
être prise dans l'acception rigoureuse du terme, et que
l'on peut, sans inconvénient, en étendre la disposition
aux officiers du ministère public (nous ajouterons :
aux officiers de police auxiliaires), qui, dans les
cas prévus par les art. 32, 33, 43, 44 du Code d'instruction criminelle, peuvent avoir à taxer des frais
urgents.

On doit joindre à la procédure ou un double des taxes,
ou des notes indiquant la nature et le montant des dépenses, lorsque ces dépenses doivent être portées plus
tard dans les états de liquidation de frais (1).

« Sont réputés frais urgents : 1° les indemnités des
« témoins et des jurés ; 2° toutes dépenses relatives à
« des fournitures ou opérations pour lesquelles les
« parties prenantes ne sont pas habituellement em-
« ployées ; 3° les frais d'extradition des prévenus,
« accusés ou condamnés. » *(Art. 134 du Décret du
18 juin 1811.)*

Selon M. Garnier-du-Bourgneuf, il faut mettre au
nombre des frais urgents : 1° les rétributions des interprètes et experts, et celles des gens qui facilitent
leurs opérations, quand ils ne sont pas domiciliés au
chef-lieu ; — 2° celles des fossoyeurs chargés d'une
exhumation ; — 3° les frais de visite des officiers de
santé et de salaire des particuliers pour avoir retiré des
cadavres de l'eau ; — 4° les indemnités des médecins
et chirurgiens employés accidentellement (2).

Cette solution est incontestable en ce qui concerne

---

(1) *V.* Instruction du 30 septembre 1826, p. 123.
(2) Garnier-du-Bourgneuf, *Appendice aux Codes criminels*, t. Ier,
p. 236.

les gens de travail ou de peine employés aux opérations (1). Pour le surplus, elle nous paraît au moins de difficile application.

Le garde des sceaux, dit M. Garnier-du-Bourgneuf (2), sur la question de savoir si les médecins et chirurgiens, accidentellement employés en vertu de l'art. 44 du Code d'instruction criminelle, peuvent être payés sur simple taxe du juge, a décidé, le 10 décembre 1814, que, le n° 2 de l'art. 134 du Règlement mettant au nombre des frais urgents les opérations pour lesquelles les parties prenantes ne sont pas habituellement employées, il y avait lieu de faire payer sur simple taxe les indemnités de cette espèce.

M. de Dalmas (3) indique cette marche comme pouvant être suivie dans des cas rares et exceptionnels ; il ajoute que l'on doit, en général, se conformer à la règle ordinaire, d'après laquelle les frais des médecins et chirurgiens sont acquittés sur mémoires.

Il nous semble que l'instruction du Ministre de la justice du 30 septembre 1826, sur la taxe des frais de justice criminelle, qui n'est elle-même que le résumé des instructions sur la matière, et qui n'en mentionne aucune sur notre question, rapporte, au moins implicitement par son silence, les décisions antérieures relativement aux experts, médecins, chirurgiens, sages-femmes et interprètes, puisqu'elle déclare qu'ils seront payés sur mémoires, sans distinction, et qu'elle fournit les modèles des états qu'ils doivent produire, aussi

(1) *V.* n° 327.
(2) *Appendice aux Codes criminels*, t. 1er, p. 196.
(3) *Commentaire du Décret du 18 juin 1811*, p. 36, 37.

sans distinction, pour se faire solder les indemnités qui leur sont dues (1).

Enfin, à l'appui de notre opinion, nous pouvons invoquer celle de M. Sudraud-Desisles (2), qui fait remarquer que les émoluments de ces sortes de parties prenantes sont considérés comme frais ordinaires.

Après tout, dès qu'il peut y avoir doute, et que les juges de paix ne se trouvent pas formellement dans l'obligation de taxer ces sortes de parties prenantes; que, d'un autre côté, ces taxes, qui engageraient leur responsabilité, sont sujettes à difficultés, et peuvent, dans tous les cas, être faites par le président du tribunal de l'arrondissement ou par le juge d'instruction (c'est ainsi que l'on procède journellement), nous estimons qu'il est prudent que les juges de paix s'en abstiennent.

Cependant il faut distinguer ce qui est dû aux médecins et autres pour leurs soins, visites ou opérations, de ce qui leur est dû pour fournitures qu'ils auraient faites durant leur mission et pour en atteindre le but. Ces fournitures, dont il est parlé à l'art. 19 du Règlement, doivent être classées parmi les frais urgents, et payées sur simple mandat du juge, mis au bas du mémoire (3). Nous avons vu retrancher de tels frais des états fournis par des médecins, sur le motif qu'ils ne devaient pas être payés comme frais ordinaires.

« Lorsqu'un témoin se trouvera hors d'état de fournir aux frais de son déplacement, il lui sera délivré

(1) *V.* Instruction du 30 septembre 1826, p. 39, et modèles nos 11, 12, 13, *Ibid.*

(2) *Notes d'un Juge d'instruction*, p. 109, 176.

(3) *V.* plus **bas**, no 348. — Ci-dessus, no 327.

« par le président de la Cour ou du tribunal de sa rési-
« dence, et, à son défaut, par le juge de paix, un
« mandat provisoire à compte de ce qui pourra lui
« revenir pour son indemnité.

« Le receveur de l'Enregistrement qui acquittera ce
« mandat fera mention de l'à-compte en marge ou au
« bas de la copie de la citation. » *(Art. 135 du Décret
du 18 juin 1811.)*

Ce mandat est rédigé conformément à la 7ᵉ taxe du
modèle nº 14 de l'instruction du 30 septembre 1826 (1).

La somme allouée à titre d'à-compte ne doit pas
excéder l'indemnité qui est due pour aller (2).

Au surplus, le mot *témoin* n'est pas limitatif, et le
bénéfice de l'art. 135 du Règlement pourrait être appliqué à un expert qui se trouverait dans le cas qu'il
prévoit.

« Dans le cas où l'instruction d'une procédure cri-
« minelle exigerait des dépenses extraordinaires et non
« prévues par le présent décret, elles ne pourront être
« faites qu'avec l'autorisation motivée de nos procu-
« reurs généraux... » *(Art. 135, Ibid.)*

Les art. 138 et 139 du Décret du 18 juin 1811 ont
été abrogés par l'art. 7 de l'ordonnance du 28 novembre 1838, et remplacés par l'art. 3 de cette ordonnance, ainsi conçu :

« Les frais réputés non urgents continueront à être
payés sur les états ou mémoires des parties prenantes ;
ils seront taxés article par article, soit par les présidents
et juges des cours et tribunaux, soit par les juges de

(1) *V.* nº 351. — *Inf.*, p. 411.
(2) *V.* Instruction du 30 septembre 1826, p. 123.

paix, et ils seront payables aussitôt qu'ils auront été revêtus de l'ordonnance du magistrat taxateur.

« Cette ordonnance sera toujours décernée sur le réquisitoire de l'officier du ministère public, qui devra préalablement procéder à la vérification des mémoires.

« La taxe de chaque article rappellera la disposition législative ou réglementaire sur laquelle elle sera fondée. »

On doit joindre à la procédure, pour faciliter la confection des états de frais, des notes indiquant la nature et le montant des dépenses qui ne sont point constatées par des pièces de l'instruction (1).

« Les formalités de la taxe et de l'exécutoire seront « remplies, sans frais, par les présidents, les juges « d'instruction et les juges de paix, chacun en ce qui « le concerne...

« L'exécutoire sera décerné sur les réquisitoires du « ministère public, lequel signera la minute de l'ordon- « nance. » *(Art. 140 du Décret du 18 juin 1811.)*

« Les juges qui auront décerné les mandats ou exé- « cutoires, et les officiers du ministère public qui y « auront apposé leur signature, seront responsables de « tout abus ou exagération dans les taxes, solidaire- « ment avec les parties prenantes, et sauf leur recours « contre elles. » *(Art. 141, Ibid.)*

« Les états ou mémoires seront rédigés de manière « que nos officiers de justice... puissent y apposer leurs « taxes, exécutoires, règlement et visa ; autrement « elles seront rejetées... » *(Art. 144, Ibid.)*

L'art. 145 du Décret du 18 juin est remplacé par

_____

(1) *V.* Instruction du 30 septembre 1826, p. 125.

l'art. 2 de l'ordonnance du 28 novembre 1838, ainsi conçu :

« Il ne sera plus fait que deux expéditions de chaque état ou mémoire des frais de justice non réputés urgents, l'une sur papier timbré, l'autre sur papier libre.

« Chacune de ces expéditions sera revêtue de la taxe et de l'exécutoire du juge.

« La première sera remise au receveur de l'Enregistrement, avec les pièces au soutien des articles susceptibles d'être ainsi justifiés.

« La seconde sera transmise à notre Ministre de la justice...

« Le prix du timbre, tant du mémoire que des pièces à l'appui, est à la charge de la partie prenante. »

« Les états ou mémoires qui ne s'élèveront pas à
« plus de dix francs ne seront point sujets à la formalité
« du timbre. » *(Art. 146 du Décret du 18 juin 1811.)*

« Aucun état ou mémoire, fait au nom de deux
« parties prenantes, ne sera rendu exécutoire, s'il n'est
« signé de chacune d'elles ; le paiement ne pourra être
« fait que sur leur acquit individuel, ou sur celui de
« la personne qu'elles auront autorisée spéciale-
« ment, et par écrit, à toucher le montant de l'état ou
« mémoire.

« Cette autorisation et l'acquit seront mis au bas de
« l'état, et ne donneront lieu à la perception d'aucun
« droit. » *(Art. 147, Ibid.)*

« Les états ou mémoires, qui comprendraient des
« dépenses autres que celles qui, d'après notre pré-
« sent décret, doivent être payées sur les fonds géné-
« raux de justice criminelle, seront rejetés de la taxe
« et du visa, sauf aux parties réclamantes à diviser

« leurs mémoires par nature de dépenses, pour le mon-
« tant en être acquitté par qui de droit. » *(Art. 148,
Ibid.)*

Les art. 149 et 152 du Décret du 18 juin 1811 sont
remplacés par l'art. 5 de l'ordonnance du 28 novembre 1838, conçu en ces termes :

« Les mémoires qui n'auront pas été présentés à la
« taxe du juge dans le délai d'une année à partir de
« l'époque à laquelle les frais auront été faits, ou dont
« le paiement n'aura pas été réclamé dans les six mois
« de leur date, ne pourront être acquittés qu'autant
« qu'il sera justifié que les retards ne sont point impu-
« tables à la partie dénommée dans l'exécutoire. »

« Cette justification ne pourra être admise que par
« notre Ministre de la justice, après avoir pris l'avis de
« nos procureurs généraux, s'il y a lieu. »

340. « Toutes les fois qu'il y aura partie civile en
« cause, et qu'elle n'aura pas justifié de son indigence
« dans la forme prescrite par l'art. 420 du Code d'ins-
« truction criminelle, les exécutoires pour les frais
« d'instruction, expédition et signification des juge-
« ments, pourront être donnés directement contre
« elle (1). » *(Art. 159 du Décret du 18 juin 1811.)*

L'art. 420 du Code d'instruction criminelle indique
comme pièces justificatives à produire : 1° un extrait
du rôle des contributions, constatant que la partie
paie moins de six francs, ou un certificat du percep-

---

(1) *V.* art. 158 et 1ᵉʳ du Décret du 18 juin 1811. — Instruction
du 30 septembre 1826, p. 131, 133 et 135. — Enfin, nos observations
sous les art. 26 et 27 du même Décret, en ce qui concerne les administrations, les communes et les établissements publics assimilés
aux parties civiles.

teur de sa commune, constatant qu'elle n'est point imposée ; 2° un certificat d'indigence à elle délivré par le maire de la commune de son domicile, ou par l'adjoint, visé par le sous-préfet, et approuvé par le préfet du département.

Dans le cas où la partie civile aurait fait les justifications prévues par notre article, les témoins sont taxés, et tous autres mandats sont décernés comme sur les poursuites d'office du ministère public ; mais alors il faut indiquer dans les taxes ou mandats qu'il y a partie civile en cause, et qu'elle a justifié de son indigence (1).

Il conviendrait même de désigner clairement la partie civile, parce que si, plus tard, elle devenait solvable, la régie de l'Enregistrement aurait à poursuivre contre elle le recouvrement des frais de la procédure (2).

« En matière de police simple ou correctionnelle, la « partie civile qui n'aura pas justifié de son indigence « sera tenue, avant toutes poursuites, de déposer au « greffe, ou entre les mains du receveur de l'Enregis- « trement, la somme présumée nécessaire pour les « frais de la procédure.

« Il ne sera exigé aucune rétribution pour la garde « de ce dépôt, à peine de concussion. » *(Art. 160 du Décret du 18 juin 1811.)*

Quand il y a consignation, toutes les taxes, tous les exécutoires pour le paiement des frais, doivent être décernés directement contre la partie, conformément à

---

(1) *V.* Ci-après les modèles de taxes et de mandats.
(2) *V.* Décision du Ministre de la justice du 2 avril 1817.

l'art. 159 du Règlement, et payés en son nom, par le greffier, sur les sommes consignées (1).

D'après le Règlement, la consignation de la partie civile pourrait être faite soit au greffe, soit entre les mains du receveur de l'Enregistrement; mais M. le garde des sceaux, ayant reconnu qu'une pareille alternative avait des inconvénients, a prescrit aux greffiers, par sa circulaire du 3 mai 1825, de recevoir, dans tous les cas, la somme dont la partie civile fait le dépôt.

Au surplus, la consignation doit être évaluée d'après le montant présumé de la totalité des frais dont la partie civile est responsable; s'il s'élève un débat à ce sujet entre cette partie et le ministère public, il faut en référer au tribunal, ou plutôt au juge d'instruction, pour qu'il fixe la somme qui doit être consignée (2).

« Dans les exécutoires décernés sur les caisses de « l'administration de l'Enregistrement, pour des frais « qui ne sont point à la charge de l'État, il sera fait « mention qu'il n'y a point de partie civile en cause, ou « que la partie civile a justifié de son indigence (3). » *(Art. 161 du Décret du 18 juin 1811.)*

A défaut de cette indication, les préposés de l'Enregistrement pourraient refuser d'acquitter les taxes, et s'ils avaient acquitté des taxes non dues, le magistrat qui les aurait délivrées en serait responsable.

341. « Toutes les fois que le Ministre de la justice

---

(1) *V.* Instruction du 30 septembre 1826, p. 137.— Plus bas, nos observations générales sur les taxes.

(2) *V.* Arr. cass. du 14 juillet 1831. — Circulaire du Ministre de la justice du 18 juillet 1832. — Loi du 17 juillet 1856.

(3) *V.* la note sous l'art. 159, dont les citations sont à consulter pour le cas de l'article 161.

« reconnaîtra que des sommes ont été indûment al-
« louées à titre de frais de justice criminelle, il en fera
« dresser des rôles de restitution, lesquels seront par
« lui déclarés exécutoires contre qui de droit, lors
« même que ces sommes se trouveront comprises dans
« des états déjà ordonnancés par lui, pourvu néan-
« moins qu'il ne se soit pas écoulé deux ans depuis la
« date de ses ordonnances (1). » *(Art. 172, Ibid.)*

342. *Le Décret du 7 avril 1813* ayant apporté à
celui du 18 juin 1811 quelques changements dans les
allocations des taxes de témoins, nous en transcrivons
les principales dispositions, celles qui sont relatives à
ces taxes.

« Il ne sera plus accordé de double taxe aux témoins,
« dans le cas prévu par l'art. 29 du Règlement du
« 18 juin 1811. » *(Art. 1er du Décret du 7 avril 1813.)*

« Les témoins qui ne seront pas domiciliés à plus
« d'un myriamètre du lieu où ils seront entendus,
« n'auront droit à aucune indemnité de voyage ; il ne
« pourra leur être alloué que la taxe fixée par les art. 27
« et 28 du Règlement.

« Ceux domiciliés à plus d'un myriamètre recevront
« pour indemnité de voyage, s'ils ne sortent point de
« leur arrondissement, *un franc* par myriamètre par-
« couru en allant, et autant pour le retour (2).

« S'ils sont appelés hors de leur arrondissement,
« cette indemnité sera d'*un franc cinquante centimes.*

---

(1) *V.* art. 173 et suiv. du Décret du 18 juin 1811, — et l'art. 141 du
même Décret, transcrit plus haut, n° 339.

(2) *V.* art. 92 du Règlement, et nos observations sur cet article,
n° 334.

« Dans les deux derniers cas, la taxe fixée par les
« art. 27 et 28 sus-énoncés ne sera point allouée, sans
« néanmoins rien innover à l'art. 30 dudit Règlement,
« relatif aux frais de séjour. » *(Art. 2, Ibid.)*

« Il n'est dû aucuns frais de voyage aux gardes cham-
« pêtres ou forestiers, tant pour la remise qu'ils sont
« tenus de faire de leurs procès-verbaux, conformé-
« ment aux art. 18 et 20 du Code d'instruction crimi-
« nelle, que pour la conduite des personnes par eux
« arrêtées devant l'autorité compétente.

« Mais, lorsque ces gardes seront appelés en justice,
« soit pour être entendus comme témoins, lorsqu'ils
« n'auront point dressé de procès-verbaux, soit pour
« donner des explications sur les faits contenus dans
« les procès-verbaux qu'ils auront dressés, ils auront
« droit aux mêmes taxes que les témoins ordinaires.

« Il en sera de même des gendarmes. » *(Art. 3, Ibid.)*

« L'augmentation de taxe accordée par l'art. 94 du
« Règlement, pour frais de voyage pendant les mois
« de novembre, décembre, janvier et février, est éga-
« lement supprimée, tant pour les témoins que pour
« les autres parties prenantes désignées dans l'art. 92. »
(Art. 4, Ibid.)

343. Après avoir exposé et expliqué la théorie de
cette matière, nous devons donner des modèles de
rédaction qui aideront à saisir les principes et à les
mettre en pratique.

Modèle de réquisition pour translation de prévenus.
(Voy. art. 6 du Décret du 18 juin 1811, ci-dessus,
page 364.)

Nous   , juge de paix du canton de   , arrondissement de   , département de   ,

Vu les art. 4, 5 et 6 du Décret du 18 juin 1811 ;

Vu le certificat ci-annexé de M.   , médecin *(ou officier de santé)*, demeurant à   , en date du   , attestant que N   , prévenu de   , est dans l'impossibilité de se rendre à pied à   , où il doit être conduit par la gendarmerie, devant M. le procureur de la République, en vertu de   *(ou devant M. le juge d'instruction, en vertu de mandat d'amener, ou de dépôt, du   , régulièrement notifié)*,

Requérons M. le maire de la commune de   , de pourvoir à la translation dudit N   , par tous moyens de transport et au prix le plus modéré qu'il sera possible.

A   , le   .

    Sceau.   *Signature.*

Le juge de paix ou le maire indiquera, au pied de la réquisition, le prix convenu avec le voiturier ou avec la personne qui devra opérer la translation, et à qui cette réquisition est remise, pour y faire établir la taxe de paiement.

344. *Modèle de réquisition pour transport de pièces.* (*V.* art. 9 du Règlement ci-dessus, p. 365.)

Nous   , juge de paix du canton de   , etc.,

Vu l'art. 9 du Décret du 18 juin 1811,

Requérons N   , voiturier *(ou commissionnaire de transports)*, demeurant à   , de transporter au greffe du tribunal de première instance séant à   , une caisse, un ballot, un paquet ficelé, du poids de   kilogrammes, marqué des lettres *(ou portant l'empreinte de notre sceau)*, et contenant tels objets…, saisis dans l'affaire de N   , prévenu de   ,

Moyennant la somme de   *(en lettres)*, prix convenu avec ledit voiturier *(ou moyennant le prix de son*

*marché, si l'on s'adresse à un entrepreneur de trans-
ports).*

A   , le   .

     Sceau.   *Signature.*

345. *Modèle de taxe* (n° 3 de l'instruction du 30 septembre 1826), *pour transport de prévenus, ou de
pièces de conviction, par toute autre voie que celles des
convois militaires, des messageries nationales ou des
voitures publiques.*

Nous   , etc.,

Avons taxé à N   , sur sa réquisition, en vertu de
l'art. 6 *(ou de l'art. 9)* du Règlement du 18 juin 1811,
la somme de   , pour avoir transporté le prévenu *(ou
les objets)* désigné dans la réquisition ci-dessus ;

Et, attendu qu'il n'y a pas de partie civile en cause
(ou qu'elle a justifié de son indigence), ordonnons que
ladite somme sera payée sur les fonds généraux des
frais de justice criminelle, par le receveur de l'Enregistrement au bureau de

Ledit N a déclaré savoir   *(ou ne savoir, ou ne pouvoir)* signer.

A   , le   .

     Sceau.   *Signature.*

On doit joindre à cette taxe, quand il y a lieu, le certificat de l'officier de santé constatant la nécessité des moyens de transport.
V. art. 5 du Règlement du 18 juin 1811, ci-dessus, p. 364.

346. *Modèle de mandat pour fourniture de souliers
à un prévenu. (V.* nos observations sous l'art. 5 du
Décret du 18 juin 1811, ci-dessus, p. 364.)

Nous   , juge de paix du canton de   , arrondissement de   , département de   ,

Vu l'art. 133 du Décret du 18 juin 1811 ;

Vu la décision du Ministre de la justice du 4 novembre 1820 ;

Attendu que N   , prévenu de   , qui a dû être transféré de   à   , se serait trouvé dans l'impossibilité de faire la route à pied, à défaut de chaussure ;

Avons fait fournir audit prévenu une paire de souliers, par N   , cordonnier, demeurant à   , moyennant la somme de   *(en lettres)*; et attendu qu'il n'y a pas de partie civile en cause *(ou que la partie civile a justifié de son indigence)* ordonnons que ladite somme soit payée audit N   , comme frais urgents de justice criminelle, par le receveur de l'Enregistrement au bureau de   .

Ledit N   a dit savoir *(ou ne savoir)* signer.

A   , le   .

Sceau.   *Signature.*

347. *Modèle de mandat pour faire payer aux gendarmes la somme présumée nécessaire pour les frais relatifs à la translation des prévenus. (V.* art. 12 du Règlement, ci-dessus, p. 366. — Instruction du 30 septembre 1826, modèle n° 5.)

Nous   , etc.,

Vu l'art. 12 du Règlement du 18 juin 1811 ;

Attendu qu'il n'y a pas de partie civile en cause *(ou que la partie civile a justifié de son indigence)*,

Mandons au receveur de l'Enregistrement établi à   , de payer à   , gendarme, la somme de   , pour faire l'avance des frais que nécessitera la translation de N , prévenu de , et conduit à , devant..., en vertu de .

A , le .

Sceau. *Signature.*

Le receveur de l'enregistrement fera mention du paiement de ce mandat, sur l'ordre de transport remis au gendarme.

348. *Modèle de mandat pour frais d'exhumation de cadavre. (V.* Instruction du 30 septembre 1826, modèle nº 10. — *Sup.,* p. 367.)

Nous , etc.,

Avons taxé à N *(sa profession)*, en vertu de l'art. 20 du Décret du 18 juin 1811, la somme de , conformément au tarif du *(ou conformément à l'usage de la commune de*), pour *(indiquer l'opération) ;*

Et attendu qu'il n'y a pas de partie civile en cause *(ou que la partie civile a justifié de son indigence)*, ordonnons que ladite somme sera payée sur les fonds généraux de justice criminelle, par le receveur de l'Enregistrement au bureau de

Ledit N a déclaré savoir *(ou ne savoir, ou ne pouvoir)* signer.

A , le .

Sceau. *Signature.*

Dans nos observations sous l'article 20 du Règlement, nous avons dit que ce cas pouvait servir d'exemple. On citerait, suivant l'occasion, les articles 133 et 134 du Règlement du 18 juin 1811. *V.* ci-dessus, p. 367.

S'il s'agissait d'une taxe de frais urgents, à mettre au pied d'un réquisitoire ou d'un mémoire, on pourrait la faire ainsi :

Nous, etc., faisons taxe à N , de la somme de , pour l'opération ci-dessus.

Attendu qu'il n'y a pas de partie civile en cause (*ou qu'elle a justifié de son indigence*), nous ordonnons que cette somme soit payée sur les fonds généraux des frais de justice criminelle, par le receveur de l'Enregistrement au bureau de

Le sieur N   a déclaré savoir (*ou ne savoir, ou ne pouvoir*) signer.

A   , le

Sceau.   *Signature.*

349. *Modèle de réquisition pour mettre des animaux en fourrière.*

Nous, etc.,

En vertu des art. 37 et 39 du Décret du 18 juin 1811,

Requérons N   , aubergiste, demeurant à   , de recevoir en fourrière, moyennant indemnité, qui sera ultérieurement allouée, un cheval (*signalement de l'animal et de ses harnais*), saisi dans l'affaire de N   , prévenu de   ; de garder, nourrir et soigner ledit cheval jusqu'à nouvel ordre, pour le représenter à toutes réquisitions de justice.

A   , le   .

Sceau.   *Signature.*

L'habitude qu'ont les juges de paix d'apposer les scellés nous dispensera de donner un modèle de procès-verbal pour cette opération.

Nous ne donnerons pas non plus de modèles de taxes pour les gardiens de scellés ou d'objets mis en fourrière, parce que les mémoires des gardiens ne sont pas taxés par les juges de paix, mais par le président du tribunal et sur réquisitoire du ministère public. *V*. Instruction du 30 septembre 1826, modèle n° 15.

350. *Modèle de taxe pour les médecins, chirurgiens, officiers de santé, experts, interprètes et sages-femmes, appelés à raison de leurs déclarations, visites ou rapports. (V. art. 25 du Règlement, ci-dessus, p. 368. —*

Instruction du 30 septembre 1826, Modèle n° 13. —
Pour un cas exeptionnel, *V. sup.*, p. 369.)

Taxé, sur sa réquisition, à N   *(profession)*, demeurant à,   , appelé à comparaître à l'effet de   ,
la somme de   , pour   jour , en vertu des articles 25 et 27 *(ou 28)* du Règlement du 18 juin 1811
*(et, suivant le cas, de l'art. 2, § 1er, du Décret du 7 avril
1813);*

Et , attendu qu'il n'y a pas de partie civile en cause
(ou qu'elle a justifié de son indigence), ordonnons que
ladite somme soit payée sur les fonds généraux des frais
de justice criminelle , par le receveur de l'Enregistrement au bureau de
   A   , le   .

Le juge de paix.

Les médecins, chirurgiens, etc., appelés au cas de l'article 25 du
Règlement, ayant droit à toutes les indemnités qui peuvent être
dues aux témoins ordinaires, la taxe doit toujours être faite d'après
le présent modèle, mais en ajoutant, suivant les circonstances, ce
qui est indiqué aux 2e, 3e, 4e taxes du modèle n° 14, cité ci-après.

351. *Taxes des témoins. (V.* art. 26 et suivants du
Règlement, ci-dessus. — Instruction du 30 septembre
1826, modèle n° 14.)

PREMIÈRE TAXE. — *Témoin du sexe masculin entendu
dans le lieu de sa résidence, ou dont la résidence n'est
pas éloignée de plus d'un myriamètre du lieu où il a
été entendu.*

Taxé, sur sa réquisition, à N   *(indiquer la qualité
ou profession)*, témoin entendu dans la procédure dirigée à l'occasion de   *(désigner, d'une manière spéciale, l'espèce du crime ou du délit)*, la somme de

(en lettres) pour   *(nombre)* jour   , en vertu de l'art. 27 du Règlement du 18 juin 1811 *(et, suivant le cas, de l'art. 2 , § 1ᵉʳ, du Décret du 7 avril 1813. — S'il s'agit de gardes champêtres, gardes forestiers ou gendarmes , il faut ajouter l'art. 3, § 2 ou 3, du même Décret, rapporté plus haut, p. 401, 402.)*

Et, attendu que le témoin ne reçoit aucun traitement à raison d'un service public, et qu'il n'y a pas de partie civile en cause *(ou qu'elle a justifié de son indigence)*, ordonnons que ladite somme sera payée sur les fonds généraux des frais de justice criminelle, par le receveur de l'Enregistrement au bureau de   .

Ledit témoin a déclaré savoir *(ou ne savoir, ou ne pouvoir)* signer.

A   , le   .

Le juge de paix.

DEUXIÈME TAXE. — *Témoin du sexe féminin, ou enfant de l'un ou de l'autre sexe, au-dessous de quinze ans, entendu dans le lieu de sa résidence, ou dont la résidence n'est pas éloignée de plus d'un myriamètre du lieu où il a été entendu.*

Taxé, sur sa réquisition, à N   , domicilié à   , témoin entendu dans la procédure dirigée à l'occasion de   *(spécifier le crime ou le délit)* , la somme de   *(en lettres)*, pour   *(nombre)* jour   , en vertu de l'art. 28 du Règlement du 18 juin 1811 *(et, suivant le cas, de l'article 2, § 1ᵉʳ, du Décret du 7 avril 1813)* ;

Et, attendu qu'il n'y a pas de partie civile en cause *(ou qu'elle a justifié de son indigence)*, ordonnons , etc.

(Le reste comme à la première taxe.)

TROISIÈME TAXE. — *Témoin qui s'est transporté à plus*

d'un myriamètre de sa résidence, mais dans son arron-dissement.

Taxé, sur sa réquisition, à N *(qualité ou profession)*, domicilié à , commune de *(ou au chef-lieu de la commune de , en cet arrondissement)*, témoin entendu dans la procédure suivie à l'occasion de *(spécifier le crime ou le délit)*, la somme de , pour *(nombre)* myriamètre parcouru , en vertu de l'art. 2 du Décret du 7 avril 1813;

Et, attendu qu'il n'y a pas de partie civile en cause *(ou qu'elle a justifié de son indigence)*, ordonnons, etc.

(Le reste comme à la première taxe.)

Lorsqu'il y a lieu d'accorder des indemnités de séjour, la taxe doit être motivée ainsi : Taxé, etc., la somme de , savoir : » fr. » cent., pour *(nombre)* myriamètres parcourus, en vertu de l'article 2, § 2, du Décret du 7 avril 1813 ; — » fr. » cent., pour *(nombre)* jours de séjour forcé en route, constaté par le certificat ci-joint, conformément à l'art. 95, n° 2, du Décret du 18 juin 1811 ; — et » fr. » cent. pour *(nombre)* jours à , où l'instruction a eu lieu, conformément à l'art. 96, n° 2, du même Règlement.

S'il s'agit de gardes champêtres, gardes forestiers ou gendarmes, il faut ajouter aux articles précédents l'art. 3, § 2 ou 3, du Décret du 7 avril 1813.

Le décompte doit en outre être porté en marge de la taxe, comme nous l'avons dit plus haut, p. 372.

QUATRIÈME TAXE. — *Témoin qui s'est transporté à plus d'un myriamètre de sa résidence, hors de son arrondissement.*

Taxé, sur sa réquisition, à N *(qualité ou profession)*, domicilié *(ou résidant)* à , commune de , *(ou au chef-lieu de la commune de)* , arrondissement de , etc. — *(Le reste comme dans la troisième taxe, en citant et appliquant l'art. 2, § 3, du Décret du 7 avril 1813. — Supra, p. 401.)*

N. B. — Il est fort rare que les juges de paix aient à entendre des

témoins appelés d'un autre arrondissement et à appliquer cette taxe
Cependant cela pourrait arriver, notamment par suite d'une commission rogatoire qui comprendrait des témoins résidant en un canton limitrophe de celui du juge de paix, dans un autre arrondissement.

CINQUIÈME TAXE.—*Enfant mâle au-dessous de quinze,
et fille au-dessous de vingt et un ans, lorsqu'ils se
transportent à plus d'un myriamètre de leur résidence,
et qu'ils sont accompagnés.*

Taxé, sur leur réquisition, à N   , domicilié à   ,
témoin *(âge et sexe)* entendu dans la procédure dirigée
à l'occasion de   *(spécifier le crime ou le délit)*, et à
N   *(désigner la qualité de père, mère, tuteur ou
curateur du témoin)*, qui l'a accompagné, etc.

*(Le reste comme aux première et troisième taxes,
en citant de plus l'art. 97 du Règlement du 18 juin
1811.)*

SIXIÈME TAXE. — *Militaires en activité de service.*

Taxé, sur sa réquisition, à N   , soldat *(ou son
grade)* au *(numéro)* régiment de   *(désigner l'arme)*,
en garnison *(ou en cantonnement)* à   , témoin entendu dans la procédure dirigée à l'occasion de   *(spécifier le crime ou le délit)*, la somme de   *(en lettres)*
pour *(nombre)* jour de séjour forcé, en vertu des art. 31
et 96, n° 2, du Règlement du 18 juin 1811.

Et, attendu qu'il n'y a pas de partie civile, etc.

(Le reste comme à la première taxe.)

SEPTIÈME TAXE. — *Taxe ou mandat qu'on peut délivrer, en vertu de l'art. 135 du Règlement du 18 juin
1811 (V. ci-dessus, p. 394), au témoin qui se trouve
hors d'état de fournir aux frais de son déplacement.*

Nous   , juge de paix, etc.,

Vu la copie de citation délivrée à N   , pour comparaître en témoignage, par-devant la Cour *(ou le tribunal, ou le juge d'instruction)* de   , arrondissement de   , département de   ;

Vu le certificat ci-joint délivré par le maire de la commune de   , constatant l'impossibilité où se trouve le témoin de fournir aux frais de son déplacement ;

Vu l'art. 135 du Décret du 18 juin 1811,

Mandons au receveur de l'Enregistrement établi à   de payer audit N   la somme de   *(en lettres).*

A   , le   .

    Sceau.   *Signature.*

352. *Taxe pour un témoin qui a perdu sa copie de citation (ou entendu* sans citation, *V.* Remarque, p. 391).

Nous   , juge de paix, etc.,

Vu l'exploit de N   , huissier, du   , enregistré à   , le   , duquel il résulte que N   , profession de   , demeurant à   , en ce canton, a été assigné à la requête de M. le procureur de la République de   , conformément à notre cédule du   , à l'effet de comparaître devant nous ce jour, pour déposer dans la procédure dirigée à l'occasion de   ;

Attendu que N   a comparu et a fait sa déposition ;

Attendu que ledit N   a perdu la copie de citation qui lui a été donnée aux fins ci-dessus, ce qui nous met dans l'impossibilité de lui taxer sur cette copie d'assignation, conformément au Règlement, l'indemnité à laquelle il a droit,

Avons, par le présent mandat, taxé, sur sa réquisition, audit N   , la somme de   , pour, etc.

(Le reste comme aux taxes du numéro précédent.)

Cette taxe doit être établie sur une demi-feuille de papier, de la dimension de 200 millimètres de largeur sur 265 de hauteur, suivant le format adopté pour les copies de citation par M. le Garde des sceaux. *(V.* Circ. du Ministre de la justice de 1824.*)*

OBSERVATIONS GÉNÉRALES.

L'article 159 du Règlement du 18 juin 1811, rapporté plus haut, p. 398, veut que, dans le cas où il y aurait en cause une partie civile qui n'aurait pas justifié de son indigence, les exécutoires pour les frais d'instruction puissent être donnés directement contre elle.

La taxe alors peut être établie au pied des réquisitions, mémoires ou citations, d'une manière plus simple, et en ces termes :

« Taxé, sur sa réquisition, à N   , profession de   , demeu-
» rant à   , la somme de   , à payer par N   , partie civile, de-
» meurant à   ; *(ou simplement :* Taxé au témoin, sur sa réquisi-
» tion, la somme de   ). »

A   , le   .

Le juge de paix.

Si la partie civile a consigné, cette taxe sera payée, en son nom, par le greffier, sur les sommes déposées : la taxe l'indiquera. *V.* art. 160 du Règlement.— Instruction du 30 septembre 1826, p. 137. — *Sup.,* p. 400.

Nous avons dit ailleurs que les sommes à taxer sont les mêmes, quelle que soit la partie qui paie. *V.* n° 321.

Les mandats et les taxes détachés peuvent être écrits sur papier libre.

Enfin, il faut observer que la partie civile n'est obligée à aucune consignation, *en matière criminelle* proprement dite, c'est-à-dire lorsque le fait qui donne lieu à l'instruction est un *crime.* —*V. sup.,* p. 399.

353. Tarif des taxes de témoins.

ARTICLES (portant fixation de taxe) DU DÉCRET DU		DÉSIGNATION DES TÉMOINS et CAUSES DES TAXES.	MONTANT DES TAXES		
18 juin 1811	7 avril 1813		à Paris.	dans des villes de 40,000 âmes et au dessus	dans les autres villes et communes
			fr. c.	fr. c.	fr. c.
		PREMIÈRE TAXE. — *Témoin du sexe masculin, entendu dans le lieu de sa résidence, ou dont la résidence n'est pas éloignée de plus d'un myriamètre du lieu où il est entendu :*			
27	2 § 1	Pour chaque jour que le témoin a été détourné de son travail ou de ses affaires.			
25, 27	Idem.	Médecins, chirurgiens, experts, entendus comme témoins.	2 "	1 50	1 "
27	2 § 1 ; 3 § 2 ou 3	Gendarmes, gardes champêtres et forestiers, *idem.*			
		DEUXIÈME TAXE. — *Témoin du sexe féminin, ou enfant de l'un ou de l'autre sexe au-dessous de 15 ans :*			
28	2 § 1	Pour chaque jour.	1 25	1 "	" 75
25, 28	Idem.	Sages-femmes, *idem.*			
		TROISIÈME TAXE. — *Témoin de l'un ou de l'autre sexe qui s'est transporté à plus d'un myriamètre, mais dans son arrondissement.* — *Agents de police, en cas de transport :* (V. instruct. du 30 sept. 1826, p. 166.)			
"	2 § 2	Par chaque myriamètre parcouru en allant et en revenant.			
25	Idem.	*Id.* Médecins, chirurgiens, experts, interprètes, sages-femmes.	1 "	1 "	1 "
"	2 § 2 ; 3 § 2 ou 3	*Id.* Gendarmes, gardes champêtres et forestiers.			
95, n. 2	"	Témoins, pour chaque jour de séjour forcé en route.			
25, 95, n. 2	"	Médecins, etc., *idem.*	1 50	1 50	1 50
95, n. 2	3 § 2 ou 3	Gendarmes, gardes, *idem.*			
96, n. 2	"	Témoins, pour chaque jour de séjour dans la ville où se fait l'instruction, et qui n'est pas celle de leur résidence. . .			
25, 96, n. 2	"	Médecins, etc., *idem.*	3 "	2 "	1 50
96, n. 2.	2 § 2 ou 3	Gendarmes, gardes, *idem.*			
		QUATRIÈME TAXE. — *Cas de transport hors de l'arrondissement :* (V. sup., p. 410.)			
"	2 § 3	Par chaque myriamètre parcouru en allant et en revenant.	1 50	1 50	1 50
		CINQUIÈME TAXE. — *Enfant mâle au-dessous de 15 ans, fille au-dessous de 21 ans, lorsqu'ils se transportent à plus d'un myriamètre de leur résidence accompagnés de leur père, mère, tuteur ou curateur :*			
97	2 § 2	Par chaque myriamètre parcouru dans leur arrondissement.	2 "	2 "	2 "
95, n. 2, 97	"	Par chaque jour de séjour forcé en route.	3 "	3 "	3 "
96, n. 2, 97	"	Par chaque jour de séjour dans la ville où se fait l'instruction.	6 "	4 "	3 "
		SIXIÈME TAXE. — *Militaires en activité de service :* Pour chaque jour de séjour forcé hors de leur garnison ou cantonnement, savoir:			
31, 96, n. 2	"	Aux officiers de tout grade.	3 "	2 "	1 50
Idem.	"	Aux sous-officiers et soldats.	1 50	1 "	" 75

354. *TABLEAU des distances des communes du canton d   au chef-lieu dudit canton, conforme à l'état dressé pour le département d   , par M. le Préfet, en exécution de l'art. 93 du Décret du 18 juin 1811.*

NOMS DES COMMUNES.	DISTANCE DES COMMUNES au chef-lieu de canton.		TAXE pour CHAQUE COMMUNE.	
	MYR.	KIL.	FR.	C.

Nous laissons ce tableau en blanc pour que chaque juge de paix puisse y établir les communes de son canton, avec les distances de ces communes au chef-lieu, et la taxe de transport à allouer aux témoins. Ainsi rempli, ce tableau servira usuellement de régulateur.

On n'oubliera pas qu'il n'est dû des indemnités de voyage qu'aux témoins qui habitent les communes éloignées du chef-lieu de canton de plus d'un myriamètre. *V.* plus haut, p. 383, 384, 401.

555.

FRAIS DE JUSTICE CRIMINELLE.

Mois d —— 18 .

MODÈLE 21, ART. 88, 89 DU DÉCRET DU 18 JUIN 1811.

MÉMOIRE des indemnités de transport dues à N , juge de paix
du canton d , arrondissement d , département
d , et à N , greffier de la même justice de paix.

Nos D'ORDRE.	DATES des articles des lois, décrets, ordonnances ou délégations, en vertu desquels le transport a eu lieu.	CAUSES DU TRANSPORT et désignation des opérations (V. sup., n° 382, p. 382.)	LIEU du TRANS-PORT.	DATE ET DURÉE du transport.	DISTANCE du lieu du transport.	PRIX FIXÉ par le règlement, articles		SOMMES DUES AU		TOTAL.
								juge de paix.	greffier.	
				jours	myr. kil.	88. fr. c.	89. fr. c.	fr. c.	fr. c.	fr. c.
							TOTAUX.			

Nous, soussignés, certifions véritable le présent mémoire.

A , le

Signature du greffier.   Signature du juge de paix.

N. B. — Lorsque le juge de paix et le greffier se sont transportés ensemble, ils doivent rédiger collectivement leur mémoire.
Dans le cas contraire, il est nécessaire d'indiquer que tel a renoncé à la taxe, ou qu'il a été payé séparément.

APPENDICE.

§ I. DIVISION DES CRIMES ET DES DÉLITS PRÉVUS ET PUNIS PAR LE CODE PÉNAL MODIFIÉ, LIVRE III, ET ANALYSE SYNOPTIQUE DE CE LIVRE.

TITRE PREMIER.

Crimes et Délits contre la chose publique.

CHAPITRE PREMIER. — *Crimes et Délits contre la sûreté de l'État.*

CRIMES.

Port d'armes contre la France. — Machinations, intelligences et correspondances avec l'étranger ou l'ennemi, pour attirer des hostilités, livrer une portion du territoire, une place..., favoriser l'ennemi. — Communication à l'ennemi ou à l'étranger des secrets de l'État, de plans..., par des fonctionnaires, agents ou préposés du gouvernement, ou par tous autres *qui se seraient procuré les plans par de mauvaises voies.* — Recel d'espions. — Provocation de guerre contre l'État, ou de représailles contre des particuliers, par des actes hostiles non approuvés du gouvernement. (Art. 75 à 85.)

Attentats et complots dirigés contre le chef de l'État. (Art. 86 à 90.)

Crimes tendant à troubler l'État par la guerre civile, l'illégal emploi de la force armée, la dévastation et le pillage public. (Art. 91 à 101.)

Provocation aux crimes ci-dessus. (Art. 102 remplacé par les art. 1 à 7 de la loi du 17 mai 1819.)

DÉLITS.

Livraison à l'ennemi ou à l'étranger de plans, par des *particuliers* qui les auraient entre les mains, *sans emploi de mauvaises voies pour se les procurer.* (Art. 82, §§ 2 et 3.)

Offense commise publiquement envers la personne du chef de l'État. (Art. 86, § 3.)

CHAPITRE II. — *Crimes et Délits contre la Constitution.*

Entraves au libre exercice des votes *par suite d'un plan concerté pour être exécuté dans plusieurs localités.* (Art. 110.)

Falsification, addition, soustraction de bulletins, *par ceux qui sont chargés du dépouillement d'un scrutin.* (Art. 111.)

Entraves au libre exercice des votes *sans circonstances aggravantes.* (Art. 109.)

Falsification de scrutin, *par de simples particuliers.* (Art. 112.)

Achat et vente de suffrages. (Art. 113.)

27

CRIMES.	DÉLITS.
Attentats à la liberté individuelle, aux droits civiques des citoyens, par des fonctionnaires, agents ou préposés du gouvernement. (Art. 114 à 122.)	Détention d'un citoyen dans une maison d'arrêt, de dépôt, de justice ou de peine, sans mandat, jugement ou ordre du gouvernement. — Refus de représentation du prisonnier ou d'exhibition des registres. (Art. 120.)
Coalition de fonctionnaires, soit contre l'exécution des lois ou ordres du gouvernement, soit contre la sûreté de l'État, soit pour donner des démissions qui entraveraient ou suspendraient l'administration de la justice ou un service quelconque. (Art. 124 à 126.)	Concert de mesures contraires aux lois, par des individus ou corps dépositaires de l'autorité publique. (Art. 123.)
Empiétements des autorités administrative ou judiciaire sur le pouvoir législatif; ou de l'ordre judiciaire envers l'administration, et réciproquement. (Art. 127 à 130.)	Jugement, par des magistrats de l'ordre judiciaire, d'une affaire revendiquée par l'administration, avant la décision de l'autorité supérieure. (Art. 128.) Même fait de la part d'administrateurs, à l'égard d'une affaire judiciaire. (Art. 131.)

CHAPITRE III. — *Crimes et Délits contre la paix publique.*

Fausse monnaie par contrefaçon, altération de pièces françaises ou étrangères ayant cours légal en France, émission, exposition ou introduction en France de monnaie contrefaite ou altérée. (Art. 132, 133, 138.)	Coloration de monnaies françaises ou étrangères dans le but de tromper sur la nature du métal; — émission ou introduction en France des monnaies ainsi coloriées. (Art. 134.) Usage d'une pièce reçue comme bonne, vérifiée et reconnue fausse avant l'usage. (Art. 135.)
Contrefaçon des sceaux de l'État, de billets de banque, des effets publics, de poinçons, timbres et marques. (Art. 139, 140, 141.)	Contrefaçon de marques de l'État, de sceaux, marques ou timbres d'une autorité, — de timbres-poste, — ou usage des marques, sceaux ou timbres falsifiés. (Art. 142.) Usage frauduleux et préjudiciable à l'Etat, de vrais sceaux, timbres ou marques indiqués dans l'art. 142. (Art. 143.)
Faux en écritures publiques ou authentiques, de commerce ou de banque; — en écritures privées. — Usage fait sciemment de la pièce fausse. (Art. 145 à 151.) Faux certificats, *préjudiciables au Trésor ou à des tiers.* (Art. 162.)	Faux certificats, *sans intention de nuire.* (Art. 159 à 161.) Fabrication d'un faux passeport ou d'un faux permis de chasse, — ou altération d'un passeport ou permis de chasse originairement véritable; — usage de la pièce fausse ou falsifiée. (Art. 149, 153.) Passeport ou permis de chasse pris sous des noms supposés, et complicité, ou usage de ces pièces. (Art. 154.)

CRIMES.

Délivrance faite *sciemment*, par un fonctionnaire public, d'une feuille de route, *sous un nom supposé, pour léser le Trésor*, si la somme à recevoir est de cent francs et au delà. (Art. 158.)

Soustractions commises par des dépositaires publics, dans des limites déterminées. (Art. 169, 170.)

Soustraction, suppression ou destruction de titres ou actes par des juges, administrateurs, fonctionnaires ou officiers publics, agents ou préposés du gouvernement, ou commis des dépositaires publics. (Art. 173.)

Concussion par des fonctionnaires publics, quand la somme exigée ou reçue excède trois cents francs. (Art. 174.)

Corruption des fonctionnaires publics, des préposés des administrations publiques, des arbitres et experts. — Peines contre ceux-ci et contre les corrupteurs. (Art. 177 à 183.)

Abus d'autorité contre des particuliers. — Violences sans motifs légitimes, *suivant la gravité.* (Art. 186 à 198.)

Abus d'autorité contre la chose publique. (Art. 188 à 191.)

Seconde récidive de célébration religieuse d'un mariage, avant l'acte civil. (Art. 200.)

Discours pastoral public, séditieux et *suivi d'effet.* (Art. 202, 203.)

DÉLITS.

Délivrance par un officier public d'un passeport à un inconnu, sans attestation de deux témoins. (Art. 155.)

Logeurs omettant d'inscrire sur leurs registres les personnes logées ou les inscrivant sciemment sous des noms faux ou supposés. (Art. 154, § 3.)

Fabrication d'une fausse feuille de route, ou altération d'une feuille de route véritable, pour tromper la surveillance publique, ou pour recevoir du Trésor une somme qu'il ne doit pas. (Art. 156, 157.)

Soustraction, par un comptable public, de valeurs au-dessous de 3,000 francs, ou *des fixations de l'art. 170.* (Art. 171.)

Concussion par des commis ou préposés des fonctionnaires publics, — ou par les fonctionnaires eux-mêmes, si la somme exigée ou reçue n'excède pas 300 francs. (Art. 174.)

Délits des fonctionnaires qui se seraient ingérés dans des affaires ou commerces incompatibles avec leur qualité. (Art. 175, 176.)

Tentative de corruption non suivie d'effet. (Art. 179.)

Violation de domicile. (Art. 184.)

Déni de justice. (Art. 185.)

Violences sans motifs légitimes envers des particuliers, par des fonctionnaires, officiers publics, agents du gouvernement, dans l'exercice de leurs fonctions. (Art. 186 à 198.)

Violation du secret des lettres. (Art. 187.)

Tenue irrégulière des actes de l'état civil, et inexécution de la loi, relativement à ces actes. (Art. 192 à 195.)

Exercice de l'autorité publique illégalement anticipé ou prolongé. (Art. 196, 197.)

Célébration religieuse d'un mariage avant l'acte civil, et première récidive de ce délit. (Art. 199, 200.)

Discours pastoral public séditieux, et *non suivi d'effet.* (Art. 202.)

CRIMES.	DÉLITS.
Critiques, censures ou provocations dirigées contre l'autorité publique, dans un *écrit pastoral*. (Art. 204, 206.)	*Discours pastoral public* contenant la critique ou la censure des actes du gouvernement, d'une loi, d'un décret ou d'un acte de l'autorité publique. (Art. 201.)
Correspondance non autorisée des ministres des cultes, avec les cours ou puissances étrangères, sur des questions ou matières religieuses, *accompagnée d'autres faits contraires aux lois ou décrets*. (Art. 208.)	Correspondance non autorisée des ministres des cultes, avec les cours et puissances étrangères, sur des questions ou matières religieuses. (Art. 207.)
Rébellion *par trois personnes armées, ou plus, jusqu'à vingt ; — ou dans les hospices et prisons par ceux qui y sont admis ou détenus*. (Art. 209, 210, 211, 213 à 221.)	Rébellion *sans armes*, ou *par moins de trois personnes, avec armes*. (Art. 209, 212, 218.)
Provocation à la rébellion. (Art. 217, abrogé, et remplacé par la loi du 17 mai 1819.)	Outrages par paroles, gestes ou menaces, envers les magistrats de l'ordre judiciaire ou administratif, les jurés, les agents ministériels et les dépositaires de la force publique. (Art. 222 à 227.)
Voies de fait à l'audience d'une cour ou d'un tribunal, envers un magistrat, dans l'exercice ou à l'occasion de l'exercice de ses fonctions. (Art. 228, 229.)	Voies de fait envers un magistrat, dans l'exercice ou à l'occasion de l'exercice de ses fonctions ; envers un officier ministériel, un agent de la force publique, ou un citoyen chargé d'un service public, dans l'exercice ou à l'occasion de l'exercice de leur ministère. (Art. 228, 229, 230.)
Violences envers les magistrats, officiers ministériels, agents de la force publique, citoyens chargés d'un service public, dans l'exercice ou à l'occasion de l'exercice de leurs fonctions, *suivies d'effusion de sang, de la mort, ou exercées avec intention de donner la mort*. (Art. 231, 233.)	Refus d'un service légalement dû. (Art. 234 à 236.)
	Évasion de détenus prévenus *de délits* ou *de crimes simplement infamants*, même avec violence et bris de prison. (Art. 238, 241, 246, 247.)
Évasion favorisée de détenus *passibles de peines afflictives* ou *perpétuelles, ou de la peine de mort, avec violence et bris de prison, — en fournissant des armes, — en corrompant les gardiens*. (Art. 239, 244, 246.)	Recel de criminels par d'autres que leurs ascendants ou descendants, époux, frères ou sœurs, ou alliés aux mêmes degrés. (Art. 248.)
	Bris de scellés, *par suite de la négligence du gardien*. (Art. 249, 250.)
Bris de scellés *avec violence*. (Art. 256.)	Bris de scellés *apposés sur les papiers d'un prévenu de crime*. (Art. 251.)
	Bris de scellés *en général*. (Art. 252.)
Soustraction de pièces dans les greffes, archives et dépôts publics. (Art. 256.)	Soustraction de pièces... par suite de la négligence du gardien. (Art. 254.)
	Dégradation de monuments publics. (Art. 257.)
	Usurpation de titres ou fonctions. (Art. 258.)
Violences envers un ministre d'un culte *dans l'exercice de ses fonctions*. (Art. 263, 264.)	Entraves apportées au libre exercice des cultes ; — outrages envers les objets d'un culte, *dans le lieu de*

CRIMES.

Associations de malfaiteurs. (Art. 265 à 268.)

Violences exercées envers les personnes par les vagabonds ou mendiants, avec les circonstances mentionnées en l'art. 277. (Art. 279, § 2.)

DÉLITS.

sa *célébration*, ou envers des ministres des cultes, *dans l'exercice de leurs fonctions*. (Art. 260, 262, 264.)

Violences simples exercées contre les personnes par les vagabonds et mendiants. (Art. 279, § 1.)

Vagabondage. (Art. 269 à 273, 277, 278, 281, 282.)

Mendicité. (Art. 274 à 278, 281, 282.)

Délits commis par la voie d'écrits, images ou gravures sans nom d'auteurs, imprimeurs ou graveurs. (Art. 283 à 289.)

Délits des crieurs ou afficheurs de ces écrits, etc. (Art. 290 abrogé, et remplacé par la loi du 10 décembre 1830.)

Associations ou réunions de plus de vingt personnes non autorisées; — provocations aux crimes ou délits qui s'y commettraient; — logement fourni, sans autorisation de l'autorité, à une réunion ou association même autorisée. (Art. 291 à 294. — Loi du 10 avril 1834.)

TITRE II.

Crimes et Délits contre les particuliers.

CHAPITRE PREMIER. — *Crimes et Délits contre les personnes.*

Meurtre ou *homicide volontaire*. (Art. 295, 304.)

Assassinat ou *meurtre commis avec préméditation ou de guet-apens*. (Art. 296, 302.)

Parricide ou *meurtre des ascendants*. (Art. 299, 302.)

Infanticide ou *meurtre d'un enfant nouveau-né*. (Art. 300, 302.)

Empoisonnement. (Art. 301, 302.)

Tortures et barbaries exercées par des malfaiteurs, pour commettre des crimes. (Art. 303.)

Coups ou blessures volontaires suivis de mutilation, amputation ou privation de l'usage d'un membre, perte d'un œil ou autres infirmités permanentes, — ou ayant occasionné la mort, *sans intention de la donner*. (Art. 309, 310.)

Violences et blessures envers des ascendants. (Art. 312.)

Violences et blessures par des réunions séditieuses. (Art. 313.)

Castration. (Art. 316.)

Avortement. (Art. 317.)

Homicide *involontaire*, par maladresse, imprudence, inattention, ou inobservation des règlements. (Art. 319.)

Menaces d'attentats contre les personnes, écrites ou verbales, avec ou sans ordres ou conditions. (Art. 305, 306, 307.)

Coups ou blessures volontaires ayant occasionné une maladie ou incapacité de travail de plus de vingt jours. (Art. 309, 310.)

Coups et blessures simples. (Art. 311.) — Blessures par imprudence. (Art. 320.) — Maladie occasionnée en administrant des substances nuisibles. (Art. 317.)

Débit de boissons falsifiées. (Art. 318.)

Vente et port d'armes prohibées. (Art. 314.)

CRIMES.

Attentat à la pudeur, sans violence, *sur un enfant de moins de treize ans.* (Art. 331, § 1.) — Par un ascendant sur un mineur de plus de treize ans, non émancipé par mariage. (Art. 305, § 2.)

Viol. (Art. 332.)

Attentats à la pudeur *avec violence.* (Art. 332.)

Attentats à la pudeur, par des ascendants ou par des personnes ayant autorité sur la victime de l'attentat, — par des serviteurs, — par des fonctionnaires ou ministres d'un culte. (Art. 333.)

Bigamie. — Connivence de l'officier public qui a célébré le second mariage, connaissant l'existence du premier. (Art. 340.)

Arrestation illégale et séquestration de personnes. (Art. 341, 342.)

Même crime à l'aide de faux costumes, faux noms ou faux ordres ; — avec menaces de mort. (Art. 344.)

Enlèvement, recélé, suppression, substitution, ou supposition ou refus de représentation d'un enfant. (Art. 345.)

Exposition d'un enfant, s'il a été mutilé ou s'il a péri. (Art. 351.)

Rapt ou *enlèvement* ou *détournement de mineur.* (Art. 354, 356.)

Faux témoignage en matière criminelle, ou en matière correctionnelle avec dons ou promesses. — Subornation de témoins, suivie de déposition. (Art. 361 à 364.)

DÉLITS.

Outrage public à la pudeur. (Art. 330.)

Attentat aux mœurs, en excitant, facilitant ou favorisant habituellement la débauche ou la corruption de la jeunesse. (Art. 334, 335.)

Adultère. (Art. 336 à 339.)

Arrestation illégale, *si la séquestration n'a duré que dix jours, et a cessé avant toutes poursuites.* (Art. 343.)

Défaut de déclaration d'un accouchement par les assistants. (Art. 346.)

Défaut de remise d'un enfant trouvé, à l'officier de l'état civil. — Exception. (Art. 347.)

Dépôt, dans un hospice, d'un enfant au-dessous de sept ans, dont on s'était chargé. (Art. 348.)

Exposition d'un enfant au-dessous de sept ans, dans un lieu solitaire, et suites. (Art. 349 à 351.)

Exposition dans un lieu non solitaire. (Art. 352, 353.)

Rapt, si le ravisseur a moins de vingt et un ans. (Art. 356.)

Inhumation avant autorisation. (Art. 358.)

Recel de cadavre. (Art. 359.)

Violation de tombeaux et sépultures. (Art. 360.)

Faux témoignage en matière correctionnelle, sans dons ou promesses, — en matière de simple police, — ou en matière civile. (Art. 362, 363, 365.)

Faux serment en matière civile. (Art. 366.)

Calomnies, injures. (Art. 367 à 377, abrogés par les lois des 17 mai 1819 et 25 mars 1822.)

Violation de secret. (Art. 378.)

CHAPITRE. II. — *Crimes et Délits contre les propriétés.*

Vols *qualifiés,* c'est-à-dire commis avec des circonstances aggravantes. (Art. 381 à 386.)

Vols dans les champs, dans les ventes de bois, dans les carrières, dans les étangs... (Art. 388.)

CRIMES.

Extorsion de signatures, obligations ou décharges, par violence ou contrainte. (Art. 400, § 1.)

Banqueroute *frauduleuse;* — complicité. (Art. 402, 403.)

Faillite des agents de change et courtiers. (Art. 404.)

Abus d'un blanc-seing *non confié.* (Art. 407, § 2.)

Abus de confiance par un domestique, élève, clerc, commis, apprenti ouvrier, compagnon, ou par un officier public ou ministériel. (Art. 408, § 2.)

Crimes des fournisseurs. (Art. 432.)

Incendie *volontaire* sur diverses sortes de propriétés. (Art. 434.)

Destruction d'immeubles, navires, bateaux, par l'effet d'une mine. (Art. 435.)

DÉLITS.

Vols au moyen de déplacement de bornes. (Art. 389.)

Vols *simples,* c'est-à-dire sans circonstances aggravantes.— Larcins et filouteries. (Art. 401.)

Extorsion de fonds, de signatures, obligations ou décharges, à l'aide de la menace écrite ou verbale de révélations ou d'imputations diffamatoires. (Art. 400, § 2.)

Destruction ou détournement d'objets saisis, par le saisi, gardien ou non à la saisie. — Recel des objets détournés. — Connivence des conjoints, ascendants ou descendants. (Art. 400.)

Altération de vins ou autres liquides, de la part des bateliers, voituriers ou leurs préposés, *par le mélange de substances malfaisantes ou non malfaisantes.* (Art. 387, §§ 1, 3.)

Contrefaçon et altération de clefs. (Art. 399.)

Banqueroute *simple.* (Art. 402.)

Escroqueries. (Art. 405.)

Abus d'un blanc-seing *confié.* (Art. 407.)

Abus de confiance à l'égard d'un mineur. (Art. 406.)

Détournement ou dissipation de valeurs, ou objets confiés à titre de mandat, de dépôt, de louage, de nantissement ou de prêt à usage. (Art. 408.)

Soustraction de titres produits dans une contestation judiciaire. (Art. 409.)

Contraventions aux règlements sur la police des maisons de jeu, les loteries et les maisons de prêt sur gages. (Art. 410, 411.)

Entraves apportées à la liberté des enchères. (Art. 412.)

Communication des secrets de fabrique. (Art. 418.)

Violation des règlements relatifs aux manufactures, au commerce et aux arts. (Art. 413 à 429.)

Délits des fournisseurs. (Art. 433.)

Incendie par *imprudence* ou *inobservation des règlements.* (Art. 458.)

Menaces écrites ou verbales d'incendie. (Art. 306, 307, 436.)

Opposition par voies de fait à la confection de travaux autorisés par le gouvernement. (Art. 438.)

Brûlement ou destruction de *papiers privés.* (Art. 438.)

CRIMES.

Destruction d'édifices ou constructions que l'on sait appartenir à autrui. (Art. 437.)

Brûlement ou destruction d'*actes de l'autorité publique, d'effets de commerce ou de banque.* (Art. 439.)

Pillage ou dégât de denrées, marchandises, effets ou propriétés mobilières, *commis en réunions ou bandes, et à force ouverte.* (Art. 440, 442.)

DÉLITS.

Destruction de marchandises, de matières de fabrication, par des liqueurs corrosives. (Art. 443.)

Dévastation de récoltes sur pied, ou de plants. (Art. 444.)

Abatis ou mutilation d'arbres. — Destruction de greffes. (Art. 445 à 448.)

Section de grains ou fourrages, — de blés en vert. (Art. 449, 450.)

Rupture, destruction d'instruments d'agriculture, de parcs de bestiaux, de cabanes de gardiens. (Art. 451.)

Destruction de chevaux, bêtes de monture ou de charge, bestiaux, poissons dans les étangs, animaux domestiques. (Art. 452 à 455.)

Destruction de fossés, de clôtures. (Art. 456.)

Inondation causée par le propriétaire d'un moulin, d'une usine, d'un étang, à défaut d'observation des règlements. (Art. 457.)

Contravention des propriétaires ou gardiens de troupeaux infectés de maladies contagieuses. (Art. 459 à 461.)

§ II. ARTICLES DU CODE D'INSTRUCTION CRIMINELLE *auxquels les juges de paix ont particulièrement à recourir comme officiers de police judiciaire.*

TABLE SOMMAIRE

DES CHAPITRES.

───

CHAPITRE Iᵉʳ. — *Observations générales et préliminaires.*

CHAPITRE III. — *Avis des Crimes ou Délits à donner au Procureur de la République.*

CHAPITRE IV. — *Des Dénonciations et des Plaintes.*

CHAPITRE V. — *Du flagrant Délit.*

CHAPITRE VI. — *De l'Information sur flagrant délit.*

CHAPITRE VII. — *De l'Interrogatoire.*

CHAPITRE XI. — *Des Preuves par écrit et des Piéces de conviction.*

CHAPITRE XII. — *De la Taxe et du Paiement des Frais de justice criminelle.*

TABLE

ALPHABÉTIQUE ET ANALYTIQUE.

A

qu'après décision civile, à raison de la nature du délit, **33.**—Elle peut être suspendue par des questions préjudicielles, *Ib.* — La réparation du dommage civil n'éteint pas l'action publique, **35.**— Intentée sur une plainte, elle ne peut être suspendue ni arrêtée par le plaignant, *Ib.*—Exceptions à cette dernière règle, au cas d'adultère, et dans les affaires intéressant les administrations des Douanes et des Contributions indirectes, *Ib.* — Contre qui peut-elle être exercée? **32.** — Comment elle s'éteint, **36.** — Elle subsiste contre les complices, bien que l'auteur principal en soit affranchi, **19, 36.** — Toutes les fois qu'il y a lieu à l'action publique, il y a lieu à recherches, à constatation et vérification des faits, **42** et suiv.

ADJOINT. V. *Maire.*

AFFAIRES CRIMINELLES s'expédient même les jours fériés, **321.**

AFFIRMATION des dénonciations et des plaintes est-elle exigible ? **120.**

AGE des prévenus atténue ou aggrave le crime ou délit, **17.**—Constitutif de circonstances atténuantes, il n'empêche pas les poursuites, *Ib.*; — dans ce cas, il doit, autant que possible, être constaté par la représentation de l'acte de naissance, **251.** — L'âge des prévenus doit être mentionné dans les interrogatoires, *Ib.*;— celui des témoins doit être énoncé dans les informations, **245, 336**; — il peut faire élever leur taxe, **390, 414.** — Quel âge doit avoir la personne appelée à remplacer un greffier, **99.**

AGENTS *diplomatiques.* **V.** *Ambassadeurs.*

AGENTS *du Gouvernement* peuvent être poursuivis et frappés de mandats sans autorisation préalable, **33.**

AGENTS *de la force publique.* Quels sont-ils ? **61.** — Le juge de paix s'en fait escorter en cas de flagrant délit, **138,** — et de levée de corps, **282.** — Utilité de les entendre comme témoins, en cas de flagrant délit, **239.** — Peuvent être chargés de l'exécution des mandats, **90, 157, 158, 160,** — de la remise des avertissements à donner aux experts, **144, 145,**—et aux témoins, en cas de flagrant délit, **239,** — de faire, sans émolument, les citations de témoins, **138, 322.** — Ils sont taxés comme les autres témoins, quand ils sont appelés à déposer, **414.** — **V.** *Gardes, Gendarmerie.*

AGENTS *de police* peuvent être employés à faire des notifications, **322.** — Cités en témoignage, ils reçoivent la taxe des témoins ordinaires, **414.**

ALIMENTS à fournir aux prévenus transférés, **366.**

ALLIANCE, ALLIÉS. V. *Parenté.*

AMBASSADEURS, ni les fonctionnaires de leur suite, ne sont sujets à l'action publique, **32.** — Leur domicile est impénétrable, *Ib.*

AMENDE encourue peut, d'après sa quotité, faire qualifier le fait contravention ou délit, **3.** — Amende dont le greffier est passible en cas d'inobservation des formalités prescrites pour les informations, **348** ;—qu'encourent les témoins qui ne satisfont pas à la citation, **328, 330, 331** ; — prononcée contre les manœuvriers qui refusent leurs services requis, en cas de flagrant délit, **144** ; —encourue par les personnes qui s'éloignent malgré les défenses du juge, **156.** — Ce que doit faire en ces divers cas le juge de paix, *Ib.*

AUTORISATION nécessaire en certains cas pour poursuivre les auteurs de crimes ou délits, 32. V. *Action publique, Femme, Mineur.*

AUTORITÉ. V. *Abus.*

AVERTISSEMENT suffit pour appeler les experts, médecins, etc., et les témoins, en cas de flagrant délit, 144, 239. — Forme dans laquelle il doit être donné, 144. — Comment il est transmis, *Ib.* — En cas de besoin, il est remplacé par une citation ou sommation, 144, 239.

AVEU ne doit pas être extorqué, 252 et suiv. — Il doit être explicite et détaillé, 254. — Soins à donner à sa rédaction, 254, 255. — Il ne dispense pas de rechercher des preuves, 207, 254.

AVIS des contraventions, à qui doit-il être donné par le juge de paix? 48. — Avis des crimes et délits doit être donné au procureur de la République, 47, 100. — Il doit être instantané, 100, 136. — Comment on peut le faire parvenir, et en accélérer l'envoi, 101. — Ce qu'il doit contenir, 102, 103. — Il doit faire l'objet d'une lettre spéciale, 104. — L'avis donné ne dispense pas d'agir, 104, 138. — Toute personne informée d'un crime ou d'un délit est tenue d'en donner avis sur-le-champ au procureur de la République, 107. — Le juge de paix peut recevoir cet avis, sauf transmission au procureur de la République, 53 et suiv.

AVOCAT, AVOUÉ peut-il être cité comme témoin, et est-il tenu de déposer contre son client? 317.

AVORTEMENT. Définition de ce crime, et procédure à suivre pour le constater, 202.

B

BANDES. Définition légale, *p.* 190. — Les chefs de bandes subissent une aggravation de peine, 20, 190. — On se rend complice en donnant sciemment asile à des bandes de malfaiteurs, 13.

BATELIERS. Leur qualité est une circonstance aggravante, lorsqu'ils volent des objets qui leur sont confiés, 20. — Il en est de même de leurs préposés, *Ib.*

BATONS. Quand sont-ils considérés comme armes? 25.

BIBLIOTHÈQUES PUBLIQUES sont assimilées aux dépôts publics, 23. — Les vols qui y sont commis sont qualifiés crimes, *Ib.*

BIGAME peut être innocenté, s'il prouve sa bonne foi, 22. — La présomption de bonne foi n'empêche pas les poursuites, *Ib.* — La bigamie n'est pas un délit successif, 37.

BLESSURES. Définition et espèces, 193. — Même involontaires, elles sont un délit, 15. — Cas d'excuses, 15, 16, 23, 193. — Cas d'aggravation, 21, 191. — Elles se constatent de la même manière que les morts violentes, 142, 192, 297. — Procédure de constat, 191. — Examen des blessures trouvées sur un cadavre, 297 et suiv.

BONNE FOI n'est pas une excuse, en général, 14. — Elle excuse en certains cas, 13, 14, 19, 20, 21. — Elle n'excuse pas en cas de contravention aux lois fiscales, etc., 14.

C

CABANES DE GARDIENS étant assimilées à des maisons habitées, les vols qui y sont commis peuvent être qualifiés crimes, *p.* 24, 25.

D

E

F

G

GARDE NATIONALE. V. *Force publique.*

GARDES champêtres et forestiers font partie de la force publique, p. 61. — Ils peuvent être employés à donner des citations, 321, — à porter des avertissements, 143 ; — ils n'ont droit alors à aucune rétribution, 322. — Ils peuvent être employés à la notification et à la mise à exécution des mandats, 90, 157, 160. — Entendus en témoignage, ils ont droit à la taxe comme les autres témoins, bien qu'ils soient agents salariés, 377, 402, 414.

GARDIEN DE SCELLÉS. V. *Scellés.*

GENDARMERIE fait partie de la force publique, 61. — Droit et mode de la requérir, *Ib.* — Elle est tenue de fournir une estafette ou ordonnance, dans les cas urgents, 101. — Elle peut être chargée du transport des pièces de conviction, 365. — Les gendarmes peuvent donner des citations, notifier et mettre à exécution les mandats, 90, 138, 157, 160, 322 ; — ils n'ont droit à aucun salaire pour les significations et notifications qu'ils sont chargés de faire, 138, 322 ; — on ne doit les employer à ce service qu'en cas de nécessité, 322 ; — cas où ils doivent y être employés, de préférence aux huissiers, 138, 322. — Les gendarmes, appelés en témoignage, ont toujours droit à la taxe des témoins, s'ils la requièrent, 377, 402, 414. — Avant de faire citer un gendarme comme témoin, on doit en prévenir son chef immédiat, 320. — Avances que peuvent réclamer les gendarmes chargés de conduire en voiture des prévenus, 366, 405.

GENS DE L'ART. Cas où l'on en doit appeler, 141. V. *Experts, Médecins, Officiers de santé.*

GENS DE SERVICE A GAGES. Leur condition est une circonstance aggravante du vol, 19.

GREFFIER, doit-il assister le juge de paix dans tous ses actes? 96 et suiv. — Son concours est indispensable aux cas de constat de corps de délit, d'information et d'interrogatoire, 138, 249, 258, 333. — Quand et comment il peut être remplacé, 98. — Lorsqu'il se déplace avec le juge de paix, il a droit à une indemnité, 97, 98. — Les indemnités du juge et du greffier sont payées sur la production d'un état ou mémoire commun, 397, 416. — Le greffier écrit gratuitement les taxes des témoins, 370. — La partie civile, obligée de consigner les frais, en dépose le montant évalué entre les mains du greffier, 399, 400. — Dans ce cas, les exécutoires sont délivrés contre la partie civile, et payables par le greffier, 412, 413.

GUET-APENS. Définition, 21. — Il est une circonstance aggravante, aux cas de coups et blessures, et d'homicide, *Ib.*

H

HABITATION. V. *Maison.*

HOMICIDE. Diverses qualifications qu'il reçoit, p. 194, 421. — Observations sur ce crime, et procédure à suivre pour le constater, 194 et suiv.

doit sur-le-champ donner avis au procureur de la République, 150. — Dans certains cas, on doit suspendre les opérations jusqu'à son arrivée, ou jusqu'à réception d'une délégation de sa part, 136, 151. — Il donne ou transmet des commissions rogatoires aux juges de paix, qui sont tenus de les exécuter, 88, 310. — Il peut commettre les juges de paix pour toutes sortes d'opérations, 89, 358. — Peut-il leur déléguer le droit de décerner des mandats ? 89. — Il ne peut commettre directement les juges de paix d'un autre arrondissement, 92 ; — exception, au cas de flagrant délit, 149, 269. — Il doit être consulté, en cas de difficulté pour l'exécution de ses commissions rogatoires, 320. — En cas d'excuse fausse produite par un témoin, il doit en être référé au juge d'instruction, qui peut seul donner le mandat de dépôt, et prononcer la peine, 91, 325, 327. — Dans ce cas, le seul juge d'instruction compétent est celui de l'arrondissement du juge de paix, 327, 328. — À quel juge d'instruction doivent être renvoyées la commission rogatoire transmise et les pièces d'exécution, 354, 356. — L'envoi et le retour des commissions se fait directement, ou par l'intermédiaire du procureur de la République, 354 — V. *Procureur de la République.*

JUSTICE est distincte de la police, 40 et suiv.

L

LARCIN est une variété du vol, *p.* 190.

LECTURE des procès-verbaux doit être donnée avant la signature, 232 ; — il en est de même pour les déclarations et dépositions de témoins, 245, 343, 344, — pour les interrogatoires, 258, — pour les dénonciations et les plaintes, 118, 130.

LÉGITIME DÉFENSE. V. *Défense.*

LETTRES du juge de paix au procureur de la République doivent être spéciales, 104. — Les lettres concernant un prévenu peuvent être saisies à la poste, 173.

LEVÉES DE CORPS. Compétence des juges de paix, 60. V. *Cadavre.*

LIEU où a été commis un crime ou un délit peut être une circonstance aggravante, 23 et suiv. — L'état du lieu où un crime ou délit a été commis doit être constaté et décrit, 165. — Le juge de paix a le droit de retenir les personnes trouvées sur les lieux où il opère, 155, 239 ; — voies coercitives à cet effet, *Ib.* — Moyens du juge de paix pour maintenir l'ordre dans le lieu de ses opérations, 96.

LOIS pénales et d'instruction criminelle, leur objet, 1. — Les lois seules peuvent établir des peines, *Ib.* — Quand les lois pénales sont-elles obligatoires ? 2. — Comment elles doivent être entendues et appliquées, 3. — On ne peut être poursuivi pour des faits qu'aucune loi antérieure n'aurait commandés ou défendus, 2, 3. — On ne peut être puni que de peines légales, 2. — Les lois de compétence et d'instruction s'appliquent aux faits antérieurs, sans effet rétroactif, *Ib.* — Le Code pénal, qui contient le droit commun, ne renferme point toutes les lois pénales, 9. — Les lois pénales françaises atteignent les Français en pays étrangers, 32, 34. — Elles s'appliquent aux étrangers résidant en France , 32. — Il faut toujours se reporter au texte de la loi pénale applicable, quand on constate un crime ou un délit, 174.

M

les prévenus à transférer, 364. — Peut-on appeler indifféremment des docteurs en médecine ou en chirurgie et de simples
officiers de santé? 142. — De quelle manière ils sont convoqués,
143. — Sont-ils tenus d'obtempérer à la réquisition? 145. — Ils
prêtent serment avant d'opérer, 147. — Il est inutile que leur
opération soit précédée d'une ordonnance spéciale, *Ib.* — Ils
opèrent en présence du juge, 148, 289, 291. — Des observations
à leur adresser, 219. — En cas de contrariété d'avis, on appelle
un tiers, 147. — En quel nombre, en général, doivent-ils être
appelés? 141. — Ils dictent leur rapport au greffier, ou le rédigent
.séparément pour être annexé au procès-verbal du juge, 217, 291 ;
— dans ce dernier cas, on doit mentionner au procès-verbal le
résultat succinct des opérations médico-légales, 218. — En tout
cas, les médecins signent le procès-verbal du juge, 222. — Ils
ne sont pas taxés par le juge de paix, pour les honoraires de
leurs opérations, 364, 368, 392. — Mention à établir sur les
réquisitions et au procès-verbal, pour servir de base à la taxe,
143, 368. — Le juge de paix taxe leurs fournitures, 394. — Appelés en témoignage, ils sont assimilés aux autres témoins, 368 ;
— cas où ils sont taxés comme experts, 369 ; — mais la taxe qui
leur est faite est formalisée d'une manière spéciale, 407.

MÉMOIRES de frais, en général, 395 et suiv. — Mémoire à fournir
par le juge de paix et son greffier, en cas de transport, 380, 395,
416.

MENACES ne doivent pas être assimilées à la tentative, 8. — Écrites
ou verbales, faites avec ordre ou sous condition, elles sont constitutives de délit, *Ib.* — Quand elles ont été faites pour déterminer au crime, elles constituent la complicité, 12.

MENDIANT. Sa condition est une circonstance aggravante, en cas de
coups et blessures, 191.

MEURTRE. V. *Homicide.*

MILITAIRES. On doit prévenir leurs chefs, à l'avance, quand on les
fait citer en témoignage, 320. — Comment ils sont entendus sur
une commission rogatoire qui les concerne exclusivement, 340.
— Ils sont soumis à des règles particulières de taxe, 375, 411.

MINEUR émancipé peut rendre plainte sans autorisation, 110. V. *Enfants.*

MINUTE. Les actes et procédures doivent toujours être transmis en
minute, 120, 354.

MODE. Le mode ou la manière dont une infraction a été commise,
influe sur l'appréciation du fait et sur la peine, 25.

MONNAIE FAUSSE. En quoi consiste le crime de fausse monnaie ;
recherches à faire, procédure à suivre pour le constater, 177 et
suiv. V. *Matière.*

MORALITÉ des prévenus doit être vérifiée et constatée, parce qu'elle
peut influer sur la peine, 20. — On ne doit pas faire citer des témoins qui n'auraient à déposer que de la bonne ou mauvaise
moralité des prévenus, 314. — Ce qu'on entend par la moralité
d'un fait, 14 ; — ce qui la détermine, 16.

MORT du prévenu éteint l'action publique, quant à lui, non quant à
ses complices, 11, 36.

MORT CIVILE, supprimée, 110.

MORT VIOLENTE ou dont la cause est inconnue et suspecte. V. *Cadavre.*

MUET. V. *Sourd-muet.*

N

NÉGLIGENCE est punissable quand il en résulte des blessures ou la mort, *p.* 15. — Le juge de paix, en cas de négligence, serait passible de peines disciplinaires, 99.

NOM. Quand on signale un crime ou un délit, il faut établir soigneusement les noms des personnes lésées, 102, 115, — des témoins, *Ib.*, — et des prévenus, 102, 103, — surtout au cas de délivrance de mandat, 160. — Une dénonciation ou une plainte ne serait pas nulle, à défaut d'énoncer le nom de l'auteur des faits, 115 ; — mais le dénonciateur ou le plaignant doit décliner son nom, 108. — Les noms des témoins doivent être énoncés dans les cédules, citations et procès-verbaux d'information, 246, 325, 336, 351. — Les noms des prévenus doivent être établis dans les interrogatoires, 251. — Du cas où le prévenu refuserait de décliner son nom, *Ib.* — Quand on interroge un prévenu sur ses complices, on ne doit pas suggérer les noms de ceux-ci, 254. — Les noms des témoins doivent être inscrits dans les taxes de frais qui leur sont faites, 370.

NOMBRE des inculpés ou prévenus est une circonstance à relever, parce qu'elle peut être aggravante, 29. — En cas d'arbres abattus, le nombre influe sur la peine, 28.

NOTAIRE peut-il être cité en témoignage et contraint de déposer contre ses clients, ou sur des affaires qu'il aurait traitées ? 317.

NOTES que doivent prendre les officiers de santé au cours de leurs opérations, 289. — Le juge de paix doit, dans plusieurs cas, joindre des notes aux pièces, relativement aux frais taxés ou à taxer, 368, 392, 396, 403. — Les dépositions de témoins ne doivent pas être reçues par simples notes, 342. — Notes à transmettre avec les plaintes, 131, — avec les commissions rogatoires, 354, 355.

NUIT, comme circonstance aggravante des délits, 22, — comme temps où l'on peut faire des visites domiciliaires, 154. — V. *Chef de maison, Visite domiciliaire.*

NULLITÉ. Le juge de paix peut être condamné aux frais de ses procédures annulées, 99.

O

OFFICIER DE POLICE JUDICIAIRE. Les juges de paix ont cette qualité, *p.* 47. — Quelles sont les attributions des juges de paix, comme officiers de police judiciaire, 47 et suiv. V. *Concurrence, Juge d'instruction, Police, Procureur de la République.*

OFFICIERS DE SANTÉ peuvent-ils être appelés indifféremment comme les médecins, et concurremment entre eux ? 142. — Quand ils sont employés, ils sont taxés en tout comme les médecins, 368. — Toutes les règles relatives aux médecins leur étant applicables, V. *Médecins.*

ORDONNANCE. V. *Estafette.*

ORDONNANCE DU JUGE. Cas où elle est inutile, 130, 147.

leur en donner lecture et les interpeller de la signer, 343. — Le témoin peut rectifier sa déposition, 344. — Chaque témoin a droit à une indemnité, s'il la réclame, *Ib.* ; — on peut éclairer le témoin sur son droit à la taxe ; on ne doit pas le presser de la réclamer, 345. — La taxe n'est allouée qu'autant qu'elle est requise, 345, 369. — Quand la taxe est-elle acquise au témoin, 344 ; — cas où elle n'est pas due, 375, 377. — Le témoin entendu dans plusieurs affaires, le même jour, n'a droit qu'à une seule taxe entière, 373. — Formalités, rédaction et formules de taxes, 369 et suiv., 408 et suiv., 412. — Taux des diverses taxes de témoins, 414. — Avances que peuvent exiger les témoins indigents, 394, 411. — Frais de transport des témoins infirmes ou malades, 374. V. *Acquittement de frais, Déclarations, Déposition, Information, Séjour forcé, Taxes, Voyage.*

TEMPS, pendant lequel le crime ou délit a été consommé, peut être une circonstance aggravante, 22 et suiv.

TENTATIVE. Définition, explications, exemples, 5 et suiv. — Est punie comme le crime ou délit consommé, *Ib.* — Est toujours punie, en cas de crime, *Ib.* — N'est punie que dans des circonstances précises, en cas de délit. *Ib.* — Réunion de circonstances exigée pour que la tentative soit punissable, *Ib.* ; — exception, en cas de complot contre l'Etat, 8 ; — autre exception, en cas d'empoisonnement, 197. — Des complices de tentative, 11. — Explications pour le cas de tentative de meurtre, 195. — Les menaces ne constituent pas la tentative, mais un crime ou délit particulier, 8.

TIMBRE. V. *Papier.*

TITRE. L'emploi d'un faux titre est une circonstance aggravante du vol, 27.

TRANSLATION. Comment s'opère la translation des prévenus, 363 et suiv., 402. — Ceux qui demandent des moyens de transport pour cause de maladie, doivent être visités par un officier de santé, 364 ; — si cette demande est faite pour manque de chaussure, on doit leur faire donner une paire de souliers, 364, 404. — Des mandats de paiement pour la translation, *Ib.* — Les prévenus peuvent se faire transporter en voiture, à leurs frais, et en se soumettant aux mesures de précaution ordonnées, 365. — Avances à allouer aux gendarmes, en cas de translation par des voies extraordinaires, 366, 405.

TRANSPORT. Mode de transport des pièces de conviction, 365 ; — précautions à prendre, *Ib.* — Du paiement des frais de transport, réquisitions et mandats, 365, 403, 404. V. *Translation, Voyage.*

TROMBLON est une arme prohibée, 169. V. *Armes.*

TROUBLE, TUMULTE. Droit et moyens du juge de paix pour les réprimer au lieu et pendant le temps de ses opérations, 96.

U

UNIVERSITÉ. Les délits commis par des membres ou élèves de l'Université, dans ses établissements, sont soumis à une juridiction spéciale, *p.* 33. — On ne peut, hors le cas de flagrant délit, etc., s'introduire sans autorisation dans ses établissements, pour y constater le corps du délit, ou pour y faire opérer une arrestation, 152.

V

FIN.

Poitiers. — Typ. de A. DUPRÉ.

www.ingramcontent.com/pod-product-compliance
Lightning Source LLC
Chambersburg PA
CBHW052059230326
41599CB00054B/3359